U0947663

“十三五”国家重点研发计划资助（编号：2017YFB1201204）
National Key R&D Program of China

CHENGSHI GUIDAO JIAOTONG SHEJI
ZHUANYE JISHU
JIEKOU SHOUCE

城市轨道交通设计
专业技术接口手册

广州地铁设计研究院股份有限公司
农兴中 等 编著

人民交通出版社股份有限公司
北 京

内 容 提 要

本设计接口文件是为适应城市轨道交通工程设计、建设和网络化发展需要，结合城市轨道交通规划发展目标和地方特点，进一步促进轨道交通高质量、可持续性发展而编制的。

本书共83章，具体包括客流预测，行车组织与运营管理，车辆，线路，限界，轨道，人防，概预算，工程地质，工程测量，房调，管线探测，建筑，建筑装修（含外部景观），综合管线，车站结构（含防水），区间，轨行区综合管线，疏散平台，桥梁，路基，工程筹划，主变电站，供电系统，动力与照明，通信，民用通信，公安通信，乘客信息显示系统，信号，自动售检票，清分，火灾自动报警系统，环境与设备监控系统，综合监控系统，门禁，安防，安检，计算机综合信息系统，云平台，大数据，控制中心（含工艺、线网指挥平台），智能客服，出入口 P+R 安防，通风空调，隧道通风，集中供冷，给排水及消防，自动灭火，站台门，防淹门，自动扶梯、电梯、楼梯升降机，声屏障，站场，工艺，车辆基地建筑，车辆基地结构，车辆基地通风空调，车辆基地给排水及消防（不含自动灭火），车辆基地动力与照明，车辆基地综合管线，车辆基地路基，城市规划，综合交通，线网规划，社会稳定，交通疏解，管线迁改，外部电源，城市给排水，消防，环境保护，劳动安全与卫生，职业病防治，白蚁防治，防洪排涝，场站综合体，航道航标，无线频点，地铁派出所，绿色建筑，节能，资源开发。

本书可供城市轨道交通总体总包设计管理、工程建设和运营管理等专业技术人员参考使用。

图书在版编目(CIP)数据

城市轨道交通设计专业技术接口手册 / 农兴中等编著
. —北京 ：人民交通出版社股份有限公司，2019.11
ISBN 978-7-114-16224-4

Ⅰ.①城… Ⅱ.①农… Ⅲ.①城市铁路—轨道交通—设计—接口技术—手册 Ⅳ.①U239.5-62

中国版本图书馆CIP数据核字（2019）第301405号

书　　名： 城市轨道交通设计专业技术接口手册
著 作 者： 农兴中　等
责任编辑： 刘彩云
责任校对： 孙国靖　魏佳宁
责任印制： 刘高彤
出版发行： 人民交通出版社股份有限公司
地　　址：（100011）北京市朝阳区安定门外外馆斜街3号
网　　址： http://www.ccpcl.com.cn
销售电话：（010）59757973
总 经 销： 人民交通出版社股份有限公司发行部
经　　销： 各地新华书店
印　　刷： 北京印匠彩色印刷有限公司
开　　本： 787×1092　1/16
印　　张： 31
字　　数： 714千
版　　次： 2019年11月　第1版
印　　次： 2019年11月　第1次印刷
书　　号： ISBN 978-7-114-16224-4
定　　价： 118.00元

前言

随着我国经济的快速发展，城市轨道交通建设也进入快车道。截至2019年底，我国内地已有40个城市开通运营城市轨道交通线路，总长度达6730公里。其中，地铁运营线路共计5187公里，占比77.07%；其他制式城市轨道交通运营线路共计1543公里，占比22.93%。仅“十三五”以来，累计新增运营线路长度达3112公里，年均新增运营线路长度近800公里，发展迅猛。

城市轨道交通是一项高度综合的系统工程，包含车辆、土建、供电、弱电、车站以及区间设备、车辆基地等子系统，涉及内部62个专业与外部21个专业，专业技术接口具有复杂性和多样性的特点。

完整正确的技术接口文件，是指导、检查和验证各子系统设计的完整性、安全性、可靠性、合理性和经济性的重要文件。它不仅是选择土建工程方案的依据之一，也是各设备系统确定功能和规模的依据之一，有助于保持系统的总体完整性和协调运作的一致性，是充分发挥工程整体功能、降低造价和提高效益的重要保证。

设计技术接口也即各系统之间的界面关系，需要在各专业子系统划分的基础上，根据城市轨道交通工程的技术标准、各子系统的功能要求及技术条件，分析和研究本子系统与其他子系统之间的关系。技术接口分为内部和外部两大部分，其中内部接口又分为六大系统，每个大系统又分为若干个子系统。

为满足城市轨道交通工程设计、建设和网络化发展的需要，结合规划发展目标和地方特点，进一步促进轨道交通高质量、可持续性发展，广州地铁设计研究院股份有限公司根据多年来在总体总包设计管理、工程建设和运营管理方面的相关经验，组织编制《城市轨道交通设计专业技术接口手册》。

设计技术接口涉及专业多，关系复杂，情况多变，本书难免存在疏漏之处，敬请广大读者批评指正。

一般规定

1 设计技术接口的组成

为便于技术接口的分析，根据国内近几年来城市轨道交通工程设计的经验，充分考虑各专业性质分工，结合轨道交通工程的特点，我们将内部接口分为五大类40个子系统，将外部接口分为5个子系统，各系统的组成如下。

1.1 内部设计技术接口

1.1.1 总图、车辆及概算

子系统 A1: 客流预测 专业代号:KL
子系统 A2: 行车组织与运营管理 专业代号:XC
子系统 A3: 车辆 专业代号:CL
子系统 A4: 线路 专业代号:XL
子系统 A5: 限界 专业代号:XJ
子系统 A6: 轨道 专业代号:GD
子系统 A7: 人防 专业代号:RF
子系统 A8: 概预算 专业代号:GYS

1.1.2 土建工程

子系统 B1: 工程地质 专业代号:GCDZ
子系统 B2: 工程测量 专业代号:GCCL
子系统 B3: 房调 专业代号:GTFD
子系统 B4: 管线探测 专业代号:GXTC
子系统 B5: 建筑 专业代号:JZ
子系统 B6: 建筑装修(含外部景观) 专业代号:JZZX
子系统 B7: 综合管线 专业代号:ZHGX
子系统 B8: 车站结构(含防水) 专业代号:JG
子系统 B9: 区间 专业代号:QJ
子系统 B10: 轨行区综合管线 专业代号:GXGX
子系统 B11: 疏散平台 专业代号:SSPT
子系统 B12: 桥梁 专业代号:QL
子系统 B13: 路基 专业代号:LJ
子系统 B14: 工程筹划 专业代号:GC

1.1.3 强电

子系统 C1: 主变电所 专业代号:ZB
子系统 C2: 供电系统 专业代号:GDXT
子系统 C3: 动力与照明 专业代号:PDZM

1.1.4 弱电

子系统 D1: 通信 专业代号:TX

子系统 D2: 民用通信 专业代号:MYTX

子系统 D3: 公安通信 专业代号:GATX

子系统 D4: 乘客信息显示系统❶ 专业代号:PIDS

子系统 D5: 信号 专业代号:SIG

子系统 D6: 自动售检票❷ 专业代号:AFC

子系统 D7: 清分 专业代号:QF

子系统 D8: 火灾自动报警系统❸ 专业代号:FAS

子系统 D9: 环境与设备监控系统❹ 专业代号:BAS

子系统 D10: 综合监控系统❺ 专业代号:ISCS

子系统 D11: 门禁 专业代号:ACS

子系统 D12: 安防 专业代号:AF

子系统 D13: 安检 专业代号:AJ

子系统 D14: 计算机综合信息系统 专业代号:OA

子系统 D15: 云平台 专业代号:YPT

子系统 D16: 大数据 专业代号:DSJ

子系统 D17: 控制中心❻（含工艺、线网指挥平台） 专业代号:OCC

子系统 D18: 智能客服 专业代号:ZNKF

子系统 D19: 出入口 P+R❼ 安防 专业代号:PRAF

1.1.5 车站及区间设备

子系统 E1: 通风空调 专业代号:KT

子系统 E2: 隧道通风 专业代号:TVS

子系统 E3: 集中供冷 专业代号:GL

子系统 E4: 给排水及消防 专业代号:GS

子系统 E5: 自动灭火 专业代号:ZDMH

子系统 E6: 站台门 专业代号:PSD

子系统 E7: 防淹门 专业代号:FYM

---

❶ 乘客信息显示系统，即Passenger Information Display System，简称PIDS。

❷ 自动售检票，即Auto Fare Collection，简称AFC。

❸ 火灾自动报警系统，即Fire Alarm System，简称FAS。

❹ 环境与设备监控系统，即Building Automation System，简称BAS。

❺ 综合监控系统，即Integrated Supervisory and Control System，简称ISCS。

❻ 控制中心，即Operating Control Center，简称OCC。

❼ P+R(Park and Ride)，即停车转乘。

子系统 E8：　自动扶梯、电梯、楼梯升降机[1]　专业代号：DT
子系统 E9：　声屏障　专业代号：SPZ

1.1.6 车辆基地

子系统 F1：　站场　专业代号：CWZC
子系统 F2：　工艺　专业代号：CWGY
子系统 F3：　车辆基地建筑　专业代号：CWJZ
子系统 F4：　车辆基地结构　专业代号：CWJG
子系统 F5：　车辆基地通风空调　专业代号：CWKT
子系统 F6：　车辆基地给排水及消防（不含自动灭火）　专业代号：CWGS
子系统 F7：　车辆基地动力与照明　专业代号：CWDL
子系统 F8：　车辆基地综合管线　专业代号：CWGX
子系统 F9：　车辆基地路基　专业代号：CWLJ

1.2 外部设计技术接口

子系统 G1：　城市规划　专业代号：GH
子系统 G2：　综合交通　专业代号：JT
子系统 G3：　线网规划　专业代号：XW
子系统 G4：　社会稳定　专业代号：SW
子系统 G5：　交通疏解　专业代号：JTSJ
子系统 G6：　管线迁改　专业代号：GXQG
子系统 G7：　外部电源　专业代号：WD
子系统 G8：　城市给排水　专业代号：WS
子系统 G9：　消防　专业代号：XF
子系统 G10：　环境保护　专业代号：HB
子系统 G11：　劳动安全与卫生　专业代号：AW
子系统 G12：　职业病防治　专业代号：ZF
子系统 G13：　白蚁防治　专业代号：BF
子系统 G14：　防洪排涝　专业代号：FPL
子系统 G15：　场站综合体　专业代号：CZZH
子系统 G16：　航道航标　专业代号：HDHB
子系统 G17：　无线频点　专业代号：WXPD
子系统 G18：　地铁派出所　专业代号：PCS
子系统 G19：　绿色建筑　专业代号：LSJZ

---

[1] 书中部分简称为电扶梯。

子系统 G20： 节能 专业代号:JN
子系统 G21： 资源开发 专业代号:ZYKF

2 设计技术接口的编制

设计总体是设计技术接口管理工作的主体。

设计技术接口也就是各子系统之间的界面关系。设计技术接口的形成,将根据子系统的划分确定,并主要取决于轨道交通工程的技术标准和各子系统的功能要求,包括各子系统设备的选型和技术条件。因此,每一项设计技术接口,还应根据各自的具体情况进行研究和落实。

根据国内近几年来城市轨道交通工程设计的经验,充分考虑设计的专业分工,将轨道交通工程的设计分为 83 个子系统。这里仅根据各子系统的基本功能,描述本子系统与其他子系统之间的关系。各设计技术各接口的具体要求宜在设计中根据具体情况进行落实和确定。

设计技术接口文件是设计管理体系的内部资料,并不是工程设计的文件组成部分,其内容在相关的设计文件中已有反映。

考虑到工程的设计阶段是不尽相同的,还应根据工程设计的具体情况进行分析、研究、修改和完善。

3 设计技术接口及索引

为完整编制设计技术接口,将轨道交通工程初步划分为 83 个子系统,在充分分析各子系统的组成和功能的基础上,根据各子系统的技术标准和要求,逐项列出相关子系统对本专业的各项设计技术接口要求、设计技术接口的处理方式,形成设计技术接口表。

各子系统(内部设计技术接口)根据设计的具体要求,按设计输入、输出的设计技术接口进行各专业编写,形成各专业对应的“专业设计技术接口表”。

外部设计技术接口的各子系统,一般是城市的规划、交通等政府职能部门,设计总体单位对其一般是索取资料开展设计工作(设计输入),对其提供的资料较少(设计输出),所以本书外部设计技术接口的各子系统均为单向编写(设计输出)。

第1章 客流预测

1.1 专业组成

本专业组成主要包括客流预测及与相关专业的接口配合。

1.2 专业功能

客流预测专业的主要功能是预测轨道交通工程的主要客流指标，包括特征年限的轨道交通网络客流指标、线路客流量、断面客流分布、客流时段分布、客流运距分布、站间客流OD（Original Destination，自始发地至目的地）、站点集散量等主要客流指标数据，进而确定轨道交通工程的运营模式与系统选型、列车运行交路、设计运输能力、全日行车计划、车站设计规模及运营管理等主要设计方案。

1.3 专业的主要接口

客流预测专业应结合线网规划、线路、建筑、工程筹划等专业进行客流预测工作。

客流预测专业还应向行车组织与运营管理、线路、建筑、自动售检票、安检、智能客服、通风空调等专业输出特征年限的轨道交通网络客流指标、线路客流量、断面客流分布、客流时段分布、客流运距分布、站间客流OD、站点集散量等主要客流设计资料。

1.4 专业设计技术接口表

1.4.1 设计输入部分（表1.4-1）

相关专业对客流预测专业的输入接口表 表1.4-1

专业名称：客流预测 专业代号：KL 系统编码：A1

接口名称	接口编号	输入接口要求	接口处理及用途	输入设计阶段		受资专业需重点核对、协商条款	
				初设[①]	施工图	初设	施工图
线网规划	G3A1	1 线路功能定位（和工程可行性研究阶段有变化时提供）	用于进行线路和车站客流预测	√		1	

续上表

接口名称	接口编号	输入接口要求	接口处理及用途	输入设计阶段		受资专业需重点核对、协商条款	
				初设①	施工图	初设	施工图
线路	A4A1	1 线站位图和表（和工程可行性研究阶段有变化时提供）	用于进行线路和车站客流预测	√		1	
建筑	B5A1	1 车站总平面图（含出入口）	用于进行车站分向客流预测	√		1	
工程筹划	B14A1	1 设计开通年限（和工程可行性研究阶段有变化时提供）	用于确定客流预测的初 / 近 / 远年限	√		1	

注：① 初设，即初步设计。

1.4.2 设计输出部分（表 1.4-2）

客流预测专业对相关专业的输出接口表 表 1.4-2

专业名称：客流预测 专业代号：KL 系统编码：A1

接口名称	接口编号	输出接口要求	接口处理及用途	输出设计阶段		输出资料重点控制条款	
				初设	施工图	初设	施工图
行车组织与运营管理	A1A2	1 各预测年限全日、早/晚高峰客流断面、客流 OD 2 各预测年限分时段客流 3 各预测年限平均运距及分布 4 换乘站各年限全日、早 / 晚高峰换乘客流及方向 5 各车站超高峰小时系数	1 用于确定系统选型、列车编组、运营模式、列车运行交路、发车间隔 2 用于确定全日行车计划 3 用于计算停站时间	√		1 2	
线路	A1A4	1 客流预测资料（站点人口、岗位覆盖）	用于确定合理的站位设置	√		1	
建筑	A1B5	1 一般站 1.1 开通年及初 / 近 / 远期各时段各车站客流情况（早晚高峰小时设计客流、高峰小时断面客流） 1.2 站点集散超高峰系数、断面客流超高峰系数 1.3 分向客流 2 换乘站增加 2.1 换乘客流及换乘比例 2.2 远期线路车站的客流资料 2.3 新增换乘功能的站点客流变化核查 2.4 换乘车站客流模拟注意事项	1 用于计算车站站台宽度、换乘通道宽度，核实出入口设置的合理性 2 用于优化换乘设计	√	√	1	1

续上表

接口名称	接口编号	输出接口要求	接口处理及用途	输出设计阶段		输出资料重点控制条款	
				初设	施工图	初设	施工图
AFC	A1D6	1 全线预测客流结果	用于自动售检票设备设施规模核算	√		1	
安检	A1D13	1 全线车站及分向预测客流结果	用于确定安检设备数量	√		1	
智能客服	A1D18	1 全线预测客流结果	用于确定设备数量	√		1	
通风空调	A1E1	1 初/近/远期客流 2 早晚高峰客流 3 换乘客流	用于车站冷负荷计算	√	√	1~3	1~3
隧道通风	A1E2	1 初/近/远期各时段各车站客流情况（断面客流及乘降客流等）、超高峰小时系数等	用于模拟计算	√		1	
社会稳定	A1G4	1 各站点客流预测	用于确定现场调查样本数量	√		1	
消防	A1G9	1 初/近/远期各时段各车站客流情况（早晚高峰小时设计客流、高峰小时断面客流） 2 换乘客流 3 站点集散超高峰系数、断面客流超高峰系数 4 分向客流	用于疏散计算	√	√	1~4	1~4

第2章 行车组织与运营管理

2.1 专业组成

本专业组成主要包括：

（1）系统选型及列车编组；

（2）列车运行交路；

（3）系统设计运输能力；

（4）列车停站时间；

（5）列车牵引计算；

（6）车站配线；

（7）列车运行计划；

（8）列车运行图；

（9）组织机构与定员。

2.2 专业功能

行车组织作为城市轨道交通系统的核心工作，主要功能是根据城市轨道交通线网规划、预测客流量、乘客出行需求及线路工程条件，明确运营需求，确定系统的运营规模、运营模式和运营管理方式。

2.3 专业的主要接口

行车组织与运营管理专业应结合客流预测、车辆、线路、轨道、建筑、工程筹划、信号、站台门、防淹门、站场、工艺、线网规划等专业资料确定线路系统选型并进行列车运行交路、运输计划、配线、组织机构等设计工作，计算列车停站时间和进行列车牵引计算。

行车组织与运营管理专业还应向车辆、线路、限界、轨道、人防、概预算、建筑、疏散平台、桥梁、工程筹划、供电系统、乘客信息显示系统、信号、自动售检票、控制中心（含工艺、线网指挥平台）、智能客服、隧道通风、声屏障、站场、工艺等专业输出车型、列车编组、最高运行速度、列车运行交路、发车间隔、配属车、停站时间、牵引曲线（正线）、旅行速度、全日行车计划、配线设置、组织机构定员等主要设计资料。

2.4 专业设计技术接口表

2.4.1 设计输入部分（表 2.4-1）

相关专业对行车组织与运营管理专业的输入接口表 表 2.4-1

专业名称：行车组织与运营管理 专业代号：XC 系统编码：A2

接口名称	接口编号	输入接口要求	接口处理及用途	输入设计阶段		受资专业需重点核对、协商条款	
				初设	施工图	初设	施工图
客流预测	A1A2	1 各预测年限全日、早/晚高峰客流断面、客流OD 2 各预测年限分时段客流 3 各预测年限平均运距及分布 4 换乘站各年限全日、早/晚高峰换乘客流及方向 5 各车站超高峰小时系数	1 用于确定系统选型、列车编组、运营模式、列车运行交路、发车间隔 2 用于确定全日行车计划 3 用于计算停站时间	√		1 2	
车辆	A3A2	1 车辆基本参数，含定员、重量、牵引力曲线、制动力曲线等（车辆招标后复核一次）	1 用于运能计算 2 用于牵引计算	√	√	1	1
线路	A4A2	1 线路平面图 2 线路纵断面图 3 敷设方式	1 用于确定最高运行速度 2 用于牵引计算	√	√	1 2	1 2
轨道	A6A2	1 道岔通过速度（直向、侧向）	用于配线能力计算	√		1	
建筑	B5A2	1 车站站台形式 2 换乘站换乘形式	用于确定车站配线形式	√	√	1	1
工程筹划	B14A2	1 开通年限	用于确定初/近/远期年限	√		1	
信号	D5A2	1 信号制式（是否无人驾驶） 2 信号机位置 3 安全防护距离 4 信号厂商中标后提供牵引计算	1 用于能力计算 2 用于牵引计算校核	√		2 3	
站台门	E6A2	1 站台门形式 2 站台门动作时间	用于计算停站时间	√		2	
防淹门	E7A2	1 防淹门位置	用于配线设置	√		1	
站场	F1A2	1 车辆基地位置 2 车辆基地布置形式	用于配线设置	√		1	

续上表

接口名称	接口编号	输入接口要求	接口处理及用途	输入设计阶段		受资专业需重点核对、协商条款	
				初设	施工图	初设	施工图
工艺	F2A2	1 车辆基地规模 2 检修车数量	1 用于确定接轨方式 2 用于制订运行计划	√		1	
线网规划	G3A2	1 线路功能定位及规划目标	用于确定系统选型及最高速度	√		1	

2.4.2 设计输出部分（表 2.4-2）

行车组织与运营管理专业对相关专业的输出接口表 表 2.4-2

专业名称：行车组织与运营管理　专业代号：XC　系统编码：A2

接口名称	接口编号	输出接口要求	接口处理及用途	输出设计阶段		输出资料重点控制条款	
				初设	施工图	初设	施工图
车辆	A2A3	1 配属车数 2 配线图	用于校核车辆类型、编组形式等	√	√	1	1 2
线路	A2A4	1 配线图 2 交路图 3 道岔型号	用于确定配线规模和线路平面设计	√		1~3	
限界	A2A5	1 牵引计算曲线（正线）	提供资料，计算阻塞比	√	√	1	1
轨道	A2A6	1 牵引计算曲线（正线） 2 行车交路 3 配线图	用于超高计算以及道岔选型、轨道监测系统等设计	√	√	1~3	1~3
人防	A2A7	1 配线图	提供资料	√	√	1	1
概预算	A2A8	1 全日开行对数 2 年车公里（列公里/日） 3 年车公里（万辆公里/年） 4 运营机构定员指标（人/正线公里或人/线） 5 配属车（辆）	用于概预算专业估算投资	√		1	
建筑	A2B5	1 行车方案 1.1 交路（含折返站设置司乘用房要求） 1.2 行车对数（上下行分别核算） 1.3 配线设置 1.4 快慢线中明确越行站 2 运营管理方案 2.1 确定线路中心站 2.2 司乘人员房间布点要求（考虑 24h 运营、全自动运行、跨线运行）	1 用于计算车站站台宽度、车站消防疏散能力，确定车站形式 2 小交路站点需设置乘务相关用房	√	√	1.1 1.2 1.3	1.1 1.2 1.3

续上表

接口名称	接口编号	输出接口要求	接口处理及用途	输出设计阶段		输出资料重点控制条款	
				初设	施工图	初设	施工图
疏散平台	A2B11	1 配线图	用于确定蹬车平台位置	√	√	1	1
桥梁	A2B12	1 配线图	用于道岔区设计	√	√	1	1
工程筹划	A2B14	1 配线图	提供资料	√	√	1	1
供电系统	A2C2	1 运行交路（含与其他线路的贯通运营交路、互联互通交路） 2 车辆编组及运行计划 3 列车停站时间 4 牵引计算结果（正线） 5 列车运行图 6 故障运行模式，局部阻塞时行车交路及对供电的要求	用于牵引供电计算	√	√	1~6	1~6（施工图设计阶段进行复核）
PIDS	A2D4	1 配线图 2 运行交路	用于设备配置	√	√	1	1
信号	A2D5	1 系统输送能力分析 2 车站配线及说明 3 列车运行管理模式（包括列车驾驶方式、列车的调度指挥、驾驶员的管理等） 4 正常情况下的行车组织方式和列车交路，非正常情况下的列车组织原则 5 线路的列车最高运行速度，通过站台限速及其他临时限速要求 6 车站停站时间，列车运行间隔时分分析计算 7 牵引计算曲线（正线） 8 进路设置要求	提供资料，协商解决	√	√	1~7	1~8
AFC	A2D6	1 系统能力 2 运营管理要求 3 行车交路	用于计算设备数量	√		1~3	
控制中心（含工艺、线网指挥平台）	A2D17	1 列车运营模式	用于行车运营	√		1	

续上表

接口名称	接口编号	输出接口要求	接口处理及用途	输出设计阶段		输出资料重点控制条款	
				初设	施工图	初设	施工图
智能客服	A2D18	1 系统能力 2 运营管理要求 3 行车交路	用于计算设备数量	√		1~3	
隧道通风	A2E2	1 全日列车运行计划，包括初/近/远期列车正常运行图和运行交路 2 列车降级运行条件下的运行安排 3 列车停站时间 4 牵引计算结果（正线） 5 运营管理模式，包括正常（正常运营、停运或夜间时段）及非正常（事故、火灾等时段）情况下的运营组织原则 6 配线形式（含出入段线、联络线）	1 用于隧道通风系统配置及软件模拟计算 2 隧道通风需要考虑对于特殊情况的处理方式：在既有设计方案下，如实际运营中区间内（未设置中间风井）有两列车的隧道通风，要考虑相应的措施	√	√	1~6	1~4
声屏障	A2E9	1 列车最高运行速度	用于计算声屏障承受的风荷载	√	√	1	1
站场	A2F1	1 出入段线接轨车站配线形式及要求 2 出入段线一度停车要求（是否设置一度停车） 3 出入段线最小发车间隔要求	用于出入段线线路设计以及判断人工驾驶车辆基地咽喉区收发车能力是否满足要求，核实是否需要配置第三条出入段线	√		1~3	
工艺	A2F2	1 配属列车数 2 行车交路 3 全日开行对数	用于计算车辆基地规模	√		1 3	
社会稳定	A2G4	1 针对大客流的应对原则	用于分析大客流环境下的运营社会稳定风险	√	√	1	1
环境保护	A2G10	1 牵引曲线	用以振动、噪声预测	√	√	1	1

第3章
车辆

3.1 专业组成

本专业组成主要包括：

（1）车辆选型；

（2）车辆与行车的接口协调；

（3）车辆与建筑、结构、轨道、限界的接口协调；

（4）车辆与通信、信号、供电、站台门等系统设备间的接口协调；

（5）车辆与车辆基地工艺设计接口协调。

3.2 专业功能

车辆专业是给城市轨道交通系统选择合适的车辆形式以及配合行车组织与运营管理专业确定采用适当的车辆编组形式，以满足快捷、安全、舒适、准时运送乘客的目的。

地铁车辆选型是影响工程规模和运送能力的重要因素，其结构和技术性能对轨道交通工程的功能、工程投资、运营效益、安全等都有重要的影响。车辆的载客能力必须满足客流预测提出的客运量的要求。

车辆应适应当地的环境条件和气候条件。车辆主要部件和设备，应选用技术先进、成熟、安全、可靠和检修方便的产品，并充分考虑未来技术方向和发展趋势。另外，车辆选型应充分考虑我国国情，努力提高国产化水平、降低造价，在引进关键技术设备时应注意逐步实施国产化的可能性。

3.3 专业的主要接口

地铁车辆是地铁工程的焦点所在，直接为乘客服务。地铁运输服务水平的高低主要体现在车辆的运行是否安全、可靠、准时。协调好地铁车辆与其他相关专业的接口关系，对整个地铁交通系统的运行安全性、可靠性至关重要。

与车辆相关的接口内容主要包括：

1)输入接口

近/远期高峰小时客流量、行车组织要求、线路条件及供电方式等是合理确定车辆类型和编组形式的必要条件。

2)输出接口

(1)与土建工程的接口

线路技术条件,轨道设计标准,桥梁、隧道的结构形式和尺寸应根据车辆的技术条件和有关参数合理确定;车站建筑的站台长度、高度和站台边缘至线路中心距离应与车辆协调;各种设备限界和建筑限界应以车辆限界为依据确定。

(2)与车辆基地的接口

车辆的主要技术规格和参数是确定车辆的检修制度、检修周期、检修作业方式,车库的规模,车场股道的布置和技术条件,专用检修试验设备的选型和技术规格等的必要依据。

(3)与供电系统的接口

供电方式、供电电压及电压波动范围,应满足车辆技术条件的要求;牵引供电系统容量、牵引变电所的分布和规模,应满足车辆(列车)高峰小时运行的需要;接触网 / 轨的制式、悬挂方式,应满足车辆受电弓(或受流器)受电要求。

(4)与弱电系统的接口

车载 ATP(Automatic Train Protection,列车自动保护)设备、ATO(Automatic Train Operation,列车自动运行)设备应依据车辆的技术条件,满足规定的技术要求,以实现对列车的监控,完成列车的自动控制及自动运行。

列车广播系统、乘客信息显示系统以及司机配置的无线移动通信设备尺寸和技术规格等应与车辆尺寸参数及自动化等级相适应。

(5)与站台门的接口

站台门位置和数量应与列车车门相对应,站台门和列车客室门均由信号系统控制,保证开门之前列车已准确对位(自动驾驶列车还需实现列车与站台门对位隔离),列车启动之前车门和站台门已关闭。

(6)与环控系统的接口

应根据列车的散热量确定空调与通风技术参数,以排出车辆散出的热量。

3.4 专业设计技术接口表

3.4.1 设计输入部分(表 3.4-1)

相关专业对车辆专业的输入接口表 表 3.4-1

专业名称:车辆 专业代号:CL 系统编码:A3

接口名称	接口编号	输入接口要求	接口处理及用途	输入设计阶段		受资专业需重点核对、协商条款	
				初设	施工图	初设	施工图
线路	A4A3	1 线路平、纵断面图 2 车站分布表	用于校核车辆动拖比等	√	√	1	1 2
行车组织与运营管理	A2A3	1 配属车数 2 配线图 3 相关运营指标	用于校核车辆类型、编组形式等	√	√	1	1 2

续上表

接口名称	接口编号	输入接口要求	接口处理及用途	输入设计阶段		受资专业需重点核对、协商条款	
				初设	施工图	初设	施工图
通信	D1A3	1 通信系统与列车广播系统的接口技术要求 2 通信系统与PIDS的接口技术要求 3 通信系统与车载无线通信设备的接口技术要求 4 通信系统车载设备的电源和接口，安装接口 5 车载设备的接口（如有新增）	相互协调以确定车辆的无线通信、广播、PIDS设备的安装数量及空间	√	√	2 3	1~4
信号	D5A3	1 车辆系统与信号系统各种详细的接口技术条件、接口方式、接口协议和接口功能的实现 2 车门、司机门的监控要求及对列车广播的控制要求 3 车载设备的接口（如有新增）	设计协调以确定车载信号设备的安装数量及空间	√	√	1	1 2
轨道	A6A3	1 钢轨的型号、车载轨道检测设备（如有）	提供资料以确定车载轨道检测设备的安装数量及空间	√	√	1	1
供电系统	C2A3	1 车载接触网检测设备接口	提供资料以确定车载接触网检测设备的安装数量及空间	√	√	1	1
工艺	F2A3	1 车载设备的安装要求，设备供电、尺寸、通信需求	提供资料以确定车载轨道检测设备的安装数量及空间	√	√	1	1

3.4.2 设计输出部分（表3.4-2）

车辆专业对相关专业的输出接口表　　表3.4-2

专业名称：车辆　　专业代号：CL　　系统编码：A3

接口名称	接口编号	输出接口要求	接口处理及用途	输出设计阶段		输出资料重点控制条款	
				初设	施工图	初设	施工图
线路	A3A4	1 车辆类型及主要参数（编组、长度、爬坡能力、曲线通过能力等）	提供资料	√	√	1	1

续上表

接口名称	接口编号	输出接口要求	接口处理及用途	输出设计阶段		输出资料重点控制条款	
				初设	施工图	初设	施工图
轨道	A3A6	1 列车全长、单节长、全轴距、固定轴距、列车 AW0/AW3 轴重、设计速度、构造设计速度等 2 车轮材质、硬度及几何尺寸（初步设计阶段协商确定，施工图设计阶段提供资料） 3 车钩高度、挡车面轮廓，对车挡的要求（如全自动运行线路的特殊需求，双方协商确定）	协商讨论，提供资料	√	√	1	1 2
桥梁	A3B12	1 车辆主要技术条件和参数［车辆自重、载重、轴重、运行速度、加（减）速度等］、车辆荷载分布示意图	提供资料	√	√	1	1
区间	A3B9						
概预算	A3A8	1 车辆单价	提供资料	√		1	
行车组织与运营管理	A3A2	1 详细的牵引及耗电特性图及相关数据	提供资料和设计协调	√	√	1	1
限界	A3A5	1 车辆类型 2 车辆结构参数 3 车辆轮廓线及控制点坐标	提供资料	√	√	1	1~3
工艺	A3F2	1 车辆主要技术条件和参数 2 车辆结构形式、蓄电池形式、喷漆 / 贴膜工艺	提供资料，协商讨论	√	√	1 2	1 2

续上表

接口名称	接口编号	输出接口要求	接口处理及用途	输出设计阶段		输出资料重点控制条款	
				初设	施工图	初设	施工图
供电系统	A3C2	1 车辆类型、编组形式、车辆及辅助设备功率 2 初/近/远期列车启动电流 3 列车（电机）牵引力特性曲线 4 列车（电机）供电特性曲线 5 列车阻力特性曲线 6 列车制动特性曲线 7 列车（电机）再生电流特性曲线 8 列车输入功率曲线 9 列车（电机）效率曲线 10 列车功率因数曲线 11 列车自重、定员总重及超员总重 12 受电弓（集电靴）外形尺寸及工作宽度 13 受电弓（集电靴）工作范围 14 受电弓（集电靴）静态抬升力的范围 15 车辆的动态包络线 16 车辆参数（类型、编组、最大运行速度、结构速度、旅行速度、启动加速度、平均加速度、制动平均减速度、紧急制动减速度、列车自重、定员总重、超员总重、车辆制动策略）	提供资料	√	√	1 3 4 7 11	1~16
通信	A3D1	1 车辆车载设备实时和离线传输的需求	提供资料和设计协调	√	√	1	1
信号	A3D5	1 车辆的主要技术参数（车辆类型、编组、尺寸、供电方式等） 2 配车数量 3 有关牵引、制动的各种特性参数	提供资料和设计协调	√	√	1 2	1~3

续上表

接口名称	接口编号	输出接口要求	接口处理及用途	输出设计阶段		输出资料重点控制条款	
				初设	施工图	初设	施工图
站台门	A3E6	1 车辆主要技术条件和参数（车辆长度、车体宽度、车门数量、车门宽度、车门间距）	提供资料	√	√	1	1
通风空调	A3E1	1 车辆头部形状、断面图、重量 2 列车长度、编组 3 牵引电机特性曲线、制动特性、列车加速度 / 减速度限制等 4 车辆对外散热设备功率，包含空调、牵引系统散热形式、数量和散热量（初步设计阶段协商确定，施工图设计阶段提供资料） 5 车辆燃烧特性，如火灾发热量等（初步设计阶段协商确定，施工图设计阶段提供资料） 6 列车冷凝器风量及布置位置（初步设计阶段协商确定，施工图设计阶段提供资料） 7 是否有车载制动电阻装置（初步设计阶段车辆、供电、通风专业协商确定，施工图设计阶段提供资料）	初步设计阶段协商讨论，施工招标阶段提供资料	√	√	1~7	1~7

第4章 线路

4.1 专业组成

本专业组成主要包括：

（1）正线（干线与支线）；

（2）配线（联络线、折返线、停车线、渡线、安全线）。

4.2 专业功能

正线：指载客列车运营的贯穿全程的线路。

配线：地铁线路中除正线外，在运行过程中为列车提供收发车、折返、联络、安全保障、临时停车等功能服务，通过道岔与正线或相互联络的轨道线路。

4.3 专业的主要接口

线路设计应结合地形、地貌、地质、水文等条件设计，工程测量和工程地质专业要提供相应的接口资料。

线路专业与城市规划、综合交通、线网规划、行车组织与运营管理、车辆、限界、轨道、建筑、车站结构（含防水）、区间、桥梁、站场、信号等专业有控制接口关系。一方面，城市规划、综合交通、线网规划、行车组织与运营管理、车辆、限界、轨道、建筑、车站结构（含防水）、区间、桥梁、站场、信号等专业要提供控制要求，线路专业要实现这些控制要求；另一方面，线路的设计也影响行车组织与运营管理、车辆、限界、轨道、建筑、车站结构（含防水）、区间、桥梁、站场、疏散平台、信号等专业的设计，为其提供接口。

4.4 专业设计技术接口表

4.4.1 设计输入部分（表 4.4-1）

相关专业对线路专业的输入接口表 表 4.4-1

专业名称：线路 专业代号：XL 系统编码：A4

接口名称	接口编号	输入接口要求	接口处理及用途	输入设计阶段		受资专业需重点核对、协商条款	
				初设	施工图	初设	施工图
客流预测	A1A4	1 客流预测资料（站点人口、岗位覆盖）	用于确定合理的站位设置	√		1	

续上表

接口名称	接口编号	输入接口要求	接口处理及用途	输入设计阶段		受资专业需重点核对、协商条款	
				初设	施工图	初设	施工图
行车组织与运营管理	A2A4	1 配线图 2 交路图 3 道岔型号	用于确定配线规模和线路平面设计	√		1~3	
车辆	A3A4	1 车辆类型及主要参数（编组长度等）	用于确定停车线、折返线长度	√		1	
限界	A5A4	1 区间各种工法或地段采用的线间距最小要求（直线、曲线、蹬车平台、疏散平台、中隔墙及不同工法等特殊情况） 2 限界断面图 3 道岔和曲线等加宽的相关要求 4 施工配合阶段，侵限范围及限界检核结果（横向侵限及第三轨供电时的顶部侵限）	1 用于确定线路线间距（限界专业牵头协商确定） 2 用于调线、调坡	√	√	1 2	2~4
轨道	A6A4	1 道岔图、通过速度 2 车挡占用线路长度 3 曲线侵入站台要求 4 轨道结构高度、超高表 5 单渡线、交叉渡线线间距要求 6 地形修测范围 7 施工配合阶段，侵限范围及限界检核结果（轨道结构高度要求是否满足）	1 用于线路设计中配线长度计算 2 用于调线、调坡	√	√	1 2 4	1~4
人防	A7A4	1 人防门设置对线路的需求	用于确定合适的线路平纵设计	√	√	1	1
工程地质	B1A4	1 地质概况 2 1∶5000、1∶500 地质填色图 3 1∶8000、1∶800 地质纵断面图（初设） 4 水文资料	1 用于核查平、纵断面设计边界条件 2 用于纵断面设计和出图	√	√	1~4	1 3 4

续上表

接口名称	接口编号	输入接口要求	接口处理及用途	输入设计阶段		受资专业需重点核对、协商条款	
				初设	施工图	初设	施工图
工程测量	B2A4	1 地形图（含水下地形）修测成果 2 横断面测量成果 3 控制性建（构）筑物测量 4 施工完毕后的轨行区断面测量 5 航空摄影测量成果，正射影像、三维实景	用于核查平、纵断面设计边界条件	√	√	1~3	1~4
房调	B3A4	1 既有建（构）筑物竣工图（或施工图） 2 规划拟建建（构）筑物施工图	用于线路平、纵断面设计，较好地处理地铁与相关建（构）筑物的关系	√	√	1 2	1 2
管线探测	B4A4	1 管线资料	包括埋深、管径、管材、工作井结构等，用于线路平、纵断面设计	√	√	1	1
建筑	B5A4	1 标准站图册 2 车站总平面图（需动态反馈） 3 车站特征表（需动态反馈）	1 标准站图册中有效站台长度用于线路平面设计，标准站埋深用于线路纵断面设计 2 车站总平面图中的宽度、方位角及坐标，用于确定车站地段线路平面位置 3 特征表中车站中心轨面埋深，用于非标准站段线路纵断面设计	√	√	1~3	2 3
车站结构（含防水）	B8A4	1 施工方法及工法分界点 2 站台层结构断面图	1 用于线路平、纵断面设计 2 用于调线、调坡	√	√	1	1 2
区间	B9A4	1 施工方法及工法分界点 2 各地段线间距要求 3 区间埋深要求 4 中央风井、连通道及泵房位置、里程及相关图纸 5 区间结构横断面	1 用于线路平、纵断面设计 2 用于确定区间最低点位置	√	√	1~4	1~5
疏散平台	B11A4	1 疏散（蹬车）平台设置的范围，以及疏散（蹬车）平台最小控制宽度	用于确定线路最小线间距	√	√	1	1

续上表

接口名称	接口编号	输入接口要求	接口处理及用途	输入设计阶段		受资专业需重点核对、协商条款	
				初设	施工图	初设	施工图
桥梁	B12A4	1 桥型布置图 2 桥梁标准横断面图 3 桥梁对线路的要求(如线路平面是否设计为同心圆) 4 特殊桥跨等线间距要求	用于确定线路平面形式、位置和设计高程	√	√	1~4	1~4
路基	B13A4	1 路基平面图 2 路基标准横断面图 3 路基段设置范围及对线路的要求	用于线路平、纵断面设计	√	√	1~3	1~3
供电系统(接触网)	C2A4	1 接触网安装高度,以及特殊情况下的处理形式 2 施工配合阶段,侵限范围及限界检核结果(轨面以上高度)	用于调线、调坡		√		1
信号	D5A4	1 配线相关长度	用于确定停车线、折返线、安全线、岔心至站台等长度	√	√	1	1
防淹门	E7A4	1 防淹门设置对线路的需求	用于确定合适的线路平、纵断面设计	√	√	1	1
站场	F1A4	1 站场总平面布置图 2 出入段线线路资料	1 站场选址临近正线时,用于线路平面位置选定 2 用于确定正线与出入线接口平面位置和设计高程	√	√	1 2	1 2
城市规划	G1A4	1《城市总体规划》:城市规划发展结构、城市重点发展区域、总规、三区四线等 2《分区控制性详细规划》:道路红线、规划用地性质、地块容积率等	1 用于线站位平面位置选定和方案比较 2 用于线路建设必要性和紧迫性论证	√	√	1 2	1 2
综合交通	G2A4	1《城市综合交通体系规划》:海陆空各交通方式规划及现状	用于线站位平面位置选定和方案比较	√	√	1	1
线网规划	G3A4	1《城市轨道交通线网规划》:线路起终点及走向、线路功能定位、敷设方式、规划换乘线系统选型等	1 用于线站位平面位置选定和方案比较 2 用于确定与其他线路的换乘和交叉关系	√	√	1	1

续上表

接口名称	接口编号	输入接口要求	接口处理及用途	输入设计阶段		受资专业需重点核对、协商条款	
				初设	施工图	初设	施工图
社会稳定	G4A4	1 风景名胜、水源保护区、文物、矿产压覆(采空)区等	用于确定线路实施条件	√	√	1	1
环境保护	G10A4	1 风景名胜、水源保护区、军事禁区、文物等	用于确定线路实施条件	√	√	1	1
劳动安全与卫生	G11A4	1 管线、石化、加油站等敏感点	用于确定线路实施条件	√	√	1	1
场站综合体	G15A4	1 场站综合体选址位置	用于确定合理的车站站位	√		1	
航道航标	G16A4	1 通航条件影响评价报告	用于线路经由江河湖海区段边界条件确定	√		1	
节能	G20A4	1 节能评价对线路设计的要求	从节能方面进行合理的线路平、纵断面设计	√	√	1	1

4.4.2　设计输出部分(表 4.4-2)

线路专业对相关专业的输出接口表　　表 4.4-2

专业名称:线路　　专业代号:XL　　系统编码:A4

接口名称	接口编号	输出接口要求	接口处理及用途	输出设计阶段		输出资料重点控制条款	
				初设	施工图	初设	施工图
客流预测	A4A1	1 线站位图和表(和工程可行性研究阶段有变化时提供)	用于进行线路和车站客流预测	√		1	
行车组织与运营管理	A4A2	1 线路平面布置图 2 线路纵断面图 3 敷设方式	1 用于确定最高运行速度 2 用于牵引计算	√	√	1 2	1 2
车辆	A4A3	1 线路平、纵断面图 2 车站分布表	用于校核车辆动拖比等	√	√	1	1 2
限界	A4A5	1 线路平面布置图 2 线路纵断面图	提供资料及数据	√	√	1	1 2
轨道	A4A6	1 线路平、纵断面图 1.1 线间距 1.2 曲线半径 1.3 曲线侵入站台情况 1.4 地形图成果资料	用于轨道超高、轨道选型、无缝线路、减振、综合铺轨、轨道排水等设计	√	√	1	1
人防	A4A7	1 线路平、纵断面图及线路要素 2 道岔里程	提供资料	√	√	1 2	1 2

续上表

接口名称	接口编号	输出接口要求	接口处理及用途	输出设计阶段		输出资料重点控制条款	
				初设	施工图	初设	施工图
概预算	A4A8	1 线路设计长度 2 线路概况	1 用于估算编制 2 用于概算编制	√	√	1 2	1 2
工程地质	A4B1	1 线路平面示意图及线路说明 2 标注控制性建（构）筑物的线路平、纵断面图 3 地形图（含水下）	作为编制或复核勘察技术要求、编制勘察大纲和勘察成果的依据文件	√	√	1 2	1 2
工程测量	A4B2	1 线路平面图（包括区间、站位平面、车辆基地）	用于确定航空摄影测量工作范围和提供资料	√		1	
房调	A4B3	1 线路平面图 2 线路纵断面图 3 地形图成果资料	用于确定房调范围	√		1~3	
管线探测	A4B4	1 线路平、纵断面图 2 地形图成果资料	用于确定管线探测范围	√	√	1 2	1 2
建筑	A4B5	1 控规色块图 2 最新规划路网图 3 线路（正线、辅助线）平、纵断面图 3.1 线间距 3.2 车站分布表 3.3 曲线表 3.4 线路侵入站台情况	1 用于核实车站方案与现状的关系 2 用于核实车站方案与规划的关系，参考确定出入口平台标高 3 用于核实车站方案满足线路的要求	√	√	1~3	1~3
车站结构（含防水）	A4B8	1 线路平、纵断面图 1.1 线路平面图 1.2 线路纵断面图 1.3 线路要素 2 地形图成果资料 3 初步设计及其之前的阶段：控规、土规资料 4 文物、风景名胜、历史文物街区、水源保护区资料（与环评专业共同提供）	1 用于确定车站结构内轮廓、轨面标高、平面定位等（线路、建筑、结构专业相互协调） 2 用于确定周边环境、地面建（构）筑物 3 用于核实带配线车站的线间距要求（结合疏散平台、蹬车平台、中隔墙等的设置）	√	√	1 2	1 2
区间	A4B9	1 线路平、纵断面图，车站表 2 控规、土规（初步设计及前期研究阶段）、文物、风景名胜、水源保护区、历史文物街区等	用于隧道设计	√	√	1 2	1
疏散平台	A4B11	1 线路平、纵断面图	用于确定疏散平台在曲线的内外	√	√	1	1

续上表

接口名称	接口编号	输出接口要求	接口处理及用途	输出设计阶段		输出资料重点控制条款	
				初设	施工图	初设	施工图
桥梁	A4B12	1 线路平、纵断面图，车站表 2 控规、土规（初步设计及前期研究阶段）、文物、风景名胜、历史文物街区、水源保护区等	1 用于布置桥梁平面图 2 用于布置桥梁纵断面图	√	√	1 2	1
路基	A4B13	1 线路平、纵断面图 1.1 线路平面图 1.2 线路纵断面图 1.3 线路要素 2 地形图成果资料 3 控规、土规（初步设计及前期研究阶段）、文物、风景名胜、历史文物街区、水源保护区资料	1 用于路基计算，确定路基处理方案 2 用于确定周边环境、地面建（构）筑物	√	√	1 2	1 2
工程筹划	A4B14	1 平、纵断面缩图 2 车站分布表 3 线路概况	提供资料	√	√	1~3	1~3
供电系统	A4C2	1 线路平、纵断面图（含线路数据） 2 车站、换乘站分布表 3 调线、调坡数据，贯通运行施工图（含最终里程）	1 用于牵引所布点设计、区间电缆敷设设计、接触网抢修房间配置设计、供电综合维修室配置设计 2 用于接触网平面布置、回流系统设计，确认联络线是否需要设置绝缘结等 3 用于接触网工程量统计，核实净空	√	√	1~3	1~3
供电系统（接触网）	A4C2	1 线路平、纵断面图	用于接触网设计	√	√	1	1
供电系统（供电车间）	A4C2	1 线路平面图	用于接触网抢修房间设置	√	√	1	1
通信	A4D1	1 全线线路平、纵断面图 2 车站分布表	用于通信线路及骨干传输网络构成	√	√	1 2	1 2
公安通信	A4D3	1 全线线路平、纵断面图 2 车站分布表	用于通信线路及骨干传输网络构成	√	√	1	1
信号	A4D5	1 全线线路平、纵断面图 2 车站分布表和线路曲线表	用于信号设计	√	√	1	1
AFC	A4D6	1 车站分布表	用于概算编制	√	√	1	1

续上表

接口名称	接口编号	输出接口要求	接口处理及用途	输出设计阶段		输出资料重点控制条款	
				初设	施工图	初设	施工图
FAS	A4D8	1 线路工程概况，车站、中间风井分布表	用于文件编制	√	√	1	1
BAS	A4D9	1 车站分布表	用于设备数量及投资估算	√	√	1	1
ISCS	A4D10	1 车站分布表	用于综合监控设计	√	√	1	1
安检	A4D13	1 车站分布表	用于概算编制	√	√	1	1
智能客服	A4D18						
隧道通风	A4E2	1 线路平、纵断面图 1.1 站间距 1.2 坡度	用于隧道通风系统配置及软件模拟计算	√	√	1	1
给排水及消防	A4E4	1 区间线路平、纵断面图	用于确定区间废水泵房里程	√	√	1	1
声屏障	A4E9	1 线路平、纵断面图，包含线路两侧地形	用于设计声屏障设置范围	√	√	1	1
站场	A4F1	正线线路平、纵断面图	用于出入段线线路设计	√	√	1	1
社会稳定	A4G4	1 线路简介、简图 2 线路平、纵断面图 3 地形图成果资料	1 用于研究线路走向与规划的符合性分析 2 用于分析线路下穿、侧穿建筑物引起的社会稳定风险指标	√	√	1~3	
环境保护	A4G10	1 落实环评报告及批复文件中线路穿越文物保护区、水源保护区、生态保护区需采取的措施 2 线路平、纵断面图	1 用于落实环评措施 2 用于振动、噪声预测	√	√	1 2	1 2
劳动安全与卫生	A4G11	1 线路平、纵断面图及设计说明	用于劳动安全与卫生设计	√		1	
防洪排涝	A4G14	1 全线陆地地形图 1：500或1：2000 2 河道的水下地形（1：500），范围为地铁构筑物上游500m至建筑物下游300m 3 线路平、纵断面图（车站起点、终点、中心里程） 4 线路示意图	1 结合地形，计算汇水面积、冲刷深度、相对高差、建筑物壅水、阻水、河势影响等 2 用于编写防洪排涝报告概况，进行构筑物位置与水利规范（定）的合规性分析	√	√	1~4	1~4
航道航标	A4G16	1 线路平、纵断面图 2 线路示意图	用于编写通航论证报告	√		1	

第 5 章
限界

5.1 专业组成

本专业组成主要包括：

(1)车辆轮廓线、车辆限界、设备限界(分为直线和曲线地段)；

(2)各类车站和区间轨行区内设备布置；

(3)各类区间和车站建筑限界；

(4)其他区域建筑限界；

(5)曲线建筑限界及设备限界加宽量；

(6)配合调线、调坡及限界检查；

(7)与其他相关专业的接口配合。

5.2 专业功能

根据所采用的车辆类型，通过计算得到各类车辆限界和设备限界，全面考虑设备安装原则，在满足行车安全的条件下，制定合理的建筑限界，控制土建规模。

限界专业的设计应以安全为前提，以制定经济合理的建筑限界为目标。

限界是地铁系统的重要组成部分，它整合了区间和车站轨行区内所有设备的安装位置和安装尺寸，充分优化了安装空间，保证了行车断面的经济性；另外，贯彻以人为本的设计理念，确保事故状态下乘客、工作人员能够及时疏散，配合相关专业确定消防疏散方案。

5.3 专业的主要接口

协调好城市轨道交通限界专业与其他相关专业的接口关系，使各个系统能够紧密结合，以达到整个轨道交通系统运营安全、可靠，并降低工程投资和运营成本的目的。

限界专业的主要接口可以归为两大类：

第一类，影响车辆限界及设备限界的因素，指的是车辆和线路及轨道参数。

其中，车辆包括车辆各项构造参数。这是轨道交通限界的决定性因素。它体现了城市轨道交通的特点，即单一车种载客运营，是制定轨道交通限界的基础条件，使得制定经济合理的行车断面成为必然。一般情况下，车辆限界由车辆厂家提供。

而线路及轨道参数直接影响设备限界的制定。例如，线路的平面曲线和超高对设备限界有很大的影响。

另外，车辆受电方式的不同也会改变轨行区建筑限界横向、纵向的尺寸。

第二类，影响建筑限界的因素包括结构工法（明挖、暗挖、地面线及高架线）、各类设备、空气动力学因素。

结构工法决定了结构的外轮廓形状，它也是一个重要因素。

设备包括轨行区内安装的各类管线、平台、转辙机、信号机、电话机、电源箱、照明灯、隔离开关、疏散平台等。在考虑充分利用空间的基础上布置各类设备，尽量设计经济合理的限界断面。

对于 120km/h 及以上速度等级线路，在制定建筑限界时，应根据阻塞比制定建筑限界断面。

5.4 专业设计技术接口表

5.4.1 设计输入部分（表 5.4-1）

相关专业对限界专业的输入接口表　　表 5.4-1

专业名称：限界　　专业代号：XJ　　系统编码：A5

接口名称	接口编号	输入接口要求	接口处理及用途	输入设计阶段		受资专业需重点核对、协商条款	
				初设	施工图	初设	施工图
线路	A4A5	1 线路平面布置图 2 线路纵断面图	提供资料及数据	√	√	1	1 2
行车组织与运营管理	A2A5	1 各个区段行车速度	提供资料，计算阻塞比	√	√	1	1
轨道	A6A5	1 各类轨道结构断面图（直线和曲线地段，矩形、马蹄形、圆形，地面线及高架线） 2 全线曲线地段超高值 3 各类道岔布置图	提供资料	√	√	1 2	1~3
区间	B9A5	1 全线车站与隧道工法及其起讫里程 2 紧急疏散平台尺寸，安装空间要求	提供资料	√	√	1	1 2
建筑	B5A5	1 车站建筑平、剖面图（重点强调轨行区凸出的梁、柱）	送会签	√	√	1	1
建筑装修（含外部景观）	B6A5	1 广告灯箱尺寸及安装位置	提供资料	√	√	1	1
人防（含防淹门）	A7A5/ E7A5	1 人防门（含防淹门）里程及尺寸	提供资料		√		1

续上表

接口名称	接口编号	输入接口要求	接口处理及用途	输入设计阶段		受资专业需重点核对、协商条款	
				初设	施工图	初设	施工图
车辆	A3A5	1 车辆类型 2 车辆结构参数 3 车辆轮廓线及控制点坐标	提供资料	√	√	1 2	1~3
供电系统（接触网）	C2A5	1 电缆数量及支架形式 2 区间和车站电缆敷设路径 3 各类接触网、三轨安装尺寸图 4 隔离开关安装图	提供资料	√	√	1 3	1~4
动力与照明	C3A5	1 区间低压供电电缆数量及电缆支架形式 2 区间电源箱尺寸 3 工作照明灯及应急照明灯安装图	提供资料	√	√	1	1~3
通信	D1A5	1 区间和车站弱电电缆支架形式 2 漏泄电缆数量及安装位置 3 区间电话尺寸及安装方式	提供资料	√	√	1	1~3
信号	D5A5	1 全线信号机布置图及安装图 2 全线转辙机等轨旁信号设备安装空间的预留要求	提供资料	√	√	1 2	1 2
FAS	D8A5	1 线缆路由线缆尺寸、支架尺寸过轨挂线的要求	提供资料		√		1
BAS	D9A5						
隧道通风	E2A5	1 各类隧道风机安装位置及安装图 2 速度 120km/h 以上线路考虑空气动力学因素	提供资料，核算轨面以上净空需求	√	√	1 2	1 2
集中供冷	E3A5	1 冷冻水管的安装位置及安装尺寸	提供资料		√		1
站台门	E6A5	1 站台门剖面图	提供资料		√		1
给排水及消防	E4A5	1 区间排水管安装位置及安装尺寸 2 消防水管的安装位置及安装尺寸 3 消火箱(栓)安装图	提供资料	√	√	1 2	1~3
桥梁	B12A5	1 桥面尺寸宽度 2 桥面布置图	提供资料	√	√	1	1

5.4.2 设计输出部分（表 5.4-2）

限界专业对相关专业的输出接口表 表 5.4-2

专业名称：限界　专业代号：XJ　系统编码：A5

接口名称	接口编号	输出接口要求	接口处理及用途	输出设计阶段		输出资料重点控制条款	
				初设	施工图	初设	施工图
线路	A5A4	1 隧道中心左右建筑限界图	提供资料	√	√	1	1
轨道	A5A6	1 各种建筑限界轨道结构高度图	提供资料和会签	√	√	1	1
桥梁	A5B12	1 高架区间建筑限界图（直线和曲线）	提供资料和会签	√	√	1	1
路基	A5B13	1 地面线建筑限界图（直线和曲线） 2 道岔区加宽值计算图表	提供资料和会签	√	√	1	1
建筑	A5B5	1 直线地段各类型车站建筑限界图 2 曲线地段车站、站台、站台门限界加宽 3 道岔区加宽要求	提供资料和会签	√	√	1~3	1~3
建筑装修（含外部景观）	A5B6	1 设备限界图	提供资料和会签	√	√	1	1
区间	A5B9	1 各种隧道建筑限界图（直线和曲线） 2 道岔区建筑限界加宽要求	提供资料和会签	√	√	1 2	1 2
人防（含防淹门）	A5A7/A5E7	1 直线地段人防门（含防淹门）建筑限界图 2 曲线地段人防门（含防淹门）建筑限界加宽要求	提供资料	√	√	1	1 2
车辆基地建筑／工艺	A5F3/A5F2	1 车辆限界图 2 车库门建筑限界图、咽喉区加宽要求 3 检修平台限界要求	提供资料	√	√	1 2	1~3
供电系统（接触网）	A5C2	1 建筑限界图（含各类管线、设备安装位置） 2 轨旁设备与车辆受流器及受电弓的电气安全距离	提供资料	√	√	1	1 2
动力与照明	A5C3	1 建筑限界图（含各类管线、设备安装位置）	会签	√	√	1	1

续上表

接口名称	接口编号	输出接口要求	接口处理及用途	输出设计阶段		输出资料重点控制条款	
				初设	施工图	初设	施工图
通信	A5D1	1 建筑限界图（含各类管线、设备安装位置）	会签	√	√	1	1
信号	A5D5						
隧道通风	A5E2	1 各类断面建筑限界、设备限界图（含各类管线、设备安装位置）	会签	√	√	1	1
站台门	A5E6	1 地下车站建筑限界图（含站台门限界及加宽要求）	提供资料	√	√	1	1
给排水及消防	A5E4	1 隧道建筑限界图（含各类管线、设备安装位置）	会签	√	√	1	1

第6章
轨道

6.1 专业组成

本专业组成主要包括：

（1）钢轨；

（2）扣件；

（3）轨枕；

（4）道床；

（5）道岔；

（6）轨道减振降噪措施；

（7）无缝线路；

（8）车挡及其他辅助设备（含线路及信号标志、涂油器等）；

（9）轨道监测系统。

6.2 专业功能

轨道直接承受列车传递下来的荷载，并引导列车的运行，是地铁工程不可或缺的一部分。随着人们环保意识的提升，地铁带来的振动及噪声不容忽视，因此轨道还承担减少列车运行带来的环境振动及噪声任务。此外，轨道还用作供电回流轨、杂散电流收集网、信号轨道电路等。

6.3 专业的主要接口

轨道专业应结合线路、限界、行车组织与运营管理、建筑、车站结构（含防水）、工程测量、供电、信号等专业资料进行轨道超高、结构、排水、减振、杂散电流防护、信号设备基坑预留等设计工作。

在轨道设计阶段，轨道专业还应向线路、限界、行车组织与运营管理、建筑、车站结构（含防水）、信号等专业输出如轨道道岔、超高、结构断面、排水、减振设置里程表等主要设计资料。

6.4 专业设计技术接口表

6.4.1 设计输入部分(表6.4-1)

相关专业对轨道专业的输入接口表 表6.4-1

专业名称:轨道 专业代号:GD 系统编码:A6

接口名称	接口编号	输入接口要求	接口处理及用途	输入设计阶段		受资专业需重点核对、协商条款	
				初设	施工图	初设	施工图
行车组织与运营管理	A2A6	1 牵引曲线(正线) 1.1 曲线最大、最小速度 1.2 牵引曲线对应的线路平面示意图(曲线里程应与线路图严格对应) 2 行车交路 3 配线	用于超高计算以及道岔选型、轨道监测系统等设计	√	√	1.1 2 3	1.1 1.2 2 3
车辆	A3A6	1 列车全长、单节长、全轴距、固定轴距、列车AW0/AW3轴重、设计速度、构造设计速度等 2 车轮材质、硬度及几何尺寸 3 车钩高度、挡车面轮廓,对车挡的要求(如全自动运行线路的特殊需求,双方协商确定)	1 用于轨道结构设计、轨道减振设计等 2 用于钢轨选型及轮轨匹配分析,道岔、护轨设计等,初步设计阶段车辆未招标,互相协商 3 用于车挡设计	√	√	1 2	1~3
线路	A4A6	1 线路平、纵断面图,包含: 1.1 线间距 1.2 道岔号数 1.3 曲线半径 1.4 曲线侵入站台情况 1.5 地形图成果资料(含地形修测)	用于轨道超高、轨道选型、无缝线路、减振、综合铺轨、轨道排水等设计	√	√	1	1
限界	A5A6	1 各种断面限界图 2 警冲标设置要求	1 轨道与限界专业共同确认各种轨道结构高度,用于轨道结构设计(关注轨旁设备是否侵限,如车场线连接端子)及向各专业开放 2 用于警冲标图纸设计	√	√	1	1 2

续上表

接口名称	接口编号	输入接口要求	接口处理及用途	输入设计阶段		受资专业需重点核对、协商条款	
				初设	施工图	初设	施工图
人防	A7A6	1 轨行区人防门门槛设计资料(含门槛设置里程、设计图等)	用于复核确保满足轨道要求及门槛施工		√		1
概预算	A8A6	1 工程量清单格式要求及概算 2 工程变更概算 3 特殊设备单价、涉及统一取费问题的单价要相互协商(新工艺、新设备等)	用于轨道工程量统计	√	√	1	2
建筑	B5A6	1 站台板下层平、剖面图(含废水泵房埋水管里程、标高) 2 站厅层、设备层等建筑图(包含轨道用房布置等)	1 用于轨道排水设计及工程量统计 2 用于轨道监测系统设计		√		1 2
综合管线	B7A6	1 轨道专业将轨道监测系统站内电缆、光纤敷设图等资料提供给综合管线专业确认,综合管线专业提供平、剖面图及综合支吊架(含抗震支吊架)详图	用于轨道监测系统设计联络,由轨道专业实施		√		1
车站结构(含防水)	B8A6	1 主体结构断面图 2 结构与轨道实施分界(如盾构井回填等)	1 用于道床设计 2 用于工程量统计	√	√	1 2	1
区间	B9A6	1 隧道纵、横断面图 2 各类断面里程 3 结构与轨道实施分界(如暗挖隧道回填等) 4 钢管片、注浆管等的设置资料(若有)	1 用于轨道结构设计 2 用于轨道工程量统计 3 用于复核是否满足轨道要求	√	√	1~3	1~4
轨行区综合管线	B10A6	1 轨道专业将轨道监测系统区间电缆、光纤敷设图等资料提供给综合管线专业确认,综合管线专业提供平、剖面图及综合支吊架(含抗震支吊架)详图	用于轨道监测系统设计联络,由轨道专业实施		√		1
疏散平台	B11A6	—	—				

续上表

接口名称	接口编号	输入接口要求	接口处理及用途	输入设计阶段		受资专业需重点核对、协商条款	
				初设	施工图	初设	施工图
桥梁	B12A6	1 桥型布置及墩台设计图 2 轨道自重及其他要求(互相协商确定)	1 互相协调,避免梁缝位于道岔区,用于无缝线路设计、道床分块等 2 用于确定轨道横断面设计	√	√	1 2	1 2
路基	B13A6	1 路基断面设计图	用于轨道断面设计	√	√	1	1
工程筹划	B14A6	1 铺轨基地位置、铺轨工期	用于核对铺轨基地数量、位置,确保满足铺轨工期;核查土建专业是否进行轨排井的预留	√	√	1	1
供电系统	C2A6	1 过轨管线需求(不宜设置在浮置板地段) 2 钢轨电阻测试方法及技术要求 3 杂散电流防护对轨道(正线及车辆基地)专业要求 3.1 道床钢筋排流截面积、钢筋焊接要求 3.2 连接、测量、排流端子设置要求 3.3 钢轨绝缘安装要求、扣件绝缘要求 3.4 钢轨纵向电阻测量、收集网纵向电阻测量、钢轨过渡电阻测量要求及道床收集网通用图(不同道床形式) 4 钢轨绝缘接头设置要求 5 接触轨安装对轨道的要求 6 回流电缆、均流电缆与钢轨的连接若采用胀钉,则提供钻孔要求(相互协调) 7 预埋过轨管要求	1 用于埋设重型PVC过轨管线 2 用于用户需求书编制及返资钢轨电阻值 3 用于轨道杂散电流防护措施设计及工程量统计 4 用于轨缝布置设计(当采用移动闭塞方式时提供) 5 互相协调,确保接触轨正常安装 6 轨道专业负责钻孔,满足供电安装要求 7 轨道专业负责预埋过轨管	√	√	2 3.1 6	1~7
动力与照明	C3A6	1 过轨管线需求(不宜设置在浮置板地段)	用于埋设重型PVC过轨管线	√		1	

续上表

接口名称	接口编号	输入接口要求	接口处理及用途	输入设计阶段		受资专业需重点核对、协商条款	
				初设	施工图	初设	施工图
通信	D1A6	1 过轨管线需求（不宜设置在浮置板地段）	用于埋设重型PVC过轨管线		√		1
信号	D5A6	1 过轨管线需求（不宜设置在浮置板地段） 2 转辙机拉杆槽及转辙机坑位置、尺寸要求 3 转辙机与道岔接口资料 4 计轴器、应答器的安装要求 5 绝缘接头需求（集成接触网/轨、供电系统杂散电流防护及接地的需求） 6 车辆基地信号设备安装对轨道的要求	1 用于埋设重型PVC过轨管线 2 用于道岔道床、排水设计 3 用于道岔设计 4 用于道床设计 5 用于轨缝布置设计（当采用轨道电路时提供） 6 用于车辆基地轨道道床设计		√		1~6
FAS	D8A6	1 过轨管线需求（不宜设置在浮置板地段）	用于埋设重型PVC过轨管线		√		1
BAS	D9A6						
ISCS	D10A6						
云平台	D15A6	1 本线设置的云节点设置情况 2 配置资源情况 3 云节点端口分配图 4 IP地址规划 5 轨道专业上云平台的接口要求（含协议、数据标准等）	用于轨道监测系统设计： 1 便于轨道专业考虑如何接入云平台 2 便于轨道专业核查资源是否满足功能实现要求 3 便于施工接入指定端子 4 便于厂家编写程序 5 便于厂家制作接口程序	√	√	1 2	1~5
大数据	D16A6	1 大数据系统可以开放的相应提升功能 2 大数据系统所需数据的格式、标准 3 相应接口形式	1 大数据系统能提供的服务，轨道专业可针对性筛选使用 2 接入大数据系统需满足的要求 3 接入大数据和从大数据输出所需遵循的标准	√	√	1	1 2

续上表

接口名称	接口编号	输入接口要求	接口处理及用途	输入设计阶段		受资专业需重点核对、协商条款	
				初设	施工图	初设	施工图
给排水及消防	E4A6	1 过轨管线（槽）要求（不宜设置在浮置板地段） 2 排水截面积要求 3 给排水专业统筹负责，轨道、区间、车站结构及建筑等专业协商确定废水泵房设置里程（尽量位于线路实际最低点）、埋管标高，各专业会签后统一下发	用于埋设过轨管线（槽）以及轨道排水设计	√	√	2	1~3
防淹门	E7A6	1 门槛设计资料（含门槛的起、终点里程及设计分界面）	确保满足轨道要求及门槛施工要求	√	√	1	1
声屏障	E9A6	1 声屏障设置里程，图纸	互相协调，使得工程减振降噪措施更加完善	√	√	1	1
站场	F1A6	1 站场及出入线平、纵断面图 1.1 岔间插入短轨长度 1.2 道岔号数 1.3 曲线半径 2 站场专业统筹负责出入线牵引曲线	1 互相协调，用于轨道总图、减振设计及工程量统计 2 用于出入线的轨道超高及减振设计等	√	√	1	1 2
工艺	F2A6	1 工艺平面布置图（须与建筑、结构图对应） 2 零轨设置位置（若有） 3 其他工艺设备对轨道的需求（若有） 4 试车线牵引曲线 5 车场线（咽喉区、牵出线及库前等重点区域）最高速度	1 互相协调，用于轨道总图、道床设计 2 用于零轨施工要求、扣件设计 3 用于特殊工艺设备轨道设计 4 用于超高计算 5 用于轨道减振设计	√	√	1 5	1 3~5
车辆基地建筑	F3A6	1 库房平、剖面图（须与工艺专业提供的道床形式对应）	用于轨道道床设计	√	√	1	1
车辆基地结构	F4A6	1 库房平、剖面图（须与工艺专业提供的道床形式对应） 2 当有上盖开发时，应提供轨道基础与上盖建筑基础的连接方式（如是否脱开设计等）	用于轨道道床及减振设计	√	√	2	1 2

续上表

接口名称	接口编号	输入接口要求	接口处理及用途	输入设计阶段		受资专业需重点核对、协商条款	
				初设	施工图	初设	施工图
车辆基地动力与照明	F7A6	—	—				
环境保护	G10A6	1 环评报告 1.1 轨道减振降噪措施设置原则 1.2 轨道减振降噪措施及设置里程	用于轨道减振降噪设计	√	√	1	1
场站综合体	G15A6	1 上盖建筑图纸资料 1.1 建筑物平面布置图 1.2 建筑物属性、楼层高度 2 上盖盖板平面图(若有) 3 当有上盖开发时，应提供轨道基础与上盖建筑基础的连接方式(如是否脱开设计等) 4 上盖物业开发的专项环评报告	用于轨道减振降噪设计	√	√	1~4	1~4

6.4.2 设计输出部分(表 6.4-2)

轨道专业对相关专业的输出接口表 表 6.4-2

专业名称:轨道 专业代号:GD 系统编码:A6

接口名称	接口编号	输出接口要求	接口处理及用途	输出设计阶段		输出资料重点控制条款	
				初设	施工图	初设	施工图
行车组织与运营管理	A6A2	1 道岔通过速度	配线能力计算	√		1	
车辆	A6A3	1 钢轨形式(含型号、材质、硬度) 2 轨底坡 3 车载式轨道巡检系统安装要求 3.1 车辆预留该系统安装空间的要求 3.2 车辆速度等参数输入至该系统的要求 3.3 车辆供应电力至该系统的要求 4 车载式轨道几何尺寸监测系统安装要求 4.1 车辆预留该系统安装空间的要求 4.2 车辆供应电力至该系统的要求	1 确保轮轨关系合理 2 确保车辆预留这两套系统的安装条件	√	√	1 2	1~4

续上表

接口名称	接口编号	输出接口要求	接口处理及用途	输出设计阶段		输出资料重点控制条款	
				初设	施工图	初设	施工图
线路	A6A4	1 正线、配线道岔总布置图 2 车挡安装长度要求 3 渡线（含交叉渡线）线间距要求 4 轨道结构高度、曲线超高表、减振地段划分表 5 地形修测范围 6 曲线侵入站台要求 7 施工配合阶段，侵限范围及限界检核结果（轨道结构高度要求是否满足）	1 用于线路设计中配线长度计算 2 用于调线、调坡 3 用于轨道减振设计 4 用于线路平面设计	√	√	1~3	1~7
限界	A6A5	1 轨道结构断面图（直线和曲线地段，矩形、马蹄形、圆形，地面线及高架线） 2 全线曲线地段超高值 3 各类道岔总布置图	用于限界图设计	√	√	1 2	1~3
人防	A6A7	1 各类道床断面图及设置里程范围 2 过门槛预留排水管管底标高、直径、规格，排水方式 3 门槛过轨凹槽尺寸、门槛设置宽度要求	用于人防门门槛、闸板井设计	√	√	1~3	1~3
概预算	A6A8	1 工程量清单	用于编制概算、变更概算等	√	√	1	1
建筑	A6B5	1 各类道床图 2 减振段设计里程表 3 道岔图及其对土建伸缩缝的设置要求 4 工建维修工班用房、工建维修材料室设置要求 5 道岔监测、检测设施（若有）相关要求	1 确保满足轨道铺设空间要求 2 确保伸缩缝不设置在道岔范围内 3 确保工建维修用房需求 4 确保设施安装条件	√	√	1~4	1~5
综合管线	A6B7	1 轨行区至车站的电缆（轨道监测、涂油器等设备用）敷设路径、数量、尺寸、标高	用于管线综合设计，避免各管线间冲突		√		1

续上表

接口名称	接口编号	输出接口要求	接口处理及用途	输出设计阶段		输出资料重点控制条款	
				初设	施工图	初设	施工图
车站结构（含防水）	A6B8	1 各类道床图及减振段设计里程表 2 道岔图及其对土建的要求 3 铺轨基地、轨排井设置要求 4 轨道结构下方回填要求及预留钢筋要求	1 确保满足轨道铺设空间要求 2 确保伸缩缝不设置在道岔范围内 3 确保满足轨道施工要求 4 增强轨道与基础的联结，避免出现翻浆冒泥现象	√	√	1~3	1~4
区间	A6B9	1 各类轨道铺设地段的里程范围表 2 轨道横断面设计 3 曲线地段超高表 4 铺轨基地设置及荷载要求 5 道岔相关要求 6 道床下方结构回填要求及预留钢筋要求	1 确保满足轨道铺设空间要求 2 计算隧道偏移 3 确保满足轨道施工要求 4 确保伸缩缝不设置在道岔范围内 5 增强轨道与基础的联结，避免出现翻浆冒泥现象	√	√	1~5	1~6
轨行区综合管线	A6B10	1 轨行区的电缆（轨道监测、涂油器等设备用）敷设路径、数量、尺寸、标高	用于管线综合设计，避免各管线间冲突		√		1
疏散平台	A6B11	1 轨道结构高度、超高 2 疏散平台过轨要求	1 确定平台加宽计算 2 互相协调，避免设置在道岔范围	√	√	1	1 2
人防	A6A7	1 道床类型及高度 2 过门槛预留排水管管底标高、直径、规格，排水方式 3 门槛过轨凹槽尺寸，门槛宽度要求	用于确定人防门门槛、闸板井与轨道接口	√	√	1~3	1~3
桥梁	A6B12	1 轨道结构高度及荷载 2 轨道预埋筋布置 3 轨道对分缝的要求 4 曲线地段超高表 5 道岔相关要求 6 轨道横断面设计 7 无缝线路力（伸缩力、挠度力、断轨力） 8 不同轨道类型（减振道床、整体道床）敷设里程及对应的荷载	1 用于确定桥梁二期恒载线荷载 2 无缝线路力用于桥梁结构计算 3 用于桥面预埋钢筋定位	√	√	1~3 6~8	1~3 6~8

续上表

接口名称	接口编号	输出接口要求	接口处理及用途	输出设计阶段		输出资料重点控制条款	
				初设	施工图	初设	施工图
路基	A6B13	1 轨道结构资料 1.1 轨道减振类型及里程 1.2 道床形式、曲线段超高 2 轨道自重荷载、沉降标准（竖缓重叠处的特殊要求） 3 道岔的相关要求	用于路基设计	√	√	1 2	1~3
工程筹划	A6B14	1 协商确定铺轨基地设置（位置及轨排孔尺寸） 2 各类轨道施工平均日进度及铺轨工期	用于确定轨排基地的位置及规模	√	√	1 2	1 2
供电系统（杂散电流❶）	A6C2	1 钢轨类型及电气参数 2 正线及车辆基地道床 2.1 道床断面图及里程分布 2.2 道床及轨枕的施工精度、轨平面至道床面的距离 2.3 道床缝设置间隔 2.4 轨道结构保护要求（包含预应力结构、道床等） 3 道床配筋图 4 道岔平面结构图	1 用于统计接线端子、连接电缆数量 2 用于避免设备安装对轨道的破坏 3 用于接触轨设计	√	√	1	1 2
动力与照明	A6C3	1 轨道专业用电需求（如涂油器、轨道监测系统负荷等级、用电容量等） 2 道岔区照明及用电需求（如加强道岔区照明、手提式排水泵等）	1 用于配电设计 2 用于区间动力与照明平面设计		√		1 2
通信	A6D1	1 轨道监测系统数据传输需求	用于确保轨道监测系统数据传输通路	√	√	1	1
信号	A6D5	1 道岔图（含布置图，转辙器、尖轨孔洞图） 2 超高、限速资料 3 轨道结构保护要求（包含预应力结构、道床等） 4 各类道床断面图	1 确保工电接口正确 2 用于信号 ATO 等设计 3 用于避免设备安装对轨道的破坏 4 用于复核信号设备可否顺利安装	√	√	2	1~4

❶ 即杂散电流防护及接地的简称。

续上表

接口名称	接口编号	输出接口要求	接口处理及用途	输出设计阶段		输出资料重点控制条款	
				初设	施工图	初设	施工图
ISCS	A6D10	1 轨道监测系统客户终端需求(协商确定,终端应用设置在综合监控时提供)	用于实现轨道监测系统监测、报警等功能	√	√	1	1
云平台	A6D15	1 硬件(如vCPU、内存、硬盘容量、共享存储容量等)资源要求 2 存储(如数据存储量、存储年限、存储方式等)资源要求 3 网络(如带宽、接口位置、接口数量、接口形式等) 4 安全(安全等级)等资源要求 5 业务系统性能需求(需要满足的系统可靠性、故障时间、系统响应时间等要求) 6 其他与云平台有关的需求	1 对资源进行统一规划 2 根据需求配置相应资源满足性能要求 3 额外的需求	√	√	1~5	1~5
大数据	A6D16	1 轨道监测系统 1.1 所需提升的功能要求 1.2 所能提供的数据类型、格式、数量等 1.3 需要大数据系统反馈的相应结果的数据类型、格式、数量等 1.4 传输及获取数据的位置(云平台内部/外部、车站/车辆基地/线网中心云节点等)	1 云内接口,由云平台统一规划,划分虚拟通道;云外接口,接口位置在云平台云节点交换机上 1.1 提供需要大数据帮助完成的分析、挖掘、跨专业间数据获取等功能提升需求 1.2 规定标准协议、完成数据传输,大数据系统获取数据 1.3 规定标准协议、完成数据传输,大数据系统输出数据 1.4 提供数据来源,是来自云平台虚拟机的虚拟通道还是云外部借用云平台的传输通道	√	√	1	1

续上表

接口名称	接口编号	输出接口要求	接口处理及用途	输出设计阶段		输出资料重点控制条款	
				初设	施工图	初设	施工图
给排水及消防	A6E4	1 管道过轨限制要求 2 各类道床横断面图、各车站及区间集水坑（沉沙坑）底至轨面高度、预埋排水管起点标高等 3 转辙机坑及集水坑的布置 4 分管给排水专业的副总体牵头，给排水、轨道、区间结构、车站建筑、车站结构等专业协商确定泵房里程、预埋管标高	1 用于确定区间给排水及消防管道过轨方案 2 用于确定废水泵房里程、进水管的预埋以及废水池有效水深 3 用于确定转辙机集水坑排水方案	√	√	1 2	1~4
防淹门	A6E7	1 各类道床图及设置里程范围 2 超高及设置方式	确定防淹门门槛、闸板井等与轨道的接口	√	√	2	1 2
声屏障	A6E9	1 轨道减振设置里程、图纸	互相协调，使得工程减振降噪措施更加完善	√	√	1	1
站场	A6F1	1 车辆基地轨道结构高度 2 车辆基地道岔及车挡相关设计参数及要求 3 出入段线、段内试车线轨道超高 4 平过道与道路设计界面要求	1 用于确定车辆基地内设计轨面标高及站场线路平面设计 2 用于出入段线调线、调坡（适用于站场专业负责出入段线设计） 3 用于库前平过道站场道路设计，确定界面	√	√	1 2	3
工艺	A6F2	1 焊轨基地要求（若有） 2 钢轨运输条件（如从出入口运输至堆场） 3 车挡长度 4 协商工建车间设备，工建检修车辆的配置	用于布置工艺总平面及库内轨道，确定工艺设备配置	√	√	1 2 4	1~3
车辆基地建筑	A6F3	1 各类道床图 2 设计界面划分要求	用于轨下基础设计	√	√	1 2	1 2

续上表

接口名称	接口编号	输出接口要求	接口处理及用途	输出设计阶段		输出资料重点控制条款	
				初设	施工图	初设	施工图
车辆基地结构	A6F4	1 各类道床图 2 设计界面划分要求 3 道岔区不能设置变形缝的要求	用于轨下基础设计	√	√	1 2	1~3
车辆基地动力与照明	A6F7	1 涂油器设置位置及供电需求 2 轨道监测系统设置位置及供电需求	确保涂油器、轨道监测系统的供电		√		1 2
环境保护	A6G10	1 轨道技术标准	用于列车运行产生的振动及噪声预测	√		1	
劳动安全与卫生	A6G11	1 轨道结构和道床图纸、设计说明	用于劳动安全与卫生设计	√		1	
场站综合体	A6G15	1 轨道技术标准	用于上盖建筑布局设计、综合体环评专题报告的编制	√	√	1	1

第 7 章 人防

7.1 人防

7.1.1 专业组成

本专业设计主要是根据车站的防护功能及相关措施进行的，由限界、隧道、车站、牵引供电、降压所、动力与照明、通风空调、给排水及消防等专业构成，内容包括车站建筑设计、隧道结构设计、通风设计、给排水设计、电气设计。

7.1.2 专业功能

本专业的功能主要是为战争时期给人员提供安全的待避场合、人员待避所必须配置和设置的设备，以及采取的一些措施。它所遵循的原则是“长期准备、重点建筑、平战结合”，因此地铁建设必须兼顾人民防空的需要，统一规划、设计、建设，平战结合，综合利用。

7.1.3 专业的主要接口

本专业主要与建筑、车站结构（含防水）、通风空调、给排水及消防、电气等专业存在接口关系。

7.1.4 专业设计技术接口表

1）设计输入部分（表 7.1-1）

相关专业对人防专业的输入接口表　　表 7.1-1

专业名称：人防　　专业代号：RF　　系统编码：A7

接口名称	接口编号	输入接口要求	接口处理及用途	输入设计阶段		受资专业需重点核对、协商条款	
				初设	施工图	初设	施工图
轨道	A6A7	1 各类道床断面图及设置里程范围 2 过门槛预留排水管管底标高、直径、规格，排水方式 3 门槛过轨凹槽尺寸、门槛设置宽度要求	提供资料	√	√	1~3	1~3

续上表

接口名称	接口编号	输入接口要求	接口处理及用途	输入设计阶段		受资专业需重点核对、协商条款	
				初设	施工图	初设	施工图
建筑	B5A7	1 人防门设计里程 2 车站、中间风井、变电所等建筑总平面图及平、剖面图 3 人防穿墙管布置 4 人防门门洞大小、型号、门洞偏移值、开启方向 5 轨行区人防门与站台板、轨顶风道的关系	用于确定车站的防护等级、防护区划分、战时人员出入口、人防门、战时送风井位置、战时干厕的设置	√	√	1~3	1~5
车站结构（含防水）	B8A7	—	—				
区间	B9A7	1 明挖区间、出入场线等部位人防门设置里程 2 人防门开启方向、门洞偏移、人防门型号及门洞大小	用于确定人防工程的范围及人防门的设置位置	√	√	1 2	1 2
概预算	A8A7	1 工程量清单格式 2 设备涉及统一取费问题的单价要互相协商（新工艺、新设备）	用于编制预估算	√	√	1	1
行车组织与运营管理	A2A7	1 配线图	提供资料	√	√	1	1
限界	A5A7	1 轨行区人防门限界图（含正线及出入场线） 2 曲线段车站、风井及区间加宽要求（明挖法、矿山法）	用于确定加宽尺寸	√	√	1 2	1 2
供电系统	C2A7	1 协商确定区间隔断门处预留预埋件（孔洞、套管）的规格、位置及数量	在主体结构内预埋管线		√		1
动力与照明	C3A7	1 协商确定区间、风道等人防门处预留预埋件（孔洞、套管）的规格、位置及数量	在主体结构内预埋管线		√		1
通信	D1A7	1 协商确定区间隔断门处预留预埋件（孔洞、套管）的规格、位置及数量	在主体结构内预埋管线，提供资料，平战结合		√		1

续上表

<table>
<tr><th rowspan="2">接口名称</th><th rowspan="2">接口编号</th><th rowspan="2">输入接口要求</th><th rowspan="2">接口处理及用途</th><th colspan="2">输入设计阶段</th><th colspan="2">受资专业需重点核对、协商条款</th></tr>
<tr><th>初设</th><th>施工图</th><th>初设</th><th>施工图</th></tr>
<tr><td>信号</td><td>D5A7</td><td rowspan="5">1 协商确定区间隔断门处预留预埋件（孔洞、套管）的规格、位置及数量</td><td rowspan="5">在主体结构内预埋管线</td><td rowspan="5"></td><td rowspan="5">√</td><td rowspan="5"></td><td rowspan="5">1</td></tr>
<tr><td>FAS</td><td>D8A7</td></tr>
<tr><td>BAS</td><td>D9A7</td></tr>
<tr><td>通风空调</td><td>E1A7</td></tr>
<tr><td>给排水及消防</td><td>E4A7</td></tr>
<tr><td>线路</td><td>A4A7</td><td>1 线路平、纵断面图及线路要素
2 道岔里程</td><td>提供资料</td><td>√</td><td>√</td><td>1
2</td><td>1
2</td></tr>
<tr><td>车辆</td><td>A3A7</td><td>1 过人防门槛处限界要求，三轨供电安全间隙</td><td>提供资料</td><td>√</td><td>√</td><td>1</td><td>1</td></tr>
<tr><td>建筑装修（含外部景观）</td><td>B6A7</td><td>1 出入口人防门部位天花、离壁墙、门槛装修标准</td><td>提供资料，满足快速转换要求</td><td>√</td><td>√</td><td>1</td><td>1</td></tr>
<tr><td>供电系统（接触网）</td><td>C2A7</td><td>1 协商确定区间隔断门处预留预埋件（孔洞、套管）的规格、位置及数量
2 区间隔断门处特殊做法协商决定</td><td>在主体结构内预埋管线</td><td>√</td><td>√</td><td>2</td><td>1
2</td></tr>
<tr><td>供电系统（变电）</td><td>C2A7</td><td rowspan="5">1 协商确定区间隔断门处预留预埋件（孔洞、套管）的规格、位置及数量</td><td rowspan="5">在主体结构内预埋管线</td><td rowspan="5"></td><td rowspan="5">√</td><td rowspan="5"></td><td rowspan="5">1</td></tr>
<tr><td>供电系统（杂散电流）</td><td>C2A7</td></tr>
<tr><td>主变电所</td><td>C1A7</td></tr>
<tr><td>自动灭火</td><td>E5A7</td></tr>
<tr><td>ISCS</td><td>D10A7</td></tr>
<tr><td>防淹门</td><td>E7A7</td><td>1 防淹门设置里程
2 协商人防门与防淹门是否合设</td><td>提供资料</td><td>√</td><td>√</td><td>1
2</td><td>1
2</td></tr>
</table>

续上表

接口名称	接口编号	输入接口要求	接口处理及用途	输入设计阶段		受资专业需重点核对、协商条款	
				初设	施工图	初设	施工图
疏散平台	B11A7	1 疏散平台设置范围、安装及宽度要求 2 疏散平台过人防门段设置要求，接口定位标高	提供资料	√	√	1 2	1 2

2)设计输出部分(表 7.1-2)

人防专业对相关专业的输出接口表 表 7.1-2

专业名称:人防　　专业代号:RF　　系统编码:A7

接口名称	接口编号	输出接口要求	接口处理及用途	输出设计阶段		输出资料重点控制条款	
				初设	施工图	初设	施工图
建筑	A7B5	1 设防等级、分区图 2 人防参考图 3 车站出入口人防设备安装段战时快速转换需求 4 区间隔断门应尽量避开平、竖曲线段，位于曲线段需特殊设计 5 各处人防门的开启不要影响其他系统专业的功能	用于建筑设计	√	√	1~5	1~5
车站结构(含防水)	A7B8	1 设防等级、分区图 2 人防参考图 3 门框墙浇筑要求应按规范执行	用于结构计算和设计	√	√	1 2	1~3
区间	A7B9	1 设防等级、分区图 2 人防参考图和人防技术要求 3 区间人防门应尽量避开平、竖曲线段，位于曲线段需特殊设计 4 人防门的开启不要影响其他系统专业的功能	用于结构计算和设计	√	√	1~4	1~4
概预算	A7A8	1 全线人防设备的工程量	用于投资计算	√	√	1	1
行车组织与运营管理	A7A2	—	—				
限界	A7A5						

续上表

接口名称	接口编号	输出接口要求	接口处理及用途	输出设计阶段		输出资料重点控制条款	
				初设	施工图	初设	施工图
供电系统	A7C2	1 协商确定区间隔断门处预留预埋件（孔洞、套管）的规格、位置及数量	在主体结构内预埋管线		√		1
动力与照明	A7C3	1 协商确定区间、风道等人防门处预留预埋件（孔洞、套管）的规格、位置及数量 2 清洁式通风道人防门供电需求 3 协商落实区间隔断门行程开关供电需求	在主体结构内预埋管线并提供资料	√	√	2 3	1~3
供电系统（接触网）	A7C2	1 协商确定区间隔断门处预留预埋件（孔洞、套管）的规格、位置及数量	在主体结构内预埋管线		√		1
通信	A7D1						
信号	A7D5						
FAS	A7D8						
BAS	A7D9	1 协商确定区间隔断门处预留预埋件（孔洞、套管）的规格、位置及数量 2 协商落实区间隔断门行程开关接口需求	在主体结构内预埋管线并提供资料	√	√	2	1 2
通风空调	A7E1	1 协商确定区间隔断门处预留预埋件（孔洞、套管）的规格、位置及数量	在主体结构内预埋管线		√		1
给排水及消防	A7E4						
线路	A7A4	1 人防门设置关于线路的需求	用于确定合适的线路平纵设计	√	√	1	1
车辆	A7A3	—	—				

续上表

<table>
<tr><th rowspan="2">接口名称</th><th rowspan="2">接口编号</th><th rowspan="2">输出接口要求</th><th rowspan="2">接口处理及用途</th><th colspan="2">输出设计阶段</th><th colspan="2">输出资料重点控制条款</th></tr>
<tr><th>初设</th><th>施工图</th><th>初设</th><th>施工图</th></tr>
<tr><td>建筑装修（含外部景观）</td><td>A7B6</td><td>1 车站出入口人防设备安装段战时快速转换需求</td><td>装修设计</td><td>√</td><td>√</td><td>1</td><td>1</td></tr>
<tr><td>供电系统（接触网）</td><td>A7C2</td><td rowspan="7">1 协商确定区间隔断门处预留预埋件（孔洞、套管）的规格、位置及数量</td><td rowspan="7">在主体结构内预埋管线</td><td rowspan="7"></td><td rowspan="7">√</td><td rowspan="7"></td><td rowspan="7">1</td></tr>
<tr><td>供电系统（变电）</td><td>A7C2</td></tr>
<tr><td>供电系统（杂散电流）</td><td>A7C2</td></tr>
<tr><td>主变电所</td><td>A7C1</td></tr>
<tr><td>自动灭火</td><td>A7E5</td></tr>
<tr><td>ISCS</td><td>A7D10</td></tr>
<tr><td>防淹门</td><td>A7E7</td><td>1 协商人防门与防淹门是否合设</td><td>提供资料</td><td>√</td><td>√</td><td>1</td><td>1</td></tr>
<tr><td>疏散平台</td><td>A7B11</td><td>1 人防参考图</td><td>提供资料</td><td>√</td><td>√</td><td>1</td><td>1</td></tr>
</table>

7.2 人防给排水

7.2.1 专业组成

人防给排水主要由人防给水系统和人防排水系统组成。

7.2.2 专业功能

人防给排水主要是在战争时期提供人防洗消用水和排水。

7.2.3 专业主要接口

人防给排水专业结合概预算、人防建筑的专业资料进行人防给排水的设计工作。

人防给排水专业还应向概预算、人防建筑、人防动力与照明、给排水及消防等输出如设备布置和人防设备配电等要求。

7.2.4 专业设计技术接口表

1)设计输入部分(表 7.2-1)

相关专业对人防给排水专业的输入接口表 表 7.2-1

专业名称:人防给排水 专业代号:RF 接口编码:A7

接口名称	接口编号	输入接口要求	接口处理及用途	输入设计阶段		受资专业需重点核对、协商条款	
				初设	施工图	初设	施工图
概预算	A8A7	1 各阶段的概预算清单要求	提供资料	√		1	
人防(建筑)	B5A7	1 总平面图 2 车站各层平、剖面图 3 设防站类型	进行系统布置	√	√	1~3	1~3

2)设计输出部分(表 7.2-2)

人防给排水专业对相关专业的输出接口表 表 7.2-2

专业名称:人防给排水 专业代号:RF 系统编码:A7

接口名称	接口编号	输出接口要求	接口处理及用途	输出设计阶段		输出资料重点控制条款	
				初设	施工图	初设	施工图
概预算	A7A8	1 各阶段的设备材料表、工程量清单	用于编制概预算	√		1	
人防(建筑)	A7B5	1 给排水设备的布置 2 防护密闭套管、防爆地漏及其排水管等预埋要求	1 确认设备位置 2 用于设计	√	√	1	1 2
人防(动力与照明)	A7C3	1 人防设备功率、负荷等级要求	确认配电要求(原则上平战结合)	√	√	1	1
给排水及消防	A7E4	1 人防给排水的位置及管件	用于预留接口	√	√	1	1

7.3 人防通风

7.3.1 专业组成

本专业组成主要包括人防建筑、人防给排水、人防通风、人防动力与照明。

7.3.2 专业功能

人防通风就是保障人防内的掩蔽人员在战时正常呼吸，有三种通风方式：滤毒式通风、清洁式通风、隔绝式通风。

7.3.3 专业的主要接口

人防通风专业应结合人防建筑的专业资料进行人防通风的设计工作。

人防通风专业还应向人防建筑、人防动力与照明输出如设备、风井布置和人防设备配电等要求。

7.3.4 专业设计技术接口表

1）设计输入部分（表 7.3-1）

相关专业对人防通风专业的输入接口表 表 7.3-1

专业名称：人防通风　　专业代号：RF　　系统编码：A7

接口名称	接口编号	输入接口要求	接口处理及用途	输入设计阶段		受资专业需重点核对、协商条款	
				初设	施工图	初设	施工图
人防（建筑）	B5A7	1 总平面图 2 车站各层平、剖面图 3 设防站类型	用于人防通风系统布置	√	√	1~3	1~3

2）设计输出部分（表 7.3-2）

人防通风专业对相关专业的输出接口表 表 7.3-2

专业名称：人防通风　　专业代号：RF　　系统编码：A7

接口名称	接口编号	输出接口要求	接口处理及用途	输出设计阶段		输出资料重点控制条款	
				初设	施工图	初设	施工图
人防（建筑）	A7B5	1 人防新排风井要求对角形布置 2 人防门过风面积是否满足要求 3 新风道宽度和长度是否满足人防设备布置要求 4 区间人防门不要影响风孔面积	用于确认系统布置满足要求	√	√	1~3	1~4

续上表

接口名称	接口编号	输出接口要求	接口处理及用途	输出设计阶段		输出资料重点控制条款	
				初设	施工图	初设	施工图
人防（动力与照明）	A7C3	1 人防设备功率、负荷等级要求 2 人防通风设备布置平面图	用于确认配电要求	√	√	1 2	1 2

7.4 人防电气

7.4.1 专业组成

本专业组成主要包括人防建筑、人防给排水、人防通风、人防动力与照明。

7.4.2 专业功能

人防动力与照明就是保障人防内的掩蔽人员在战时通风、饮水等生活要求。

7.4.3 专业的主要接口

人防动力与照明专业应结合人防建筑的专业资料进行人防动力与照明的设计工作。

人防动力与照明专业还应向人防建筑专业输出如人防门预留孔洞等要求。

7.4.4 专业设计技术接口表

1)设计输入部分（表7.4-1）

相关专业对人防电气专业的输入接口表 表7.4-1

专业名称：人防电气　专业代号：RF　系统编码：A7

接口名称	接口编号	输入接口要求	接口处理及用途	输入设计阶段		受资专业需重点核对、协商条款	
				初设	施工图	初设	施工图
人防（建筑）	B5A7	1 总平面图 2 车站各层平、剖面图 3 设防站类型	用于人防动力与照明布置	√	√	1~3	1~3
概预算	A8A7	1 各阶段的概预算清单要求	提供资料	√		1	

续上表

接口名称	接口编号	输入接口要求	接口处理及用途	输入设计阶段		受资专业需重点核对、协商条款	
				初设	施工图	初设	施工图
人防（给排水）	E4A7	1 人防给排水设备功率、负荷等级要求 2 人防给排水设备布置平面图	用于确认配电要求	√	√	1 2	1 2
人防（通风）	E1A7	1 人防通风设备功率、负荷等级要求 2 人防通风设备布置平面图	用于确认配电要求	√	√	1 2	1 2
人防（通信）	D1A7	1 人防通信设备功率、负荷等级要求	用于确认配电要求	√	√	1	1

2）设计输出部分（表 7.4-2）

人防电气专业对相关专业的输出接口表 表 7.4-2

专业名称：人防电气　　专业代号：RF　　系统编码：A7

接口名称	接口编号	输出接口要求	接口处理及用途	输出设计阶段		输出资料重点控制条款	
				初设	施工图	初设	施工图
人防（建筑）	A7B5	1 区间、风道等人防门处预留预埋件（孔洞、套管）的规格、位置及数量	用于风道及区间用电设备的配电	√	√	1	1

第 8 章 概预算

8.1 专业组成

本专业组成主要包括：

（1）概述；

（2）建筑安装工程费的计算；

（3）设备及工器具购置费的计算；

（4）工程建设其他费的计算；

（5）预备费用的计算；

（6）建设期贷款利息及其他专项费用的计算。

8.2 专业功能

概预算专业是设计项目的重要组成部分，全面反映设计项目各专业的投资，以及与设计深度匹配的单位工程、单项工程的投资及总投资，提供相关技术经济指标，作为设计方案比选、设备选型、项目招投标及投资控制的参考、依据。具体功能如下：

（1）客观、全面反映设计产品的造价水平；

（2）为设计提供方案比选、设备选型的参考和依据，为优化设计方案提供支持；

（3）是控制施工图设计及施工图预算的依据；

（4）是项目招投标及承包合同签订的依据；

（5）是项目全过程投资控制的依据；

（6）是项目业主编制资金年度投资计划及验工清算、资金拨付的依据。

8.3 专业的主要接口

概预算专业与涉及投资的子系统专业均有接口关系，接口关系主要如下。

8.3.1 设计输入部分

（1）输入工程量，包括但不限于对概预算专业提供资料模板，进行子目更新、补充、说明，并对工程量完整性、正确性负责；

（2）对概预算专业反馈的概算成果及技术经济指标进行论证，输入调整工程量（若有）；

（3）输入询价所需相关设计图纸，规格、型号等设计参数；

（4）需相互协商的部分（如新工艺、新设备、新材料等）。

8.3.2 设计输出部分

（1）输出工程量，提供资料模板、提供资料要求；
（2）根据工程量，输出设计概算成果；
（3）输出相关技术经济指标，并对类似项目进行造价横向对比分析；
（4）提供技术经济比选的合理化建议；
（5）需相互协商的部分（如新工艺、新设备、新材料等）。

8.4 专业设计技术接口表

8.4.1 设计输入部分（表 8.4-1）

相关专业对概预算专业的输入接口表　　表 8.4-1

专业名称：概预算　专业代号：GYS　系统编码：A8

接口名称	接口编号	输入接口要求	接口处理及用途	输入设计阶段			受资专业需重点核对、协商条款		
				估算	初设	施工图	估算	初设	施工图
行车组织与运营管理	A2A8	1 线路长度 2 全日开行对数 3 年车公里（列公里/日） 4 年车公里（万辆公里/年） 5 初/近/远期全日客流（万人次/年） 6 初/近/远期全线平均运距（km） 7 全线年客运周转量（万人公里/年） 8 运营机构定员指标（人/正线公里或人/线） 9 配属车（辆）	用于估算投资	√			1~9		
线路	A4A8	1 线路设计长度 2 线路概况	1 用于估算编制 2 用于概算编制	√	√	√	1 2	1 2	1 2
轨道	A6A8	1 工程量 2 其他与造价相关的工程量及技术参数	1 用于估算编制 2 用于概算编制 3 用于施工图变更预算	√	√	√	1 2	1 2	1 2
人防	A7A8	1 工程量 2 防淹门 3 其他与造价相关的工程量及技术参数	1 用于估算编制 2 用于概算编制 3 用于施工图变更预算	√	√	√	1~3	1~3	1~3

续上表

接口名称	接口编号	输入接口要求	接口处理及用途	输入设计阶段			受资专业需重点核对、协商条款		
				估算	初设	施工图	估算	初设	施工图
建筑	B5A8	1 各阶段相关建筑面积及尺寸 2 建筑工程量 3 征地及拆迁工程量 4 车站概况	1 用于估算编制 2 用于概算编制 3 用于施工图变更预算	√	√	√	1~4	1~4	1~4
建筑装修（含外部景观）	B6A8	1 工程量 2 其他与造价相关的工程量及技术参数	用于概算编制		√			1 2	
车站结构（含防水）	B8A8	1 结构工程量 2 永久征地、临时用地、绿化赔偿、房屋拆迁、道路恢复、管线迁改工程量 3 其他与造价相关的工程量及技术参数	1 用于估算编制 2 用于概算编制 3 用于施工图变更预算	√	√	√	1~3	1~3	1~3
区间	B9A8	1 结构工程量 2 永久征地、临时用地、绿化赔偿、房屋拆迁、道路恢复、管线迁改工程量 3 高架区间声屏障 4 其他与造价相关的工程量及技术参数	1 用于估算编制 2 用于概算编制 3 用于施工图变更预算	√	√	√	1~4	1~4	1~4
桥梁	B12A8	1 工程量 2 永久征地、临时用地、绿化赔偿、房屋拆迁、道路恢复、管线迁改工程量 3 其他与造价相关的工程量及技术参数	1 用于估算编制 2 用于概算编制 3 用于施工图变更预算	√	√	√	1~3	1~3	1~3
路基	B13A8	1 工程量 2 其他与造价相关的工程量及技术参数	1 用于估算编制 2 用于概算编制 3 用于施工图变更预算	√	√	√	1 2	1 2	1 2
主变电所	C1A8	1 电力进线长度 2 工程量 3 其他与造价相关的工程量及技术参数	1 用于估算编制 2 用于概算编制 3 用于施工图变更预算	√	√	√	1~3	1~3	1~3

续上表

接口名称	接口编号	输入接口要求	接口处理及用途	输入设计阶段			受资专业需重点核对、协商条款		
				估算	初设	施工图	估算	初设	施工图
供电系统	C2A8	1 年牵引用电（万kW·h） 2 年动力与照明用电（万kW·h） 3 工程量 4 其他与造价相关的工程量及技术参数	1 用于估算编制 2 用于概算编制 3 用于施工图变更预算	√	√	√	1~4	1~4	3~4
动力与照明	C3A8	1 工程量 2 其他与造价相关的工程量及技术参数	1 用于估算编制 2 用于概算编制 3 用于施工图变更预算	√	√	√	1 2	1 2	1 2
通信	D1A8								
信号	D5A8								
AFC	D6A8								
FAS	D8A8								
BAS	D9A8								
ISCS	D10A8								
门禁	D11A8								
安防	D12A8								
计算机综合信息系统	D14A8								
云平台	D15A8								
大数据	D16A8								
控制中心（含工艺、线网指挥平台）	D17A8								
通风空调	E1A8								
给排水及消防	E4A8								
自动灭火	E5A8								
站台门	E6A8								
自动扶梯、电梯、楼梯升降机	E8A8								

续上表

<table>
<tr><th rowspan="2">接口名称</th><th rowspan="2">接口编号</th><th rowspan="2">输入接口要求</th><th rowspan="2">接口处理及用途</th><th colspan="3">输入设计阶段</th><th colspan="3">受资专业需重点核对、协商条款</th></tr>
<tr><th>估算</th><th>初设</th><th>施工图</th><th>估算</th><th>初设</th><th>施工图</th></tr>
<tr><td>站场</td><td>F1A8</td><td rowspan="11">1 工程量
2 其他与造价相关的工程量及技术参数</td><td rowspan="11">1 用于估算编制
2 用于概算编制
3 用于施工图变更预算</td><td rowspan="11">√</td><td rowspan="11">√</td><td rowspan="11">√</td><td rowspan="11">1
2</td><td rowspan="11">1
2</td><td rowspan="11">1
2</td></tr>
<tr><td>工艺</td><td>F2A8</td></tr>
<tr><td>车辆基地建筑</td><td>F3A8</td></tr>
<tr><td>车辆基地结构</td><td>F4A8</td></tr>
<tr><td>车辆基地通风空调</td><td>F5A8</td></tr>
<tr><td>车辆基地给排水及消防(不含自动灭火)</td><td>F6A8</td></tr>
<tr><td>车辆基地动力与照明</td><td>F7A8</td></tr>
<tr><td>车辆基地综合管线</td><td>F8A8</td></tr>
<tr><td>车辆基地路基</td><td>F9A8</td></tr>
<tr><td>交通疏解</td><td>G5A8</td></tr>
<tr><td>管线迁改</td><td>G6A8</td></tr>
</table>

8.4.2　设计输出部分(表 8.4-2)

概预算专业对相关专业的输出接口表　　　表 8.4-2

专业名称:概预算　　专业代号:GYS　　系统编码:A8

<table>
<tr><th rowspan="2">接口名称</th><th rowspan="2">接口编号</th><th rowspan="2">输出接口要求</th><th rowspan="2">接口处理及用途</th><th colspan="2">输出设计阶段</th><th colspan="2">输出资料重点控制条款</th></tr>
<tr><th>初设</th><th>施工图</th><th>初设</th><th>施工图</th></tr>
<tr><td>轨道</td><td>A8A6</td><td>1 估算
2 概算
3 变更概算</td><td>用于招标及投资控制、变更设计</td><td>√</td><td>√</td><td>2</td><td>3</td></tr>
<tr><td>人防</td><td>A8A7</td><td>1 概算
2 变更概算</td><td>用于招标及投资控制、变更设计</td><td>√</td><td>√</td><td>1</td><td>2</td></tr>
</table>

续上表

接口名称	接口编号	输出接口要求	接口处理及用途	输出设计阶段		输出资料重点控制条款	
				初设	施工图	初设	施工图
建筑	A8B5	1 概算 2 相关经济指标	1 用于方案比选参考 2 用于招标 3 用于投资控制 4 用于变更设计	√	√	1	1
车站结构（含防水）	A8B8	1 估算 2 概算 3 变更概算 4 相关经济指标	1 用于方案比选参考 2 用于招标 3 用于投资控制 4 用于变更设计	√	√	2	3
区间	A8B9						
主变电所	A8C1						
供电系统	A8C2						
动力与照明	A8C3						
通信	A8D1						
信号	A8D5						
AFC	A8D6						
FAS	A8D8						
BAS	A8D9						
ISCS	A8D10						
门禁	A8D11						
安防	A8D12						
计算机综合信息系统	A8D14						
云平台	A8D15						
大数据	A8D16						
控制中心（含工艺、线网指挥平台）	A8D17						
通风空调	A8E1						
给排水及消防	A8E4						
自动灭火	A8E5						
站台门	A8E6						

续上表

接口名称	接口编号	输出接口要求	接口处理及用途	输出设计阶段		输出资料重点控制条款	
				初设	施工图	初设	施工图
自动扶梯、电梯、楼梯升降机	A8E8	1 估算 2 概算 3 变更概算 4 相关经济指标	1 用于方案比选参考 2 用于招标 3 用于投资控制 4 用于变更设计	√	√	2	3
站场	A8F1						
工艺	A8F2						
车辆基地建筑	A8F3						
车辆基地结构	A8F4						
车辆基地通风空调	A8F5						
车辆基地给排水及消防（不含自动灭火）	A8F6						
车辆基地动力与照明	A8F7						
车辆基地综合管线	A8F8						
车辆基地路基	A8F9						
交通疏解	A8G5						
管线迁改	A8G6						

第9章 工程地质

9.1 专业组成

工程地质专业通过勘察单位开展的岩土工程勘察工作，解决城市轨道交通建设过程中有关地质的问题。专业工作包括根据设计需求提出勘察技术要求，跟踪勘察工作进展状况，向勘察和设计单位提供技术支持，向设计单位提供经审合格的勘察成果，校审设计文件中的工程地质内容，参与建设过程相关工程地质、水文地质的技术问题研究。

9.2 专业功能

工程地质专业是岩土工程勘察和土建设计的联结专业，一方面，工程地质专业向勘察单位传达设计需求，确保勘察单位能够提供满足设计要求的勘察成果；另一方面，工程地质专业向设计单位反馈勘察信息，并参与设计过程的工程地质问题研究，确保勘察合理有效地服务于设计。

9.3 专业的主要接口

工程地质专业的输入接口，包括线路、管线探测、车站结构（含防水）、区间、桥梁、路基、主变电所、车辆基地结构。岩土工程勘察准备阶段，上述输入接口专业需向工程地质专业输入相应勘察阶段的设计图纸、方案说明及勘察需求。

工程地质专业的输出接口，包括线路、车站结构（含防水）、区间、桥梁、路基、主变电所、车辆基地结构。设计过程中，工程地质专业需向上述输出接口专业输出勘察报告或经特别整理的勘察图件、资料。

9.4 专业设计技术接口表

9.4.1 设计输入部分（表 9.4-1）

相关专业对工程地质专业的输入接口表 表 9.4-1

专业名称：工程地质 专业代号：GCDZ 系统编码：B1

接口名称	接口编号	输入接口要求	接口处理及用途	输入设计阶段		受资专业需重点核对、协商条款	
				初设	施工图	初设	施工图
线路	A4B1	1 线路平面示意图及线路说明 2 标注控制性建（构）筑物的线路平、纵断面图 3 地形图（含水下）	作为编制或复核勘察技术要求、编制勘察大纲和勘察成果的依据文件	√	√	1~3	1~3
管线探测	B4B1	1 管线探测成果平面图 2 管线探测成果数据表	作为确定勘探点位置、指导勘查现场施工时避让管线的依据之一	√	√	1	1
车站结构（含防水）	B8B1	1 车站结构总平面图 2 车站工程概况及地基基础方案说明 3 详勘技术要求、勘探点布置平面图、围护结构纵横剖面图、勘探点坐标一览表	作为编制或复核勘察技术要求、编制勘察大纲和勘察成果的依据文件	√	√	1 2	1~3
区间	B9B1	1 区间总平面图 2 区间工程概况（含区间变电所、跟随所的分布位置）及隧道、地基基础方案说明 3 详勘技术要求、勘探点布置平面图、隧道结构纵剖面图、勘探点布置一览表	作为编制或复核勘察技术要求、编制勘察大纲和勘察成果的依据文件	√	√	1 2	1~3
桥梁	B12B1	1 桥墩(桩)总平面图 2 工程概况及地基基础方案说明 3 详勘技术要求、勘探点布置平面图、桥梁结构纵剖面图、勘探点布置一览表	作为编制或复核勘察技术要求、编制勘察大纲和勘察成果的依据文件	√	√	1 2	1~3

续上表

接口名称	接口编号	输入接口要求	接口处理及用途	输入设计阶段		受资专业需重点核对、协商条款	
				初设	施工图	初设	施工图
路基	B13B1	1 路基总平面图 2 工程概况及路基方案说明 3 详勘技术要求、勘探点布置平面图、路基纵剖面图、勘探点布置一览表	作为编制或复核勘察技术要求、编制勘察大纲和勘察成果的依据文件	√	√	1 2	1~3
主变电所	C1B1	1 变电所工程概况及地基基础设计方案说明 2 详勘技术要求、勘探点布置平面图、勘探点布置一览表	作为编制或复核勘察技术要求、编制勘察大纲和勘察成果的依据文件		√		1 2
车辆基地结构	F4B1	1 车辆基地总平面图 2 车辆基地工程概况及地基基础方案说明 3 详勘技术要求，勘探点布置平面图，路基及桥梁、隧道结构纵剖面图，勘探点布置一览表	作为编制或复核勘察技术要求、编制勘察大纲和勘察成果的依据文件	√	√	1 2	1~3

9.4.2 设计输出部分（表 9.4-2）

工程地质专业对相关专业的输出接口表 表 9.4-2

专业名称：工程地质　　专业代号：GCDZ　　系统编码：B1

接口名称	接口编号	输出接口要求	接口处理及用途	输出设计阶段		输出资料重点控制条款	
				初设	施工图	初设	施工图
线路	B1A4	1 全线初勘地质纵剖面图 2 全线详勘地质纵剖面图	用于岩土计算和出图	√	√	1	2
车站结构（含防水）	B1B8	1 初勘成果（含补勘）中间资料及正式报告 2 详勘成果（含补勘）中间资料及正式报告	用于岩土计算和出图	√	√	1	2
区间	B1B9						
桥梁	B1B12						
路基	B1B13						

续上表

接口名称	接口编号	输出接口要求	接口处理及用途	输出设计阶段		输出资料重点控制条款	
				初设	施工图	初设	施工图
主变电所	B1C1	1 详勘成果（含补勘）中间资料及正式报告	用于岩土计算和出图		√		1
车辆基地结构	B1F4	1 初勘成果（含补勘）中间资料及正式报告 2 详勘成果（含补勘）中间资料及正式报告	用于岩土计算和出图	√	√	1	2

第 10 章 工程测量

10.1 专业组成

本专业组成主要包括工程测量、航空摄影测量。

10.2 专业功能

工程测量作为上游专业，主要为下游专业提供地形、地貌以及沿线周边环境影像等基础资料，主要提供地形图、横断面图、纵断面图、沿线控制点、正射影像、实景三维模型。

10.3 专业的主要接口

工程测量专业主要由线路专业提供线路图，以确定本专业提供资料的地理范围，主要接口专业为线路、建筑、管线探测、工程地质。

10.4 专业设计技术接口表

10.4.1 设计输入部分（表 10.4-1）

相关专业对工程测量专业的输入接口表 表 10.4-1

专业名称：工程测量　　专业代号：GCCL　　系统编码：B2

接口名称	接口编号	输入接口要求	接口处理及用途	输入设计阶段		受资专业需重点核对、协商条款	
				初设	施工图	初设	施工图
线路	A4B2	1 线路平面图（包括区间、站位平面、车辆基地）	用于确定工程测量、航空摄影测量工作范围并提供资料	√	√	1	1
建筑	B5B2	1 车站站位图	用于确定航空摄影测量工作范围并提供资料	√	√	1	1

10.4.2 设计输出部分(表 10.4-2)

工程测量对相关专业的输出接口表 表 10.4-2

专业名称:工程测量 专业代号:GCCL 系统编码:B2

接口名称	接口编号	输出接口要求	接口处理及用途	输出设计阶段		输出资料重点控制条款	
				初设	施工图	初设	施工图
线路	B2A4	1 航空摄影测量成果、地形图、横断面图、纵断面图、沿线控制点	用于辅助设计	√	√	1	1
建筑	B2B5						
管线探测	B2B4	1 沿线控制点	用于房调测量	√	√	1	1
工程地质	B2B1	1 地形图、沿线控制点	用于钻孔设计和测量	√	√	1	1

第 11 章 房调

11.1 专业组成

房调专业是地铁工程勘察设计、施工的基础专业，为地铁勘测设计提供沿线建（构）筑物基础调查平面图、一览表和扫描件等基础资料。

11.2 专业功能

房调专业需调查沿线建（构）筑物基础的首层平面图、地下室平面图（如有）、桩基础平面图、基础类型、桩径、桩长、权属单位等，满足地铁工程勘测设计各阶段设计工作的要求。

11.3 专业的主要接口

房调专业需工程测量专业提供地形图，并结合线路、建筑、主变电所、站场、车站结构（含防水）、区间等专业资料，明确房调范围、技术要求。

房调专业应向工程地质、建筑、车站结构（含防水）、区间、桥梁、路基、主变电所、站场等专业提供基础资料。

11.4 专业设计技术接口表

11.4.1 设计输入部分（表 11.4-1）

相关专业对房调专业的输入接口表 表 11.4-1

专业名称：房调　　专业代号：GTFD　　接口编号：B3

接口名称	接口编号	输入接口要求	接口处理及用途	输入设计阶段		受资专业需重点核对、协商条款	
				初设	施工图	初设	施工图
工程测量	B2B3	1 地形图成果资料	用于确定房调范围	√	√	1	1
线路	A4B3	1 线路平面图 2 线路纵断面图 3 地形图成果资料	用于确定房调范围	√	√	1~3	1~3
建筑	B5B3	1 车站、区间建筑总平面图	用于确定房调范围	√	√	1	1
主变电所	C1B3	1 主变电所总平面图	用于确定房调范围	√	√	1	1

续上表

接口名称	接口编号	输入接口要求	接口处理及用途	输入设计阶段		受资专业需重点核对、协商条款	
				初设	施工图	初设	施工图
站场	F1B3	1 站场总平面图	用于确定房调范围	√	√	1	1
车站结构（含防水）	B8B3	1 车站围护结构平、剖面图及基础大样图 2 车站主体结构平、立、剖面图及基础平面图、基础大样图	用于确定房调范围	√	√	1 2	1 2
区间	B9B3	1 区间围护结构平、剖面图及基础大样图 2 区间主体平、纵、横断面图及基础平面图、基础大样图	用于确定房调范围	√	√	1 2	1 2

11.4.2 设计输出部分（表 11.4-2）

房调专业对相关专业的输出接口表 表 11.4-2

专业名称：房调 专业代号：GTFD 系统编码：B3

接口名称	接口编号	输出接口要求	接口处理及用途	输出设计阶段		输出资料重点控制条款	
				初设	施工图	初设	施工图
工程地质	B3B1	1 调查平面图 2 调查一览表 3 扫描件	用于确定设计方案	√	√	1~3	1~3
建筑	B3B5						
车站结构（含防水）	B3B8						
区间	B3B9						
桥梁	B3B12						
路基	B3B13						
主变电所	B3C1						
站场	B3F1						

第12章 管线探测

12.1 专业组成

管线探测专业是地铁工程勘察设计、施工的基础专业，为地铁勘察设计提供地下管线综合图和地下管线点成果表等地下管线资料。

12.2 专业功能

地下管线探测需查明各种地下管线的平面位置、埋深、断面尺寸及高程、走向、性质、材质、数量、规格、权属单位等，满足地铁工程勘察设计各阶段管线迁改、保护等设计要求。

12.3 专业的主要接口

管线探测专业需工程测量专业提供控制资料，并结合线路、建筑、主变电所、站场、交通疏解、管线迁改等专业资料明确管线探测范围、技术要求。

管线探测专业应向工程地质、建筑、车站结构（含防水）、区间、桥梁、路基、主变电所、站场、交通疏解、管线迁改等专业提供基础资料。

12.4 专业设计技术接口表

12.4.1 设计输入部分（表12.4-1）

相关专业对管线探测专业的输入接口表　　表12.4-1

专业名称：管线探测　　专业代号：GTTC　　接口编号：B4

接口名称	接口编号	输入接口要求	接口处理及用途	输入设计阶段		受资专业需重点核对、协商条款	
				初设	施工图	初设	施工图
工程测量	B2B4	1 沿线控制点	用作管线点测量的首级控制点	√		1	
线路	A4B4	1 线路平、纵断面，包含： 1.1 线路平、纵断面图 1.2 地形图成果资料	用于确定管线探测范围	√	√	1	1

续上表

接口名称	接口编号	输入接口要求	接口处理及用途	输入设计阶段		受资专业需重点核对、协商条款	
				初设	施工图	初设	施工图
建筑	B5B4	1 车站、区间建筑总平面图	用于确定管线探测范围	√	√	1	1
主变电所	C1B4	1 主变电所总平面图	用于确定管线探测范围	√	√	1	1
站场	F1B4	1 站场总平面图	用于确定管线探测范围	√	√	1	1
交通疏解	G5B4	1 交通疏解方案	用于确定管线探测范围	√	√	1	1
管线迁改	G6B4	1 管线迁改方案	用于确定管线探测范围	√	√	1	1

12.4.2　设计输出部分（表 12.4-2）

管线探测专业对相关专业的输出接口表　　表 12.4-2

专业名称：管线探测　　专业代号：GTTC　　系统编码：B4

接口名称	接口编号	输出接口要求	接口处理及用途	输出设计阶段		输出资料重点控制条款	
				初设	施工图	初设	施工图
工程地质	B4B1	1 地下管线资料 1.1 地下管线综合图 1.2 地下管线点成果表	用于辅助保护地下管线	√	√	1	1
车站结构（含防水）	B4B8						
区间	B4B9						
桥梁	B4B12						
路基	B4B13						
主变电所	B4C1						
站场	B4F1						
交通疏解	B4G5						
管线迁改	B4G6						

第 13 章 建筑

13.1 专业组成

本专业组成主要包括：

（1）车站站位；

（2）站型选择；

（3）车站埋深选择；

（4）车站功能定位；

（5）换乘站的换乘方式；

（6）乘客乘降设备的选择；

（7）协调并稳定车站内各设备之间的接口；

（8）合理地布置车站内各专业用房；

（9）合理地控制车站规模；

（10）车站的防灾设计；

（11）无障碍设计；

（12）出入口和风亭设计。

13.2 专业功能

建筑专业主要是为乘坐轨道交通的乘客提供安全、舒适、快捷的服务场所及与之配套必须设置的运营所需要的设备和管理用房。其中，站厅层是乘客集散空间和售检票场所，站台层是乘客候车及下车的场所。本专业的设计应以车站的总体布局符合城市规划、城市交通规划、环境保护、城市景观为要求，并以站内设备用房布置紧凑、便于管理，公共区乘客乘降设备在正常情况下和非正常情况下能够保证乘客安全、可靠、快捷的疏导为原则进行设计。

13.3 专业的主要接口

建筑专业是地铁车站内所有专业的龙头专业，现行《地铁设计规范》（GB 50157）称之为车站建筑专业，与客流预测、行车组织与运营管理、线路、轨道等约 60 个专业有接口关系。

13.4 专业设计技术接口表

13.4.1 设计输入部分（表 13.4-1）

相关专业对建筑专业的输入接口表 表 13.4-1

专业名称：建筑　　专业代号：JZ　　接口编码：B5

接口名称	接口编号	输入接口要求	接口处理及用途	输入设计阶段		受资专业需重点核对、协商条款	
				初设	施工图	初设	施工图
客流预测	A1B5	1 一般站 1.1 初/近/远期各时段各车站客流情况（早晚高峰小时设计客流、高峰小时断面客流） 1.2 站点集散超高峰系数、断面客流超高峰系数 1.3 分向客流 2 换乘站增加 2.1 换乘客流及换乘比例 2.2 远期线路车站的客流资料 2.3 新增换乘功能的站点客流变化核查 2.4 换乘车站客流模拟结果及优化建议	1 用于计算车站站台宽度、换乘通道宽度，核实出入口设置的合理性 2 用于优化换乘设计	√	√	1.1 1.2 2.1 2.2	1.1 2.3 2.4
行车组织与运营管理	A2B5	1 行车方案 1.1 交路（含折返站设置司乘用房要求） 1.2 行车对数（上下行分别核算） 1.3 配线设置 1.4 快慢线中明确越行站 2 运营管理方案 2.1 换乘站确定运营管理模式（房间等配置要求） 2.2 线路中心站的确定 2.3 24h 运营、全自动运行，跨线运行房间要求	1 用于计算车站站台宽度、车站消防疏散能力 2 确定车站形式 3 小交路站点需设置乘务相关用房 4 用于确定运营管理方案对应的换乘站（付费区或非付费区）	√	√	1.1 1.2 2.1	1.1 1.2 2.1
车辆	A3B5	1 车辆类型 2 车辆编组长度 3 车辆疏散形式（端头、侧边）	1 用于确定有效站台长度 2 用于确定区间疏散形式以及区间与车站端头的连接	√	√	3	3

续上表

接口名称	接口编号	输入接口要求	接口处理及用途	输入设计阶段		受资专业需重点核对、协商条款	
				初设	施工图	初设	施工图
线路	A4B5	1 地形图成果资料 1.1 1：1000 1.2 1：500 1.3 车站周边重要建筑层数、高度、功能 2 线路（正线、辅助线）平、纵断面图 2.1 线间距 2.2 车站分布表 2.3 曲线表 2.4 曲线侵入站台情况（含曲线站台、竖曲线） 3 线网规划 3.1 车站其他线路换乘关系 3.2 其他线路的实施时序	1 用于核实车站方案与现状的关系 2 用于核查车站方案满足线路的要求 3 用于确定车站换乘方案	√	√	1.3 2.4 3.1 3.2	1.3 2.4 3.1 3.2
限界	A5B5	1 直线地段各类型车站建筑限界图 1.1 站台边缘到线路中心线距离 1.2 站台层公共区地坪装修面至轨面高度 1.3 线路中心线到设备与管理用房外墙建筑限界（有管线、无管线） 1.4 人防门、防淹门建筑限界 2 曲线地段车站、站台、站台门限界加宽 3 有配线车站道岔区内外侧加宽值计算图表	用于核查车站布置，满足限界要求	√	√	1~3	1~3
轨道	A6B5	1 减振段设计里程表（一般段、特殊段） 2 道岔图及其对土建伸缩缝的设置要求 3 道岔监测、检测设施相关要求 4 全线轨排基地设置要求（此为轨道专业向结构专业提供资料，结构专业提给建筑专业） 5 工建维修工班用房、工建维修材料室设置要求 6 集水坑及预埋排水管要求（区间泵房给排水预埋管由给排水副总体牵头联合轨道给排水确定位置标高）	1 用于确定轨道高度 2 用于确定带配线车站端头与道岔的距离 3 用于核查布设后满足限界要求 4 用于确定车站开孔及核实地面轨排用地条件 5 用于设备用房布置 6 满足预埋管线要求	√	√	1 2	1 2 6

续上表

接口名称	接口编号	输入接口要求	接口处理及用途	输入设计阶段		受资专业需重点核对、协商条款	
				初设	施工图	初设	施工图
人防（含防淹门）	A7B5/E7B5	1 人防参考图 1.1 全线人防防护单元划分、等级划分以及平战转换要求 1.2 出入口通道、风道及与区间分隔的人防设施防护设置要求（含门型号） 1.3 车站端头疏散平台顺接的人防要求（是否设人防小门） 1.4 单元防化要求 1.5 车站预留人防连通口要求 1.6 紧固及检测设施 1.7 人防水、电、风等接口要求（风口布置要求、防爆地漏等） 1.8 人防门封堵要求、装修出图（人防专业牵头，各专业明确标准图的穿管） 2 区间隔断门应尽量避开平、竖曲线段，位于曲线段需特殊设计 3 各处人防门的开启不要影响其他系统专业的功能要求 4 全线防淹门设置要求 4.1 防淹门设点 4.2 防淹门是否可与人防门合设 4.3 防淹门安装要求 4.4 设备用房设置要求	1 用于确定车站人防方案 2 用于确定车站是否要安装防淹门	√	√	1	2 3 4.2
概预算	A8B5	1 工程量资料表格式 2 限额设计要求（各项指标、总额或批复概算及过程变化）	1 用于统一格式及提供资料 2 用于控制车站投资	√	√	1 2	2
工程地质	B1B5	—	—				

续上表

接口名称	接口编号	输入接口要求	接口处理及用途	输入设计阶段		受资专业需重点核对、协商条款	
				初设	施工图	初设	施工图
工程测量	B2B5	1 场地相关现状标高(如架空线、桥梁底净高) 2 防洪防涝设防标高(岩土) 3 河涌冲刷标高	用于确定设计方案	√	√	1~3	1~3
房调	B3B5	1 车站周边重要建筑的设计资料 1.1 建筑站总平面图(层数、高度、功能、权属) 1.2 建筑相关层平剖面图(地下室、首层)	1 用于确定车站结构与周边建筑的安全距离 2 用于核实车站附属与周边建筑的消防、环评间距	√	√	1	1 1.1
管线探测	B4B5	—	—				
建筑装修(含外部景观)	B6B5	1 线路装修概念设计 1.1 重点站的确定,重点站装修概念及相关要求(天、地、墙) 1.2 标准站装修方案(天、地、墙) 2 车站墙面设备安装要求(含公共区、设备区,是否嵌入安装) 3 中部楼梯设计形式要求 4 排水沟、挡水槛要求 5 针对不同风压的墙体材料要求(混凝土墙、砖墙、轻质墙体) 6 车站门、区间门的使用标准	1 用于明确装修对车站土建层高、文化特殊站空间的设计要求 2 土建专业配合预留相关孔洞 3 用于明确车站是否设柱 4 土建专业预留挡水槛 5 墙体满足功能、防火、风压等要求,混凝土墙与土建一并实施 6 满足功能、防火、风压等要求	√	√	1~3	4 5
综合管线	B7B5	1 最终综合管线图纸 1.1 车站反梁设置要求(哪些跨需设置反梁) 1.2 综合管线后的净高 1.3 综合支吊架(含抗震支吊架)详图	用于核实土建层高		√		1.1 1.2

续上表

接口名称	接口编号	输入接口要求	接口处理及用途	输入设计阶段		受资专业需重点核对、协商条款	
				初设	施工图	初设	施工图
车站结构（含防水）	B8B5	1 车站平纵横断面设计 1.1 梁、板、柱结构尺寸 1.2 车站施工工法 1.3 车站纵梁正反设置情况（协商） 2 房屋拆迁方案（建筑专业提供征地线） 3 暗挖车站施工竖井设置情况 4 陡坡的护坡方案 5 楼梯、梯柱及梯梁要求 6 钢结构预埋件、装配式结构预埋件	1 用于确定车站方案，核查与车站管线的关系 2 用于确定车站方案、地面附属方案、永久征地方位	√	√	1	1 3 5
区间	B9B5	1 区间工法 2 盾构始发、过站、吊出、调头的技术要求 3 车站与区间分界里程（协商确认） 4 车站与区间分界里程断面图（层高影响）（协商确认） 5 区间中间风井及其他设备用房的设计方案	1 用于确定车站端头与区间的接口方案 2 用于核查车站及区间设计范围（双方协商确认） 3 用于确定中间风井方案	√	√	1~4	2 3
轨行区综合管线	B10B5	1 轨行区综合管线控制点断面	用于核查车站内轨行区广告灯箱设置		√		1
疏散平台	B11B5	1 疏散平台方案，包含： 1.1 宽度 1.2 高度	用于核实与车站端头走道、中间风井轨道层平台顺接	√	√	1	1
桥梁	B12B5	1 桥梁与车站的结合形式（是桥建合一，还是桥建分离） 2 接口里程、坐标 3 接口预留条件 4 预留孔洞及预埋件要求	用于确定车站断面形式	√	√	1	1
路基	B13B5	1 路基平、纵断面图	用于明确车站路基接口里程及标高等	√	√	1	1

续上表

接口名称	接口编号	输入接口要求	接口处理及用途	输入设计阶段		受资专业需重点核对、协商条款	
				初设	施工图	初设	施工图
工程筹划	B14B5	1 全线总体工程筹划图(包含铺轨基地设置位置及要求、盾构始发及接收安排) 2 明确重要的工筹节点	用于确定车站预留区间的接口形式	√	√	1 2	1 2
主变电所	C1B5	1 连通廊道相关要求 2 与车站合建主变电所相关要求	车站预留相关条件	√	√	1 2	1 2
供电系统	C2B5	1 全线牵引所布点方案 2 全线再生装置方案 3 环网电缆过站方案(含人防门、防掩门预埋管)	用于确定车站供电房间的设置方案	√	√	1 2	3
供电系统(供电变电一次)	C2B5	1 供电房间、设备布置、运输及检修相关要求 2 供电房间布线方案(上进线、下进线) 3 电缆路径及电缆夹层空间要求 4 设备基础、预埋件及预留孔洞	用于确定车站供电房间的设置方案	√	√	2	3
供电系统(二次SCADA❶自动化)	C2B5	—	—				
供电系统(杂散电流)	C2B5	1 均流电缆预留孔洞 2 车站周边重要的油管、气管的杂散保护要求	用于确定设计方案	√	√	2	2
接触网	C2B5	1 接触网类型(是悬挂式还是轨旁形式) 2 隔离开关柜房间以及设备布置、孔洞要求 3 下轨楼梯及三轨的位置关系 4 过人防门的设置关系	用于核查对车站限界的影响	√	√	1	1 3

❶ SCADA，一般指SCADA系统。SCADA（Supervisory Control And Data Acquisition）系统，即数据采集与监视控制系统。

续上表

接口名称	接口编号	输入接口要求	接口处理及用途	输入设计阶段		受资专业需重点核对、协商条款	
				初设	施工图	初设	施工图
供电系统（供电车间）	C2B5	1 接触网紧急抢修用房站点以及房间要求	用于确定设备用房的布置方案	√		1	
动力与照明	C3B5	1 用房表：环控电控室、照明配电室、EPS（Emergency Power Supply）应急电源室、UPS（Uninterrupted Power Supply）不间断电源室 2 电缆布置方式及位置（上进线、下进线） 3 主要设备用房开门、开窗、电缆井要求 4 孔洞要求	用于确定设备用房的布置方案	√	√	1 2	1~4
通信	D1B5	1 系统用房要求、设备布置 2 预留孔洞要求 3 通信手井设置要求	用于确定设备用房的布置方案	√	√	1	1~3
民用通信	D2B5	1 系统用房要求、设备布置	用于确定设备用房的布置方案	√	√	1	1
公安通信	D3B5						
PIDS	D4B5	—	—				
信号	D5B5	1 系统用房要求、设备布置 2 预留孔洞要求 3 车站范围内转辙机等轨旁信号设备安装空间的预留要求 4 信号电缆管线的布置及沟槽管洞要求	1 用于确定设备用房的布置方案 2 用于确定满足限界要求 3 用于满足综合管线要求	√	√	1	1 3
AFC	D6B5	1 系统用房要求、设备布置 2 AFC设备数量及安装要求 3 明确票制	用于确定设备用房以及公共区的布置方案	√	√	1~3	3
清分	D7B5	1 清分设备用房建筑要求	用于确定设备用房的布置方案	√		1	

续上表

接口名称	接口编号	输入接口要求	接口处理及用途	输入设计阶段		受资专业需重点核对、协商条款	
				初设	施工图	初设	施工图
FAS	D8B5	1 系统用房、弱电井等需求 2 FAS孔洞或管线预埋需求	用于确定设备用房的布置方案	√	√	1	1 2
BAS	D9B5						
ISCS	D10B5	1 系统用房要求、设备布置 2 预留孔洞要求	用于确定设备用房的布置方案	√	√	1	1 2
门禁	D11B5						
安防	D12B5	—	—				
安检	D13B5	1 系统用房要求、设备布置 2 安检布置原则及通用图 3 设备数量及管线要求	用于确定安检布置方案	√	√	1 2	1 2
计算机综合信息系统	D14B5	—	—				
云平台	D15B5						
大数据	D16B5						
控制中心（含工艺、线网指挥平台）	D17B5						
智能客服	D18B5						
出入口P+R安防	D19B5						

续上表

接口名称	接口编号	输入接口要求	接口处理及用途	输入设计阶段		受资专业需重点核对、协商条款	
				初设	施工图	初设	施工图
通风空调	E1B5	1 系统用房要求、设备布置 2 预留孔洞及预埋件要求 3 通风空调管线 4 设备基础及水沟形式、尺寸 5 冷却塔设置位置、尺寸，管廊要求 6 设备运输条件及检修条件 7 是否设置冷站 8 各风道、百叶、风亭等面积要求 9 环评报告提出的措施（间距、降噪） 10 提出超60m长通道，设置安检通道、换乘通道的高度要求（满足设置排烟、空调要求） 11 排烟、补风机房要求 12 提出楼扶梯及前室设置要求，尽量减少加压送风系统设置 13 提出挡烟垂壁的高度要求、位置要求	用于确定车站的布置方案	√	√	1 5~13	9~13
隧道通风	E2B5	1 系统用房要求、设备及系统布置 2 预留孔洞以及预埋件要求 3 隧道通风管线 4 车站隧道排风口布置要求 5 活塞风面积要求 6 环评要求 7 设备运输检修通道 8 有风压墙面风压值（建筑专业初步判断后结构专业核算） 9 轨行区设备布置要求（射流风机、推力风机、控制箱等）	用于确定车站的布置方案	√	√	1 5~9	8 9

续上表

接口名称	接口编号	输入接口要求	接口处理及用途	输入设计阶段		受资专业需重点核对、协商条款	
				初设	施工图	初设	施工图
集中供冷	E3B5	1 集中供冷的范围(即哪些站) 2 系统用房布置要求(冷水机房、蓄冷水池) 3 管线要求、运输通道 4 环评报告提出的措施(间距、降噪)	用于确定车站是否设置冷水机房	√	√	1 2 4	4
给排水及消防	E4B5	1 系统用房(含消防水池)要求、设备布置 2 设备基础形式、尺寸 3 孔洞要求 4 室内外消火栓布置 5 有组织排水要求 6 地面化粪池位置、一体化水处理系统(纳入总平面图,报建需要) 7 配线车站端头泵房的检修要求(设不通过轨行区楼梯)	用于确定车站的布置方案	√	√	1	7
自动灭火	E5B5	1 自动灭火系统形式(细水雾/气体灭火) 2 系统用房要求、设备布置 3 系统用房墙体承压要求	用于确定车站的布置方案	√	√	1 2	1~3
站台门	E6B5	1 系统用房要求、设备布置 2 站台门总长度 3 顶梁、站台板预埋件、预留孔洞要求 4 端门的要求	用于确定车站的布置方案	√	√	1 2	1~4
防淹门	E7B5	1 全线防淹门布点 2 防淹门对车站的设计要求(房间、孔洞、预埋件土建构造) 3 满足疏散平台连续的要求(协商)	用于确定车站的布置方案	√	√	1	1 3

续上表

<table>
<tr><th rowspan="2">接口名称</th><th rowspan="2">接口编号</th><th rowspan="2">输入接口要求</th><th rowspan="2">接口处理及用途</th><th colspan="2">输入设计阶段</th><th colspan="2">受资专业需重点核对、协商条款</th></tr>
<tr><th>初设</th><th>施工图</th><th>初设</th><th>施工图</th></tr>
<tr><td>自动扶梯、电梯、楼梯升降机</td><td>E8B5</td><td>1 各种参数，预埋件及典型布置图
2 编号原则
3 楼梯升降机的安装要求
4 运输通道
5 检修要求</td><td>用于确定车站的布置方案</td><td>√</td><td>√</td><td>1</td><td>4
5</td></tr>
<tr><td>声屏障</td><td>E9B5</td><td>—</td><td>—</td><td></td><td></td><td></td><td></td></tr>
<tr><td>站场</td><td>F1B5</td><td>1 出入场线与车站的接线方案（车辆基地与线路分界，分到线路专业）
2 员工专用通道、管廊、标高、绿化、系统界面等</td><td>用于稳定车站的配线形式以及埋深</td><td>√</td><td>√</td><td>1</td><td>1</td></tr>
<tr><td>工艺</td><td>F2B5</td><td>在线检测设备用房（接轨站）</td><td>用于确定设计方案</td><td>√</td><td>√</td><td>1</td><td>1</td></tr>
<tr><td>车辆基地建筑</td><td>F3B5</td><td rowspan="6">—</td><td rowspan="6">—</td><td rowspan="6"></td><td rowspan="6"></td><td rowspan="6"></td><td rowspan="6"></td></tr>
<tr><td>车辆基地结构</td><td>F4B5</td></tr>
<tr><td>车辆基地通风空调</td><td>F5B5</td></tr>
<tr><td>车辆基地给排水及消防（不含自动灭火）</td><td>F6B5</td></tr>
<tr><td>车辆基地动力与照明</td><td>F7B5</td></tr>
<tr><td>车辆基地综合管线</td><td>F8B5</td></tr>
</table>

续上表

接口名称	接口编号	输入接口要求	接口处理及用途	输入设计阶段		受资专业需重点核对、协商条款	
				初设	施工图	初设	施工图
城市规划	G1B5	1“三规”符合性核查(总规、控规、土规、三区四线)[初步设计(含)以及之前是线路专业负责,初步设计(不含)以后皆为建筑专业负责] 2 最新规划路网道路红线(含标高)的有效性[初步设计(含)以及之前是线路专业负责,初步设计(不含)以后皆为建筑专业负责] 3 控规色块图 4 各级规划报建的批复意见的落实(建筑专业) 5 车站地面附属[出入口、风井(亭)、冷却塔]与周边道路、建筑的规划退缩、消防间距、环评距离(建筑专业) 6 规划对地面附属的造型要求(有盖、敞口、结合)(装修专业) 7 车站结构顶板覆土厚度应符合规划要求(建筑专业) 8 其他地面建筑物规划报建专业(派出所、集中冷站、主变电站、控制中心、与附属合建的复建建筑)(建筑专业) 9 枢纽综合体要求	1 用于核实方案的合理性 2 用于核实附属设置的合理性 3 用于核实车站方案的延续性 4 用于稳定附属方案 5 用于稳定车站埋深 6 用于稳定其他地面建筑方案 7 用于确定车站与枢纽综合体的关系	√	√	1~3 5 8	1~3 5 8
综合交通	G2B5	1 交通接驳方案 2 其他等级的交通(城际轨道交通、航空、有轨电车、铁路)	用于确定交通接驳方案	√	√	1 2	1 2
线网规划	G3B5	1 车站其他线路换乘关系 2 其他线路的实施时序	用于稳定线路输入	√	√	1 2	1 2
社会稳定	G4B5	1 重点关注环保问题(震动、噪声、异味) 2 反馈部分地段居民对地铁出入口的需求	1 满足环评要求 2 适当调整车站出入口设置	√	√	1	2

续上表

接口名称	接口编号	输入接口要求	接口处理及用途	输入设计阶段		受资专业需重点核对、协商条款	
				初设	施工图	初设	施工图
交通疏解	G5B5	1 交通疏解方案 2 道路上的施工借地回填及恢复方案	1 用于确定交通疏解方案，满足车站实施要求 2 用于确定借地恢复范围及方案	√	√	1	2
管线迁改	G6B5	1 管线迁改方案 2 河涌迁改方案	用于稳定车站方案	√	√	1 2	2
外部电源（主变电所与市网的连接）	G7B5	—	—				
城市给排水	G8B5	1 市政给排水条件	用于确定地面恢复方案		√		1
消防	G9B5	1 消防专项审查意见	用于完善消防设计，满足消防报建要求		√		1
建筑消防	G9B5	1 防火分区方案 2 换乘站厅面积大于5000m^{2}的防火隔断措施 3 疏散计算（时间/距离） 4 消防设计示意图	1 用于确定每个防火分区疏散方案 2 用于站厅防火分隔设置 3 用于确定出入口、楼梯以及安全口位置	√	√	1~3	1~4
防排烟消防	G9B5	1 排烟系统形式（机械排烟/自然排烟） 2 排烟分区方案（协商） 3 排烟机房设置要求 4 排烟管的走向及高度 5 三层车站独立管道井设置要求 6 排风亭、活塞风亭与出入口、新风亭的间距要求	1 用于确定外立面排烟孔的设置方案 2 用于确定挡烟垂壁的位置 3 用于确定房间布置 4 用于核实车站层高 5 用于满足三层车站防烟楼梯间的要求 6 用于满足防火间距要求	√	√	1	2 5 6
水及自动灭火消防	G9B5	1 自动灭火系统方案（气体灭火/细水雾） 2 消防泵房设置要求 3 消火栓设置要求	用于确定设备用房以及设备的布置方案	√	√	1 2	1 3
动力与照明消防	G9B5	—	—				
自动化系统消防	G9B5	1 烟感的安装要求 2 特殊场所如大空间、密肋梁等的火灾探测方式（协调）	用于确定设计方案		√		1 2

续上表

接口名称	接口编号	输入接口要求	接口处理及用途	输入设计阶段		受资专业需重点核对、协商条款	
				初设	施工图	初设	施工图
车辆基地消防	G9B5	—	—				
环境保护	G10B5	1 环评报告 1.1 各风亭冷却塔与敏感建筑的间距要求 1.2 站点周边建筑分类（标注到总平面上） 2 各级（市、省、国家）文物保护机关对文物保护单位的批复意见 3 各级（市、省、国家）风景名胜机关对相关方案的批复	用于确定风亭冷却塔与周边建筑的间距，车站与文物保护区的退缩要求	√	√	1~3	1~3
劳动安全与卫生	G11B5	—	—				
职业病防治	G12B5						
白蚁防治	G13B5						
防洪排涝	G14B5	1 出入口、风亭防洪排涝报告 1.1 100年防洪标准 1.2 200年防洪标准 1.3 出入口风亭建议设防标高及使用原则 2 河涌冲刷标高	1 用于确定出入口风亭设防标高 2 用于确定河涌改签或回迁方案	√	√	1	1 2
场站综合体	G15B5	1 场站综合体界面及设计原则（协商） 1.1 设计界面 1.2 投资界面 2 场站综合体建筑方案 2.1 综合体与地铁站厅连接方案（中庭、连接通道） 2.2 车站附属与综合体的结合方案 3 综合体开发时序	用于确定车站与综合体界面位置，车站内部布置	√	√	1 2	1~3

续上表

接口名称	接口编号	输入接口要求	接口处理及用途	输入设计阶段		受资专业需重点核对、协商条款	
				初设	施工图	初设	施工图
航道航标	G16B5	—	—				
无线频点	G17B5						
地铁派出所	G18B5	1 派出所线网布点 2 派出所选址要求 3 派出所设计技术要求 3.1 规模 3.2 房间要求 3.3 立面要求 3.4 装修标准	1 用于确定派出所选址 2 用于确定派出所建筑方案	√	√	1~3	1~3
绿色建筑	G19B5	1 评价是否节约集约利用土地 2 评价场地内是否合理设置绿化用地 3 评价是否合理开发利用地下空间 4 评价场地内环境噪声是否符合现行国家标准《声环境质量标准》(GB 3096)的有关规定 5 评价场地内风环境是否有利于室外行走、活动舒适和建筑的自然通风(提供室外风环境模拟计算报告) 6 评价场地内人行通道是否采用无障碍设计 7 评价是否合理设置停车场所 8 评价是否提供便利的公共服务(是否兼顾两种以上的公共服务功能,如公共卫生间、便民服务设施共享;向社会公众提供开放的空间) 9 评价是否结合现状地形地貌进行场地设计与建筑布局,保护场地内原有的自然水域、湿地和植被,采取表层土利用等生态补偿措施	根据打分,反馈给建筑专业是否需要调整方案,以及具体调整哪些方面(主要是地上车站)	√	√	1~3	4 13

续上表

接口名称	接口编号	输入接口要求	接口处理及用途	输入设计阶段		受资专业需重点核对、协商条款	
				初设	施工图	初设	施工图
绿色建筑	G19B5	10 评价是否充分利用场地空间合理设置绿色雨水基础设施，对面积大于 $10hm^2$ 的场地进行雨水专项规划设计 11 评价建筑及照明设计是否避免产生光污染情况 12 评价是否采取措施降低热岛强度 13 评价建筑设计是否符合国家现行有关建筑节能设计标准中强制性条文的规定 14 结合场地自然条件，对建筑的体形、朝向、楼距、窗墙比等进行优化设计 15 评价外窗、玻璃幕墙的可开启部分是否能使建筑获得良好的通风（外窗可开启面积比例达到 35%） 16 评价围护结构热工性能指标是否优于国家现行有关建筑节能设计标准的规定 17 评价是否采取减少噪声干扰的措施（针对平面布局，装修专业辅助） 18 评价建筑主要功能房间是否具有良好的户外视野（提供视野分析报告） 19 评价主要功能房间的采光系数是否满足现行国家标准《建筑采光设计标准》（GB 50033）的要求（提供采光模拟分析报告） 20 优化建筑空间、平面布局和构造设计，改善自然通风效果（主要功能房平均自然通风换气次数不少于 2 次 /h 的面积比例大于 90%，提供室内风环境模拟报告）	根据打分，反馈给建筑专业是否需要调整方案，以及具体调整哪些方面（主要是地上车站）	√	√	1~3	4 13

续上表

接口名称	接口编号	输入接口要求	接口处理及用途	输入设计阶段		受资专业需重点核对、协商条款	
				初设	施工图	初设	施工图
绿色建筑	G19B5	21 建筑方案充分考虑建筑所在地域的气候、环境、资源，结合场地特征和 建筑功能，进行技术经济分析，显著提高能源资源利用效率和建筑性能情况。提供建筑优化设计专项分析报告 22 合理选用废弃场地进行建设，或充分利用尚可使用的旧建筑。提供废弃场地利用分析报告、旧建筑利用分析报告 23 围护结构热工性能比国家现行相关建筑节能设计标准的规定高 20%，或者供暖空调全年计算负荷降低幅度达到 15% 24 在建筑的规划设计、施工建造和运行维护阶段中的建筑信息模型（BIM）技术应用 25 评价是否进行建筑碳排放计算分析，采取措施降低单位建筑面积碳排放强度	根据打分，反馈给建筑专业是否需要调整方案，以及具体调整哪些方面（主要是地上车站）	√	√	1~3	4 13
节能	G20B5	1 节能的目标	用于确定设计方案	√	√	1	1
资源开发	G21B5	1 明确商铺设置要求 2 明确物业开发业态、位置及面积 3 考虑物业开发部分的防火分区划分等消防疏散措施，并应满足相关规范	用于确定物业区以及疏散口的布置方案	√	√	1 2	1~3

13.4.2 设计输出部分(表 13.4-2)

建筑专业对相关专业的输出接口表　　表 13.4-2

专业名称:建筑　　专业代号:JZ　　接口编码:B5

接口名称	接口编号	输出接口要求	接口处理及用途	输出设计阶段		输出资料重点控制条款	
				初设	施工图	初设	施工图
客流预测	B5A1	1 车站总平面图(含出入口)	用于进行车站分向客流预测	√	√	1	1
行车组织与运营管理	B5A2	1 车站站台形式 2 换乘站换乘形式	用于确定车站配线形式	√	√	1 2	1 2
车辆	B5A3	—	—				
线路	B5A4	1 标准站图册 2 各车站总平面图(需动态反馈) 3 车站特征表(需动态反馈)	1 标准站图册中有效站台长度用于线路平面设计,标准站埋深用于线路纵断面设计 2 车站总平面图中宽度、方位角及坐标,用于确定车站地段线路平面位置 3 特征表中车站中心轨面埋深,用于非标准站段线路纵断面设计	√	√	2	2 3
限界	B5A5	1 车站建筑平、剖面图	用于核实满足限界要求	√	√	1	1
轨道	B5A6	1 站台板下层平、剖面图(含废水泵房埋水管里程、标高) 2 站厅层、设备层等建筑图(包含轨道用房布置等)	1 用于轨道排水设计及工程量统计 2 用于轨道监测系统的设计		√		1
人防(含防淹门)	B5A7/B5E7	1 总平面图 2 车站各层平、剖面图 3 设防站类型	用于人防通风系统布置	√	√	1	1~3
概预算	B5A8	1 各阶段相关建筑面积及尺寸 2 建筑工程量 3 征地及拆迁工程量 4 车站概况	1 用于估算编制 2 用于概算编制 3 用于施工图变更预算	√	√	1~4	1~4
工程地质	B5B1	—	—				
工程测量	B5B2	1 车站总平面	用于确定航空摄影测量工作范围及提供资料	√	√	1	1
房调	B5B3	1 车站总平面	用于确定房调范围	√	√	1	1
管线探测	B5B4	—	—				

续上表

接口名称	接口编号	输出接口要求	接口处理及用途	输出设计阶段		输出资料重点控制条款	
				初设	施工图	初设	施工图
建筑装修（含外部景观）	B5B6	1 标准站形式 2 各车站总平面图 3 各车站平、剖面图 4 各车站特色空间设计	用于确定装修方案	√	√	4	4
综合管线	B5B7	1 车站平、剖面图（含挡烟垂壁的设置位置）	开展设计所需基础资料	√	√	1	1
车站结构（含防水）	B5B8	1 完整的建筑图（需包含但不限于以下内容） 1.1 建筑总平面图 1.2 建筑平、剖面图 1.3 需在结构中预埋的各种预埋件及其详图 1.4 需在结构中预留的各种孔洞 1.5 建筑BIM模型 1.6 涉及结构专业的内部装修，如非承重隔墙等 1.7 地面恢复标高 1.8 各层板标高 1.9 装修层厚度 2 设备运输路径及设备荷载	1 用于确定车站形式、结构布置、结构内轮廓、预留孔洞及预埋件、结构尺寸、各层结构面标高、覆土厚度。根据建筑布置的不同功能分区确定结构承受的荷载值。复核非承重隔墙的受力是否满足要求 2 楼梯柱位置数量、柱跨、换乘节点、是否抽柱、上下反梁、楼梯的土建宽度等，需相互沟通、协调 3 混凝土结构墙、挡水槛等，需相互沟通、确认 4 变形缝的设置位置尽量避开设备，具体位置需相互沟通、确认 5 水池的防水要求 6 预留远期接口的处理方式（换乘节点、远期预留口等） 7 结构施工前提醒建筑专业再次复核各种预埋件、预留孔洞等	√	√	1	1 2
区间	B5B9	1 车站与区间分界里程 2 车站与区间分界里程断面图（协商确认） 3 盾构始发或吊出井的平、剖面图（协商确认）	用于工程量统计及区间设计	√	√	1	1 3
轨行区综合管线	B5B10	1 车站总平面图 2 站台层平面图	用于确定轨行区综合管线方案		√		1 2

续上表

接口名称	接口编号	输出接口要求	接口处理及用途	输出设计阶段		输出资料重点控制条款	
				初设	施工图	初设	施工图
疏散平台	B5B11	1 车站站台层建筑布置图、剖面图 2 与区间接口处站台板宽度及标高顺接	用于核实车站建筑与平台限界	√	√	1	1 2
桥梁	B5B12	1 车站与区间分界里程	用于桥梁布跨设计	√	√	1	1
路基	B5B13	1 完整的建筑图（需包含但不限于以下内容） 1.1 建筑总平面图 1.2 建筑平、剖面图	用于确定车站与路基的分界里程及断面	√	√	1	1
工程筹划	B5B14	1 建筑总平面图 2 建筑平、剖面图	用于确定工程筹划方案	√	√	1 2	1 2
主变电所	B5C1	—	—				
供电系统	B5C2	1 车站建筑总平面图，平、纵剖面图，人防门等大样图	进行供电设备用房设备布置、设备运输通道、吊装方案、预留预埋、房间门及门洞、车站内供电管线敷设方案、站内轨行区设备布置方案设计	√	√	1	1
供电系统（供电变电一次）	B5C2	—	—				
供电系统（二次SCADA自动化）	B5C2						
供电系统（杂散电流）	B5C2	1 车站建筑总平面，平、纵剖面图，人防门等大样图	用于确定设计方案	√	√	1	1
供电系统（接触网）	B5C2	1 车站建筑总平面图，平、纵剖面图，人防门等大样图	用于确定设计方案	√	√	1	1
供电系统（供电车间）	B5C2	—	—				
动力与照明	B5C3	1 车站的平面图以及纵、横剖面图（含设备吊装孔、设备运输及检修通道、电缆井等资料）	1 用于动力与照明的配电平面设计 2 用于设备运输及预留孔洞设计 3 用于核实主要电气设备用房的面积及设备布置情况	√	√	1	1
通信	B5D1	1 车站建筑平、立、剖面图	设备布置	√	√	1	1

续上表

<table>
<tr><th rowspan="2">接口名称</th><th rowspan="2">接口编号</th><th rowspan="2">输出接口要求</th><th rowspan="2">接口处理及用途</th><th colspan="2">输出设计阶段</th><th colspan="2">输出资料重点控制条款</th></tr>
<tr><th>初设</th><th>施工图</th><th>初设</th><th>施工图</th></tr>
<tr><td>民用通信</td><td>B5D2</td><td>1 车站建筑平、立、剖面图</td><td>用于设备布置</td><td>√</td><td>√</td><td>1</td><td>1</td></tr>
<tr><td>公安通信</td><td>B5D3</td><td>1 车站平、剖面图</td><td>用于设备布置</td><td>√</td><td>√</td><td>1</td><td>1</td></tr>
<tr><td>PIDS</td><td>B5D4</td><td>1 车站平、剖面图</td><td>用于设备布置</td><td></td><td>√</td><td></td><td>1</td></tr>
<tr><td>信号</td><td>B5D5</td><td>1 车站的建筑平、断面图
2 车站的电缆管廊及预留孔洞位置资料
3 车站范围预留转辙机等轨旁信号设备安装空间资料</td><td>用于核实满足信号要求</td><td>√</td><td>√</td><td>1</td><td>2
3</td></tr>
<tr><td>AFC</td><td>B5D6</td><td>1 车站特征表
2 车站总平面布置
3 车站建筑平、剖面图
4 大型枢纽车站、换乘站建筑方案
5 与城际换乘车站建筑方案
6 既有线路换乘站改造方案</td><td>用于核实AFC设备的数量及布置方案</td><td>√</td><td>√</td><td>1
2</td><td>3~6</td></tr>
<tr><td>清分</td><td>B5D7</td><td>1 建筑总平面图
2 建筑平、剖面图</td><td>用于确定设计方案</td><td>√</td><td>√</td><td>1
2</td><td>1
2</td></tr>
<tr><td>FAS</td><td>B5D8</td><td>1 车站剖面图
2 防火卷帘、电动排烟窗、电动排烟口（协商，标准做法）
2.1 防火卷帘门、挡烟垂壁、电动排烟窗、电动排烟口等设备的数量、功能、监控要求
2.2 防火卷帘门、电动排烟窗、电动排烟口等设备的平面布置图</td><td>用于设备布置、FAS系统图设计</td><td>√</td><td>√</td><td>1</td><td>1
2</td></tr>
<tr><td>BAS</td><td>B5D9</td><td>1 车站平、剖面图</td><td>用于设备布置、BAS系统图设计</td><td>√</td><td>√</td><td>1</td><td>1</td></tr>
<tr><td>ISCS</td><td>B5D10</td><td rowspan="2">1 车站平、剖面图</td><td rowspan="2">用于设备布置</td><td rowspan="2">√</td><td rowspan="2">√</td><td rowspan="2">1</td><td rowspan="2">1</td></tr>
<tr><td>门禁</td><td>B5D11</td></tr>
<tr><td>安防</td><td>B5D12</td><td>—</td><td>—</td><td></td><td></td><td></td><td></td></tr>
</table>

续上表

接口名称	接口编号	输出接口要求	接口处理及用途	输出设计阶段		输出资料重点控制条款	
				初设	施工图	初设	施工图
安检	B5D13	1 车站特征表 2 车站总平面布置 3 车站建筑平、剖面图	用于确定安检方案	√	√	1~3	1~3
计算机综合信息系统	B5D14	—	—				
云平台	B5D15						
大数据	B5D16						
控制中心（含工艺、线网指挥平台）	B5D17						
智能客服	B5D18						
出入口P+R 安防	B5D19						
通风空调	B5E1	1 总平面图［不限于以下内容：风井、冷却塔、多联机室外机及其他室外设备的名称标注；距离标注；风口朝向标注，各风亭、冷却塔、出入口相互关系标注；风亭和冷却塔周围50m 范围内敏感点的名称及与敏感点的距离标注，出入口和风亭之间的遮挡（如果有）］ 2 各层建筑平、剖面图，预留孔洞及预埋件图，基础图（不限于以下内容：房间面积表，反梁位置，设备运输路径，包含挡烟垂壁形式、高度，站台楼扶梯封闭形式详图） 3 室外部分建筑布置平、剖面图，预留孔洞及预埋件图，基础图［不限于以下内容：室外设备的基础图，水管廊道详图（如果有），围蔽详图，地面紧急疏散出口固定窗详图，出入口和风亭之间的遮挡（如果有）］	用于车站大小系统方案设计	√	√	1~3	1~3

续上表

接口名称	接口编号	输出接口要求	接口处理及用途	输出设计阶段		输出资料重点控制条款	
				初设	施工图	初设	施工图
隧道通风	B5E2	1 总平面图 2 车站各层平、剖面图(系统用房、设备布置、预留孔洞及预埋件、基础、车站隧道排风口布置、活塞风面积、设备运输检修通道、墙体材料) 3 如站内有长大配线,应考虑射流风机的设置空间(正线应侧装)及配线区域隔墙、土建排烟风道和风口的设置,在轨行区的设备需要协商安全的设置要求(包括特殊布置,如顶装的射流风机等)	用于隧道通风系统配置及软件模拟计算	√	√	1~3	1~3
集中供冷	B5E3	1 提供冷水机房或蓄冷水池及室外冷却塔的建筑布置图	作为进行专业内设计的基础资料	√	√	1	1
给排水及消防	B5E4	1 车站各层建筑平面图(含附属)、总平面图(含征地红线) 2 建筑横、纵剖面图 3 卫生间、给排水设备用房、离壁墙、排水沟、截水沟等大样图 4 疏散楼梯间位置(与消防无关的管线不能穿越,消防管道穿越时不得影响疏散宽度) 5 室外地面恢复标高(实施前复核确认) 6 局部低点(如变电所夹层等) 7 协商消防泵房、消防水池位置及标高	1 用于确定给排水设备用房的位置及平面布置 2 用于给排水系统水力计算 3 用于给排水大样图设计 4 用于给排水管道布置 5 室外压力井、检查井标高及装饰性井盖配合 6 用于设置局部排水泵站 7 用于确定消防泵房及水池位置和标高	√	√	1 2	1~7
自动灭火	B5E5	1 车站、区间风井等各层建筑平面图(含附属) 2 建筑横、纵剖面图 3 防护区承压由建筑专业提供资料、结构专业核实	1 用于确定设备用房的位置、系统防护区及平面布置 2 用于系统组合分配计算	√	√	1 2	1~3

续上表

接口名称	接口编号	输出接口要求	接口处理及用途	输出设计阶段		输出资料重点控制条款	
				初设	施工图	初设	施工图
站台门	B5E6	1 建筑平、剖面图	1 用于统计工程量 2 确认建筑孔洞、预埋件是否符合站台门系统要求	√	√	1	1
防淹门	B5E7	1 建筑平、剖面图	1 用于统计工程量 2 确认建筑孔洞、预埋件是否符合防淹门系统要求	√	√	1	1
自动扶梯、电梯、楼梯升降机	B5E8	1 建筑平、剖面图 2 设备工程量	1 用于统计工程量 2 确认建筑孔洞、预埋件是否符合电扶梯系统要求	√	√	1 2	1 2
声屏障	B5E9	—	—				
站场	B5F1	1 车站总平面图	用于核查分界里程	√	√	1	1
工艺	B5F2	—	—				
车辆基地建筑	B5F3						
车辆基地结构	B5F4						
车辆基地通风空调	B5F5						
车辆基地给排水及消防（不含自动灭火）	B5F6						
车辆基地动力与照明	B5F7						
车辆基地综合管线	B5F8						
城市规划	B5G1	1 车站总平面图	用于确定设计方案	√	√	1	1
综合交通	B5G2						
线网规划	B5G3						
社会稳定	B5G4	1 车站出入口、风亭设置原则	用于论证车站附属设施与周边居民生活需求的关系	√		1	
交通疏解	B5G5	1 车站总平面图	用于确定交通疏解方案	√	√	1	1
管线迁改	B5G6	1 车站总平面图 2 车站平、剖面图	用于确定管线迁改方案	√	√	1 2	1 2

续上表

接口名称	接口编号	输出接口要求	接口处理及用途	输出设计阶段		输出资料重点控制条款	
				初设	施工图	初设	施工图
外部电源（主变电所与市网的连接）	B5G7	—	—				
城市给排水	B5G8						
消防	B5G9						
建筑消防	B5G9						
防排烟消防	B5G9						
水及自动灭火消防	B5G9						
动力与照明消防	B5G9						
自动化系统消防	B5G9						
车辆基地消防	B5G9						
环境保护	B5G10						
劳动安全与卫生	B5G11						
职业病防治	B5G12						
白蚁防治	B5G13						
防洪排涝	B5G14	1 车站总平面图（包含车站主体、出入口、风亭、竖井及编号标识等）	用于确定评估位置、范围	√	√	1	1
场站综合体	B5G15	1 车站总平面图 2 车站平、剖面图 3 合建附属方案	用于协调车站与综合体的关系	√	√	1~3	1~3
航道标航	B5G16	—	—				
无线频点	B5G17						
地铁派出所	B5G18	1 设有派出所的车站总平面图 2 与派出所结合设置的附属设计方案	用于确定方案设计	√	√	1 2	1 2

续上表

接口名称	接口编号	输出接口要求	接口处理及用途	输出设计阶段		输出资料重点控制条款	
				初设	施工图	初设	施工图
绿色建筑	B5G19	1 绿色建筑等级要求 2 总平面图，各层平、剖面图 3 节能设计专篇 4 BIM 技术应用情况	用于确定方案设计		√		1~4
节能	B5G20	1 总平面图 2 节能计算书	用于节能设计、计算		√		1 2
资源开发	B5G21	1 车站总平面图 2 车站平、剖面图	用于确定设计方案	√	√	1 2	1 2

第 14 章
建筑装修（含外部景观）

14.1 专业组成

本专业组成主要包括：

（1）地下、高架车站（含主体及通道）、中间风亭、泵房、电房、派出所（不含车辆基地内派出所）等含地下、地面建筑装修，其中包含设备区及公共区装修。

（2）地面附属建筑装修（出入口飞顶及坡度、紧急出入口、冷却塔、专用电梯及电梯厅、高低风亭组等）及地面景观绿化设计。

（3）轨行区装修。

14.2 专业功能

建筑装修（含外部景观）直接与使用者接触，属于可触摸、可亲身感观的专业，而且反映使用者的体验效果，是地铁工程不可或缺的一部分。随着人们生活水平的不断提高，使用者对轨道交通环境的要求也随之提升，因此设计标准要求也随之提高。此外，车站空间设计越来越人性化，装修环境也越来越接近乘客的需求，在满足功能的前提下进行空间感观的提升，承担着轨道形象等任务。

14.3 专业的主要接口

建筑装修（含外部景观）专业应结合人防、车站结构（含防水）、建筑、环控、动力与照明、给排水及消防、AFC、通信、信号等专业资料进行建筑装修（含外部景观）设计工作。

在建筑装修（含外部景观）设计阶段，建筑装修（含外部景观）专业还应向建筑、动力与照明、环控、给排水及消防、通信、信号等专业输出如建筑装修（含外部景观）方案设计、导向、装修层高、灯具、广告设置等主要设计资料。

14.4 专业设计技术接口表

14.4.1 设计输入部分（表 14.4-1）

相关专业对建筑装修（含外部景观）专业的输入接口表 表 14.4-1

专业名称：建筑装修（含外部景观） 专业代号：JZZX 系统编码：B6

接口名称	接口编号	输入接口要求	接口处理及用途	输入设计阶段		受资专业需重点核对、协商条款	
				初设	施工图	初设	施工图
人防	A7B6	1 人防门构造、工艺、布置图等 2 人防门设置需求	1 用于后期维护及演习处理 2 人防门槛、伪装墙、容易拆装天花 3 设计		√		1 2
概预算	A8B6	1 单方控制价格，以及装修范围要求	用于装修标准概算制定及造价控制	√	√	1	1
建筑	B5B6	1 车站建筑图（含设计说明，平、立、剖面图及节点图） 2 地面附属图（含设计说明，平、立、剖面图及节点图） 3 与建筑装修设计相关等资料（含墙体、门体等）	用于建筑装修（含室内及室外景观）方案设计	√	√	1~3	1~3
综合管线	B7B6	1 综合管线图（含设计说明，平、立、剖面图及节点图）	1 用于方案设计 2 用于装修完成面控制 3 用于各专业设备末端整合处理 4 用于特殊空间效果设计（减少或没有管线）	√	√	1	1
车站结构（含防水）	B8B6	1 结构图（含纵横梁体系、柱子）	1 用于核实建筑与结构是否有冲突，从而对方案设计进行核实 2 关键部分，如是否设梯柱，以及对柱形、柱跨（是否能抽柱）等的核查	√	√	1	1
轨行区综合管线	B10B6	1 站台轨行区平、立面图	1 用于轨行区广告灯箱设计 2 用于轨行区走道设备箱整合、暗藏设计	√	√	1	1
动力与照明	C3B6	1 站台层平、立、剖面图 2 插座及配电箱等设备尺寸要求 3 机电对装修要求	1 用于建筑装修（含外部景观）暗藏装饰设计 2 用于设备区末端（灯具等）整合 3 设备用房装饰做法		√		1

续上表

接口名称	接口编号	输入接口要求	接口处理及用途	输入设计阶段		受资专业需重点核对、协商条款	
				初设	施工图	初设	施工图
通信	D1B6	1 设备布点图 2 设备尺寸、设备基础等要求 3 机电对装修专业的要求	1 用于建筑装修（含外部景观）整合设计（设备末端） 2 设备用房装饰做法		√		1
民用通信	D2B6	1 设备资料及高度、设备基础等要求 2 机电对装修专业的要求	1 用于建筑装修设计方案天花板规整（设备末端） 2 设备用房装饰做法		√		1
公安通信	D3B6	1 设备资料及高度要求 2 机电对装修专业的要求	1 用于建筑装修设计方案天花板规整（设备末端） 2 设备用房装饰做法		√		1
PIDS	D4B6	1 设备资料及高度要求 2 机电对装修专业的要求	1 用于建筑装修方案规整设计 2 设备用房装饰做法		√		1
信号	D5B6	1 设备布点图及要求 2 机电对装修专业的要求	1 用于建筑装修方案规整设计（设备末端） 2 设备用房装饰做法		√		1
AFC	D6B6	1 检票设备图 2 地面预埋管线走向及要求 3 机电对装修专业的要求	1 用于地面检修口及栏杆整合设计（设备末端） 2 设备用房装饰做法 3 内嵌式AFC售检票（记录）		√		1
FAS	D8B6	1 设备布点图及要求 2 机电对装修专业的要求	1 用于装修方案整合设计（设备末端） 2 设备用房装饰做法（含设备区走道装修暗藏设计）		√		1
BAS	D9B6						
ISCS	D10B6	1 设备布点图及要求 2 机电对装修专业的要求	1 用于装修整合或设置设备检修门 2 设备用房装饰做法（含设备区走道装修暗藏设计） 3 用于车站控制室一体化设计（装修与设备整合）		√		1
门禁	D11B6	1 设备布点图及要求 2 机电对装修专业的要求 3 需设门禁的房间	1 用于装修整合或设置设备检修门 2 用于公共区工作门门禁预留		√		1

续上表

接口名称	接口编号	输入接口要求	接口处理及用途	输入设计阶段		受资专业需重点核对、协商条款	
				初设	施工图	初设	施工图
安防	D12B6	1 设备布点图及要求 2 机电对装修的要求	1 用于装修整合或设置设备检修门 2 设备用房装饰做法		√		1
安检	D13B6						
智能客服	D18B6						
通风空调	E1B6	1 专业图纸（含设备基础图等、风口布置等） 2 机电对装修的要求	1 用于装修整合设计（特别注意挡烟垂壁、楼梯、扶梯四周侧壁） 2 设备用房装饰做法（含基础做法） 3 地面附属（冷却塔视觉遮挡、风亭百叶、防水防虫） 4 新风道起灰需处理 5 风口的设置，概念设计应协商		√		1
给排水及消防	E4B6	1 平面布置等图纸（相关设备末端） 2 机电对装修的要求	1 用于装修整合或设置设备检修门 2 设备用房装饰做法 3 地面附属水泵控制箱（等装饰） 4 厕所革命对给排水的要求		√		1
自动灭火	E5B6	1 平面布置等图纸（相关设备末端） 2 机电对装修的要求	1 用于装修整合或设置设备检修门 2 设备用房装饰做法		√		1
站台门	E6B6	1 站台门范围、绝缘区域及要求、天花板与站台门间距要求 2 机电对装修的要求	1 用于站台地面、墙面、天花板设计、绝缘层设计 2 设备用房装饰做法		√		1
自动扶梯、电梯、楼梯升降机	E8B6	1 设备要求布置图、相关尺寸等 2 电梯外部玻璃幕墙布置图	1 用于装修整合或设置设备检修门 2 公共区装修概念与电梯玻璃图案的设计 3 明确扶梯及装修范围		√		1
城市给排水	G8B6	1 城市给排水布置图（如排水沟）	用于建筑装修（含外部景观）整合设计		√		1
防洪排涝	G14B6	1 排涝要求	用于防洪挡板的设计		√		1

14.4.2 设计输出部分(表14.4-2)

建筑装修(含外部景观)专业对相关专业的输出接口表 表14.4-2

专业名称:建筑装修(含外部景观) 专业代号:JZZX 系统编码:B6

接口名称	接口编号	输出接口要求	接口处理及用途	输出设计阶段		输出资料重点控制条款	
				初设	施工图	初设	施工图
人防	B6A7	1 装修对人防设备的装修做法及相关装修要求	1 用于后期维护及演习处理 2 用于人防门槛设计 3 用于人防孔洞封堵要求		√		1
概预算	B6A8	1 各部位的装修面积统计 2 价格控制估、预算等	用于装修标准概算制定及造价控制	√		1	
建筑	B6B5	1 装修方案及概念设计 2 车站建筑图(含设计说明,平、立、剖面图及节点图) 3 地面附属图(含设计说明,平、立、剖面图及节点图) 4 与建筑装修设计相关等资料	1 用于建筑装修(含外部景观)方案设计 2 用于规划报建等	√	√	1	1~4
综合管线	B6B7	1 综合管线图(含设计说明,平、立、剖面图及节点图)	1 用于层高控制 2 用于各设备末端整合	√	√	1	1
车站结构(含防水)	B6B8	1 结构图(含纵横梁体系、柱子)	用于核实建筑与结构是否有冲突,从而对方案设计进行核实	√	√	1	1
轨行区综合管线	B6B10	1 站台轨行区平、立面图	用于建筑装修(含外部景观)轨行区广告灯箱设计		√		1
动力与照明	B6C3	1 装修综合布置图 2 插座及配电箱等末端设备开孔尺寸、暗装(设备箱门或暗敷)等安装要求	用于建筑装修(含外部景观)暗藏设计		√		1 2
通信	B6D1	1 装修综合布置图 2 管线及末端设备暗敷、开孔、安装要求	用于建筑装修(含外部景观)整合设计		√		1 2
民用通信	B6D2	1 装修综合布置图 2 管线及末端设备暗敷、开孔、安装要求	建筑装修设计方案天花板规整		√		1 2
公安通信	B6D3						

续上表

接口名称	接口编号	输出接口要求	接口处理及用途	输出设计阶段		输出资料重点控制条款	
				初设	施工图	初设	施工图
PIDS	B6D4	1 装修综合布置图 2 管线及末端设备暗敷、开孔、安装要求	建筑装修设计方案天花板规整		√		1 2
信号	B6D5						
AFC	B6D6	1 装修综合布置图 2 AFC预埋管线与装修模数的配合及检修口设置等要求	用于地面整合设计		√		1 2
FAS	B6D8	1 装修综合布置图 2 管线及末端设备暗敷、开孔、安装要求	用于装修整合或设置设备检修门		√		1 2
BAS	B6D9						
ISCS	B6D10						
门禁	B6D11						
安防	B6D12						
安检	B6D13						
智能客服	B6D18						
通风空调	B6E1						
给排水及消防	B6E4						
自动灭火	B6E5						
站台门	B6E6	1 装修综合布置图 2 站台门绝缘层设置要求	用于站台地面、墙面设计		√		1 2
自动扶梯、电梯、楼梯升降机	B6E8	1 装修综合布置图 2 管线及末端设备暗敷、开孔、安装要求 3 电梯外玻璃装饰方案	用于装修整合或设置设备检修门		√		1~3
城市给排水	B6G8	1 排水沟盖板样式等	用于建筑装修(含外部景观)整合设计		√		1
防洪排涝	B6E14	1 防淹挡板的设置	用于满足外部设计接口需求		√		1

第 15 章
综合管线

15.1 专业组成

本专业组成主要包括：

（1）风系统：隧道通风系统、车站公共区通风空调系统（大系统）、设备及管理用房通风空调系统（小系统）。

（2）水系统：隧道通风系统、车站公共区通风空调系统（大系统）、设备及管理用房通风空调系统（小系统）。

（3）冷媒系统：多联机冷媒系统。

（4）电力系统：高、中、低压供电系统及照明系统。

（5）弱电及其他系统：通信、信号、FAS、BAS、安检、AFC、站台门、PIS、ISCS 等。

15.2 专业功能

综合管线专业在保证各专业管线功能正常的情况下，解决管线设备的标高和位置问题，避免交叉时产生冲突，所有管线均采用综合支吊架（含抗震支吊架），同时还要配合协调各专业满足结构及装修的各个位置要求。

15.3 专业的主要接口

综合管线专业应结合通风空调、给排水及消防、自动灭火、供电系统、通信、信号、FAS、BAS、ISCS、门禁、AFC、安检、站台门等专业资料进行管线综合平衡设计工作。

15.4 专业设计技术接口表

15.4.1 设计输入部分(表 15.4-1)

相关专业对综合管线专业的输入接口表 表 15.4-1

专业名称:综合管线 专业代号:ZHGX 系统编码:B7

接口名称	接口编号	输入接口要求	接口处理及用途	输入设计阶段		受资专业需重点核对、协商条款	
				初设	施工图	初设	施工图
轨道	A6B7	1 监测各子系统电缆、光纤对车站综合管线的要求 2 轨行区至车站的电缆敷设路径、数量、尺寸、标高	用于管线综合设计,避免各管线间冲突		√		1
建筑	B5B7	1 车站平、剖面图(含挡烟垂壁的设置位置)	开展设计所需基础资料		√		1
建筑装修(含外部景观)	B6B7	1 各区域吊顶高度 2 各区域管线需控制的最低标高(特殊装修区域不得有管线或减少管线需协商) 3 挡烟垂壁的做法	用于综合管线设计,避免与装修吊顶净高、龙骨、挡烟垂壁冲突		√		1~3
车站结构(含防水)	B8B7	1 梁柱布置图、剖面图,体现梁柱尺寸、腋角设置情况 2 最终综合支吊架(含抗震支吊架)的受力核算结果	1 用于综合管线设计,避免管线与梁及腋角冲突 2 核算综合支吊架受力情况并提出优化意见		√		1 2
供电系统	C2B7	1 供电电缆桥架的敷设路径及方式(是上走线还是下走线)、数量、尺寸、标高 2 管线检修空间要求、管线重量荷载 3 需设置抗震支吊架的范围	1 用于管线综合设计,避免各管线间冲突 2 供结构专业进行综合支吊架(含抗震支吊架)的受力计算		√		1~3
动力与照明	C3B7	1 低压配电电缆桥架、密集母线的敷设路径、数量、尺寸、标高 2 管线检修空间要求、管线重量荷载 3 需设置抗震支吊架的范围	1 用于管线综合设计,避免各管线间冲突 2 供结构专业进行综合支吊架(含抗震支吊架)的受力计算		√		1~3

续上表

接口名称	接口编号	输入接口要求	接口处理及用途	输入设计阶段		受资专业需重点核对、协商条款	
				初设	施工图	初设	施工图
通信	D1B7	1 通信线槽的敷设路径及方式(是上走线还是下走线)、数量、尺寸、标高 2 管线检修空间要求、管线重量荷载 3 需设置抗震支吊架的范围	1 用于管线综合设计,避免各管线间冲突 2 供结构专业进行综合支吊架(含抗震支吊架)的受力计算		√		1~3
信号	D5B7	1 信号线槽的敷设路径及方式(是上走线还是下走线)、数量、尺寸、标高 2 管线检修空间要求、管线重量荷载 3 需设置抗震支吊架的范围	1 用于管线综合设计,避免各管线间冲突 2 供结构专业进行综合支吊架(含抗震支吊架)的受力计算		√		1~3
AFC	D6B7	1 AFC线槽的敷设路径、数量、尺寸、标高 2 管线检修空间要求	用于管线综合设计,避免各管线间冲突		√		1 2
FAS	D8B7	1 FAS线槽的敷设路径、数量、尺寸、标高 2 管线检修空间要求、管线重量荷载 3 需设置抗震支吊架的范围	1 用于管线综合设计,避免各管线间冲突 2 供结构专业进行综合支吊架(含抗震支吊架)的受力计算		√		1~3
BAS	D9B7	1 BAS线槽的敷设路径、数量、尺寸、标高 2 管线检修空间要求、管线重量荷载 3 需设置抗震支吊架的范围	1 用于管线综合设计,避免各管线间冲突 2 供结构专业进行综合支吊架(含抗震支吊架)的受力计算		√		1~3
ISCS	D10B7	1 综合监控线槽的敷设路径、数量、尺寸、标高 2 管线检修空间要求、管线重量荷载 3 需设置抗震支吊架的范围	1 用于管线综合设计,避免各管线间冲突 2 供结构专业进行综合支吊架(含抗震支吊架)的受力计算		√		1~3
门禁	D11B7	1 门禁线槽的敷设路径、数量、尺寸、标高 2 管线检修空间要求、管线重量荷载 3 需设置抗震支吊架的范围	1 用于管线综合设计,避免各管线间冲突 2 供结构专业进行综合支吊架(含抗震支吊架)的受力计算		√		1~3

续上表

接口名称	接口编号	输入接口要求	接口处理及用途	输入设计阶段		受资专业需重点核对、协商条款	
				初设	施工图	初设	施工图
安检	D13B7	1 安检系统线槽的敷设路径、数量、尺寸、标高 2 管线检修空间要求、管线重量荷载 3 需设置抗震支吊架的范围	1 用于管线综合设计，避免各管线间冲突 2 供结构专业进行综合支吊架（含抗震支吊架）的受力计算		√		1~3
通风空调	E1B7	1 隧道通风、大系统风管、小系统风管、空调水管、多联机系统线槽的敷设路径、数量、尺寸、标高 2 管线检修空间要求、管线重量荷载 3 需设置抗震支吊架的范围	1 用于管线综合设计，避免各管线间冲突 2 供结构专业进行综合支吊架（含抗震支吊架）的受力计算		√		1~3
给排水及消防	E4B7	1 消防水管及消火栓、给水管、污水管、废水管线槽的敷设路径、数量、尺寸、标高 2 管线检修空间要求、管线重量荷载 3 需设置抗震支吊架的范围	1 用于管线综合设计，避免各管线间冲突 2 供结构专业进行综合支吊架（含抗震支吊架）的受力计算		√		1~3
自动灭火	E5B7	1 自动灭火线槽的敷设路径、数量、尺寸、标高 2 管线检修空间要求、管线重量荷载 3 需设置抗震支吊架的范围	1 用于管线综合设计，避免各管线间冲突 2 供结构专业进行综合支吊架（含抗震支吊架）的受力计算		√		1~3
站台门	E6B7	1 站台门系统线槽的敷设路径、数量、尺寸、标高 2 管线检修空间要求、管线重量荷载 3 需设置抗震支吊架的范围	1 用于管线综合设计，避免各管线间冲突 2 供结构专业进行综合支吊架（含抗震支吊架）的受力计算		√		1~3

15.4.2 设计输出部分(表 15.4-2)

综合管线专业对相关专业的输出接口表 表 15.4-2

专业名称:综合管线 专业代号:ZHGX 系统编码:B7

<table>
<tr><th rowspan="2">接口名称</th><th rowspan="2">接口编号</th><th rowspan="2">输出接口要求</th><th rowspan="2">接口处理及用途</th><th colspan="2">输出设计阶段</th><th colspan="2">输出资料重点控制条款</th></tr>
<tr><th>初设</th><th>施工图</th><th>初设</th><th>施工图</th></tr>
<tr><td>轨道</td><td>B7A6</td><td rowspan="3">1 综合管线平、剖面图
2 综合支吊架(含抗震支吊架)详图</td><td rowspan="3">会签并确认(是否满足本专业管线要求)</td><td rowspan="3"></td><td rowspan="3">√</td><td rowspan="3"></td><td rowspan="3">1
2</td></tr>
<tr><td>建筑</td><td>B7B5</td></tr>
<tr><td>建筑装修(含外部景观)</td><td>B7B6</td></tr>
<tr><td>车站结构(含防水)</td><td>B7B8</td><td>1 综合管线平、剖面图(含各专业提供的管线重量荷载)
2 综合支吊架(含抗震支吊架)详图</td><td>计算并提供综合支吊架的结构受力情况及梁柱冲突情况</td><td></td><td>√</td><td></td><td>1
2</td></tr>
<tr><td>供电系统</td><td>B7C2</td><td rowspan="15">1 综合管线平、剖面图
2 综合支吊架(含抗震支吊架)详图</td><td rowspan="15">会签并确认(是否满足本专业管线要求)</td><td rowspan="15"></td><td rowspan="15">√</td><td rowspan="15"></td><td rowspan="15">1
2</td></tr>
<tr><td>动力与照明</td><td>B7C3</td></tr>
<tr><td>通信</td><td>B7D1</td></tr>
<tr><td>信号</td><td>B7D5</td></tr>
<tr><td>AFC</td><td>B7D6</td></tr>
<tr><td>FAS</td><td>B7D8</td></tr>
<tr><td>BAS</td><td>B7D9</td></tr>
<tr><td>ISCS</td><td>B7D10</td></tr>
<tr><td>门禁</td><td>B7D11</td></tr>
<tr><td>安检</td><td>B7D13</td></tr>
<tr><td>通风空调</td><td>B7E1</td></tr>
<tr><td>给排水及消防</td><td>B7E4</td></tr>
<tr><td>自动灭火</td><td>B7E5</td></tr>
<tr><td>站台门</td><td>B7E6</td></tr>
</table>

第16章 车站结构（含防水）

16.1 专业组成

本专业组成主要包括：

（1）围护结构（含不良地质处理等）；

（2）建（构）筑物保护；

（3）第三方监测；

（4）主体结构（含内部结构、地面结构、人防结构、杂散电流等）；

（5）结构防水。

16.2 专业功能

车站结构为承载所有车站内物品、设备、人员等的载体，为实现建筑功能的基础，为地铁运营提供安全、可靠的环境，同时为保证以上载体的实现提供安全、可靠的防护。

16.3 专业的主要接口

车站结构（含防水）专业应结合勘察（水文地质）、线路、限界、建筑、区间、交通疏解、管线迁改、人防等专业资料进行围护结构、主体结构、结构防水等设计工作。

在车站结构设计阶段，车站结构（含防水）专业还应向勘察、线路、限界、建筑、区间、人防等专业输出如结构布置图、结构标高、结构预留孔洞、预埋件等主要设计资料。

16.4 专业设计技术接口表

16.4.1 设计输入部分（表16.4-1）

相关专业对车站结构专业的输入接口表 表16.4-1

专业名称：车站结构（含防水） 专业代号：JG 系统编码：B8

接口名称	接口编号	输入接口要求	接口处理及用途	输入设计阶段		受资专业需重点核对、协商条款	
				初设	施工图	初设	施工图
客流预测	A1B8	—	—				
行车组织与运营管理	A2B8						

续上表

接口名称	接口编号	输入接口要求	接口处理及用途	输入设计阶段		受资专业需重点核对、协商条款	
				初设	施工图	初设	施工图
车辆	A3B8	1 车辆形式及荷载要求	用于确定列车荷载	√	√	1	1
线路	A4B8	1 线路平、纵断面图 1.1 线路平面图 1.2 线路纵断面图 1.3 线路要素 2 地形图成果资料 3 初步设计及其之前的阶段：控规、土规资料 4 文物、风景区、历史文物街区、水源保护区资料（与环评专业共同提供）	1 用于确定车站结构内轮廓、轨面标高、平面定位等（线路、建筑、结构专业相互协调） 2 用于确定周边环境、地面建(构)筑物 3 核实带配线车站的线间距要求（结合疏散平台、蹬车平台、中隔墙等的设置）	√	√	1 2	1 2
限界	A5B8	1 各种断面限界图 2 道岔区加宽值计算图表 3 曲线段车站加宽要求	结合线路平面用于确定结构内轮廓 特别注意以下内容的核实：转辙机位置的限界、设备限界，特别注意轨行区的梁（上下反梁）、柱墙（注意腋角）与设备限界的关系	√	√	1	1
轨道	A6B8	1 各类道床图及减振段设计里程表 2 轨排井设置、开孔要求、荷载要求 3 道岔的相关要求 4 轨道结构下方回填要求及预留钢筋要求 5 在结构层设置水沟、埋设预埋件的相关要求	1 结合线路纵断面图用于确定轨行区底板顶标高 2 用于确定本站是否需设置轨排井及轨排井孔洞尺寸、定位等 3 明确回填要求	√	√	1	1
人防	A7B8	1 轨行区人防门门槛设计资料（含门槛的起、终点里程） 2 人防分区 3 人防参考图 4 出入口通道、风道等与外界连通的区域人防设施设置要求	1 用于确定轨行区人防门里程 2 用于确定人防墙、人防门槛、门垛等人防结构构件承受的人防荷载 3 用于复核人防结构构件中的预留孔洞、预埋件 4 用于复核人防结构构件的定位、最小尺寸等要求	√	√	1~3	1~4

续上表

接口名称	接口编号	输入接口要求	接口处理及用途	输入设计阶段		受资专业需重点核对、协商条款	
				初设	施工图	初设	施工图
概预算	A8B8	1 工程量清单格式要求、估算（建设规划、工程可行性研究）、概算（初步设计）、预算（施工图、变更）及相关经济指标 2 工程变更概算	1 用于统计结构工程量及投资控制 2 用于上报变更 3“四新”、新定额涉及的造价需相互沟通、协调（例如防护棚、装配式结构、冷冻法、非常规顶管、盾构扩挖等）	√	√	1	2
工程地质	B1B8	1 勘察报告，包含工程可行性研究勘察、初勘、详勘、补勘等各阶段的勘察资料	1 用于确定车站所处的地质情况，为车站结构设计提供依据 2 相互沟通、协调勘察技术要求	√	√	1	1
工程测量	B2B8	1 地形图修测成果 2 施工完成结构的测量结果 3 控制性地形、建（构）筑物定测	1 用于确定周边环境、地面建(构)筑物 2 用于判断结构变形等	√	√	1	1
房调	B3B8	1 建(构)筑物资料 2 物探资料	用于确定车站周边建（构）筑物的基础情况，作为基坑设计、建(构)筑物保护设计、第三方监测设计、结构荷载取值等的依据	√	√	1 2	1 2
管线探测	B4B8	1 管线资料 2 物探资料	用于确定车站周边管线情况，作为基坑设计、管线保护设计、第三方监测设计、结构荷载取值等的依据	√	√	1 2	1 2

续上表

接口名称	接口编号	输入接口要求	接口处理及用途	输入设计阶段		受资专业需重点核对、协商条款	
				初设	施工图	初设	施工图
建筑	B5B8	1 完整的建筑图，需包含但不限于以下内容： 1.1 建筑总平面图 1.2 建筑平、剖面图 1.3 需在结构中预埋的各种预埋件及其详图 1.4 需在结构中预留的各种孔洞 1.5 建筑BIM模型 1.6 涉及结构专业的内部装修，如非承重隔墙等 1.7 地面恢复标高 1.8 各层板标高 1.9 装修层厚度 2 设备运输路径及设备荷载	1 用于确定车站形式、结构布置、结构内轮廓、预留孔洞及预埋件、结构尺寸、各层结构面标高、覆土厚度。根据建筑布置的不同功能分区，确定结构承受的荷载值。复核非承重隔墙的受力是否满足要求 2 楼梯柱位置数量、柱跨、换乘节点、是否抽柱、上下反梁、楼梯的土建宽度等，需相互沟通、协调 3 混凝土结构墙、挡水槛等，需相互沟通、确认 4 变形缝的设置位置尽量避开设备，需相互沟通、确认 5 水池的防水要求 6 预留远期接口的处理方式（换乘节点、远期预留口等） 7 结构施工前提醒建筑专业再次复核各种预埋件、预留孔洞等	√	√	1	1
建筑装修（含外部景观）	B6B8	1 各种装修材料的荷载或密度、体积等可换算成荷载的数据 2 外装要求 3 出入口飞顶等钢结构核算要求	用于各种受力结构、构件计算（轨行区墙体等）	√	√	1 3	1~3
综合管线	B7B8	1 各专业管线作用在车站结构上的荷载及位置 2 综合支吊架、抗震支吊架、管线支架、吊架形式	1 用于确定结构构件所承受的管线荷载 2 用于支吊架计算		√		1

续上表

接口名称	接口编号	输入接口要求	接口处理及用途	输入设计阶段		受资专业需重点核对、协商条款	
				初设	施工图	初设	施工图
区间	B9B8	1 区间与车站的接口数据,包含: 1.1 接口里程、坐标(协商确认) 1.2 接口处轨面标高(线路、车站结构、区间三个专业共同协商确认) 1.3 接口预留条件 1.4 区间工法及结构形式 1.5 预留孔洞及预埋件要求 2 区间盾构工筹 3 盾构始发、到达、调头、过站技术要求 4 区间与车站接口防水要求 5 区间端头加固方案	1 用于核对区间与车站的接口要素,为区间预留好条件 2 用于确定车站需预留的盾构吊装孔、出土孔,用于车站工期策划,确定是否需要先做出端头盾构井结构 3 用于确定盾构施工需要的空间尺寸	√	√	1	1
疏散平台	B11B8	1 区间与车站接口处疏散平台的平、剖面图 2 车站内疏散平台布置、高度及宽度要求,材质及施工要求	结合建筑图用于复核车站端头站台板标高及站台板平面布置是否合理	√	√	1	1
桥梁	B12B8	—	—				
路基	B13B8						
工程筹划	B14B8	1 相邻区间工法及工期策划 2 盾构工程筹划 3 轨排井筹划	1 用于确定车站给区间预留的条件,核对车站工期与区间工期是否匹配、是否需要为区间按时实施而调整车站方案 2 用于确定车站端头是盾构始发还是到达,是否需要预留出土孔,确定车站端头为盾构区间的预留条件	√	√	1~3	1~3
主变电所	C1B8	—	—				

续上表

接口名称	接口编号	输入接口要求	接口处理及用途	输入设计阶段		受资专业需重点核对、协商条款	
				初设	施工图	初设	施工图
供电系统（含变电、杂散电流、接触网等）	C2B8	1 设备荷载及位置、运输通道 2 电缆缆道断面要求及埋管数量 3 刚性接触网吊点荷载、吊点位置、预埋件要求 4 断面净空要求 5 杂散电流防护对结构专业的要求 5.1 结构钢筋焊接要求 5.2 预留端子要求 5.3 预埋件要求	1 用于结构杂散电流防护措施设计及工程量统计 2 作为结构计算的荷载输入	√	√	1~5	1~5
供电系统（供电变电一次）	C2B8	1 设备荷载及位置、运输通道 2 预留孔洞、预埋件、吊装要求	1 作为结构计算的荷载输入 2 预留孔洞、预埋件设计及工程量统计	√	√	1 2	1 2
供电系统（供电变电二次）	C2B8	—	—				
供电系统（供电车间）	C2B8	1 设备荷载及位置	作为结构计算的荷载输入	√	√	1	1
动力与照明	C3B8	1 设备荷载及位置 2 土建接地对结构专业要求 2.1 招标设计阶段动力与照明专业向结构专业提供土建接地图及工程量 2.2 土建接地对防水、钢筋焊接的要求	1 用于结构计算 2 招标设计阶段，动力与照明专业向结构专业提供土建接地图放入土建图册中，以保证土建施工范围的完整性；动力与照明专业向结构专业提供土建接地工程量，计入土建施工工程量，以进行土建工程概算 3 用于土建专业为接地预留条件、预埋件	√	√	1 2.1 2.2	1 2.2
通信	D1B8	1 设备荷载及位置	作为结构计算的荷载输入	√	√	1	1
民用通信	D2B8						
公安通信	D3B8						
PIDS	D4B8	—	—				
信号	D5B8	1 设备荷载及位置 2 信号转辙机数量、位置及安装要求	带配线的车站需对转辙机安装空间进行土建空间核查，提交核查数据	√	√	1	1

续上表

接口名称	接口编号	输入接口要求	接口处理及用途	输入设计阶段		受资专业需重点核对、协商条款	
				初设	施工图	初设	施工图
AFC	D6B8	1 设备荷载及位置	作为结构计算的荷载输入	√	√	1	1
清分	D7B8	—	—				
FAS	D8B8						
BAS	D9B8						
ISCS	D10B8						
门禁	D11B8						
安防	D12B8						
安检	D13B8	1 设备荷载及位置 2 安检房结构形式	1 作为结构计算的荷载输入 2 作为安检房结构设计的输入条件	√	√	1	1
云平台	D15B8	—	—				
大数据	D16B8						
通风空调	E1B8	1 设备荷载及位置 2 风压荷载及位置 3 预留孔洞、预埋件、吊装要求	用于确定设备荷载、风压荷载	√	√	1	1
隧道通风	E2B8						
集中供冷	E3B8	1 设备荷载及位置 2 预留孔洞、预埋件、吊装要求	用于确定设备荷载	√	√	1	1
给排水及消防	E4B8						
自动灭火	E5B8						
站台门	E6B8						
防淹门	E7B8						
自动扶梯、电梯、楼梯升降机	E8B8	1 自动扶梯、电梯、楼梯升降机荷载及位置 2 自动扶梯、电梯、楼梯升降机吊装方案及吊装荷载(含吊钩荷载、地面支点荷载等) 3 预留孔洞、预埋件	用于确定设备荷载	√	√	1	1
声屏障	E9B8	—	—				

续上表

接口名称	接口编号	输入接口要求	接口处理及用途	输入设计阶段		受资专业需重点核对、协商条款	
				初设	施工图	初设	施工图
交通疏解	G5B8	1 交通疏解图（相互沟通、协商确定）	用于确定结构荷载，相互沟通以确定是否需设置铺盖系统等	√	√	1	1
管线迁改	G6B8	1 管线迁改设计图（相互沟通、协商确定）	用于确定管线保护方案，相互沟通以确定是否需设置管线悬吊结构等	√	√	1	1
外部电源	G7B8	—	—				
城市给排水	G8B8						
消防	G9B8						
环境保护	G10B8	1 环评报告	用于复核施工工法、采用的施工机具、环保措施等是否满足环评要求	√	√	1	1
劳动安全与卫生	G11B8	1 劳动安全与卫生评估报告	作为劳动安全与卫生设计的输入资料	√	√	1	1
职业病防治	G12B8	—	—				
白蚁防治	G13B8						
防洪排涝	G14B8	1 防洪评估报告 2 河涌冲刷报告	用于确定施工期间挡水结构顶标高	√	√	1	1
场站综合体	G15B8	1 场站综合体的结构方案（相互沟通、协调）	上盖与下部结构的相互关系协调，稳定结构形式，确定结构关系、抗震体系等	√	√	1	1
航道航标	G16B8	—	—				

16.4.2 设计输出部分（表 16.4-2）

车站结构（含防水）专业对相关专业的输出接口表 表 16.4-2

专业名称：车站结构（含防水） 专业代号：JG 系统编码：B8

接口名称	接口编号	输出接口要求	接口处理及用途	输出设计阶段		输出资料重点控制条款	
				初设	施工图	初设	施工图
客流预测	B8A1	—	—				
行车组织与运营管理	B8A2						

续上表

接口名称	接口编号	输出接口要求	接口处理及用途	输出设计阶段		输出资料重点控制条款	
				初设	施工图	初设	施工图
车辆	B8A3	—	—				
线路	B8A4	1 地形资料需求	用于明确地形资料需求	√	√	1	1
限界	B8A5	—	—				
轨道	B8A6						
人防	B8A7						
概预算	B8A8	1 工程量清单 2 变更工程量清单	用于编制概算	√	√	1	2
工程地质	B8B1	1 详勘技术要求 2 补勘技术要求	用于确定钻孔平面布置、钻孔深度要求及地质参数需求等		√		1 2
工程测量	B8B2	1 地形修测范围	用于确定需进行地形修测的范围	√	√	1	1
房调	B8B3	1 建（构）筑物资料需求	用于明确建（构）筑物资料需求	√	√	1	1
管线探测	B8B4	1 管线资料需求	用于明确管线资料需求	√	√	1	1
建筑	B8B5	一整套完整的结构图，注意不要遗漏以下内容： 1 暗挖车站施工竖井设置情况 2 陡坡的护坡方案 3 楼梯、梯柱及梯梁要求 4 钢结构预埋件、装配式结构预埋件	用于明确各种结构构件尺寸、结构净空、各种结构标高、地面覆土标高、梁的上下翻情况等	√	√	1	1
建筑装修（含外部景观）	B8B6	1 一整套完整的结构图	用于明确各种结构构件尺寸、结构净空、各种结构标高、地面覆土标高等	√	√	1	1
综合管线	B8B7	1 梁柱布置图、剖面图，体现梁柱尺寸、腋角设置情况 2 综合支吊架（含抗震支吊架）计算书复核情况	1 用于复核结构梁柱与综合管线是否存在冲突 2 用于复核综合支吊架是否合理	√	√	1	1 2
区间	B8B9	1 区间、车站接口设计图 2 结构平面布置图，端墙剖面图、纵断面图	用于复核区间、车站结构要素是否一致，预留孔洞及预埋件是否满足要求	√	√	1 2	1 2

续上表

接口名称	接口编号	输出接口要求	接口处理及用途	输出设计阶段		输出资料重点控制条款	
				初设	施工图	初设	施工图
轨行区综合管线	B8B10	—	—				
疏散平台	B8B11						
桥梁	B8B12						
路基	B8B13						
工程筹划	B8B14	1 车站工程筹划	用于确保车站工期满足全线整体工期要求	√	√	1	1
供电系统（杂散电流）	B8C2	—	—				
供电系统（接触网/轨）	B8C2	1 结构平面布置图，横、纵剖面图	用于确保结构空间满足接触网/轨安装空间要求	√	√	1	1
动力与照明	B8C3	—	—				
通信	B8D1						
信号	B8D5	1 结构平面布置图，横、纵剖面图	用于确保结构空间满足信号设备安装空间要求	√	√	1	1
FAS	B8D8	—	—				
BAS	B8D9						
ISCS	B8D10						
云平台	B8D15						
大数据	B8D16						
通风空调	B8E1						
隧道通风	B8E2						
集中供冷	B8E3						
给排水及消防	B8E4						
自动灭火	B8E5						
站台门	B8E6						
防淹门	B8E7	1 结构平面布置图，横、纵剖面图	用于确保结构空间满足防淹门设备安装空间要求	√	√	1	1
自动扶梯、电梯、楼梯升降机	B8E8	—	—				

续上表

接口名称	接口编号	输出接口要求	接口处理及用途	输出设计阶段		输出资料重点控制条款	
				初设	施工图	初设	施工图
声屏障	B8E9	—	—				
交通疏解	B8G5	1 车站工程筹划 2 车站施工围蔽图	1 用于确定各期交通疏解时间 2 用于确定交通疏解范围	√	√	1 2	1 2
管线迁改	B8G6	1 车站工程筹划 2 车站围护结构图、主体结构图	1 用于确定管线迁改时间 2 用于确定管线迁改方案	√	√	1 2	1 2
外部电源	B8G7	—	—				
城市给排水	B8G8						
消防	B8G9						
环境保护	B8G10	1 施工工法、拟采用的施工机具	用于确定拟采用工法、机具是否满足环评要求	√	√	1	1
劳动安全与卫生	B8G11	—	—				
职业病防治	B8G12						
白蚁防治	B8G13						
防洪排涝	B8G14	1 围护结构图、施工期间临时挡水结构图	用于确定临时挡水结构是否满足防洪排涝要求	√	√	1	1
场站综合体	B8G15	—	—				
航道航标	B8G16						

第 17 章
区间

17.1 专业组成

区间专业是地铁土建系统的重要组成部分，从区间专业类型划分，本专业可分为明挖区间、矿山法区间、盾构区间和区间防水与其他相关专业的接口配合。

17.2 专业功能

区间专业须满足线路及限界使用功能的要求，在设计使用年限内，区间和构件在正常维护条件下应能保持其区间的安全性和可靠性，而不需要进行大修加固。

区间设计应以确保区间安全、可靠，经济合理为原则。设计的净空尺寸应满足线路建筑限界和其他使用及施工工艺等要求，施工中应考虑测量误差、施工误差、区间变形和位移的影响。

17.3 专业的主要接口

区间专业为轨道交通土建系统的重要专业，与其他专业之间的接口关系可以概括以下几个方面。

地质接口：工程地质和水文地质专业是区间最基础和基本的资料，其准确性直接影响区间的受力，进而影响区间的安全性和经济性。

限界接口：区间构件的设计须满足线路、限界专业的要求，通过线路、限界专业提供控制要求，区间专业实现这些控制要求，同时区间专业还应根据设计计算情况将区间构件尺寸反馈给建筑专业。

荷载接口：区间结构荷载是区间设计最主要的输入条件，区间设计荷载除应根据有关规范要求进行计算外，相关设备专业（车辆、人防、电梯、自动扶梯及其他设备）还应提出本专业荷载要求，区间专业根据荷载及其组合进行区间计算。

预埋件接口：相关设备专业还应根据本专业要求提供相应预埋件条件，区间专业在设计、施工时予以考虑和埋设，以保证对应设备专业的使用要求。

投资接口：工程投资是土建系统最重要的组成部分，区间专业应根据本工程的规模提供相应的工程数量给概预算专业，以完成本工程的投资（估算、概算、预算等）工作。

17.4 专业设计技术接口表

17.4.1 设计输入部分(表 17.4-1)

相关专业对区间专业的输入接口表　　表 17.4-1

专业名称:区间　　专业代号:QJ　　系统编码:B9

接口名称	接口编号	输入接口要求	接口处理及用途	输入设计阶段		受资专业需重点核对、协商条款	
				初设	施工图	初设	施工图
工程测量	B2B9	1 控制性地形或建(构)筑物的测量成果	用于确定区间方案和场地布置	√	√	1	1
工程地质	B1B9	1 初勘成果(含补勘)中间资料及正式报告 2 详勘成果(含补勘)中间资料及正式报告	用于隧道计算及设计	√	√	1	2
防洪排涝	G14B9	1 防洪排涝报告	河床冲刷报告	√	√	1	1
房调	B3B9	1 房调报告	基础资料	√	√	1	1
管调	B4B9	1 管调报告	基础资料	√	√	1	1
线路	A4B9	1 线路平、纵断面图及车站表 2 控规、土规、文物、风景区、水源保护区、历史文物街区等	用于隧道设计	√	√	1	1
轨道	A6B9	1 各类轨道铺设地段的里程范围表 2 轨道横断面设计 3 曲线地段超高表 4 铺轨基地设置及荷载要求 5 道岔相关要求 6 道床下方结构的回填要求和预留钢筋要求	用于隧道设计及计算	√	√	1~3	1~3
桥梁	B12B9	1 桥隧相连时桥台分界里程 2 过渡段景观、防护的方案统一协调	用于隧道设计	√	√	1	1 2
路基	B13B9	1 分界里程 2 过渡段景观、防护的方案统一协调	用于隧道设计	√	√	1	1 2

续上表

接口名称	接口编号	输入接口要求	接口处理及用途	输入设计阶段		受资专业需重点核对、协商条款	
				初设	施工图	初设	施工图
建筑	B5B9	1 车站与区间分界里程 2 车站与区间分界里程断面图(协商确认) 3 盾构始发或吊出井的平、剖面图(协商确认)	用于工程量计算及区间设计	√	√	1	1
建筑装修(含外部景观)	B6B9	1 区间联络通道防火门技术要求 2 区间轨旁机房等装修要求	用于联络通道设计	√	√	1	1
车站结构(含防水)	B8B9	1 车站工法 2 接口处围护结构形式和结构纵、横断面 3 施工场地布置(协商确认) 4 设计分界处的周边环境监测方案 5 设计分界里程及分界里程处的坐标和轨面标高 6 接口预留条件(协调确认)	用于接口设计	√	√	1~3	1~3 6
人防	A7B9	1 全线人防分区 2 人防参考图和人防技术要求 3 多余预留管线套管的封堵要求	用于隧道设计及计算	√	√	1	1 2
防淹门	E7B9	1 防淹门设置位置 2 防淹门参考图和技术要求	用于隧道设计及计算	√	√	1	1
概预算	A8B9	1 工程数量表编制要求 2 工程概算及合理性建议	1 用于计算工程数量 2 根据工程经济指标做方案经济性比选	√		1 2	
工程筹划	B14B9	1 全线工期及工程组织要求	根据工程筹划，确定车站应为区间预留哪些条件	√	√	1	1
行车组织与运营管理	A2B9	1 配线图	提供资料	√	√	1	1
车辆	A3B9	1 车辆荷载分布示意图	用于隧道计算	√	√	1	1

续上表

接口名称	接口编号	输入接口要求	接口处理及用途	输入设计阶段		受资专业需重点核对、协商条款	
				初设	施工图	初设	施工图
限界	A5B9	1 地铁各种建筑限界图、道岔区建筑限界加宽要求和限界对隧道断面的要求	用于隧道设计	√	√	1	1
供电系统	C2B9	1 电缆集中过轨要求 2 主变电所进线廊道 3 区间变电所设置要求 4 隧道区间钢筋焊接要求，杂散电流收集网测防端子、排流端子位置及制作要求、区间防水及绝缘性能要求 5 联络通道位置预埋均流套管要求 6 跨越配线地段对隧道断面净空的要求和预埋件安装要求	用于隧道设计	√	√	1~3	1~4
动力与照明	C3B9	1 区间动力配电房的相关要求	用于隧道平、立面布置	√	√	1	1
信号	D5B9	1 信号设备（含道岔转辙机数量、位置）的相关要求	用于隧道设计	√	√	1	1
FAS	D8B9	1 联络通道、中间风机房、泵房等位置设备布置和预埋套管要求	用于联络通道或泵房设计	√	√	1	1
BAS	D9B9	1 联络通道、区间风机房、泵房内BAS设备布置和预埋套管要求	用于区间风机房、联络通道或泵房设计	√	√	1	1
隧道通风	E2B9	1 区间、出入段线和端头风井等特殊区域的射流风机、推力风机布置位置及布置方式 2 隧道内风压等要求 3 区间土建排烟风道及孔口布置 4 配线等特殊区域分隔墙、导流缓压等设施相关要求	用于风机房或明挖区间平、剖面布置	√	√	1	1~4

续上表

接口名称	接口编号	输入接口要求	接口处理及用途	输入设计阶段		受资专业需重点核对、协商条款	
				初设	施工图	初设	施工图
集中供冷	E3B9	1 区间供冷水管布置范围、管径和荷载要求 2 供冷设备荷载、蓄冷水池等设施的承重和运输路线要求	用于隧道结构布置，以满足限界要求	√	√	1	1 2
给排水及消防	E4B9	1 区间泵房形式 2 泵房容积、布置、预埋管和荷载要求 3 泵房位置给排水管过轨对区间结构要求 4 泵房处出地面检修井设置要求	1 用于泵房平、剖面布置 2 用于给排水管过轨位置的隧道断面设计	√	√	1 2	1~3
疏散平台	B11B9	1 疏散平台结构形式和宽度要求	用于隧道结构布置，以满足限界要求	√	√	1	1
站场	F1B9	1 出入段线处平纵断面、分界里程和断面形式、U 形槽工法、施工用地、管线迁改等	用于隧道设计	√	√	1	1

17.4.2 设计输出部分（表 17.4-2）

区间专业对相关专业的输出接口表 表 17.4-2

专业名称：区间 专业代号：QJ 系统编码：B9

接口名称	接口编号	输出接口要求	接口处理及用途	输出设计阶段		输出资料重点控制条款	
				初设	施工图	初设	施工图
工程测量	B9B2	1 测量技术要求	用于区间设计	√	√	1	1
工程地质	B9B1	1 区间总平面图 2 区间工程概况（含区间变电所、跟随所的分布位置）及隧道、地基基础方案说明 3 初详勘技术要求、勘探点布置平面图、隧道结构纵剖面图、勘探点布置一览表	用于区间设计	√	√	1 3	1 3

续上表

接口名称	接口编号	输出接口要求	接口处理及用途	输出设计阶段		输出资料重点控制条款	
				初设	施工图	初设	施工图
线路	B9A4	1 施工方法及工法分界点 2 各地段线间距要求 3 区间埋深要求 4 中央风井、连通道及泵房位置、里程及相关图纸 5 区间结构横断面	用于区间设计	√	√	1~3	1~3
轨道	B9A6	1 区间及辅助线平、纵、横剖面图	用于区间设计	√	√	1	1
桥梁	B9B12	1 桥隧相连时桥台分界里程	用于区间设计	√	√	1	1
路基	B9B13	1 隧道与路基接口分界里程	用于区间设计	√	√	1	1
建筑（含装修）	B9B5	1 区间工法 2 盾构始发、过站、吊出、调头的技术要求 3 车站与区间分界里程 4 车站与区间分界里程断面图 5 区间中间风井及其他设备用房的设计方案	用于区间设计	√	√	2 3 5	2 3 5
车站结构（含防水）	B9B8	1 接口里程、坐标 2 接口处轨面标高 3 接口预留条件 4 区间工法及结构形式 5 预留孔洞及预埋件要求	用于区间设计	√	√	1 2	1 2 5
人防（含防淹门）	B9A7/B9E7	1 明暗挖区间、出入场线等部位人防门的设置里程 2 人防门开启方向、门洞偏移、人防门型号及门洞尺寸 3 区间人防门位置的平、剖面图	用于区间设计	√	√	1~3	1~3
概预算	B9A8	1 工程数量	用于区间设计	√	√	1	1
工程筹划	B9B14	1 施工工法、工期要求、工程数量表 2 结合工点项目具体场地情况提出区间初步工筹方案	用于区间设计	√	√	1	1

续上表

接口名称	接口编号	输出接口要求	接口处理及用途	输出设计阶段		输出资料重点控制条款	
				初设	施工图	初设	施工图
限界	B9A5	1 区间工法及起讫里程和区间平、纵剖面图	用于区间设计	√	√	1	1
动力与照明	B9C3	1 区间平面布置图	用于区间设计	√	√	1	1
供电系统	B9C2	1 区间平、纵、横断面图和区间图	用于区间设计	√	√	1	1
信号	B9D5	1 区间联络通道位置	用于区间设计	√	√	1	1
FAS	B9D8	1 风机房配电室、泵房、跟随所位置及平、剖面图	用于区间设计	√	√	1	1
BAS	B9D9	1 风机房配电室、泵房、跟随所位置及平、剖面图	用于区间设计	√	√	1	1
隧道通风	B9E2	1 区间工法、区间断面面积 2 围护结构厚度、结构形式、材质（导热系数等）传热性能参数 3 区间内射流风机、推力风机位置前后是否有梁、门框等构筑物	用于区间设计	√	√	1 2	1~3
给排水及消防	B9E4	1 区间泵房的位置、规模和尺寸	用于区间设计	√	√	1	1
站场	B9F1	1 分界里程及线路交叉净空要求	用于区间设计	√	√	1	1
劳动安全与卫生	B9G11	1 区间结构平、剖面图及设计说明	用于劳动安全与卫生设计	√	√	1	1
航道航标	B9G16	1 通航条件影响评价报告	用于区间设计	√	√	1	1
防洪排涝	B9G14	1 区间总平面图（含风井、盾构井） 2 隧道纵断面图（含地质断面图） 3 区间横断面图	1 确定隧道下穿河道里程范围 2 确定隧道顶板标高 3 确定风井位置、范围	√	√	1	1~3

第 18 章 轨行区综合管线

18.1 专业组成

本专业组成主要包括：

（1）区间及车站轨行区管线布置；

（2）管线干涉协调；

（3）与其他相关专业的接口配合。

18.2 专业功能

轨行区综合管线，目的是为协调各专业区间设备、管线的布置及安装，避免各专业设备、管线在施工过程中安装位置相互干扰，造成管线、设备间相互“冲突”的现象；在保证各专业系统功能的前提下，各设备专业设计必须服从轨旁设备管线综合设计的整体安排，以便各专业的设计与施工安装协调一致。

涉及的设备、电缆主要包括供电电缆、动力与照明配电箱及电缆、消防水管、通信信号电缆及设备［包括信号机、道岔转辙机、信号 AP（Access Point，无线接入点）箱、计轴设备箱］、FAS/BAS 电缆。

18.3 专业的主要接口

（1）轨行区综合管线专业根据各专业要求对管线路径、设备位置、电缆支架控制尺寸及位置进行设计，各设备专业在区间管线综合专业图纸的基础上对电缆支架构造、设备固定方式进行设计。

（2）轨行区综合管线专业对管线路径进行设计，具体埋管过轨由轨道专业设计，并确定该路径需要过轨的大致里程点，以及规定该处的过轨方式；各设备专业根据管线路径及本专业电缆与设备连接的需要详细确定过轨里程。

（3）各设备专业根据各专业要求对区间设备里程位置进行初次设计，轨行区综合管线专业在汇总各专业设备里程后，对相冲突或无法实施的设备里程进行调整，各设备专业再根据调整结果进行后续设计。

（4）与车站综合管线的接口在车站端头，区间管线在进入车站后引入站内，其中轨行区边墙侧由区间管线综合专业负责，其他部分由车站综合管线专业负责。

18.4 专业设计技术接口表

18.4.1 设计输入部分（表 18.4-1）

相关专业对轨行区综合管线专业的输入接口表　　表 18.4-1

专业名称：轨行区综合管线　　专业代号：GXGX　　系统编码：B10

<table>
<tr><th rowspan="2">接口名称</th><th rowspan="2">接口编号</th><th rowspan="2">输入接口要求</th><th rowspan="2">接口处理及用途</th><th colspan="2">输入设计阶段</th><th colspan="2">受资专业需重点核对、协商条款</th></tr>
<tr><th>初设</th><th>施工图</th><th>初设</th><th>施工图</th></tr>
<tr><td>区间</td><td>B9B10</td><td>1 结构平面布置图
2 结构横、纵断面图</td><td>提供资料</td><td></td><td>√</td><td></td><td>1
2</td></tr>
<tr><td>桥梁</td><td>B12B10</td><td>1 桥面布置图
2 桥梁横断面图</td><td>提供资料</td><td></td><td>√</td><td></td><td>1
2</td></tr>
<tr><td>限界</td><td>A5B10</td><td>1 直线设备限界
2 曲线设备限界加宽量</td><td>提供资料</td><td></td><td>√</td><td></td><td>1
2</td></tr>
<tr><td>建筑</td><td>B5B10</td><td>1 车站总平面图
2 站台层平面图</td><td>提供资料</td><td></td><td>√</td><td></td><td>1
2</td></tr>
<tr><td>建筑装修（含外部景观）</td><td>B6B10</td><td>1 广告灯箱尺寸及安装位置</td><td>提供资料</td><td></td><td>√</td><td></td><td>1</td></tr>
<tr><td>供电系统</td><td>C2B10</td><td>1 线缆路由
2 线缆尺寸、支架尺寸
3 过轨挂线的要求
4 各类接触网安装尺寸图
5 隔离开关安装图</td><td>提供资料</td><td></td><td>√</td><td></td><td>1~5</td></tr>
<tr><td>动力与照明</td><td>C3B10</td><td>1 区间低压供电电缆数量及电缆支架形式
2 区间电源箱尺寸
3 工作照明灯及应急照明灯安装图
4 过轨挂线的要求</td><td>提供资料</td><td></td><td>√</td><td></td><td>1~3</td></tr>
<tr><td>通信</td><td>D1B10</td><td>1 区间和车站弱电电缆支架形式
2 漏泄电缆数量及安装位置
3 区间电话尺寸及安装方式
4 过轨挂线的要求</td><td>提供资料</td><td></td><td>√</td><td></td><td>1~3</td></tr>
<tr><td>FAS</td><td>D8B10</td><td rowspan="2">1 线缆路由
2 线缆尺寸、支架尺寸
3 过轨挂线的要求</td><td rowspan="2">提供资料</td><td rowspan="2"></td><td rowspan="2">√</td><td rowspan="2"></td><td rowspan="2">1
2</td></tr>
<tr><td>BAS</td><td>D9B10</td></tr>
</table>

续上表

接口名称	接口编号	输入接口要求	接口处理及用途	输入设计阶段		受资专业需重点核对、协商条款	
				初设	施工图	初设	施工图
信号	D5B10	1 全线信号机的布置图及安装图 2 全线转辙机等轨旁信号设备安装空间的预留要求 3 过轨挂线的要求	提供资料		√		1 2
隧道通风	E2B10	1 各类隧道风机的安装位置及安装图	提供资料进行核实		√		1 2
集中供冷	E3B10	1 冷冻水管的安装位置及安装尺寸	提供资料		√		1
给排水及消防	E4B10	1 区间排水管安装位置及安装尺寸 2 消防水管安装位置及安装尺寸 3 消火栓(箱)安装图 4 过轨挂线的要求	提供资料		√		1~3
疏散平台	B11B10	1 疏散平台平面布置图 2 疏散平台剖面图	提供资料		√		1 2

18.4.2 设计输出部分(表 18.4-2)

轨行区综合管线专业对相关专业的输出接口表 表 18.4-2

专业名称:轨行区综合管线　　专业代号:GXGX　　系统编码:B10

接口名称	接口编号	输出接口要求	接口处理及用途	输出设计阶段		输出资料重点控制条款	
				初设	施工图	初设	施工图
轨道	B10A6	1 过轨位置	提供资料、会签		√		1
桥梁	B10B12	1 桥面设备平面布置图 2 桥梁断面图	提供资料、会签		√		1 2
供电系统	B10C2	1 管线平面图 2 管线安装断面图	提供资料、会签		√		1 2
动力与照明	B10C3	1 管线平面图 2 管线安装断面图	会签		√		1 2
供电系统(接触网)	B10C2	1 管线安装断面图 2 接触网设备安装布置图	会签		√		1 2
通信	B10D1	1 管线平面图 2 管线安装断面图	会签		√		1 2
信号	B10D5						

续上表

接口名称	接口编号	输出接口要求	接口处理及用途	输出设计阶段		输出资料重点控制条款	
				初设	施工图	初设	施工图
隧道通风	B10E2	1 风机平面布置图 2 风机安装剖面图	会签		√		1 2
给排水及消防	B10E4	1 管线平面图 2 管线安装断面图	会签		√		1 2
FAS	B10D8						
BAS	B10D9						
限界	B10A5	1 管线安装断面图	会签		√		1

第 19 章 疏散平台

19.1 专业组成

本专业组成主要包括支架、踏步板、扶手、钢立柱、步梯、化学锚栓、膨胀锚栓。

19.2 专业功能

疏散平台为地铁区间在火灾、停车事故等灾害环境下保证乘客安全疏散的一种固定设施，满足地铁列车在运行中出现事故或火灾等意外情况时乘客的疏散及救援需求，宜在行车方向左侧设置，且需与地面疏散通道顺接。

19.3 专业的主要接口

疏散平台专业应结合行车组织与运营管理、线路、限界、轨道、车站建筑、车站结构（含防水）、区间、路基、通信、信号、隧道通风、给排水及消防、防淹门、人防等专业资料进行疏散平台安装高度、支架形式、宽度、行走空间、车站接口、联络通道接口等设计工作。

在疏散平台设计阶段，疏散平台专业还应向线路、限界、轨道、车站建筑、车站结构（含防水）、区间、防淹门、人防等专业输出如疏散平台最小曲线半径、超高、加宽、结构断面、排水管设置、车站接口标高等主要设计资料。

19.4 专业设计技术接口表

19.4.1 设计输入部分（表 19.4-1）

相关专业对疏散平台专业的输入接口表 表 19.4-1

专业名称：疏散平台 专业代号：SSPT 系统编码：B11

接口名称	接口编号	输入接口要求	接口处理及用途	输入设计阶段		受资专业需重点核对、协商条款	
				初设	施工图	初设	施工图
行车组织与运营管理	A2B11	1 配线布置图	用于确定蹬车平台位置	√	√	1	1
线路	A4B11	1 线路平、纵断面图	用于确定平台在曲线的内外、加宽	√	√	1	1

续上表

接口名称	接口编号	输入接口要求	接口处理及用途	输入设计阶段		受资专业需重点核对、协商条款	
				初设	施工图	初设	施工图
限界	A5B11	1 限界图、曲线偏移计算公式 2 各种管线布置图	用于确定平台安装位置以及平台的加宽计算	√	√	1	1
轨道	A6B11	1 轨道结构高度、超高	用于确定平台加宽计算	√	√	1	1
车站建筑	B5B11	1 车站站台层建筑布置图、剖面图 2 与区间接口处站台板宽度及标高顺接	用于核实车站建筑与平台限界	√	√	1 2	1 2
车站结构（含防水）	B8B11	1 车站站台层结构布置图、结构配筋图	用于核实结构有无侵入平台安装控件，能否承受平台荷载	√	√	1	1
区间	B9B11	1 区间结构平纵断面图、结构横断面图、横断面配筋图	用于核实平台安装空间是否满足要求及与联络通道的接口	√	√	1	1
路基（及桥涵）	B13B11	1 路基及桥涵结构平、纵断面图，结构横断面图，横断面配筋图	用于核实平台宽度及安装形式	√	√	1	1
供电系统	C2B11	1 供电支架安装要求	用于核实平台支架与供电支架的关系	√	√	1	1
通信	D1B11	1 轨旁电话安装位置及安装要求 2 信号机安装位置及安装要求 3 AP、PIS、FAS 天线安装位置及安装要求	用于核实通信设备与平台有无冲突	√	√	1	1~3
信号	D5B11	1 信号机安装位置图 2 转辙机位置	1 用于核实信号机与平台安装是否冲突 2 转辙机上方疏散平台断开	√	√	1	1
隧道通风	E2B11	1 风压	用于核实平台承受风压的能力	√	√	1	1
给排水及消防	E4B11	1 区间给排水管布置图	用于核实消防水平及排水管与平台的相互关系	√	√	1	1
站台门	E6B11	1 站台门安装位置、宽度	用于核实平台与站台门的接口与连接	√	√	1	1
防淹门	E7B11	1 防淹门布置图	用于核实防淹门的宽度与疏散宽度	√	√	1	1
人防	A7B11	1 人防门布置图	用于核实人防门的宽度及与疏散平台的衔接	√	√	1	1
概预算	A8B11	1 材料造价	用于核实平台综合造价	√	√	1	1

19.4.2 设计输出部分(表 19.4-2)

疏散平台专业对相关专业的输出接口表 表 19.4-2

专业名称:疏散平台 专业代号:SSPT 系统编码:B11

接口名称	接口编号	输出接口要求	接口处理及用途	输出设计阶段		输出资料重点控制条款	
				初设	施工图	初设	施工图
行车组织与运营管理	B11A2	1 存车线蹬车平台位置、长度、宽度	用于确定配线线间距、结构与配线的净距	√	√	1	1
线路	B11A4	1 疏散平台最小控制宽度	用于复核线路最小曲线半径,以及疏散平台的宽度是否满足要求	√	√	1	1
限界	B11A5	1 疏散平台最小控制宽度	用于确定限界宽度、平台高度及与其他设备的相互关系	√	√	1	1
轨道	B11A6	1 疏散平台最小控制宽度	用于核实轨道超高的最大值,是否影响疏散平台宽度	√	√	1	1
建筑	B11B5	1 设备区站台板的宽度及到线路中心线的距离 2 与区间接口处站台板的宽度、高度	1 用于核实站台板的宽度是否满足疏散平台宽度及下车要求 2 保证与区间顺接	√	√	1 2	1 2
车站结构(含防水)	B11B8	1 结构柱、墙与线路中心的距离 2 疏散平台荷载	1 控制轨行区车站结构布置 2 用于确定混凝土隔墙荷载	√	√	1 2	1 2
区间	B11B9	1 区间疏散平台的最小宽度、高度	1 用于复核区间结构断面是否满足疏散平台布置要求 2 用于确定联络通道底板的标高与疏散平台的关系	√	√	1	1
路基(及桥涵)	B11B13	1 平台宽度及安装形式	用于路基及桥涵结构平、纵断面图,结构横断面图,横断面配筋图设计	√	√	1	1
供电系统	B11C2	1 平台支架安装位置及尺寸	用于核实供电支架的安装位置,以及确定是否共架	√	√	1	1
通信	B11D1	1 疏散平台安装位置及尺寸 2 平台疏散空间	用于核实轨旁电话AP、PIS、FAS天线安装位置与疏散平台是否冲突,有无侵入平台疏散空间	√	√	1	1

续上表

接口名称	接口编号	输出接口要求	接口处理及用途	输出设计阶段		输出资料重点控制条款	
				初设	施工图	初设	施工图
信号	B11D5	1 疏散平台安装位置及尺寸 2 平台疏散空间	用于核实信号机的安装位置与疏散平台是否冲突,有无侵入平台疏散空间	√	√	1	1
隧道通风	B11E2	1 疏散平台考虑的风压	用于核实区间风压是否超过疏散平台承受值	√	√	1	1
给排水及消防	B11E4	1 疏散平台安装位置及尺寸 2 平台疏散空间	用于核实信号给排水管与疏散平台是否冲突,有无侵入平台疏散空间	√	√	1	1
站台门	B11E6	1 疏散平台的最小宽度、终点位置	用于复核站台门的宽度是否满足疏散要求,站台门是否与疏散通道顺接	√	√	1	1
防淹门	B11E7	1 疏散通道最小宽度	用于核实列车在此门处停车,车辆边缘与门框之间的净距是否满足疏散宽度要求	√	√	1	1
人防	B11A7	1 疏散平台安装位置及尺寸 2 平台疏散空间	1 用于核实列车在此门处停车,车辆边缘与门框之间的净距是否满足疏散宽度要求 2 用于核实设置的人防门小门是否与疏散平台顺接	√	√	1	1
概预算	B11A8	1 平台工程量表	用于计算疏散平台造价及费用	√	√	1	1

第 20 章 桥梁

20.1 专业组成

桥梁专业是轨道交通土建系统的重要组成部分，主要由桥跨结构、支座系统、下部结构（传递作用）、基础、附属结构组成。

桥梁主要组成如下：

（1）桥跨结构（承受作用）——上部结构，跨越障碍，承受活载；

（2）支座系统——支承上部结构并传递荷载于桥梁墩台上；

（3）下部结构（传递作用）——桥墩、桥台，支承上部结构，传递上部结构荷载；

（4）基础（传递作用）——基础在最底下，通常埋于土下，将上面的荷载传到大地，是保证结构安全的关键；

（5）附属结构——桥面防、排水，伸缩缝、挡板、桥面铺装等。

20.2 专业功能

桥梁是轨道交通车辆行驶的承重结构，是保证列车快速、平稳、安全、舒适运行的关键工程。在设计使用年限内，桥梁在正常维护条件下需确保其强度、刚度、稳定和耐久性满足承载力和列车行驶平顺性的要求。同时，桥梁桥面为疏散平台、挡板、声屏障、供电系统、低压配电、动力与照明、通信、信号、接触网、限界等设备提供必要的支撑。

20.3 专业的主要接口

桥梁专业为轨道交通土建系统的重要专业，与其他专业之间的接口关系可以概括以下几个方面。

地质接口：工程地质和水文地质专业是桥梁最基础和基本的资料，其准确性直接影响桥梁基础的设计，进而影响桥梁的安全性和经济性。

限界接口：桥梁构件的设计须满足线路、限界专业的要求。

荷载接口：桥梁结构荷载是桥梁设计最主要的输入条件，桥梁专业应结合疏散平台、挡板、声屏障、供电系统、低压配电、动力与照明、通信、信号、接触网、限界等专业资料进行桥面二期恒载、线荷载统计，再根据荷载及其组合进行桥梁结构计算。

预埋件接口：相关设备专业还应根据本专业要求提供相应预埋件条件，桥梁专业在设计、施工时予以考虑和埋设，以保证对应设备专业的使用要求。

排水接口：为了迅速排除桥面积水，防止雨水积滞于桥面并渗入梁体而影响桥梁的耐久性，在桥梁的设计时，在桥面上除设置纵横坡排水外，桥面需要设置一定数量的泄水管道，以便组成一个完整的排水系统，同时排水路径需要考虑避开桥梁预应力管道，并考虑美观性。

投资接口：工程投资是土建系统最重要的组成部分，桥梁专业应根据本工程的规模提供相应的工程数量给概预算专业，以完成本工程的投资（估算、概算、预算等）工作。

20.4 专业设计技术接口表

20.4.1 设计输入部分（表 20.4-1）

相关专业对桥梁专业的接口输入表　　表 20.4-1

专业名称：桥梁　　专业代号：QL　　系统编码：B12

接口名称	接口编号	输入接口要求	接口处理及用途	输入设计阶段		受资专业需重点核对、协商条款	
				初设	施工图	初设	施工图
工程测量	B2B12	1 控制性地形或建（构）筑物的测量成果	用于确定桥梁方案	√	√	1	1
工程地质	B1B12	1 初勘成果（含补勘）中间资料及正式报告 2 详勘成果（含补勘）中间资料及正式报告	用于桥梁计算与设计	√	√	1	2
防洪排涝	G14B12	1 防洪排涝报告 2 水务部门批文	用于桥梁设计	√	√	1 2	1 2
房调	B3B12	1 房调报告	基础资料	√	√	1	1
管线探测	B4B12	1 管调报告	基础资料	√	√	1	1
行车组织与运营管理	A2B12	1 配线图	用于道岔区设计	√	√	1	1
车辆	A3B12	1 车辆主要技术条件和参数［车辆自重、载重、轴重、运行速度、加（减）速度等］、车辆荷载分布示意图	用于桥梁结构分析计算	√	√	1	1
线路	A4B12	1 线路平、纵断面图及车站表 2 控规、土规（初步设计及前期研究阶段）、文物、风景名胜、历史文物街区、水源保护区等	1 用于桥梁平面图设计 2 用于桥梁纵断面图设计	√	√	1 2	1 2
限界	A5B12	1 高架区间限界图 2 道岔区建筑限界加宽要求	用于桥梁系统布置图设计	√	√	1	1

续上表

接口名称	接口编号	输入接口要求	接口处理及用途	输入设计阶段		受资专业需重点核对、协商条款	
				初设	施工图	初设	施工图
轨道	A6B12	1 轨道结构高度及荷载 2 轨道预埋筋布置 3 轨道对分隔缝的要求 4 曲线地段超高表 5 道岔相关要求 6 轨道横断面设计 7 无缝线路力（伸缩力、挠度力、断轨力） 8 不同轨道类型（减震道床、整体道床）敷设里程及对应的荷载 9 铺轨基地设置要求 10 无砟轨道对桥梁墩台工后沉降限值的要求	1 用于确定桥梁二期恒载、线荷载 2 无缝线路力用于桥梁结构计算 3 用于桥面预埋钢筋定位	√	√	1~3 6~8	1~3 6~8
概预算	A8B12	1 工程量清单格式要求及概算 2 工程变更概算	用于统计桥梁工程量	√	√	1	1
建筑	B5B12	1 车站与区间分界里程	用于桥梁布跨设计	√	√	1	1
车站结构（含防水）	B8B12	1 结构主体结构布置图，含车站各层平面图、结构横断面图及纵断面图、基础布置图	用于确定桥梁与区间分界处的桥梁构造	√	√	1	1
区间	B9B12	1 桥隧相连时桥台分界里程	用于桥梁平、纵断面图设计	√	√	1	1
疏散平台	B11B12	1 疏散平台结构形式及线荷载	1 用于确定桥梁二期恒载、线荷载 2 用于确定桥面系统布置及疏散平台布置部位	√	√	1	1
桥梁	B12B12	—	—				
路基	B13B12	1 桥路相连时分界里程	用于桥梁平、纵断面设计	√	√	1	1
工程筹划	B14B12	1 全线工期及工程组织要求	用于计算高架施工工期	√	√	1	1

续上表

接口名称	接口编号	输入接口要求	接口处理及用途	输入设计阶段		受资专业需重点核对、协商条款	
				初设	施工图	初设	施工图
供电系统	C2B12	1 电缆线荷载及位置 2 高架区间桥梁结构钢筋焊接要求、杂散电流收集网测试端子位置及制作要求、高架结构防水及绝缘性能要求 3 接触网立柱安装位置 4 接触网立柱及立柱基础的重量	1 用于确定桥梁的桥面二期恒载、线荷载 2 用于确定桥面系统布置 3 用于确定接触网立柱在桥梁纵向的位置	√	√	1	1
动力与照明	C3B12	1 动力与照明管线位置 2 动力与照明管线线荷载	1 用于确定桥面系统布置 2 用于确定桥梁的桥面二期恒载、线荷载	√	√	1 2	1 2
通信	D1B12	1 通信管线位置 2 通信管线线荷载	1 用于确定桥面系统布置 2 用于确定桥梁的桥面二期恒载、线荷载	√	√	1 2	1 2
信号	D5B12	1 信号管线位置 2 信号管线线荷载 3 在高架桥梁墩帽上预留信号轨旁设备安装坑、槽、管的要求 4 在高架桥梁上信号专用标志的设置要求 5 在高架桥梁墩帽上信号轨旁设备的负荷要求	1 用于确定桥面系统布置 2 用于确定桥梁的桥面二期恒载、线荷载	√	√	1 2	1~5
给排水及消防	E4B12	1 桥梁桥面排水路径 2 桥面排水预留孔	用于桥梁布置排水预留孔		√		1 2
声屏障	E9B12	1 声屏障及吸音板设置里程 2 声屏障预埋方式 3 声屏障作用于桥梁上的荷载	用于确定挡板的结构形式	√	√	1~3	1~3

20.4.2 设计输出部分(表 20.4-2)

桥梁专业对相关专业的输出接口表 表 20.4-2

专业名称:桥梁 专业代号:QL 系统编码:B12

接口名称	接口编号	输出接口要求	接口处理及用途	输出设计阶段		输出资料重点控制条款	
				初设	施工图	初设	施工图
行车组织与运营管理	B12A2	—	—				
车辆	B12A3						
线路	B12A4	1 跨路、跨江轨面标高 2 线间距要求、高架结构断面、分界里程 3 桥梁对线路的要求(如线路平面是否设计为同心圆)	用于确定线路平面形式、位置和设计高程	√	√	1~3	1~3
限界	B12A5	1 挡板构造形式 2 桥梁横断面图	用于布置桥面管线	√	√	1 2	1 2
轨道	B12A6	1 桥梁平纵断面图 2 桥梁桥墩线刚度	用于轨道设计	√	√	1 2	1 2
概预算	B12A8	1 工程数量	用于编制概算	√	√	1	1
工程地质	B12B1	1 区间总平面图 2 区间桥梁基础方案说明 3 初详勘技术要求、勘探点布置平面图、桥梁纵剖面图、勘探点布置一览表	用于编制勘察报告	√	√	1 3	1 3
工程测量	B12B2	1 测量计算要求	用于确定需进行地形修测的范围	√	√	1	1
建筑	B12B5	1 接口里程、坐标 2 接口预留条件 3 预留孔洞及预埋件要求 4 桥梁与车站的结合形式(是桥建合一还是桥建分离)	用于车站建筑设计	√	√	1	1
综合管线	B12B7	—	—				
车站结构(含防水)	B12B8	1 接口连接方式	用于车站设计	√	√	1	1
区间	B12B9	1 桥隧相连时桥梁桥台位置	用于区间设计	√	√	1	1
轨行区综合管线	B12B10	—	—				

续上表

接口名称	接口编号	输出接口要求	接口处理及用途	输出设计阶段		输出资料重点控制条款	
				初设	施工图	初设	施工图
疏散平台	B12B11	—	—				
桥梁	B12B12						
路基	B12B13	1 桥路相连时的桥梁里程	用于区间路基设计	√	√	1	1
工程筹划	B12B14	1 桥梁施工工法、工期要求、工程数量表	用于编制工程筹划	√	√	1	1
供电系统	B12C2	1 桥梁结构形式、工法及设置分布 2 桥梁平面图及各断面图 3 桥梁钢筋焊接断面图、桥梁与桥墩、道床的结构连接方式 4 桥梁伸缩缝设置原则及里程 5 桥梁对桥上设备的重量要求	用于环网电缆敷设方案设计、接触网立柱及平面布置设计、高架桥杂散电流防护及接地设计	√	√	1~5	1~5
给排水及消防	B12E4	1 桥梁的结构形式 2 桥梁主梁预应力布置图 3 桥梁排水预留孔位置	用于排水专业确定排水路径	√	√	1~3	1~3
声屏障	B12E9	1 桥梁挡板结构形式	用于声屏障专业预埋螺栓	√	√	1	1

第 21 章 路基

21.1 专业组成

路基专业是轨道交通土建系统的重要组成部分，从路基形式及内容上看，本专业由路基本体设计、地基处理以及与其他相关专业的技术接口等组成。

21.2 专业功能

路基工程是车辆轨道下重要的基础工程，是保证列车快速、平稳、安全、舒适运行的关键工程。在设计使用年限内，路基在正常维护条件下需确保其强度、刚度、稳定和耐久性满足承载力和工后沉降的要求。

路基工程应以地质勘察、场地填料性质及分布、建造工期要求为依据，在此基础上开展设计。根据不同轨道形式进行设计，同时满足相应的承载力及轨道允许工后沉降要求。满足沿线环境保护、水土保持的要求，做好沿线的绿化设计，与沿线景观相协调。尽量避免高填、深挖和长路堑，并尽量绕避不良地质条件的地段。

21.3 专业的主要接口

路基与其他专业之间的接口关系可以概括为以下几个方面。

轨道专业接口：为合理控制工程投资，与环境融合，应合理控制路基规模，选用合理的路基埋深以确定路基断面形式，尽量避免投资大、景观影响大的高填、深挖或长路堑形式，同时为降低工程风险及运营风险，也应尽量绕避对路基安全及投资影响大的不良地质段。

地质接口：工程地质和水文地质专业是路基专业最基础和基本的资料，其准确性直接影响路基的承载力及处理措施，进而影响路基的安全性和经济性。

设备专业接口：水电专业应根据本专业要求提供相应电缆沟、汇水井尺寸及敷设位置要求，路基专业在断面设计时予以考虑和埋设，以保证对应专业的使用要求。

投资接口：工程投资是土建系统最重要的组成部分，路基专业应根据本工程的规模提供相应的工程数量给概预算专业，以完成本工程的投资（估算、概算、预算等）工作。

21.4 专业设计技术接口表

21.4.1 设计输入部分(表21.4-1)

相关专业对路基专业的输入接口表 表21.4-1

专业名称:路基 专业代号:LJ 接口编码:B13

接口名称	接口编号	输入接口要求	接口处理及用途	输入设计阶段		受资专业需重点核对、协商条款	
				初设	施工图	初设	施工图
客流预测	A1B13	—	—				
行车组织与运营管理	A2B13						
车辆	A3B13						
线路	A4B13	1 线路平、纵断面图,包含: 1.1 线路平面图 1.2 线路纵断面图 1.3 线路要素 2 地形图成果资料 3 控规、土规、文物、风景名胜、历史文物街区、水源保护区资料	1 用于路基计算,确定路基处理方案 2 用于确定周边环境、地面建(构)筑物	√	√	1 2	1 2
限界	A5B13	1 各种断面限界图 2 道岔区加宽值计算图表	结合线路平面用于确定路基宽度	√	√	1	1
轨道	A6B13	1 轨道结构高度,包含: 1.1 轨道减振类型及里程 1.2 道床形式、轨底标高、曲线段超高 2 荷载要求、沉降标准 3 道岔的相关要求	用于确定路基断面形式,进行路基计算	√	√	1	1
人防	A7B13	—	—				
概预算	A8B13						
工程地质	B1B13	1 勘察报告,包含工程可行性研究勘察、初勘、详勘、补勘等各阶段的勘察资料	用于确定沿线路基所处地质情况,为路基结构设计提供依据	√	√	1	1
工程测量	B2B13	1 地形图修测成果 2 施工完成结构的测量结果 3 控制性地形、建(构)筑物定测	1 用于确定周边环境、地面建(构)筑物 2 用于判断结构变形等	√	√	1	1

续上表

接口名称	接口编号	输入接口要求	接口处理及用途	输入设计阶段		受资专业需重点核对、协商条款	
				初设	施工图	初设	施工图
房调	B3B13	1 建（构）筑物资料	用于确定车站周边建（构）筑物的基础情况，作为建（构）筑物保护设计、第三方监测设计、荷载取值等的依据	√	√	1	1
管线探测	B4B13	1 管线资料	用于确定路基周边管线情况，作为管线保护设计、第三方监测设计、荷载取值等的依据	√	√	1	1
建筑	B5B13	1 完整的建筑图，需包含但不限于以下内容： 1.1 建筑总平面图 1.2 建筑平、剖面图	用于确定车站与路基的分界里程及断面	√	√	1	1
建筑装修（含外部景观）	B6B13	—	—				
综合管线	B7B13						
车站结构（含防水）	B8B13						
区间	B9B13	1 包含但不限于以下内容： 1.1 区间总平面图 1.2 区间平、剖面图 1.3 过渡段景观、防护的方案统一协调	用于确定区间路基分界点里程，过渡段路基处理、安全防护措施	√	√	1	1
疏散平台	B11B13	—	—				
桥梁	B12B13	1 包含但不限于以下内容： 1.1 桥梁总平面图 1.2 桥梁平、剖面图	用于确定桥涵路基分界点里程，过渡段景观、安全防护措施	√	√	1	1
工程筹划	B14B13	1 全线工期及工程组织	用于施工工期计算，确定路基处理工法比选控制因素	√	√	1	1
主变电所	C1B13	—	—				
供电系统	C2B13	1 预留预埋要求	用于确定预留条件	√	√	1	1
供电系统（接触网/轨）	C2B13	1 基础预埋要求	预留预埋接触网立柱基础	√	√	1	1
动力与照明	C3B13	—	—				

续上表

接口名称	接口编号	输入接口要求	接口处理及用途	输入设计阶段		受资专业需重点核对、协商条款	
				初设	施工图	初设	施工图
通信	D1B13	—	—				
民用通信	D2B13						
公安通信	D3B13						
PIDS	D4B13						
信号	D5B13						
AFC	D6B13						
清分	D7B13						
FAS	D8B13						
BAS	D9B13						
ISCS	D10B13						
门禁	D11B13						
安防	D12B13						
安检	D13B13						
云平台	D15B13						
大数据	D16B13						
通风空调	E1B13						
隧道通风	E2B13						
集中供冷	E3B13						
给排水及消防	E4B13	1 预留预埋件、排水形式要求 2 对于特殊情况（U形槽出地面处、山坳等），排水形式与给排水专业协商	用于结构受力计算、路基断面设计	√	√	1	1
自动灭火	E5B13	—	—				
站台门	E6B13						
防淹门	E7B13						
自动扶梯、电梯、楼梯升降机	E8B13						
声屏障	E9B13	1 预留预埋件要求	用于确定预留条件	√	√	1	1
交通疏解	G5B13	1 交通疏解图（相互沟通、协商确定）	用于确定路基加固措施及施工工法	√	√	1	1

续上表

接口名称	接口编号	输入接口要求	接口处理及用途	输入设计阶段		受资专业需重点核对、协商条款	
				初设	施工图	初设	施工图
管线迁改	G6B13	1 管线迁改设计图(相互沟通、协商确定)	用于确定管线保护方案,相互沟通以确定是否需设置管线悬吊结构等	√	√	1	1
外部电源	G7B13	—	—				
城市给排水	G8B13						
消防	G9B13						
环境保护	G10B13	1 环评报告	用于复核施工工法、采用的施工机具、环保措施等是否满足环评要求	√	√	1	1
劳动安全与卫生	G11B13	—	—				
职业病防治	G12B13						
白蚁防治	G13B13						
防洪排涝	G14B13	1 防洪评估报告	用于确定路基设计标高、施工期间挡水结构顶标高	√	√	1	1
场站综合体	G15B13	—	—				
航道航标	G16B13						

21.4.2 设计输出部分(表 21.4-2)

路基专业对相关专业的输出接口表 表 21.4-2

专业名称:路基　　专业代号:LJ　　接口编码:B13

接口名称	接口编号	输出接口要求	接口处理及用途	输出设计阶段		输出资料重点控制条款	
				初设	施工图	初设	施工图
客流预测	B13A1	—	—				
行车组织与运营管理	B13A2						
车辆	B13A3						
线路	B13A4	1 地形资料需求	用于明确地形资料需求	√	√	1	1
限界	B13A5	—	—				
轨道	B13A6						

续上表

接口名称	接口编号	输出接口要求	接口处理及用途	输出设计阶段		输出资料重点控制条款	
				初设	施工图	初设	施工图
人防	B13A7	—	—				
概预算	B13A8	1 工程量清单 2 变更工程量清单	用于编制概算	√	√	1	2
工程地质	B13B1	1 详勘技术要求 2 补勘技术要求	用于确定钻孔平面布置、钻孔深度要求、地质参数需求等		√		1 2
工程测量	B13B2	1 地形修测范围	用于确定需进行地形修测的范围	√	√	1	1
房调	B13B3	1 建（构）筑物资料需求	用于明确建（构）筑物资料需求	√	√	1	1
管线探测	B13B4	1 管线资料需求	用于明确管线资料需求	√	√	1	1
建筑	B13B5	1 路基平、纵断面图	用于明确车站路基接口里程及标高等	√	√	1	1
建筑装修（含外部景观）	B13B6	—	—				
综合管线	B13B7						
车站结构（含防水）	B13B8						
区间	B13B9	1 分界里程 2 过渡段景观、防护的方案统一协调	用于复核区间、路基结构接口要素是否一致	√	√	1 2	1 2
轨行区综合管线	B13B10	—	—				
疏散平台	B13B11						
桥梁	B13B12	1 桥梁、路基接口设计图	用于复核桥梁、路基结构接口要素是否一致	√	√	1	1
工程筹划	B13B14	1 路基施工工法、工程数量及场地布置图	用于确保路基工程工期满足全线整体工期要求	√	√	1	1
供电系统	B13C2	1 路基平面图、横断面图及预留预埋图	用于复核预留预埋条件是否满足要求	√	√	1	1
供电系统（接触网/轨）							
动力与照明	B13C3	—	—				
通信	B13D1	1 路基平面图、横断面图及预留预埋图	用于复核预留预埋条件是否满足要求	√	√	1	1
信号	B13D5	—	—				

续上表

接口名称	接口编号	输出接口要求	接口处理及用途	输出设计阶段		输出资料重点控制条款	
				初设	施工图	初设	施工图
FAS	B13D8	—	—				
BAS	B13D9						
ISCS	B13D10						
云平台	B13D15						
大数据	B13D16						
通风空调	B13E1						
隧道通风	B13E2						
集中供冷	B13E3						
给排水及消防	B13E4	1 路基平面图、横断面图及预留预埋图	用于复核预留预埋条件是否满足要求	√	√	1	1
自动灭火	B13E5	—	—				
站台门	B13E6						
防淹门	B13E7						
自动扶梯、电梯、楼梯升降机	B13E8						
声屏障	B13E9						
交通疏解	B13G5	1 路基工程筹划 2 路基工程施工围蔽图	1 用于确定各期交通疏解时间 2 用于确定交通疏解范围	√	√	1 2	1 2
管线迁改	B13G6	1 路基工程筹划 2 路基平、纵断面图	1 用于确定管线迁改时间 2 用于确定管线迁改方案	√	√	1 2	1 2
外部电源	B13G7	—	—				
城市给排水	B13G8						
消防	B13G9						
环境保护	B13G10	1 施工工法、拟采用的施工机具	用于确定拟采用的工法、机具是否满足环评要求	√	√	1	1
劳动安全与卫生	B13G11	—	—				

续上表

接口名称	接口编号	输出接口要求	接口处理及用途	输出设计阶段		输出资料重点控制条款	
				初设	施工图	初设	施工图
职业病防治	B13G12	—	—				
白蚁防治	B13G13						
防洪排涝	B13G14						
场站综合体	B13G15						
航道标航	B13G16						

第 22 章 工程筹划

22.1 专业组成

工程筹划专业是城市轨道交通工程设计文件的重要组成部分，文件主要由以下几项组成：

（1）工程概况；

（2）建设总工期及总进度；

（3）工程进度计划安排；

（4）施工组织及计划；

（5）工程招标及采购；

（6）试运行计划。

22.2 专业功能

通过对建设项目工程内容和工程特点的研究分析，拟定项目建设总工期和进度计划指导项目的实施。

22.3 专业的主要接口

本专业主要与行车组织与运营管理、线路、轨道、工程地质、建筑装修（含外部景观）、车站结构（含防水）、区间等专业存在接口。

22.4 专业设计技术接口表

22.4.1 设计输入部分（表 22.4-1）

相关专业对工程筹划专业的输入接口表 表 22.4-1

专业名称：工程筹划　　专业代号：GC　　系统编码：B14

接口名称	接口编号	输入接口要求	接口处理及用途	输入设计阶段		受资专业需重点核对、协商条款	
				初设	施工图	初设	施工图
行车组织与运营管理	A2B14	1 配线布置图	提供资料	√	√	1	1

续上表

<table>
<tr><th rowspan="2">接口名称</th><th rowspan="2">接口编号</th><th rowspan="2">输入接口要求</th><th rowspan="2">接口处理及用途</th><th colspan="2">输入设计阶段</th><th colspan="2">受资专业需重点核对、协商条款</th></tr>
<tr><th>初设</th><th>施工图</th><th>初设</th><th>施工图</th></tr>
<tr><td>车辆</td><td>A3B14</td><td>1 车辆到货及调试计划和要求</td><td>提供资料</td><td>√</td><td>√</td><td>1</td><td>1</td></tr>
<tr><td>线路</td><td>A4B14</td><td>1 平、纵断面缩图
2 车站分布表
3 线路概况</td><td>提供资料</td><td>√</td><td>√</td><td>1~3</td><td>1~3</td></tr>
<tr><td>轨道</td><td>A6B14</td><td>1 协商确定铺轨基地设置（位置及轨排孔尺寸）
2 各类轨道施工平均日进度及铺轨工期</td><td>用于确定轨排基地的位置及规模</td><td>√</td><td>√</td><td>1
2</td><td>1
2</td></tr>
<tr><td>工程地质</td><td>B1B14</td><td>1 全线工程地质总说明
2 全线工程地质平、纵断面缩图</td><td>提供资料</td><td>√</td><td>√</td><td>1
2</td><td>1
2</td></tr>
<tr><td>建筑装修（含外部景观）</td><td>B6B14</td><td>1 建筑装修工期安排</td><td>提供资料</td><td>√</td><td>√</td><td>1</td><td>1</td></tr>
<tr><td>车站结构（含防水）</td><td>B8B14</td><td>1 车站结构总平面布置图
2 车站各部位施工工法、工期安排
3 施工场地布置
4 地下管线迁改方案
5 施工期间交通组织</td><td>提供资料</td><td>√</td><td>√</td><td>1
2</td><td>1
2</td></tr>
<tr><td>区间</td><td>B9B14</td><td>1 隧道表
2 区间各部位施工工法、工期安排
3 区间施工工程筹划
4 地下管线迁改方案
5 施工场地布置</td><td>提供资料</td><td>√</td><td>√</td><td>1~3</td><td>1~3</td></tr>
<tr><td>桥梁</td><td>B12B14</td><td rowspan="2">1 关键工程施工工法、工期安排</td><td rowspan="2">提供资料</td><td rowspan="2">√</td><td rowspan="2">√</td><td rowspan="2">1</td><td rowspan="2">1</td></tr>
<tr><td>路基</td><td>B13B14</td></tr>
<tr><td>主变电所</td><td>C1B14</td><td rowspan="7">1 设备安装工期</td><td rowspan="7">提供资料</td><td rowspan="7">√</td><td rowspan="7">√</td><td rowspan="7">1</td><td rowspan="7">1</td></tr>
<tr><td>供电系统</td><td>C2B14</td></tr>
<tr><td>通信</td><td>D1B14</td></tr>
<tr><td>信号</td><td>D5B14</td></tr>
<tr><td>通风空调</td><td>E1B14</td></tr>
<tr><td>隧道通风</td><td>E2B14</td></tr>
<tr><td>给排水及消防</td><td>E4B14</td></tr>
<tr><td>站场</td><td>F1B14</td><td>1 施工及设备安装工期</td><td>提供资料</td><td>√</td><td>√</td><td>1</td><td>1</td></tr>
</table>

22.4.2 设计输出部分(表 22.4-2)

工程筹划专业对相关专业的输出接口表 表 22.4-2

专业名称:工程筹划 专业代号:GC 系统编码:B14

接口名称	接口编号	输出接口要求	接口处理及用途	输出设计阶段		输出资料重点控制条款	
				初设	施工图	初设	施工图
轨道	B14A6	1 全线总体工程筹划图(包含铺轨基地设置位置及要求、盾构始发及接收安排)	提供资料,用于铺轨设计	√	√	1	1
建筑	B14B5	1 全线总体工程筹划图(包含铺轨基地设置位置及要求、盾构始发及接收安排) 2 明确与建筑相关的重要工筹节点	提供资料,用于建筑设计	√	√	1	1
车站结构(含防水)	B14B8	1 全线总体工程筹划图(包含铺轨基地设置位置及要求、盾构始发及接收安排)	提供资料,用于结构计算和设计	√	√	1	1
区间	B14B9						

第 23 章
主变电所

23.1 专业组成

本专业组成主要包括：

（1）主变电所系统设计；

（2）电气一次设计；

（3）电气二次设计；

（4）调度自动化设计；

（5）土建设计（包括给排水、消防、低压、通风、环保等）；

（6）通信设计；

（7）110kV 进线线路设计；

（8）主变电所概预算编制。

23.2 专业功能

每座主变电所均从城市电网引入两回独立可靠的 110kV 电源，将 110kV 电源经电力变压器降压为 35（33）kV 电源供给地铁沿线的各变电所；若牵引供电系统采用单相工频 25kV 交流制，则还需要将 110kV 电源经牵引变压器降压为 25kV 电源供给地铁沿线牵引网。

23.3 专业的主要接口

主变电所专业应结合外部电源、供电系统、工程测量、工程地质等专业资料进行主变电所的设计工作。

在设计阶段，主变电所专业还应向供电系统、工程测量、工程地质、环境保护、ISCS、FAS、门禁、通信、安防等外部专业输出如主接线图、柜排列图、设备平面布置、设备电缆敷设、主变电所总平面图、二次专业接口需求等主要设计资料。

23.4 专业设计技术接口表

23.4.1 设计输入部分（表 23.4-1）

相关专业对主变电所专业的输入接口表 表 23.4-1

专业名称：主变电所　专业代号：ZB　接口编码：C1

接口名称	接口编号	输入接口要求	接口处理及用途	输入设计阶段		受资专业需重点核对、协商条款	
				初设	施工图	初设	施工图
线路	A4C1	1 线路平面图	用于设计输入	√	√	1	1
人防	A7C1	1 区间人防门位置及大样图等	若存在利用区间走电缆的情况，应进行配合	√	√	1	1
概预算（总体）	A8C1	1 估算 2 概算 3 变更概算 4 相关经济指标	1 用于方案比选参考 2 用于招标 3 用于投资控制 4 用于变更设计	√	√	1 2 4	3 4
工程地质	B1C1	1 初勘成果（含补勘）中间资料及正式报告 2 详勘成果（含补勘）中间资料及正式报告	系统设计资料，用于工程量统计	√	√	1	2
工程测量	B2C1	1 主变电所地形图、横断面图、纵断面图、航空摄影测量成果、沿线控制点地形图及拆迁工程量等相关资料 2 主变电所与车站及地铁线路的相互关系图，电缆路径地区地形图	系统设计资料，用于工程量统计	√	√	1 2	1 2
房调	B3C1	1 调查平面图 2 调查一览表 3 扫描件	用于设计输入、工程量统计	√	√	1~3	1~3
管线探测	B4C1	1 地下管线资料（注意资料版本） 1.1 地下管线综合图 1.2 地下管线点成果表	用于设计输入	√	√	1	1
建筑	B5C1	1 对与车站合建主变电所的相关要求	主变电所预留相关条件	√	√	1	1

续上表

接口名称	接口编号	输入接口要求	接口处理及用途	输入设计阶段		受资专业需重点核对、协商条款	
				初设	施工图	初设	施工图
供电系统	C2C1	1 全线交流供电系统图、主变电所35(33)kV环网馈线设置数量等要求 2 各种运行方式下主变电所负荷 3 主变压器容量 4 主变电所运行方式 5 35(33)kV侧无功补偿计算数据 6 短路计算数据 7 系统高峰小时需用功率及年用电量 8 主变电所环网馈线电流互感器变比要求 9 主变电所环网馈线继电保护配置及与下级配合要求 10 主变电所环网馈线电缆截面选型 11 主变电所二次系统与正线PSCADA(时钟通信接口接驳)、正线供电运行安全管理系统、在线监测系统的接口配合 12 环网电缆敷设路径、电缆回数、敷设空间要求 13 需要重点注意针对交流25kV供电制式的牵引变电所与电力变电所共建主变电所,且非同一家设计单位时,应相互协商明确各自的设计范围及设计分界面,做好接口设计	1 主变电所设计输入 2 交流制式线路需要注意配合	√	√	1~7 13	8~12
通信	D1C1	1 主变电所通信端子箱等通信设备的布置图、设备配电要求、土建预留预埋要求等 2 协商主变电所时钟的设置要求,尤其是接口界面要明确	主变电所预留相关条件	√	√	1 2	1 2

续上表

接口名称	接口编号	输入接口要求	接口处理及用途	输入设计阶段		受资专业需重点核对、协商条款	
				初设	施工图	初设	施工图
FAS	D8C1	1 主变电所内FAS设备的布置图、设备配电要求、设备间的接口对接、土建预留预埋要求等	主变电所预留相关条件	√	√	1	1
ISCS	D10C1	1 协商确定主变电所综合自动化系统与综合监控系统的接口需求（传输及功能需求）、接口位置及设计界面 2 协商确定供电运行安全管理系统与综合监控系统的接口需求、接口位置及设计界面 3 协商确定供电设备在线监测系统与综合监控系统的接口需求、接口位置及设计界面	用于供电系统（供电二次）专业与综合监控专业的通道传输接口设计	√	√	1~3	1~3
门禁	D11C1	1 主变电所内门禁设备布置要求、设备配电要求、设备间的接口对接、土建预留预埋要求等	主变电所预留相关条件	√	√	1	1
安防	D12C1	1 主变电所内安防设备布置要求、设备配电要求、设备间的接口对接、土建预留预埋要求等	主变电所预留相关条件		√		1
云平台	D15C1	1 本线云节点设置情况 2 协商软件搭建方案、协商硬件兼容方案、协商通信方案	用于搭建供电系统云平台方案	√	√	1 2	1 2
大数据	D16C1	1 大数据系统可以开放的相应提升功能 2 大数据系统所需数据的格式、标准 3 相应接口形式	用于搭建供电系统大数据方案	√	√	1	1

续上表

接口名称	接口编号	输入接口要求	接口处理及用途	输入设计阶段		受资专业需重点核对、协商条款	
				初设	施工图	初设	施工图
城市给排水	G8C1	1 主变电所进水点处水压及市政给水管管径	用于确定室内给水及消防系统加压方案	√	√	1	1
站场	F1C1	1 车辆基地总平面图 2 基地内给排水管路接驳点位置	用于设计输入	√	√	1	1 2
车辆基地建筑	F3C1	1 车辆基地装修风格要求	用于车辆基地内的主变电所外立面配合设计	√	√	1	1
车辆基地给排水及消防（不含自动灭火）	F6C1	1 协商确定与主变电所给排水及消防接口 2 对于主变电所110kV电缆廊道，应协商廊道内排水设计方案，严禁电缆廊道内泡水	1 需协商配合的接口 2 协商确定地面电缆廊道内设计方案	√	√	1	1 2
车辆基地综合管线	F8C1	1 提供综合管线平、剖、断面图及节点图	会签是否满足本专业要求		√		1
城市规划	G1C1	1 城市总体规划要求	用于确定主变电所选址、供电方式、工艺要求、电缆敷设方式	√		1	
综合交通	G2C1	1 主变电所附近区域组团规划 2 主变电所附近区域道路现状、规划	用于主变电所道路接入设计和主变电所进出线布置设计	√		1	
管线迁改	G6C1	1 管线迁改的分期思路及平面方案		√	√	1	1
外部电源	G7C1	1 城市电网近/远期的规划资料及系统参数 2 周边电网现况及实施情况 3 城市电网对电网设计、建设的设计原则和技术要求 4 调度的要求及管理分工 5 投资的要求及分工 6 城市电网变电站馈出线继电保护与地铁供电系统进线继电保护的设置及时限配合 7 电能计量和质量要求	用于确定主变电所系统接入方案	√		1~6	

续上表

接口名称	接口编号	输入接口要求	接口处理及用途	输入设计阶段		受资专业需重点核对、协商条款	
				初设	施工图	初设	施工图
消防	G9C1	1 消防专项审查意见	落实意见	√	√	1	1
环境保护	G10C1	1 落实环评报告及批复文件中主变电所电磁污染控制措施	落实环评措施	√	√	1	1
职业病防治	G12C1	1 GIS室、主变电所设置下排风 2 落实主变电所的事故通风换气次数不少于12次/h 3 落实电磁防污染措施	落实职业病防治措施	√	√	1~3	1~3
防洪排涝	G14C1	1 防洪排涝设防水位推荐值 2 电缆廊道等下穿河道的冲刷深度/标高，或防洪评价报告等	用于确定防洪排涝标高	√		1	
节能	G20C1	1 对主变电所系统节能提出需求	用于设备选型设计等	√	√	1	1

23.4.2 设计输出部分（表23.4-2）

主变电所专业对相关专业的输出接口表 表23.4-2

专业名称：主变电所　　专业代号：ZB　　接口编码：C1

接口名称	接口编号	输出接口要求	接口处理及用途	输出设计阶段		输出资料重点控制条款	
				初设	施工图	初设	施工图
人防	C1A7	1 协商确定区间隔断门处预留预埋件（孔洞、套管）的规格、位置及数量（若有，如与车站合建的主变电所）	在主体结构内预埋管线	√	√	1	1
概预算（总体）	C1A8	1 电力进线长度 2 工程量 3 其他与造价相关的工程量及技术参数	1 用于估算编制 2 用于概算编制 3 用于施工图变更预算	√	√	1~3	1~3
工程地质	C1B1	1 主变电所工程概况及地基基础设计方案说明 2 详勘技术要求、勘探点布置平面图、勘探点布置一览表	作为编制或复核勘察技术要求、编制勘察大纲和勘察成果的依据文件	√	√	1	1 2
工程测量	C1B2	1 主变电所总平面图	用于工程测量输入	√	√	1	1

续上表

接口名称	接口编号	输出接口要求	接口处理及用途	输出设计阶段		输出资料重点控制条款	
				初设	施工图	初设	施工图
房调	C1B3	1 主变电所总平面图	用于确定房调范围	√	√	1	1
管线探测	C1B4	1 主变电所总平面图	用于确定管线探测范围	√	√	1	1
建筑	C1B5	1 与车站合建时主变电所对合建车站的相关要求	车站预留相关条件	√	√	1	1
供电系统	C1C2	1 主变电所接入系统方案 2 主变电所主接线图及设备技术参数 3 主变电所35(33)kV柜排列图 4 主变电所继电保护配置方案 5 主变电所夹层电缆的敷设路径及敷设方案 6 需要重点注意针对交流25kV供电制式的牵引变电所与电力变电所共建主变电所，且非同一家设计单位时，应相互协商明确各自的设计范围及设计分界面，做好接口设计 7 主变电所35(33)kV以上的无功计算数据及无功补偿装置配置方案	1 用于核对确认供电系统设计方案 2 用于环网电缆接口设计 3 牵引交流供电制式下需重点协商明确的接口设计 4 用于综合核算确定系统内的无功补偿方案	√	√	1 2 6 7	2~7
通信	C1D1	1 主变电所数量及位置 2 主变电所房屋、设备布置图 3 协商主变电所地铁电话的设置要求 4 协商主变电所时钟的设置要求，尤其是要明确接口界面 5 协商视频监视的设置要求	用于电话、视频监控、时钟设计输入	√	√	1~5	1~5
FAS	C1D8	1 主变电所总平面图、各层建筑平面图 2 协商防火卷帘门、挡烟垂壁、电动排烟窗、电动排烟口等设备的布置图、数量、功能、监控要求	用于FAS设计输入	√	√	1 2	1 2

续上表

接口名称	接口编号	输出接口要求	接口处理及用途	输出设计阶段		输出资料重点控制条款	
				初设	施工图	初设	施工图
ISCS	C1D10	1 主变电所综合自动化系统与综合监控系统的接口需求（传输及功能需求） 2 供电运行安全管理系统与综合监控系统的接口需求 3 供电设备在线监测系统与综合监控系统的接口需求	用于供电系统（供电二次）专业与综合监控系统专业的通道传输接口设计	√	√	1~3	1~3
门禁	C1D11	1 主变电所总平面图、各层建筑平面图	用于门禁系统设计输入	√	√	1	1
安防	C1D12	1 主变电所总平面图、各层建筑平面图 2 协商周界报警、视频监视的设置要求	用于安防专业设计输入	√	√	1	1
云平台	C1D15	1 协商软件搭建方案、硬件兼容方案、通信方案	用于搭建供电系统云平台方案	√	√	1	1
大数据	C1D16	1 协商软件搭建方案、硬件兼容方案、通信方案	用于搭建供电系统大数据方案	√	√	1	1
城市给排水	C1G8	1 主变电所的进水点的管径、埋深、位置及相关要求 2 主变电所排水点的管径、埋深、位置及相关要求	1 用于完成给水接驳设计 2 用于完成排水接驳设计	√	√	1 2	1 2
站场	C1F1	车辆基地内主变电所周边道路及雨水排水接驳界面和要求	用于明确车辆基地内站场道路及排水与主变电所设计接口界面和预留设计接口，包括道路设备运输核载、运输所需道路宽度和高度、消防要求等	√	√	1	1
车辆基地给排水及消防（不含自动灭火）	C1F6	主变电所给排水用水量、排水量要求	用于车辆基地给排水专业室外给排水设计	√	√	1	1
车辆基地综合管线	C1F8	1 主变电所管线的敷设路径、数量、尺寸、标高、荷载 2 检修空间要求	用于管线综合设计，避免各管线间冲突	√	√	1 2	1 2

续上表

接口名称	接口编号	输出接口要求	接口处理及用途	输出设计阶段		输出资料重点控制条款	
				初设	施工图	初设	施工图
管线迁改	C1G6	1 总围蔽及分期围蔽图 2 主体采用工法及分期围蔽时间	用于确定管线受影响范围及程度，以确定疏解方案	√	√	1 2	1 2
外部电源	C1G7	1 外部电源接入方案报批	用于获得供电部门的批复	√		1	
白蚁防治	C1G13	1 主变电所的建筑面积 2 主变电所供电系统 110/35（33）kV 及直流 1500V 供电电缆管线长度和电缆沟长度	用于统计主变电所的白蚁防治工程量		√		1 2
节能	C1G20	1 设备选型、数量、损耗计算等	用于节能输入	√	√	1	1
防洪排涝	C1G14	1 主变电所总平面图 2 设计说明书 / 设计概况	用于评估范围、标高及防洪排涝	√	√	1	1

第24章 供电系统

24.1 专业组成

城市轨道交通供电系统包括外部电源、主变电所、牵引供电系统、动力与照明供电系统、电力监控系统及智能运维。牵引供电系统包括牵引变电所和牵引网，动力与照明供电系统包括降压变电所和动力与照明配电系统。正线供电专业主要负责牵引供电系统、降压变电所、电力监控系统及智能运维的设计，具体包括：

（1）供电系统专业；

（2）变电所专业；

（3）接触网专业；

（4）电力监控系统及智能运维专业；

（5）杂散电流防护及接地专业；

（6）供电车间专业。

24.2 专业功能

供电系统的功能是向轨道交通各机电设备系统提供安全、可靠、优质的电力供应，满足各系统的用电要求，具体功能为：

（1）接受并分配电能。通过高压通道将电力系统110kV高压交流电源引入主变电所，然后由主变电所将引入的110kV高压交流电源降压成轨道交通供电系统使用的交流35（33）kV或25kV。直流1500V牵引供电制式，再通过轨道交通中压网络将交流35（33）kV电分配到每一个车站和车辆基地内的牵引变电所和降压变电所；交流25kV牵引供电制式，则直接将交流25kV电通过沿线架设的牵引网不间断地供给运行中的电动列车。

（2）降压整流及输送直流电能。直流1500V供电制式时，通过牵引变电所对主变电所引来的35（33）kV交流电进行降压整流，使之变成1500V直流电，再将1500V直流电通过沿线架设的牵引网不间断地供给运行中的电动列车，以保证电动列车的安全、可靠、快速运行，准时地输送旅客。

（3）降压及动力配电。通过降压变电所将35（33）kV交流电降压成380/220V交流电，向车站和区间的各种动力、照明设备供电，保证各种车站设备的正常运行，给乘客提供一个安全舒适的乘车环境。

供电系统各级供电电压网络应具有在正常、事故、灾害运行情况下控制、测量、监视、计量、调整的功能，安全操作联锁功能，故障保护功能。

24.3 专业的主要接口

正线供电内部各子专业应结合行车组织与运营管理、线路、车辆、轨道、限界、建筑、主变电所、动力与照明及部分车站区间设备、弱电专业资料进行供电系统的设计工作。

在设计阶段，正线供电内部各子专业还应向建筑、轨道、限界、主变电所、动力与照明、部分车站区间设备及弱电专业输出本专业设计方案和设计需求等设计资料。

24.4 专业设计技术接口表

24.4.1 设计输入部分（表 24.4-1）

相关专业对供电系统专业的输入接口表　　表 24.4-1

专业名称：供电系统　　专业代号：GDXT　　系统编码：C2

接口名称	接口编号	输入接口要求	接口处理及用途	输入设计阶段		受资专业需重点核对、协商条款	
				初设	施工图	初设	施工图
行车组织与运营管理	A2C2	1 运行交路 2 车辆编组及运行计划 3 列车停站时分、追踪间隔时分及走行时分 4 行车最大速度、旅行速度 5 牵引计算结果 6 列车运行图 7 是否与其他线路有贯通运营、资源共享、互联互通等特殊需求 8 是否为自动驾驶模式 9 故障运行模式，局部阻塞时行车交路及对供电的要求 10 交流 25kV 供电制式，电分相里程要求	1 用于牵引供电计算 2 用于供电系统（接触网）专业确定接触网供电分段方案 3 与信号、行车组织与运营管理三个专业共同协商确认电分相里程(无电区的影响)	√	√	1~10	1~10（施工图设计阶段进行复核）

续上表

接口名称	接口编号	输入接口要求	接口处理及用途	输入设计阶段		受资专业需重点核对、协商条款	
				初设	施工图	初设	施工图
车辆	A3C2	1 列车对供电制式、供电电压的要求 2 车辆参数（类型、编组、最大运行速度、结构速度、旅行速度、启动加速度、平均加速度、制动平均减速度、紧急制动减速度、车辆及辅助设备功率、列车自重、定员总重、超员总重、车辆制动策略） 3 初/近/远期列车启动电流、电流曲线、速度曲线、时间曲线、牵引力特性曲线、供电特性曲线、阻力特性曲线、制动特性曲线、再生电流特性曲线、列车输入功率曲线、列车（电机）效率曲线、列车功率因数曲线 4 车辆外形尺寸、动态包络线、受电弓（集电靴）的数量和布置、机车间的电气连接 5 受电弓（集电靴）外形尺寸、工作宽度、工作范围、静态抬升力的范围、受流特性	1 用于供电系统制式确定及牵引供电计算 2 用于确认接触网/轨拉出值、高度，牵引系统设计，接触网平面布置，满足车辆不断电要求	√	√	1~5	1~5
线路	A4C2	1 线路平、纵断面图（含线路数据） 2 车站、换乘站分布表 3 线路配线及功能要求 4 调线、调坡数据，贯通运行施工图（含最终里程）	1 用于各专业设计输入：牵引所布点设计、区间电缆敷设设计、接触网抢修房间配置设计、供电综合维修室配置设计 2 用于接触网平面布置、回流系统设计，联络线是否需要设置绝缘结等 3 用于统计接触网工程量，核实净空	√	√	1~3	4

续上表

接口名称	接口编号	输入接口要求	接口处理及用途	输入设计阶段		受资专业需重点核对、协商条款	
				初设	施工图	初设	施工图
限界	A5C2	1 全线设备布置限界要求及各种断面限界图 2 配合供电各专业设备安装空间 3 接触轨线路需要重点提醒限界区间内轨旁设备与车辆受流器及接触轨的电气安全距离 4 车站配线内电缆沿墙敷设及过轨敷设是否满足限界要求需重点配合	用于供电系统各专业设计输入，确定区间设备布置方案	√	√	1~4	3 4
轨道	A6C2	1 钢轨类型及电气参数（钢轨的直流电阻值等） 2 正线和车辆基地道床形式、里程分布，道床和轨枕的施工精度（轨平面至道床面的距离）、轨枕图 3 道床断面图、配筋图、道床缝设置间距 4 道岔平面结构图及轨缝的布置 5 轨道结构保护要求（包含预应力结构、道床等）	1 用于系统牵引供电计算 2 接触轨形式下，确定接触轨的布置方案、排流网的设计方案、供电系统（杂散电流）专业在轨道上的预留预埋设计方案 3 避免设备安装对轨道的破坏	√	√	1~4	2~5
人防	A7C2	1 区间人防门（含防淹门）设置里程 2 人防门设计方案 3 人防门设计图纸	用于确定接触网过人防门设计方案、区间电缆过人防门方案及封堵方案	√	√	1 2	3
概预算	A8C2	1 估算 2 概算 3 变更概算 4 相关经济指标	1 用于方案比选参考 2 用于招标 3 用于投资控制 4 用于变更设计	√	√	1 2 4	3 4

续上表

接口名称	接口编号	输入接口要求	接口处理及用途	输入设计阶段		受资专业需重点核对、协商条款	
				初设	施工图	初设	施工图
管线探测	B4C2	1 地铁沿线市政金属管道资料	用于针对性地设计杂散电流防护方案	√	√	1	1
建筑	B5C2	1 车站建筑总平面图，平、纵剖面图以及人防门等大样图 2 车站周边存在的重要油、气等管道 3 需要重点关注协商配合： 3.1 夹层底板梁须下翻 3.2 夹层内不可做连续墙 3.3 电缆井、电缆支架固定墙体强度需满足承重受力需求；电缆井内供电专业孔洞应与动力与照明专业电缆通道孔洞分开，相互独立 3.4 房间净空需满足设备维护检修需求，设备用房内应确保梁底净空满足管线敷设后设备维护检修要求；设备运输通道净空应满足设备运输要求，并应考虑管线敷设后的净空需求 3.5 站台层设备进出线有无侵入轨行区（如整流变等） 3.6 设备未设计联络确定前，变电设备用房楼板不得浇筑或协商采取相应措施 3.7 地面变电所外立面门、窗、百叶的设计应满足变电所设计规范要求，并应考虑设备防尘、防雨、防潮等实际需求 3.8 供电设备用房不可设置在经常积水的房间正下方，并应避免与厕所、泵房等场所贴邻，若无可避免，则应采取有效的防水措施	1 用于供电设备用房设备布置、设备运输通道、吊装方案、预留预埋、房间门及门洞、车站内供电管线敷设方案、站内轨行区设备布置方案设计 2 关注对外杂散电流防护设计要求 3 需重点协商配合的接口	√	√	1 2	1~3

续上表

接口名称	接口编号	输入接口要求	接口处理及用途	输入设计阶段		受资专业需重点核对、协商条款	
				初设	施工图	初设	施工图
建筑	B5C2	3.9 深埋车站或风井内变电所应考虑设备高净空吊装难度和可实施性 3.10 轨行区横剖面图,轨顶风道底板厚度、轨面至轨顶风道底板的距离应满足接触网悬挂要求 3.11 协商轨行区人员检修距离、安全距离、下轨楼梯与接触轨关系等接触轨布置要求 3.12 轨行区轨道上方各种孔洞,应避开接触网布置 3.13 供电综合维修室除放置部分台式计算机等五防系统设备外,主要用于供电巡维人员休息,故应设置在与主变电所同侧的站厅层管理用房区域,装修供冷等标准应与其他管理用房一致		√	√	1 2	1~3
综合管线	B7C2	1 确定综合支吊架设置区域 2 综合支吊架的详细设计方案,如跨距、层间距等 3 综合管线设计图纸 4 整流变压器正上方严禁敷设任何管线,其他供电设备正上方应避免走管线,若有管线,则应与供电专业协商管线敷设要求及管线下部净空要求	1 用于核实确认供电管线敷设路径及方案 2 避免管线敷设影响供电设备检修维护	√	√	1 2 4	3 4

续上表

接口名称	接口编号	输入接口要求	接口处理及用途	输入设计阶段		受资专业需重点核对、协商条款	
				初设	施工图	初设	施工图
车站结构（含防水）	B8C2	1 车站类型及开挖方式，结构平、剖面图等 2 结构缝的位置及数量 3 高架车站桁架图、柱网图 4 重点关注协商配合的接口： 4.1 设备用房及设备运输通道楼板、电缆井侧墙、电缆支架固定墙体、轨顶风道底板及其他需要悬挂设备等墙体的强度须满足承重受力的需求 4.2 电缆夹层内严禁设置连续墙及上翻梁 4.3 设备未设计联络并确定前，变电设备用房楼板不得浇筑或协商采取相应处理措施 4.4 设备吊装孔上方吊装预埋件需满足设备吊装需求	1 用于杂散电流防护专业进行主体结构监测网、自然接地体设计，明确主体结构测量端子设置里程，杂散电流管线预埋设计 2 用于确认接触网吊柱预留位置 3 需重点协商配合的接口	√	√	1 3	2~4
区间	B9C2	1 区间施工工法及其设置分布 2 区间平、纵、横断面图 3 区间盾构管片布置图，预埋槽道布置平、剖面图，预埋槽道及配套螺栓大样图，预埋槽道对区间设备的要求 4 区间内结构缝的位置及数量 5 联络通道设置里程及联络通道大样图 6 地铁沿线市政金属管道资料	1 用于区间杂散电流防护方案设计，各种隧道断面接触网安装方案及平面布置设计，区间环网电缆敷设方案设计 2 用于接触网悬挂固定安装设计，区间杂散电流设备安装方案设计 3 用于明确区间杂散测量端子设置位置 4 用于上下行均流电缆敷设方案设计及联络通道供电系统（杂散电流）专业预留预埋设计 5 关注对外杂散电流防护设计要求	√	√	1~3	2~5

续上表

接口名称	接口编号	输入接口要求	接口处理及用途	输入设计阶段		受资专业需重点核对、协商条款	
				初设	施工图	初设	施工图
轨行区综合管线	B10C2	1 轨行区综合管线平面图及各断面布置图 2 接触轨线路需要重点考虑区间内轨旁设备与车辆受流器及接触轨的电气安全距离 3 车站配线内电缆沿墙敷设及过轨敷设是否满足限界要求需重点配合	1 用于供电系统各专业设计输入，确定柜型设备布置及电缆敷设方案 2 需要重点考虑的接口设计	√	√	1~3	1~3
疏散平台	B11C2	1 地下、高架疏散平台的形式、平面布置图、断面布置图及安装大样图	用于环网电缆敷设及电缆支架安装方案设计，避免与接触轨布置及杂散区间设备冲突	√	√	1	1
桥梁	B12C2	1 桥梁结构形式、工法及设置分布 2 区间桥梁平面图及各断面图 3 桥梁钢筋焊接断面图，桥梁与桥墩、道床的结构连接方式 4 桥梁伸缩缝设置原则及里程 5 桥梁对桥上设备的重量要求 6 桥梁的防水设计	用于环网电缆敷设方案设计，接触网立柱及平面布置设计，高架桥杂散电流防护及接地设计	√	√	1~6	1~6
路基	B13C2	1 路基平、横断面图及预留预埋图	用于路基段的环网电缆敷设方案设计，接触网平面布置设计	√	√	1	1
主变电所	C1C2	1 主变电所接入系统方案 2 主变电所主接线图及设备技术参数 3 主变电所35(33)kV柜排列图 4 主变电所继电保护配置方案 5 主变电所夹层电缆敷设路径及敷设方案 6 需要重点注意针对交流25kV供电制式的牵引变电所与电力变电所共建主变电所，且非同一家设计单位时，应相互协商明确各自的设计范围及设计分界面，做好接口设计 7 主变电所35(33)kV以上的无功计算数据及无功补偿装置配置方案	1 用于核对确认供电系统设计方案 2 用于环网电缆接口设计 3 牵引交流供电制式下需重点协商明确的接口设计 4 用于综合核算确定系统内的无功补偿方案	√	√	1 2 6 7	2~7

续上表

接口名称	接口编号	输入接口要求	接口处理及用途	输入设计阶段		受资专业需重点核对、协商条款	
				初设	施工图	初设	施工图
动力与照明	C3C2	1 动力与照明负荷统计表 2 降压变电所位置及数量（共同协商确定） 3 低压开关柜规格、数量，共同协商确认0.4kV开关柜室内设备布置图，重点关注变压器与低压柜的排列编号一致，1号变压器对I段低压母线 4 电缆夹层内共用电缆支架部分电缆路径及空间要求（电缆夹层），上进线部分需动力与照明专业提供共用电缆支架路径及空间敷设需求 5 变电所接地网平面布置图 6 交直流电源装置进线 7 协商低压测控信号接口要求及位置 8 协商低压开关柜二次电源，区间跟随所内动力变温控器，区间跟随所、车辆基地、控制中心供电运行安全管理系统，车辆基地在线监测系统、车辆基地供电复式系统、供电车间用电设备的供电需求及设计界面 9 协商供电设备在线监测系统设计界面及接口要求 10 协商能源管理系统设计界面及接口要求	1 用于供电系统（变电）专业设计输入，确定动力变压器容量、设备布置及接地布置设计 2 用于供电系统（供电二次）专业接口设计	√	√	1~10	1~10

续上表

接口名称	接口编号	输入接口要求	接口处理及用途	输入设计阶段		受资专业需重点核对、协商条款	
				初设	施工图	初设	施工图
通信	D1C2	1 协商确定车站、车辆基地、区间变电所、控制中心供电二次与通信时钟系统的接口要求及设计界面，重点关注与主变电所相邻车站的设计界面 2 协商确定供电运行安全管理系统与通信的视频传输接口要求及设计界面 3 协商确定供电在线监测系统与通信的接口要求及设计界面，重点关注与主变电所相邻车站的设计界面 4 协商车站轨行区及区间线缆敷设位置 5 协商杂散电流监测系统电源电缆敷设在弱电支架上的位置	1 用于供电系统（供电二次）专业与通信专业的通道传输接口设计 2 避免轨行区或区间线缆敷设冲突	√	√	1~3	1~4
PIDS	D4C2	1 协商确定车载接触网在线监测系统与通信PIDS系统的接口	用于供电系统（供电二次）专业与PIDS专业的通道传输接口设计	√	√	1	1
信号	D5C2	1 室外信号设备平面布置图（重点道岔转辙机断面图及位置等） 2 车辆基地信号转换区详细里程、停车位置里程 3 交流牵引供电制式，电分相位置要求 4 信号制式、正线、车辆基地信号计轴设备、钢轨绝缘节（如有）的设置位置 5 信号应答器是否存在对周边电缆连接有距离要求	1 接触轨线路，确认接触轨安装与转辙机不存在冲突，避免区间供电设备、环网电缆等与其冲突 2 需工艺、信号、接触网三个专业共同协商确认信号转换里程、网轨转换段里程（接触轨）、出入段（场）线电分段里程，作为网轨转换段设计（接触轨）、接触网电分段设计、回流系统设计输入 3 行车组织与运营管理、供电系统、信号三个专业共同协商电分相具体里程 4 回流设计输入，并避免供电系统专业与信号专业设备布置间的位置冲突等 5 避免回流电缆、接触网隔离开关安装等与其冲突	√	√	1~4	1~5

续上表

接口名称	接口编号	输入接口要求	接口处理及用途	输入设计阶段		受资专业需重点核对、协商条款	
				初设	施工图	初设	施工图
FAS	D8C2	1 协商FAS末端探测器等设备在设备用房内的布置需求	避免布置在设备正上方,影响设备进出线及设备维护等	√	√	1	1
ISCS	D10C2	1 协商确定车站、车辆基地、区间变电所、控制中心变电所综合自动化系统与综合监控系统的接口需求(传输及功能需求)、接口位置及设计界面 2 协商确定车站、车辆基地、区间变电所、控制中心供电运行安全管理系统与综合监控系统的接口需求、接口位置及设计界面 3 协商确定供电设备在线监测系统与综合监控系统的接口需求、接口位置及设计界面	用于供电系统(供电二次)专业与综合监控系统专业的通道传输接口设计	√	√	1~3	1~3
云平台	D15C2	1 本线云节点设置情况 2 协商软件搭建方案、硬件兼容方案、通信方案	用于搭建供电系统云平台方案	√	√	1 2	1 2
大数据	D16C2	1 大数据系统可以开放的相应提升功能 2 大数据系统所需数据的格式、标准 3 相应接口形式	用于搭建供电系统大数据方案	√	√	1	1
控制中心(含工艺、线网指挥平台)	D17C2	1 协商确定供电运行安全管理系统在控制中心的工艺布置、线缆敷设方案、设计界面等 2 协商确定线网指挥平台供电二次系统设计功能需求及设计界面	用于接口设计	√	√	1 2	1 2
通风空调	E1C2	1 协商确定供电设备用房内通风空调管线敷设方案 2 对于主变电所35(33)kV环网出线电缆廊道或地面区间变电所进出线电缆廊道,应协商廊道内通风设计方案	1 避免通风空调管线在设备上方敷设,影响设备运行安全及检修维护 2 协商地面电缆廊道内设计方案	√	√	2	1 2

续上表

接口名称	接口编号	输入接口要求	接口处理及用途	输入设计阶段		受资专业需重点核对、协商条款	
				初设	施工图	初设	施工图
隧道通风	E2C2	1 隧道内温度区间 2 提供隧道通风系统配置（含轨顶、站台下风道与风口） 3 隧道内风压等	1 用于确定接触网环境温度（协商） 2 用于配合接触网的布置、环网电缆的布置 3 区间内的各类管线、设备及其附属配件、封堵等均需考虑耐风压影响	√	√	1	1~3
给排水及消防	E4C2	1 对于主变电所35(33)kV环网出线电缆廊道或地面区间变电所进出线电缆廊道，应协商廊道内排水设计方案，严禁电缆廊道内泡水 2 区间水管的敷设路径及过轨位置等	1 协商地面电缆廊道内设计方案 2 避免与供电区间设备如环网电缆支架、接触网隔离开关（如有）、接触轨位置等冲突	√	√	1	1
自动灭火	E5C2	1 供电设备用房内自动灭火形式 2 协商确定供电设备用房内自动灭火管线、装置布置敷设及布置方案	1 根据自动灭火方案进行供电设备布置 2 避免自动灭火管线在设备上方敷设，影响设备运行安全及检修维护	√	√	1	2
站台门	E6C2	1 站台门接地设计方案 2 高架或地面车站站台板下外侧墙有管线敷设时，需与供电系统专业协商	1 与供电系统（杂散电流）专业的接口设计 2 避免管线敷设冲突	√	√	1	2
防淹门	E7C2	1 区间防淹门设置里程 2 防淹门设计方案 3 防淹门设计图纸	用于确定接触网过防淹门设计方案，区间电缆过防淹门方案及封堵方案	√	√	1~3	1~3
声屏障	E9C2	1 声屏障形式、安装方式	考虑线缆设备的安装空间、安装工序	√	√	1	1
站场	F1C2	1 车辆基地总平面图及出入段线平、纵剖面图 2 地面车辆基地站场排水设计图纸 3 自动驾驶模式下，无人区的设置	1 供电系统各专业设计输入，供电系统（接触网）专业确认出入段线曲线能否满足刚柔过渡的安装要求，确认线间距能否满足接触网立柱空间要求 2 接触网立柱避开排水沟 3 用于车辆基地供电分段设计	√	√	1 3	1~3

续上表

<table>
<tr><th rowspan="2">接口名称</th><th rowspan="2">接口编号</th><th rowspan="2">输入接口要求</th><th rowspan="2">接口处理及用途</th><th colspan="2">输入设计阶段</th><th colspan="2">受资专业需重点核对、协商条款</th></tr>
<tr><th>初设</th><th>施工图</th><th>初设</th><th>施工图</th></tr>
<tr><td>工艺</td><td>F2C2</td><td>1 工艺总平面布置图
2 段内股道电化要求
3 接触网导线高度要求
4 静调电源柜布置图、电源要求，静调线回流要求
5 列车停车位置要求，挂地线空间要求、挂地线位置要求
6 移动式接触网要求
7 车辆基地轨道形式
8 洗车库、周月检库回流要求，钢轨接地需求
9 协商网轨转换段详细里程（接触轨）、出入段（场）线电分段里程及附近设备布置情况</td><td>1 用于确定接触网敷设范围及回流设计
2 用于接触网导线高度设计
3 用于静调电源柜设计、埋管
4 用于分段绝缘器设计，供电运行安全管理系统验电桩、接地桩设计
5 用于确认移动式接触网是否设置，以及设置位置和长度
6 用于站场及库区的排流网及杂散电流监测系统设计
7 用于回流系统及杂散设计
8 需工艺、信号、接触网三个专业共同协商确认信号转换里程、网轨转换段里程（接触轨）、出入段（场）线电分段里程，作为网轨转换段设计（接触轨）、接触网电分段设计、回流系统设计输入，并避免相互间设备布置冲突</td><td>√</td><td>√</td><td>1~9</td><td>1~9</td></tr>
<tr><td>车辆基地建筑</td><td>F3C2</td><td>1 车辆基地各供电设备用房及带轨行区的建筑物总平面图，平、纵剖面图
2 地铁沿线市政金属管道资料
3 需要重点关注协商配合：
3.1 夹层底板梁须下翻
3.2 夹层内不可做连续墙
3.3 电缆井、电缆支架固定墙体强度需满足承重受力需求</td><td>1 进行供电设备用房（含供电车间）设备布置、设备运输通道、吊装方案、预留预埋、房间门及门洞、建筑物内供电管线敷设方案设计，确定接触网悬挂方案
2 关注对外杂散电流防护设计要求
3 需重点协商配合的接口</td><td>√</td><td>√</td><td>1
2</td><td>1~3</td></tr>
</table>

续上表

接口名称	接口编号	输入接口要求	接口处理及用途	输入设计阶段		受资专业需重点核对、协商条款	
				初设	施工图	初设	施工图
车辆基地建筑	F3C2	3.4 房间净空需满足设备维护检修需求，设备用房内应确保梁底净空满足管线敷设后设备维护检修要求；设备运输通道净空应满足设备运输要求，并应考虑管线敷设后的净空需求 3.5 设备未设计联络确定前，变电设备用房楼板不得浇筑或协商采取相应措施 3.6 地面变电所外立面门、窗、百叶的设计应满足变电所设计规范要求，并应考虑设备防尘、防雨、防潮等实际需求 3.7 供电设备用房不可设置在经常积水的房间正下方，并应避免与厕所、泵房等场所贴邻；若不可避免，则应采取有效的防水措施 3.8 协商电缆沟等进入建筑物的接口形式	1 进行供电设备用房（含供电车间）设备布置、设备运输通道、吊装方案、预留预埋、房间门及门洞、建筑物内供电管线敷设方案设计，确定接触网悬挂方案 2 关注对外杂散电流防护设计要求 3 需重点协商配合的接口	√	√	1 2	1~3
车辆基地结构	F4C2	1 上盖车辆基地柱网图 2 梁分布图、梁高 3 库内各股道结构断面图 4 结构缝的位置及数量 5 重点关注协商配合的接口： 5.1 设备用房及设备运输通道楼板、电缆井侧墙、电缆支架固定墙体、轨顶风道底板及其他需要悬挂设备等墙体的强度需满足承重受力的需求	1 用于接触网下锚、软横跨设计 2 用于确定接触网悬挂点位置、吊顶电缆敷设方案 3 用于确定车辆基地杂散电流防护设计方案 4 需重点协商配合的接口	√	√	1~5	1~5

续上表

接口名称	接口编号	输入接口要求	接口处理及用途	输入设计阶段		受资专业需重点核对、协商条款	
				初设	施工图	初设	施工图
车辆基地结构	F4C2	5.2 电缆夹层内严禁设置连续墙及上翻梁 5.3 设备未设计联络并确定前，变电设备用房楼板不得浇筑或协商采取相应的处理措施 5.4 设备吊装孔上方吊装预埋件需满足设备吊装需求 5.5 沟通协商基地内地面电缆敷设廊道的设计要求 5.6 带盖车辆基地采用库区内吊顶敷设主电缆时，应就线缆重量及敷设方式进行协商沟通	1 用于接触网下锚、软横跨设计 2 用于确定接触网悬挂点位置、吊顶电缆敷设方案 3 用于确定车辆基地杂散电流防护设计方案 4 需重点协商配合的接口	√	√	1~5	1~5
车辆基地通风空调	F5C2	1 协商确定供电设备用房内通风空调管线的敷设方案 2 带上盖车辆基地提供盖下设备布置及管线敷设方案 3 对于主变电所35(33) kV环网出线电缆廊道或基地内供电电缆廊道，应协商廊道内通风设计方案	1 避免通风空调管道在设备上方敷设，影响设备运行安全及检修维护 2 避免管线敷设冲突 3 协商地面电缆廊道内设计方案	√	√	3	1~3
车辆基地给排水及消防（不含自动灭火）	F6C2	1 供电设备用房内自动灭火形式 2 协商确定供电设备用房内自动灭火管线、装置布置及敷设方案 3 对于主变电所35(33)kV环网出线电缆廊道或基地内供电电缆廊道，应协商廊道内排水设计方案，严禁电缆廊道内泡水	1 根据自动灭火方案进行供电设备布置 2 避免自动灭火管线在设备上方敷设，影响设备运行安全及检修维护 3 协商地面电缆廊道内设计方案	√	√	3	1~3

续上表

接口名称	接口编号	输入接口要求	接口处理及用途	输入设计阶段		受资专业需重点核对、协商条款	
				初设	施工图	初设	施工图
车辆基地动力与照明	F7C2	1 动力与照明负荷统计表 2 降压变电所位置及数量(共同协商确定) 3 低压开关柜规格、数量,共同协商确认0.4kV开关柜室内设备布置图,重点关注变压器与低压开关柜的排列编号一致,1号变压器对I段低压母线 4 电缆夹层内共用电缆支架部分电缆路径及空间要求(电缆夹层) 5 变电所接地网平面布置图 6 交直流电源装置进线 7 协商低压测控信号接口要求及位置 8 协商低压开关柜二次电源,跟随所内动力变温控器,车辆基地供电运行安全管理系统,车辆基地在线监测系统、车辆基地杂散电流监测系统、车辆基地接触网(带电显示装置、静调柜等)、车辆基地供电复式系统、供电车间设备的配电需求及设计界面 9 协商供电设备在线监测系统二次接口要求及设计界面 10 协商能源管理系统二次接口要求及设计界面 11 轨行区轨道上方灯具平、剖面布置图 12 相关低压配电设计图纸	1 用于供电系统(变电)专业设计输入,确定动力变压器容量、设备布置及接地布置设计 2 用于供电系统(供电二次)专业接口设计 3 用于核实是否与接触网设备冲突 4 用于核实供电系统(供电二次)专业、供电车间动力配电需求	√	√	1~10	1~11

续上表

接口名称	接口编号	输入接口要求	接口处理及用途	输入设计阶段		受资专业需重点核对、协商条款	
				初设	施工图	初设	施工图
车辆基地综合管线	F8C2	1 综合支吊架设置区域 2 综合支吊架的详细设计方案，如跨距、层间距等 3 地上及地下综合管线设计图纸（平、断面） 4 库内沿墙及吊顶敷设管线是否满足限界要求及接触网安全距离要求，地下综合管线是否与接触网基础冲突，需重点配合	1 用于核实并确认供电管线敷设路径及方案 2 避免管线敷设影响供电设备检修维护	√	√	1 2 4	3 4
环境保护	G10C2	1 环境评估要求	用于确定设备选型方案，满足环评要求	√		1	
资源开发	G21C2	1 大型资源开发需求	用于供电系统方案设计	√		1	

24.4.2 设计输出部分（表 24.4-2）

供电系统专业对相关专业的输出接口表 表 24.4-2

专业名称：供电系统　　专业代号：GDXT　　系统编码：C2

接口名称	接口编号	输出接口要求	接口处理及用途	输出设计阶段		输出资料重点控制条款	
				初设	施工图	初设	施工图
行车组织与运营管理	C2A2	—	—				
车辆	C2A3	车载接触网检测设备接口	用于确定车载接触网检测设备的安装数量及空间	√	√	1	1
线路	C2A4	1 接触网安装高度及特殊情况下的处理形式 2 施工配合阶段，侵限范围及限界检核结果 3 接触轨线路，核实线间距是否满足接触轨布置要求	1 用于调线、调坡 2 避免出现车辆供电无电区	√	√	1 3	1~3
限界	C2A5	1 区间供电电缆数量及电缆支架形式 2 区间和车站电缆敷设路径 3 各种断面下接触网安装净空要求 4 区间轨旁设备的布置要求、检修空间要求；接触轨、接触网、集电靴、受电弓对区间设备的电气安全距离要求	用于设计输入	√	√	1~4	1~4

续上表

接口名称	接口编号	输出接口要求	接口处理及用途	输出设计阶段		输出资料重点控制条款	
				初设	施工图	初设	施工图
轨道	C2A6	1 钢轨绝缘安装要求，排流网截面、排流端子、连接端子、测量端子等设置要求、设置里程，钢轨纵向电阻测量、收集网纵向电阻测量、钢轨过渡电阻测量要求，道床收集网通用图（不同道床形式） 2 钢轨扣件绝缘要求、钢轨绝缘结设置要求 3 杂散电流防护专业确定均回流电缆与钢轨的连接方式，负责回流电缆、均流电缆与钢轨的连接 4 供电各专业提供整体道床区域、过轨埋管 / 电缆槽位置（里程标）、标高、管径、数量、材质及相关要求 5 接触轨线路，提供接触轨支架间距平面布置要求和断面下接触轨安装方式	1 为轨道专业需与供电系统（杂散电流）专业重点配合的需求 2 为轨道专业需与供电系统（接触网）专业重点配合的需求 注意过轨埋管不宜设置在浮置板道床段 轨道施工图设计过程中，设计方案有任何变化时，必须及时反馈供电系统专业尤其是供电系统（接触轨）专业，涉及连带变更，需重点注意	√	√	1~5	1~5
人防	C2A7	1 区间人防门（防淹门）环网、杂散、接触网（轨）专业预留预埋要求 2 接触网过人防门（防淹门）方案，接触网高度和绝缘距离要求，接触轨专业需重点配合	1 用于区间人防门的预留预埋 2 涉及人防门如门槛等的特殊处理，避免接触轨与轨行区金属打火等	√	√	1	1 2
概预算	C2A8	1 年牵引用电量（万 kW·h） 2 年动力与照明用电量（万 kW·h） 3 工程量 4 其他与造价相关的工程量及技术参数	1 用于估算编制 2 用于概算编制 3 用于施工图变更预算	√	√	1 2	3 4
管线探测	C2B4	1 对地铁沿线存在的重要油气管线的杂散电流的防护要求	杂散电流防护要求	√	√	1	1

续上表

接口名称	接口编号	输出接口要求	接口处理及用途	输出设计阶段		输出资料重点控制条款	
				初设	施工图	初设	施工图
建筑	C2B5	1 供电系统专业提供全线牵引所及再生装置布点方案 2 供电系统（变电）专业提供变电所位置要求，变电所对房屋、电缆夹层的要求，变电所对运输通道的要求，站内及车站轨行区电缆敷设的要求等 3 供电系统（变电）专业提供设备平面布置、设备用房门布置、所内管线敷设方案，与建筑专业协商设备运输吊装路径 4 供电系统（变电）专业提供所内设备基础、预埋件及预留孔洞布置要求 5 供电系统（接触网）专业提供轨顶风道底板厚度要求、接触网安装净空要求 6 接触网隔离开关、接地开关柜安装位置及要求（未采用隔离开关柜形式时） 7 接触网对轨行区吊装孔、风孔的要求 8 供电系统（杂散电流）专业提供杂散电流防护均回流箱安装位置及开孔需求 9 供电系统（杂散电流）专业提供均回流电缆管线预留需求 10 各专业提供对人防门（防淹门）的预留预埋要求，尤其注意接触网对轨行区人防门（防淹门）的电气安全距离要求 11 供电综合维修室、接触网检修工班设置站点及房间要求 12 对车站周边存在的重要油气管线的杂散电流防护要求 13 其他需要重点关注协调配合的问题，详见供电系统专业输入接口表中的“建筑”相关内容	1 用于供电系统专业输入，确定车站供电房间布置 2 用于供电系统（变电）专业、供电车间输入 3 用于供电系统（接触网）专业输入 4 用于供电系统（杂散电流）专业输入 5 需重点协商配合的接口	√	√	1~7 10 11	1~12

续上表

接口名称	接口编号	输出接口要求	接口处理及用途	输出设计阶段		输出资料重点控制条款	
				初设	施工图	初设	施工图
建筑装修（含外部景观）	C2B6	1 设备管理用房特殊装修需求	协商设备安装与装修间的接口配合要求，明确新增用房的装修需求	√	√	1	1
综合管线	C2B7	1 供电电缆桥架的敷设路径及方式（是上走线还是下走线），线缆数量、尺寸、标高 2 管线检修空间要求，管线重量荷载要求 3 需设置抗震支吊架的范围	1 用于管线综合设计，避免各管线间冲突 2 供结构专业进行综合支吊架（含抗震支吊架）的受力计算	√	√	1 3	1~3
车站结构（含防水）	C2B8	1 供电设备布置图，供电设备对房屋的要求，设备重量、变电所对运输通道的要求，电缆敷设的要求 2 室外电缆廊道（若有）断面要求及埋管数量，轨顶风道厚度要求 3 设备基础预埋件、预埋管、预留孔洞、吊装要求 4 供电系统（杂散电流）专业对结构钢筋的焊接要求 5 供电系统（杂散电流）专业提出连接端子、测量端子等设置要求，提出接地钢板的预埋要求 6 供电系统（杂散电流）专业提出电缆保护管预埋要求 7 刚性接触网吊点荷载、吊点位置、预埋件要求 8 接触网/轨安装断面净空要求 9 其他需要重点关注协调配合的问题，详见供电系统专业输入接口表中的“车站结构（含防水）”相关内容	1 用于车站结构设计输入 2 需重点协商配合的接口	√	√	1~9	1~9

续上表

接口名称	接口编号	输出接口要求	接口处理及用途	输出设计阶段		输出资料重点控制条款	
				初设	施工图	初设	施工图
区间	C2B9	1 电缆区间集中过轨位置、对隧道净空要求、预埋件安装要求 2 区间环网电缆敷设安装要求（协商安装打孔与管片的关系） 3 主变电所、区间变电所进线廊道（若有）接口要求 4 区间变电所设置要求（是否需要设置接地网） 5 区间钢筋焊接要求 6 杂散电流收集网测防端子、排流端子、接地钢板位置及制作要求，区间防水及绝缘性能要求 7 联络通道位置预埋均流套管要求 8 接触网悬挂点受力要求、安装空间要求、预埋件安装要求，尤其是断面变化处 9 U形槽接触网、安装位置、受力、接地要求，洞口内净空要求 10 U形槽电缆支架或电缆沟槽设置要求	1 供电系统（供电环网）专业提供资料需求 2 供电系统（杂散电流）专业提供资料需求 3 供电系统（接触网）专业提供资料需求	√	√	1 3~10	1~10
轨行区综合管线	C2B10	1 轨行区环网电缆敷设路径、支架尺寸、位置，有电缆过轨等有变化断面 2 轨行区接触网（轨）的安装位置、尺寸，有变化断面 3 轨行区接触网隔离开关（若有）、接地开关柜（若有）的安装位置、尺寸 4 轨行区杂散电流设备（均回流箱、均流回流电缆、杂散电流监测装置等）的安装位置、尺寸 5 接触网/轨、车辆受流器、集电靴等对轨行区设备的电气安全距离要求	用于轨行区综合管线设计输入	√	√	1~5	1~5

续上表

接口名称	接口编号	输出接口要求	接口处理及用途	输出设计阶段		输出资料重点控制条款	
				初设	施工图	初设	施工图
疏散平台	C2B11	1 环网电缆支架安装接口要求	用于疏散平台设计输入	√	√	1	1
桥梁	C2B12	1 环网电缆敷设对桥梁的接口配合要求(位置、尺寸、线缆及槽或支架的重量、空间、安装要求,结构支撑件要求等) 2 区间变电所电缆上桥位置、开孔要求、桥墩电缆竖井及检修平台要求(注意勿遗漏电缆竖井门等工程量接口) 3 杂散电流防护对结构钢筋的焊接要求 4 供电系统(杂散电流)专业提出连接端子、测量端子等设置及制作要求,提出接地钢板的预埋要求 5 供电系统(杂散电流)专业提出道床预留插筋与桥梁钢筋绝缘要求 6 供电系统(杂散电流)专业提出桥梁结构防雷接地要求 7 接触网立柱安装位置、立柱及立柱基础的重量及安装受力要求 8 接触网的防雷接地要求	用于桥梁设计输入	√	√	1~8	1~8
路基	C2B13	1 路基段电缆沟槽的布置及预埋要求 2 路基段接触网布置、基础预埋、安装及空间要求	用于路基设计输入	√	√	1~2	1~2

续上表

接口名称	接口编号	输出接口要求	接口处理及用途	输出设计阶段		输出资料重点控制条款	
				初设	施工图	初设	施工图
主变电所	C2C1	1 全线交流供电系统图、主变电所35(33)kV环网馈线设置数量等要求 2 各种运行方式下主变电所负荷 3 主变压器容量 4 主变电所运行方式 5 35(33)kV侧无功补偿计算数据 6 短路计算数据 7 系统高峰小时需用功率及年用电量 8 主变电所环网馈线电流互感器变比要求 9 主变电所环网馈线继电保护配置及与下级配合要求 10 主变电所环网馈线电缆截面选型 11 主变电所二次系统与正线PSCADA(时钟通信接口接驳)、正线供电运行安全管理系统、在线监测系统的接口配合 12 环网电缆敷设路径、电缆回数、敷设空间要求 13 需要重点注意针对交流25kV供电制式的牵引变电所与电力变电所共建主变电所,且非同一家设计单位时,应相互协商明确各自的设计范围及设计分界面,做好接口设计	1 用于主变电所设计输入 2 交流制式线路需要注意配合	√	√	1~7 13	8~12

续上表

接口名称	接口编号	输出接口要求	接口处理及用途	输出设计阶段		输出资料重点控制条款	
				初设	施工图	初设	施工图
动力与照明	C2C3	1《接地装置通用图》 2 0.4kV开关柜室内设备布置图，供动力与照明专业复核，重点关注变压器与低压开关柜的排列编号一致，1号变压器对Ⅰ段低压母线 3 电缆夹层、电缆廊道电缆敷设路径及为低压预留空间，供动力与照明专业复核；上进线部分需动力与照明专业提供共用电缆支架路径及空间敷设需求 4 供电设备用房平面布置图，协商设备用房及夹层、电缆廊道的插座、照明要求（照度要求及灯具布置要求，避免设备正上方布置灯具） 5 变压器选型容量，供动力与照明专业复核 6 动力变35kV馈线开关整定值，供动力与照明专业复核确定动力变低压侧开关整定值 7 交直流电源容量、负荷等级，进线开关选型、电缆截面选型要求 8 协商低压测控信号接口要求及位置 9 协商低压开关柜二次电源：区间跟随所内动力变温控器，区间设备（杂散电流监测系统等），区间跟随所、车辆基地、控制中心供电运行安全管理系统，车辆基地在线监测系统、车辆基地供电复式系统、供电车间设备的配电需求及设计界面 10 协商供电设备在线监测系统的二次接口要求及设计界面 11 协商能源管理系统的二次接口要求及设计界面	用于动力与照明的设计输入及需要重点协商的问题	√	√	1 5 7~11	1~11

续上表

接口名称	接口编号	输出接口要求	接口处理及用途	输出设计阶段		输出资料重点控制条款	
				初设	施工图	初设	施工图
通信	C2D1	1 变电所位置、平面布置等资料 2 供电车间通信要求及平面布置等资料 3 协商变电所、控制中心、供电车间等地铁电话、录音设备配置的设置要求（位置、数量、功能） 4 协商视频监视的设置要求 5 接触网设置情况，区间设备的安全距离要求 6 接触网上网隔离开关（若有）设置情况 7 车站、车辆基地、区间变电所、控制中心供电二次与通信时钟系统的接口要求及设计界面，重点关注与主变电所相邻车站的设计界面 8 供电运行安全管理系统与通信的视频传输接口要求及设计界面 9 供电在线监测系统与通信的接口要求及设计界面，重点关注与主变电所相邻车站的设计界面 10 杂散电流监测系统电源电缆敷设在弱电支架上的位置需求（若有） 11 电化股道附近通信设备绝缘安装要求	1 用于电话、视频监控、时钟设计输入 2 避免区间漏缆挂设冲突 3 新增接口 4 杂散电流防护要求	√	√	1~11	1~11
PIDS	C2D4	1 协商确定车载接触网在线监测系统与PIDS的接口 2 区间接触网、隔离开关、杂散电流监测装置等的布置及区间设备安全距离要求	1 用于供电系统（供电二次）专业与PIDS专业的通道传输接口设计 2 避免与弱电管线冲突	√	√	1	1 2

续上表

接口名称	接口编号	输出接口要求	接口处理及用途	输出设计阶段		输出资料重点控制条款	
				初设	施工图	初设	施工图
信号	C2D5	1 对电化股道附近的信号设备绝缘安装的要求 2 车辆基地杂散电流负回流系统图 3 网轨转换段详细里程（接触轨）、出入段（场）线电分段里程及附近设备布置情况 4 交流 25kV 牵引供电制式，电分相位置	1 杂散电流对设备、管道的绝缘安装要求 2 提出绝缘节设置要求，由信号专业统筹考虑；提供负回流系统图，由其落实轨缝接续线的连接（适用于车辆基地信号采用轨道电路制式） 3 需工艺、信号、接触网三个专业共同协商确认信号转换里程、网轨转换段里程（接触轨）、出入段（场）线电分段里程，作为网轨转换段设计（接触轨）、接触网电分段设计、回流系统设计输入，并避免相互间设备布置冲突 4 与信号、行车组织与运营管理三个专业共同协商确认电分相里程（无电区的影响）	√	√	1~4	1~4
FAS	C2D8	1 车站（含存车线、折返线）、区间变电所、车辆基地、主变电所等强电电缆桥架 2 设备用房内设备布置要求	用于感温电缆、探测器等的布置	√	√	1	1 2
ISCS	C2D10	1 车站、车辆基地、区间变电所、控制中心变电所综合自动化系统与综合监控系统的接口需求（传输及功能需求） 2 车站、车辆基地、区间变电所、控制中心供电运行安全管理系统与综合监控系统的接口需求 3 供电设备在线监测系统与综合监控系统的接口需求	用于供电系统（供电二次）专业与综合监控系统专业的通道传输接口设计	√	√	1~3	1~3
云平台	C2D15	1 协商软件搭建方案、硬件兼容方案以及通信方案	用于搭建供电系统云平台方案	√	√	1	1
大数据	C2D16	1 协商软件搭建方案、硬件兼容方案以及通信方案	用于搭建供电系统大数据方案	√	√	1	1

续上表

接口名称	接口编号	输出接口要求	接口处理及用途	输出设计阶段		输出资料重点控制条款	
				初设	施工图	初设	施工图
控制中心（含工艺、线网指挥平台）	C2D17	1 协商确定供电运行安全管理系统在控制中心的工艺布置、线缆敷设方案、设计界面 2 协商确定线网指挥平台供电二次系统设计功能需求及设计界面	用于接口设计	√	√	1 2	1 2
通风空调	C2E1	1 各种用房环控设备、管线的布置要求 2 房间环境设计要求 3 各设备发热量（白天、夜间） 4 协商确定供电设备用房内通风空调管线的敷设方案 5 对于主变电所35(33)kV环网出线电缆廊道或地面区间变电所进出线电缆廊道，应协商廊道内通风设计方案	1 用于环控管线、设备、风口的布置 2 用于环控负荷计算、设备配置 3 协商地面电缆廊道内设计方案	√	√	1~5	1~5
隧道通风	C2E2	1 车辆制动能量吸收装置效率	用于隧道通风系统配置及软件模拟计算	√	√	1	1
给排水及消防	C2E4	1 对区间给排水管线的绝缘安装要求 2 对区间设备的安全距离要求	1 杂散电流对区间管线的安装要求 2 确保区间设备对接触网/轨、集电靴、受电弓的安全距离	√	√	1 2	1 2
自动灭火	C2E5	1 全线地下牵引所、降压所、跟随所的布点及设备用房布置 2 协商特殊设备用房自动灭火防护需求（如同相装置室、隔离开关柜室等）	用于自动灭火设计输入	√	√	1	2
站台门	C2E6	—	—				
防淹门	C2E7	1 防淹门上环网、接触网/轨、杂散电流等专业的预留预埋要求 2 接触网过人防门（防淹门）方案，接触网高度和绝缘距离要求，接触轨专业需重点配合	1 用于设计输入 2 涉及人防门（防淹门）如门槛等的特殊处理，避免接触轨与轨行区金属打火等	√	√	1 2	1 2

续上表

接口名称	接口编号	输出接口要求	接口处理及用途	输出设计阶段		输出资料重点控制条款	
				初设	施工图	初设	施工图
声屏障	C2E9	1 地上线路供电设备布置平、断面图，包括供电线槽位置、接触网/轨位置及安全距离要求	用于声屏障输入，避免与区间设备位置冲突；考虑线缆设备的安装空间、安装工序	√	√	2	1
站场	C2F1	1 供电电缆敷设路径、敷设方式、数量、尺寸、标高、荷载 2 场区及库内设备布置图及设备检修空间要求 3 接触网高度、承力索高度、安装位置、安全距离、基础大样等	用于布置站场供电管线、设备，避免与站场排水沟冲突等	√	√	1~3	1~3
工艺	C2F2	1 协商网轨转换段详细里程（接触轨）、出入段（场）线电分段里程及附近设备布置情况	需工艺、信号、接触网三个专业共同协商确认信号转换里程、网轨转换段里程（接触轨）、出入段（场）线电分段里程，作为网轨转换段设计（接触轨）、接触网电分段设计、回流系统设计输入；并避免相互间设备布置冲突		√		1
车辆基地建筑	C2F3	1 供电设备布置图（包括设备用房及室外、库区等的接触网隔离开关、接触网接地开关柜、静调电源柜、单向导通装置、均回流箱、轨电位装置等），供电车间房间设置需求、供电设备对房屋及安装空间的要求、变电所对运输通道的要求、电缆敷设的要求 2 对土建专业的预留预埋要求（孔洞、预埋管、预埋端子、预埋钢板、接触网预埋件等） 3 库内接触网下锚定位等要求 4 咽喉区供电分区装修要求（如供电分区接触网柱颜色要求等）	1 用于设备用房房间设计 2 预留预埋需求 3 下锚条件预留，避免接触网坠陀及拉线与其他设备冲突	√	√	1~3	1~4

续上表

接口名称	接口编号	输出接口要求	接口处理及用途	输出设计阶段		输出资料重点控制条款	
				初设	施工图	初设	施工图
车辆基地结构	C2F4	1 供电设备布置图(包括设备用房及室外、库区等的接触网隔离开关、接触网接地开关柜、静调电源柜、单向导通装置、均回流箱、轨电位装置等),供电设备对房屋的要求、设备重量、变电所对运输通道的要求、电缆敷设的要求 2 设备基础图 3 对结构、人防门(防淹门)等的预留预埋(孔洞、预埋管、预埋端子、吊装)的要求 4 杂散电流防护对结构钢筋的焊接要求 5 杂散电流对连接端子、测量端子等的设置要求,接地钢板的预埋要求 6 接触网悬挂点、下锚点位置,以及受力要求 7 接触网道岔悬挂点位置,以及对梁的要求 8 接触网安装净空要求	1 考虑相关荷载及构件尺寸等 2 考虑设备基础形式 3 预留预埋要求 4 供电系统(杂散电流)专业对结构的具体实施要求 5 用于接触网悬挂点安装条件预留 6 预留道岔柱安装用梁 7 梁底至轨道的距离要求	√	√	1~8	1~8
车辆基地通风空调	C2F5	1 供电设备用房内环控设备、管线布置要求 2 房间环境设计要求 3 各设备发热量(白天、夜间) 4 对于主变电所35(33)kV环网出线电缆廊道或地面区间变电所进出线电缆廊道,应协商廊道内通风设计方案 5 接触网安装、安全距离要求 6 接触网下锚点布置图	1 用于环控管线、设备、风口的布置 2 用于环控负荷计算、设备配置 3 协商地面电缆廊道内设计方案 4 用于环控管线布置	√	√	1~4	1~6

续上表

接口名称	接口编号	输出接口要求	接口处理及用途	输出设计阶段		输出资料重点控制条款	
				初设	施工图	初设	施工图
车辆基地给排水及消防（不含自动灭火）	C2F6	1 协商供电设备用房自动灭火防护要求 2 供电设备用房内自动灭火管线、装置布置要求 3 对于主变电所35（33）kV环网出线电缆廊道或基地内供电电缆廊道，应协商廊道内排水设计方案，严禁电缆廊道内泡水	1 避免自动灭火管道在设备上方敷设，影响设备运行安全及检修维护 2 协商地面电缆廊道内设计方案	√	√	1	2~3
车辆基地动力与照明	C2F7	1《接地装置通用图》 2 0.4kV开关柜室内设备布置图，供动力与照明专业复核，重点关注变压器与低压开关柜的排列编号一致，1号变压器对Ⅰ段低压母线 3 电缆夹层、电缆敷设路径及为低压预留空间，供动力与照明专业复核；上进线部分需动力与照明专业提供共用电缆支架路径及空间敷设需求 4 供电设备用房（包括供电车间）平面布置图，协商设备用房及夹层的插座、照明要求（照度要求及灯具布置要求，避免设备正上方布置灯具） 5 强电接地母排位置及预留接地端子位置 6 变压器选型容量，供动力与照明专业复核 7 动力变35（33）kV馈线开关整定值，供动力与照明专业复核，确定动力变低压侧开关整定值 8 交直流电源容量、负荷等级，进线开关选型、电缆截面选型要求	1 用于供电系统（变电）专业设计输入，确定动力变压器容量、设备布置及接地布置设计，整定值配合等 2 用于供电系统（供电二次）专业接口设计 3 用于核实是否与接触网设备冲突	√	√	1~3 6 8 11 12	1~13

续上表

接口名称	接口编号	输出接口要求	接口处理及用途	输出设计阶段		输出资料重点控制条款	
				初设	施工图	初设	施工图
车辆基地动力与照明	C2F7	9 协商低压测控信号接口要求及位置 10 协商低压开关柜二次电源、跟随所内动力变温控器、车辆基地供电运行安全管理系统、车辆基地在线监测系统、车辆基地杂散电流监测系统、车辆基地接触网（带电显示装置、静调柜等）、车辆基地供电复式系统、供电车间设备的配电需求及设计界面 11 协商供电设备在线监测系统的二次接口要求及设计界面 12 协商能源管理系统的二次接口要求及设计界面 13 车辆基地接触网安装、安全限界距离要求，接触网下锚点及横拉索布置图、剖面图	1 用于供电系统（变电）专业设计输入，确定动力变压器容量、设备布置及接地布置设计，整定值配合等 2 用于供电系统（供电二次）专业接口设计 3 核实是否与接触网设备冲突	√	√	1~3 6 8 11 12	1~13
车辆基地综合管线	C2F8	1 供电电缆敷设路径、敷设方式、数量、尺寸、标高、荷载 2 场区及库内设备布置图、设备检修空间要求 3 接触网高度、承力索高度、安装位置、安全距离、基础大样等	用于综合管线设计输入，避免与库内设备、站场地上地下管线、排水沟等冲突	√	√	1~3	1~3
节能	C2G20	1 设备选型、数量、损耗计算等	用于节能输入	√	√	1	1

第 25 章 动力与照明

25.1 专业组成

正线动力与照明配电系统是通过降压变电所将 33kV 交流电降压成 380/220V 交流电后，向车站和区间的各种动力、照明设备供电，保证各种车站设备的正常运行，给乘客提供一个安全舒适的乘车环境。

具体包括：

（1）动力配电；

（2）照明配电；

（3）接地及防雷设计；

（4）设备间的接口设计以及与其他相关专业的接口配合设计。

25.2 专业功能

正线动力与照明配电系统的功能是向车站、区间风机房（区间变电所或集中冷站）内各机电设备系统提供安全、可靠、优质的电力供应，满足各系统的用电要求，以及范围内的照明。具体功能如下。

1）动力配电功能

①通过智能低压开关柜为各机电设备提供交流 380/220V 的动力电源。

②通过智能电机控制柜为通风空调专业的风机、风阀等设备提供交流 380/220V 动力电源以及进行监控。

2）照明设计及配电功能

①为设备区及区间的正常照明、应急照明进行灯具选型。

②为站内及区间的正常照明、应急照明、广告照明、导向照明、安全电压照明等进行配电及控制等。

3）接地及防雷保护功能

为车站、区间风机房（区间变电所或集中冷站）、出入口及高风亭等进行接地及防雷设计。

25.3 专业的主要接口

动力与照明专业应结合限界、建筑、车站结构（含防水）、供电系统、各弱电系统等专业资料进行车站及两端各半个区间的动力配电设计，控制设计，动力与照明设备选型及安装设计，电缆、管线的选型及敷设设计，接地及安全设计，以及与其他相关专业的接口配合设计工作。

设计阶段，动力与照明专业还应向限界、建筑、BAS 等专业输出如区间设备及管线、主要电气设备用房布置、监控点表等主要设计资料。

25.4 专业设计技术接口表

25.4.1 设计输入部分（表 25.4-1）

相关专业对动力与照明专业的输入接口表 表 25.4-1

专业名称：动力与照明　　专业代号：PDZM　　系统编码：C3

★表示需要有专业间反复确认过程的

接口名称	接口编号	输入接口要求	接口处理及用途	输入设计阶段		受资专业需重点核对、协商条款	
				初设	施工图	初设	施工图
客流预测	A1C3	—	—				
行车组织与运营管理	A2C3	—	—				
车辆	A3C3	—	—				
线路	A4C3	1 线路平、纵断面图	用于确认车站、区间以及区间水泵、区间风井（或区间变电所）等的里程分界	√	√	1	1
限界	A5C3	1 全线各种断面限界图（尤其是高架区间或设置区间双切箱等特殊位置的布置需求）★	用于确认本专业设备及管线安装位置、高度（关注是否满足与弱电系统的距离要求及是否侵限）		√		1
轨道	A6C3	1 轨道专业用电需求（如涂油器、轨道监测系统负荷等级、用电容量等） 2 道岔区轨道用电需求（如加强照明、手提式移动泵等）	1 用于配电设计 2 用于区间动力与照明平面设计		√		1 2

续上表

接口名称	接口编号	输入接口要求	接口处理及用途	输入设计阶段		受资专业需重点核对、协商条款	
				初设	施工图	初设	施工图
人防	A7C3	1 人防系统用电需求（负荷等级、用电容量等） 2 人防系统用电设备平面布置图	1 用于配电设计 2 用于动力与照明平面设计	√	√	1	1 2
概预算	A8C3	1 工程量清单格式要求	用于各阶段所需概算资料	√	√	1	1
工程地质	B1C3	1 车站所在位置土壤电阻率、大地电导率及工程地质说明（补充钻孔范围含区间变电所垂直等范围的资料需求、钻探土壤层深度要求）	用于计算人工接地网电阻		√		1 2
工程测量	B2C3	—	—				
房调	B3C3						
管线探测	B4C3						
建筑	B5C3	1 车站的平面图以及横、纵剖面图（含设备吊装孔、设备运输及检修通道、电缆井等资料）	1 用于动力与照明配电平面设计 2 用于设备运输及预留孔洞设计 3 用于核实主要电气设备用房的面积及设备布置情况	√	√	1	1
建筑装修（含外部景观）	B6C3	1 公共区灯具、导向、广告、公共区卫生间等平面布置图 2 室外景观用电需求 3 综合布置低压公共区设备与各专业设备间的空间布置，尤其是疏散指示灯不应有遮挡★	用于动力与照明配电平面及系统设计		√		1~3

续上表

接口名称	接口编号	输入接口要求	接口处理及用途	输入设计阶段		受资专业需重点核对、协商条款	
				初设	施工图	初设	施工图
综合管线	B7C3	1 综合管线平、剖面图 2 综合支吊架（含抗震支吊架）详图	用于动力干线平面设计及管线核查		√		1
车站结构（含防水）	B8C3	1 各车站结构底板的平、剖面图 2 站内结构平、剖面图 3 站内孔洞预留图	1 用于土建接地平面设计 2 用于核实站内管线过梁等情况 3 用于核实本专业孔洞预留情况	√	√	2	1~3
区间	B9C3	1 区间平面布置图★ 2 区间风井（或区间变电所）结构平、剖面图 3 区间风井（或区间变电所）内孔洞预留图	1 用于高架区间防雷接地设计 2 用于区间风井（或区间变电所）土建接地平面设计 3 用于核实本专业孔洞预留情况	√	√	1	1~3
轨行区综合管线	B10C3	1 轨行区各管线布置原则 2 管线平面图 3 管线安装断面图	用于轨行区管线设计		√		1~3
疏散平台	B11C3	1 疏散平台设置位置及区间里程	用于动力与照明的相关设计，避免出现区间设备管线冲突的现象		√		1
桥梁	B12C3	1 桥梁结构形式	用于配合相关高架防雷设计	√		1	
路基	B13C3	—	—				
工程筹划	B14C3						
主变电所	C1C3						

续上表

接口名称	接口编号	输入接口要求	接口处理及用途	输入设计阶段		受资专业需重点核对、协商条款	
				初设	施工图	初设	施工图
供电系统	C2C3	1《接地装置通用图》 2 0.4kV开关柜室内设备布置图，供动力与照明专业复核，重点关注变压器与低压开关柜的排列编号一致，1号变压器对Ⅰ段低压母线 3 电缆夹层、电缆敷设路径及为低压预留空间，供动力与照明专业复核；上进线部分需动力与照明专业提供共用电缆支架路径及空间敷设需求 4 供电设备用房平面布置图，协商设备用房及夹层内的插座、照明要求（照度要求及灯具布置要求，避免设备正上方布置灯具） 5 变压器选型容量，供动力与照明专业复核 6 动力变35kV馈线开关整定值，供动力与照明专业复核确定动力变低压侧开关整定值 7 交直流电源容量、负荷等级，进线开关选型、电缆截面选型要求 8 协商低压测控信号接口要求及位置 9 协商低压开关柜二次电源，区间跟随所内动力变温控器，区间设备（杂散电流监测系统等），区间跟随所、车辆基地、控制中心供电运行安全管理系统，车辆基地在线监测系统、车辆基地供电复式系统、供电车间设备的配电需求及设计界面 10 协商供电设备在线监测系统的二次接口要求及设计界面 11 协商能源管理系统的二次接口要求及设计界面	1 用于动力与照明专业设计输入，确定动力变压器容量、设备布置及接地布置设计 2 用于与供电系统（供电二次）专业接口设计	√	√	1~3 5 7	1~11

续上表

接口名称	接口编号	输入接口要求	接口处理及用途	输入设计阶段		受资专业需重点核对、协商条款	
				初设	施工图	初设	施工图
通信	D1C3	1 车站内通信系统负荷用电资料（含负荷等级、负荷容量等） 2 通信系统对接地的要求 3 车站内通信系统设备用房内设备平面布置图	1 用于相关动力设计 2 用于相关接地设计 3 用于相关动力、照明、插座设计	√	√	1 2	1~3
民用通信	D2C3	1 车站内民用通信系统负荷用电资料（含负荷等级、负荷容量等） 2 民用通信系统对接地的要求	1 用于相关动力设计 2 用于相关接地设计	√	√	1 2	1 2
公安通信	D3C3	1 车站内公安通信系统负荷用电资料（含负荷等级、负荷容量等） 2 公安通信系统对接地的要求	1 用于相关动力设计 2 用于相关接地设计	√	√	1 2	1 2
PIDS	D4C3	1 车站内乘客信息显示系统负荷用电资料(含负荷等级、负荷容量等) 2 乘客信息显示系统对接地的要求	1 用于相关动力设计 2 用于相关接地设计	√	√	1 2	1 2
信号	D5C3	1 车站内信号系统负荷用电资料（含负荷等级、负荷容量等） 2 信号系统对接地的要求 3 车站内信号系统设备用房内设备平面布置图	1 用于相关动力设计 2 用于相关接地设计 3 用于相关动力、照明、插座设计	√	√	1 2	1~3
AFC	D6C3	1 车站内自动售检票系统负荷用电资料（含负荷等级、负荷容量等） 2 自动售检票系统对接地的要求 3 车站内自动售检票系统设备用房内设备平面布置图	1 用于相关动力设计 2 用于相关接地设计 3 用于相关动力、照明、插座设计	√	√	1 2	1~3
清分	D7C3	1 清分中心负荷用电资料（含负荷等级、负荷容量等） 2 清分系统对接地的要求	1 用于相关动力设计 2 用于相关接地设计	√	√	1 2	1 2

续上表

接口名称	接口编号	输入接口要求	接口处理及用途	输入设计阶段		受资专业需重点核对、协商条款	
				初设	施工图	初设	施工图
FAS	D8C3	1 车站内火灾自动报警系统负荷用电资料(含负荷等级、负荷容量等) 2 火灾报警系统对接地的要求	1 用于相关动力设计 2 用于相关接地设计	√	√	1 2	1 2
BAS	D9C3	1 车站内环境与设备监控系统负荷用电资料（含负荷等级、负荷容量、柜面数等） 2 环境与设备监控系统对接地的要求	1 用于相关动力设计 2 用于相关接地设计	√	√	1 2	1 2
ISCS	D10C3	1 车站内综合监控系统负荷用电资料（含负荷等级、负荷容量等） 2 综合监控系统对接地的要求 3 车站内综合监控系统设备用房内设备平面布置图	1 用于相关动力设计 2 用于相关接地设计 3 用于相关动力、照明、插座设计	√	√	1 2	1~3
门禁	D11C3	1 车站内门禁系统负荷用电资料(含负荷等级、负荷容量等) 2 门禁系统对接地的要求	1 用于相关动力设计 2 用于相关接地设计	√	√	1 2	1 2
安防	D12C3	—	—				
安检	D13C3	1 车站内安检系统负荷用电资料(含负荷等级、负荷容量等) 2 安检系统对接地的要求	1 用于相关动力设计 2 用于相关接地设计	√	√	1 2	1 2
计算机综合信息系统	D14C3	1 车站内计算机综合信息系统负荷用电资料（含负荷等级、负荷容量等） 2 计算机综合信息系统对接地的要求	1 用于相关动力设计 2 用于相关接地设计	√	√	1 2	1 2
云平台	D15C3	1 车站内云平台系统负荷用电资料(含负荷等级、负荷容量等) 2 云平台系统对接地的要求	1 用于相关动力设计 2 用于相关接地设计	√	√	1 2	1 2

续上表

接口名称	接口编号	输入接口要求	接口处理及用途	输入设计阶段		受资专业需重点核对、协商条款	
				初设	施工图	初设	施工图
大数据	D16C3	—	—				
控制中心（含工艺、线网指挥平台）	D17C3	1 设备工艺布置要求	用于相关工艺设备、插座等设计		√		1
智能客服	D18C3	1 车站内智能客服系统负荷用电资料（含负荷等级、负荷容量等） 2 智能客服系统对接地的要求	1 用于相关动力设计 2 用于相关接地设计	√	√	1 2	1 2
出入口P+R安防	D19C3	1 出入口P+R安防系统负荷用电资料（含负荷等级、负荷容量等） 2 出入口P+R安防系统对接地的要求	1 用于相关动力设计 2 用于相关接地设计	√	√	1 2	1 2
通风空调	E1C3	1 车站内通风空调系统负荷资料表（含设备、阀门编码、负荷等级、负荷功率、运行工况、监控及联锁要求） 2 车站内通风空调设备平面图 特别注意接口位置及联锁需求： 冷却塔和室外机的检修电源、室外机按模块配电、节能控制的电源引入、总管入口处防火阀与排烟风机的联锁要求，排烟风机与同系统补风机的联锁关闭要求等	1 用于环控电控柜设计 2 用于环控设备动力设计	√	√	1 2	1 2
隧道通风	E2C3	1 隧道通风设备的配电、联锁要求等（由车站环控专业提供资料） 2 车站内隧道通风系统设备平面图 3 隧道内风压等	1 用于环控电控柜设计 2 用于环控设备动力设计 3 区间内的动力与照明管线、设备及其附属配件、封堵等均需考虑耐风压影响	√	√	1 2	1~3

续上表

接口名称	接口编号	输入接口要求	接口处理及用途	输入设计阶段		受资专业需重点核对、协商条款	
				初设	施工图	初设	施工图
集中供冷	E3C3	1 车站内集中供冷系统负荷资料 2 车站内集中供冷系统设备平面图	1 用于环控电控柜设计 2 用于环控设备动力设计	√	√	1 2	1 2
给排水及消防	E4C3	1 车站内给排水及消防系统负荷资料 2 车站内给排水及消防设备平面图	1 用于相关动力设计 2 用于相关动力、照明、插座设计	√	√	1 2	1 2
自动灭火	E5C3	1 车站内自动灭火系统负荷用电资料（含负荷等级、负荷容量等） 2 自动灭火系统对接地的要求 3 车站内自动灭火系统设备用房内设备平面布置图	1 用于相关动力设计 2 用于相关接地设计 3 用于相关动力、照明、插座设计	√	√	1 2	1~3
站台门	E6C3	1 车站内站台门系统负荷用电资料（含负荷等级、负荷容量等） 2 站台门系统对接地的要求 3 车站内站台门系统设备用房内设备平面布置图	1 用于相关动力设计 2 用于相关接地设计 3 用于相关动力、照明、插座设计	√	√	1 2	1~3
防淹门	E7C3	1 车站内防淹门系统负荷用电资料（含负荷等级、负荷容量等） 2 防淹门系统对接地的要求 3 车站内防淹门系统设备用房内设备平面布置图	1 用于相关动力设计 2 用于相关接地设计 3 用于相关动力、照明、插座设计	√	√	1 2	1~3
自动扶梯、电梯、楼梯升降机	E8C3	1 车站内该系统负荷用电资料（含负荷等级、负荷容量等） 2 该系统对接地的要求	1 用于相关动力设计 2 用于相关接地设计	√	√	1 2	1 2
声屏障	E9C3	1 声屏障形式、安装方式 2 声屏障防雷方案	1 用于考虑线缆设备的安装空间 2 用于地上线路水平防雷扁钢的设计	√	√	1 2	1 2

25.4.2 设计输出部分(表 25.4-2)

动力与照明专业对相关专业的输出接口表 表 25.4-2

专业名称:动力与照明 专业代号:PDZM 系统编码:C3

接口名称	接口编号	输出接口要求	接口处理及用途	输出设计阶段		输出资料重点控制条款	
				初设	施工图	初设	施工图
客流预测	C3A1	—	—				
行车组织与运营管理	C3A2						
车辆	C3A3						
线路	C3A4						
限界	C3A5	1 区间低压供电电缆数量及电缆支架形式 2 区间电源或检修箱尺寸 3 区间灯具及疏散指示灯安装图	用于区间限界设计		√		1~3
轨道	C3A6	1 过轨管线需求(不宜设置在浮置板地段)	用于埋设重型 PVC 过轨管线		√		1
人防	C3A7	1 区间、风道等人防门处预留预埋件(孔洞、套管)的规格、位置及数量	用于管线过人防门处穿管		√		1
概预算	C3A8	1 主要工程数量 2 设备表、劳材表 3 新工艺、新设备的技术参数	1 用于相关概算评审及财评 2 用于施工变更概算	√	√	1~3	1~3
工程地质	C3B1	—	—				
工程测量	C3B2						
房调	C3B3						
管线探测	C3B4						
建筑	C3B5	1 用房表:环控电控室、照明配电室、EPS 室、UPS 室 2 电缆布置方式及位置(上进线、下进线) 3 主要设备用房开门、开窗、电缆井要求 4 孔洞要求	用于设备用房布置	√	√	1~4	1~4
建筑装修(含外部景观)	C3B6	1 设备用房的灯具平面布置图 2 公共区(含卫生间、母婴室等)清扫插座、疏散指示、配电箱等平面布置图 3 机电对装修专业的要求	1 用于设备区末端(灯具等)整合 2 用于公共区综合平面装修设计 3 设备用房装饰做法		√		1~3

续上表

接口名称	接口编号	输出接口要求	接口处理及用途	输出设计阶段		输出资料重点控制条款	
				初设	施工图	初设	施工图
综合管线	C3B7	1 低压配电电缆桥架、密集母线的敷设路径、数量、尺寸、标高 2 管线检修空间要求、管线重量荷载	1 用于管线综合设计,避免各管线间冲突 2 用于综合支吊架(含抗震支吊架)的受力计算	√	√	1	1 2
车站结构(含防水)	C3B8	1 设备动静荷载及位置 2 土建接地对结构专业的要求 2.1 招标设计阶段,动力与照明专业向结构专业提供土建接地图及工程量 2.2 土建接地对防水、钢筋焊接的要求	1 用于结构计算 2 招标设计阶段,向结构专业提供土建接地图,放入土建图册中,以保证土建施工范围的完整性;向结构专业提供土建接地工程量,计入土建施工工程量,以进行土建工程概算 3 用于土建专业为接地预留条件、预埋件	√	√	1 2.1 2.2	1 2.2
区间	C3B9	1 区间动力配电房的相关要求 2 区间风井(或区间变电所)预埋管线及孔洞预留资料	1 用于隧道平、立面布置 2 用于相关动力、接地设计	√	√	1	1 2
轨行区综合管线	C3B10	1 区间低压供电电缆数量及电缆支架形式 2 区间电源或检修箱尺寸 3 区间灯具及疏散指示灯安装图 4 过轨挂线的要求	用于轨行区综合管线设计		√		1~4
疏散平台	C3B11	—	—				
桥梁	C3B12	1 桥上电力电缆槽敷设位置及要求 2 桥面开孔位置及要求 3 高架区间防雷扁钢、接地引下线等预埋资料	用于桥梁相关设计		√		1~3
路基	C3B13	—	—				
工程筹划	C3B14	1 低压配电系统设计、施工周期	用于工程筹划	√	√	1	1

续上表

接口名称	接口编号	输出接口要求	接口处理及用途	输出设计阶段		输出资料重点控制条款	
				初设	施工图	初设	施工图
主变电所	C3C1	—	—				
供电系统	C3C2	1 动力与照明负荷统计表 2 降压变电所位置及数量（共同协商确定） 3 低压开关柜规格、数量，共同协商确认 0.4kV 开关柜室内设备布置图，重点关注变压器与低压开关柜的排列编号一致，1 号变压器对 I 段低压母线 4 电缆夹层内共用电缆支架部分电缆路径及空间要求（电缆夹层）；上进线部分需动力与照明专业提供的共用电缆支架路径及空间敷设需求 5 变电所接地网平面布置图 6 交直流电源装置进线 7 协商低压测控信号接口要求及位置 8 协商低压开关柜二次电源，区间跟随所内动力变温控器，区间跟随所、车辆基地、控制中心供电运行安全管理系统，车辆基地在线监测系统、车辆基地供电复式系统、供电车间用电设备的供电需求及设计界面 9 协商供电设备在线监测系统设计界面及接口要求 10 协商能源管理系统设计界面及接口要求	1 用于供电系统（变电）专业设计输入，确定动力变压器容量、设备布置及接地布置设计 2 用于供电系统（供电二次）专业接口设计	√	√	1~10	1~10

续上表

接口名称	接口编号	输出接口要求	接口处理及用途	输出设计阶段		输出资料重点控制条款	
				初设	施工图	初设	施工图
通信	C3D1	1 配电箱系统图 2 设备用房照明、插座、电源箱、接地箱平面布置图	用于输入资料确认		√		1 2
民用通信	C3D2						
公安通信	C3D3						
PIDS	C3D4						
信号	C3D5						
AFC	C3D6						
清分	C3D7						
FAS	C3D8	1 切非回路数量、编号、位置 2 应急照明装置数量、编号、平面布置图(含应急照明及疏散指示系统) 3 专用消防风机及其联锁风阀回路数量、编号、位置	用于输入资料确认，确定监控内容		√		1~3
BAS	C3D9	1 环控电控室、照明配电室平面布置图 2 被监控设备的数量、监控要求、控制模式	用于输入资料确认，确定监控内容		√		1 2
ISCS	C3D10	1 配电箱系统图 2 设备用房照明、插座、电源箱、接地箱平面布置图 3 监控设备的数量、监控要求、控制模式、功能接口分界和物理接口分界(包括智能照明、能源管理、电气火灾、应急照明、区间智能疏散等)	用于输入资料确认，确定监控内容		√		1~3
门禁	C3D11	1 配电箱系统图 2 设备用房照明、插座、电源箱、接地箱平面布置图	用于输入资料确认		√		1 2
安防	C3D12	—	—				
安检	C3D13	1 配电箱系统图 2 设备用房照明、插座、电源箱、接地箱平面布置图	用于输入资料确认		√		1 2

续上表

接口名称	接口编号	输出接口要求	接口处理及用途	输出设计阶段		输出资料重点控制条款	
				初设	施工图	初设	施工图
计算机综合信息系统	C3D14	—	—				
云平台	C3D15	1 配电箱系统图 2 设备用房照明、插座、电源箱、接地箱平面布置图	用于输入资料确认		√		1 2
大数据	C3D16	—	—				
控制中心（含工艺、线网指挥平台）	C3D17	1 工艺设备用房内的插座平面布置图	用于输入资料确认		√		1
智能客服	C3D18	1 配电箱系统图 2 接地箱平面布置图	用于输入资料确认		√		1 2
出入口P+R安防	C3D19	—	—				
通风空调	C3E1	1 各种电气用房环控设备、管线布置要求 2 房间环境设计要求 3 主要电气用房内设备发热量	1 用于环控管线、设备、风口的布置 2 用于环控负荷计算、设备配置	√	√	1~3	1~3
隧道通风	C3E2	—	—				
集中供冷	C3E3						
给排水及消防	C3E4						
自动灭火	C3E5						
站台门	C3E6						
防淹门	C3E7						
自动扶梯、电梯、楼梯升降机	C3E8						
声屏障	C3E9	1 防雷接地引入点	用于声屏障防雷接地		√		1

第 26 章
通信

26.1 专业组成

通信专业是地铁弱电系统的重要组成部分，主要包括专用通信、民用通信、公安通信及乘客信息显示系统。本章节主要描述专用通信与其他专业接口，民用通信、公安通信及乘客信息显示系统将在后续章节详细描述。

专用通信系统内容包括：

（1）传输系统；

（2）公务电话系统；

（3）专用电话系统；

（4）无线通信系统；

（5）视频监视系统；

（6）广播系统；

（7）时钟系统；

（8）电源及接地系统；

（9）通信智能监测管理平台系统。

26.2 专业功能

1）传输系统的基本功能

传输系统的基本功能包括传输运营管理的语音、数据及图像三类信息，各类信息的具体内容如下：

（1）语音信息：公务电话、专用电话、广播。

（2）数据信息：通信系统各子系统的监控信息、时钟及网络同步信号、电力监控（SCADA）信息、自动售检票（AFC）信息、综合监控（ISCS）信息、办公网络（OA）信息及预留信号信息等。

（3）图像信息：车站视频监视信息。

2）公务通信系统功能

公务通信系统可为地铁管理部门、运营部门、维修部门提供一般公务联络，主要是电话业务和部分非话业务（如传真等）。系统能够提供各种新业务功能（热线、呼出限制、呼入限制、闹钟、呼叫等待、呼叫转移、缩位拨号、追查恶意呼叫、会议），可识别非话业务，可与分组交换网连接，可与无线集群系统连接，可与本地公用电话网互联，实现与公网市话用户（包括火警 119、匪警 110、救护 120 等)通话,还可以实现国内、国际长途通信。

3)专用电话系统功能

专用电话系统由调度电话、站内电话、站间电话组成,具体功能为:

(1)调度电话

调度电话是为列车运营、电力供应、日常维修、防灾救护提供指挥手段的专用通信系统,要求迅速、直达,不允许将与运营无关的其他用户接入该系统。各调度员可对本系统的用户进行单呼、组呼、全呼、紧急呼叫,可对通话进行录音。

(2)站内电话

车站值班员(车辆基地值班员)或站长可以通过站内电话与本站(段)其他有关值班人员进行直接通话,通话可以进行单呼、组呼或全呼方式。

(3)站间行车电话

车站值班员通过站间电话可以与相邻车站值班员、联锁站值班员或车辆基地值班员进行直接相互通话。

4)无线通信系统功能

无线通信可为地铁内部固定工作人员与流动工作人员之间提供高效短信息和话音、视频通信。

系统为运营控制指挥中心的行车调度员、环境控制调度员、治安值班员、维修调度员等对列车司机、运营人员、维护人员和现场工作人员等无线用户分别实施无线通信,为车辆基地值班员对段内的无线用户实施无线通信,以及相应的无线用户之间必要的无线通信。

5)视频监视系统功能

视频监视系统供控制指挥中心调度管理人员、车站值班员及司机实时监视车站客流、列车出入站及旅客上下车等情况,以提高运行组织管理效率,保证列车安全、正点地运送旅客。

6)广播系统功能

广播系统由运营线广播、车辆基地广播两个独立的系统组成,其中运营线广播系统又分为车站广播和列车无线广播。

(1)车站(含区间)广播系统

车站(含区间)广播主要用于对车站乘客、维修和运行人员进行广播,通知有关时间表的变更、列车的误点、安全状况、偶发事故等信息或预先录制的通告等。

(2)车辆基地广播系统

车辆基地广播系统为一套独立的区域广播系统,供车辆基地运转值班员对车库播音区进行定向语音广播。运转值班员的播音控制台应具备对其播音区的监听功能。

(3)列车无线广播

列车无线广播设备不属于通信系统范畴,由车辆配套供应,但需与无线通信系统有接口,控制中心调度员通过无线通信系统对运行中的列车乘客进行广播。系统本身具有自动和人工两种播音方式。

7)时钟系统功能

时钟系统作为地铁通信系统的一个部分，在地铁运营过程中为工作人员、乘客及全线信号、AFC、ISCS、SCADA、BAS、FAS等提供统一的时间标准，也作为通信各子系统的时间标准。

8)电源及接地系统功能

通信电源设备主要为控制指挥中心、车站和车辆基地通信设备提供高质量、高可靠性的电源供应，保证在主电源中断或发生超限波动的情况下，通信设备在规定的时间内仍能正常工作，等待主电源恢复正常。

采用综合接地方式，保护人身及通信设备的安全。

9)通信智能监测管理平台系统功能

系统可对通信系统中的各子系统进行集中管理，将各子系统的运行状态集中反映到网管系统的计算机上，使通信维护人员能及时、准确地了解整个通信系统设备的运行状况和故障信息，以便于处理。

26.3 专业的主要接口

通信专业与各有关专业、车站设备的接口关系可以概括以下方面。

传输通道接口：通信专业为各有关专业、车站设备提供稳定可靠的10/100/1000/10000M以太网、模拟语音、E1等传输通道接口。

供电接口：通信专业需要供电系统专业为其提供2路380V交流电源。

接地接口：通信专业需要动力与照明专业为其提供设备接地的接口。

26.4 专业设计技术接口表

26.4.1 设计输入部分(表26.4-1)

相关专业对通信专业的输入接口表 表26.4-1

专业名称：通信 专业代号：TX 接口编码：D1

接口名称	接口编号	输入接口要求	接口处理及用途	输入设计阶段		受资专业需重点核对、协商条款	
				初设	施工图	初设	施工图
线路	A4D1	1 全线线路平、纵断面图 2 车站分布表	用于通信线路及骨干传输网络构成	√	√	1 2	1 2
桥涵	B12D1	1 全线高架桥平面图 2 总布置图 3 高架视频监控需要监控的区域	用于确认埋设方式	√	√	1 2	1~3

续上表

接口名称	接口编号	输入接口要求	接口处理及用途	输入设计阶段		受资专业需重点核对、协商条款	
				初设	施工图	初设	施工图
路基	B13D1	1 区间地面线路两侧预留埋设弱电电缆沟、槽的空间位置	用于电缆槽设计	√	√	1	1
建筑	B5D1	1 车站建筑平、立、剖面图 2 公共区及设备区装修图	用于设备布置	√	√	1 2	1 2
车辆基地建筑	F3D1						
综合管线	B7D1	1 综合管线平、剖面图 2 综合支吊架（含抗震支吊架）详图	用于设备及管线布置，会签并确认（是否满足本专业管线要求）		√		1 2
人防（含防淹门）	A7D1/E7D1	1 人防门布置及平、剖面图	1 用于系统设计，预埋管线 2 视频监控（人防门监控）	√	√	1	1
工程投资	A8D1	1 概算编制办法	提供资料	√	√	1	1
行车组织与运营管理	A2D1	1 配线图、交路 2 车辆配车数	设计说明、调度台配置、车辆配置	√	√	1 2	1 2
车辆	A3D1	1 合理布置车载通信设备（天线、电台、电缆），防撞击、防振动 2 车地无线传输通道需求	1 设备功能 2 车地无线通信	√	√	1 2	1 2
限界	A5D1	1 协商互提各种形式的限界图	提供资料、会签	√	√	1	1
车辆基地	F1D1	1 车辆基地总平面布置图 2 工艺专业对通信的要求 3 车辆基地综合管线图 4 车辆基地建筑图	用于设备、线路布置	√	√	1~4	1~4
控制中心（含工艺、线网指挥平台）	D17D1	1 控制中心建筑图 2 设备工艺布置要求 3 协商落实明确调度席位	用于设备布置	√	√	1~3	1~3

续上表

接口名称	接口编号	输入接口要求	接口处理及用途	输入设计阶段		受资专业需重点核对、协商条款	
				初设	施工图	初设	施工图
主变电所	C1D1	1 主变电所数量及位置 2 主变电所房屋、设备布置图 3 主变电所地铁电话的设置要求 4 主变电所时钟的设置要求 5 视频监视的设置要求	用于电话、视频监控、时钟设计	√	√	1~4	1~5
供电系统（牵引变电）	C2D1	1 牵引变电所位置、平面布置等资料 2 供电车间通信要求及平面布置等资料 3 牵引变电所地铁电话的设置要求（位置、数量、功能） 4 视频监视的设置要求	用于电话、视频监控、时钟设计	√	√	1~3	1~4
供电系统（降压变电）	C2D1	1 降压变电所位置确定 2 降压变电所地铁电话的设置要求 3 视频监视的设置要求	用于电话、视频监控、时钟设计	√	√	1 2	1~3
供电系统（接触网）	C2D1	1 接触网设置情况 2 隔离开关设置情况	用于漏缆挂设		√		1 2
供电系统（电力监控[1]）	C2D1	1 通信信道数量及接口类型要求 2 中央时钟接口类型要求 3 各变电所及控制中心地铁电话、录音设备配置要求	用于传输、电话、时钟设计	√	√	1 2	1 2
信号	D5D1	1 通信信道数量及接口类型要求 2 中央时钟接口类型要求 3 道岔区视频监控（需协商包含区间、信号、轨道）	用于传输、时钟设计	√	√	1 2	1~3

[1] 即电力监控系统及智能运维的简称。

续上表

接口名称	接口编号	输入接口要求	接口处理及用途	输入设计阶段		受资专业需重点核对、协商条款	
				初设	施工图	初设	施工图
AFC	D6D1	1 通信信道数量及接口类型要求 2 中央时钟接口类型要求	用于传输、时钟设计	√	√	1 2	1 2
ISCS	D10D1	1 接口位置与接口要求，综合监控系统网络要求	互提资料，协调	√	√	1	1
门禁	D11D1	1 通信信道数量及接口类型要求 2 中央时钟接口类型要求	用于传输、时钟设计	√	√	1 2	1 2
消防	E3D1	1 确定通信设备用房设置灭火装置	提供资料、会签	√	√	1	1
云平台	D15D1	1 合理布置通信设备（视频、乘客信息、智能监测管理平台）服务器设备及计算资源 2 系统接口类型要求	提供资料，协调设备功能	√	√	1 2	1 2
安检	D13D1	1 通信信道数量及接口类型要求 2 视频监视接口类型要求	提供资料，协调设备功能	√	√	1 2	1 2
智能客服	D18D1	1 通信信道数量及接口类型要求 2 电话系统接口类型要求	提供资料，协调设备功能	√	√	1 2	1 2
区间风井	B9D1	1 区间风井平、立、剖面图 2 综合管线布置图 3 区间风井总平图布置图	用于视频设备布置	√	√	1~3	1~3
轨道	A6D1	1 通信信道数量及接口类型要求	传输通道要求	√	√	1	1

续上表

接口名称	接口编号	输入接口要求	接口处理及用途	输入设计阶段		受资专业需重点核对、协商条款	
				初设	施工图	初设	施工图
安防	D12D1	1 通信信道数量及接口类型要求 2 通信时钟及接口类型要求 3 通信广播及接口类型要求	1 传输通道要求 2 时钟要求 3 广播分区界面划分	√	√	1~3	1~3
自动扶梯、电梯、楼梯升降机	E8D1	1 自动扶梯视频监视要求 2 电梯轿厢视频监视及多方通话接口界面、形式及内容 3 楼梯升降机视频通话接口界面、形式及内容	1 视频设备布置 2 电话设备布置	√	√	1~3	1~3
防淹门	E7D1	1 电话、摄像头和预留区间电缆需求	1 视频设备布置 2 电话设备布置	√	√	1	1
清分	D7D1	1 通信信道数量及接口类型要求	传输通道要求	√	√	1	1
工艺	F2D1	1 设备需求,如调度台、大屏等	设备布置要求	√	√	1	1

26.4.2 设计输出部分(表26.4-2)

通信专业对相关专业的输出接口表 表26.4-2

专业名称:通信 专业代号:TX 接口编码:D1

接口名称	接口编号	输出接口要求	接口处理及用途	输出设计阶段		输出资料重点控制条款	
				初设	施工图	初设	施工图
桥梁	D1B12	1 桥上弱电电缆沟槽及支架的设置要求 2 管线位置 3 管线线荷载	提供资料	√	√	1	1~3
路基	D1B13	1 弱电电缆槽道的尺寸及预留要求	提供资料	√	√	1	1
建筑	D1B5	1 车站通信设备用房要求 2 预留孔洞要求、通信手井设置	提供资料	√	√	1 2	1 2
车辆基地建筑	D1F3	1 车辆基地通信设备用房要求 2 预留孔洞要求、通信手井设置	提供资料	√	√	1 2	1 2

续上表

接口名称	接口编号	输出接口要求	接口处理及用途	输出设计阶段		输出资料重点控制条款	
				初设	施工图	初设	施工图
结构	D1B8	1 设备荷载要求	提供资料	√	√	1	1
人防（含防淹门）	D1A7/D1E7	1 通信管线穿越人防门（含防淹门）区域的资料	提供资料	√	√	1	1
概预算	D1A8	1 编制说明、系统概算表、个别概算表、主要系统工程数量表	提供资料	√	√	1	1
行车组织与运营管理	D1A2	1 管理模式、机构设置及定员	提供资料	√	√	1	1
车辆	D1A3	1 车辆无线通信设备安装要求 2 列车广播的功能及技术要求	提供资料	√	√	1 2	1 2
限界	D1A5	1 区间和车站弱电电缆支架形式 2 漏缆数量及安装位置 3 区间设备尺寸及安装方式	提供资料	√	√	1~3	1~3
车辆基地	D1F1	1 通信设备电缆路径示意图	提供资料	√	√	1	1
控制中心（含工艺、线网指挥平台）	D1D17	1 设备要求	提供资料	√	√	1	1
主变电所	D1C1	1 通信端子箱等通信设备的布置图及要求	提供资料	√	√	1	1
动力与照明	D1C3	1 用电及接地要求	提供资料	√	√	1	1
车辆基地动力与照明	D1F7						
供电系统（接触网）	D1C2	1 漏缆挂设位置	提供资料	√	√	1	1

续上表

接口名称	接口编号	输出接口要求	接口处理及用途	输出设计阶段		输出资料重点控制条款	
				初设	施工图	初设	施工图
供电系统（电力监控）	D1C2	1 通信信道数量及接口类型要求（配线电缆引至通信设备用房配线架） 2 中央时钟接口类型要求（由电监控专业提供配线电缆，引至通信专业配线架）	提供资料	√	√	1 2	1 2
信号	D1D5	1 通信信道数量及接口类型要求（由信号专业提供配线电缆，引至通信专业配线架） 2 中央时钟接口类型要求（由信号专业提供配线电缆，引至通信专业配线架） 3 列车出入车辆基地时无线通信所需ATS信息要求	提供资料	√	√	1~3	1~3
AFC	D1D6	1 通信信道数量及接口类型要求（由AFC专业提供配线电缆，引至通信专业配线架） 2 中央时钟接口类型要求（由AFC专业提供配线电缆，引至通信专业配线架）	提供资料	√	√	1 2	1 2
ISCS	D1D10	1 通信信道数量及接口类型、位置要求 2 中央时钟接口类型、位置要求	提供资料	√	√	1 2	1 2
门禁	D1D11	1 通信信道数量及接口类型要求（由门禁专业提供配线电缆，引至通信专业配线架） 2 中央时钟接口类型要求（由门禁专业提供配线电缆，引至通信专业配线架）	提供资料	√	√	1 2	1 2

续上表

接口名称	接口编号	输出接口要求	接口处理及用途	输出设计阶段		输出资料重点控制条款	
				初设	施工图	初设	施工图
通风空调	D1E1	1 通信设备用房合适的温、湿度要求 2 各种用房环控设备、管线布置要求 3 各设备功率和发热量(白天和夜间发热量)	1 提供资料 2 用于环控管线、设备、风口的布置 3 用于环控负荷计算、设备配置	√	√	1~3	1~3
车辆基地通风空调	D1F5						
给排水及消防	D1E4	1 确定单设通信站和检修所及工区给排水 2 设备用房及消防系统的设置要求	提供资料	√	√	1 2	1 2
云平台	D1D15	1 通信设备(视频、乘客信息、智能监测管理平台)及计算资源要求	提供资料	√	√	1	1
安检	D1D13	1 通信设备(视频)及接口类型要求	提供资料	√	√	1	1
智能客服	D1D18	1 通信设备(求助电话)及接口类型要求	提供资料	√	√	1	1
区间风井	D1B9	1 通信管线穿越区间风井区域的资料	提供资料	√	√	1	1
轨道	D1A6	1 通信管线穿越轨道区域的资料	提供资料	√	√	1	1
轨行区综合管线	D1B10	1 轨行区管线平面布置起终点、设备尺寸及安装高度要求	提供资料	√	√	1	1
综合管线	D1B7	1 通信线槽的敷设路径及方式(是上走线还是下走线)、数量、尺寸、标高 2 管线检修空间要求、管线重量荷载 3 需设置抗震支吊架的范围	1 用于管线综合设计,避免各管线间冲突 2 用于综合支吊架(含抗震支吊架)的受力计算		√		1~3
车辆基地综合管线	D1F8						

第 27 章 民用通信

民用移动通信覆盖系统工程具体接口实施细则应以运营商与轨道交通运营管理相关部门最终商议为准。

下述民用通信系统及相关接口描述仅供相关专业参考。

27.1 专业组成

民用通信专业是地铁弱电系统的重要组成部分,本专业组成主要包括传输系统、无线射频覆盖系统、电源及接地系统、集中监测告警系统。

27.2 专业功能

通过民用通信传输系统将各系统运营商信号引入地下基站。

通过无线射频分布系统将基站信号经合路后由相应的分路器、耦合器进行信号分配,送至隧道区间漏泄同轴电缆和站厅分布式天线中,完成车站、区间民用通信覆盖。

电源及接地系统为运营商基站、民用通信传输系统提供不间断电源,并采用综合接地方式,保护人身及通信设备的安全。

27.3 专业的主要接口

供电接口:民用通信专业需要供电系统专业为其提供 2 路 380V 交流电源。

接地接口:民用通信专业需要动力与照明专业为其提供设备接地的接口。

27.4 专业设计技术接口表

27.4.1 设计输入部分(表 27.4-1)

相关专业对民用通信专业的输入接口表 表 27.4-1

专业名称:民用通信 专业代号:MYTX 接口编码:D2

接口名称	接口编号	输入接口要求	接口处理及用途	输入设计阶段		受资专业需重点核对、协商条款	
				初设	施工图	初设	施工图
线路	A4D2	1 全线线路平、纵断面图 2 车站分布表	网络构成	√	√	1 2	1 2

续上表

接口名称	接口编号	输入接口要求	接口处理及用途	输入设计阶段		受资专业需重点核对、协商条款	
				初设	施工图	初设	施工图
桥涵	B12D2	1 全线高架桥平面图、总布置图	用于确定埋设方式	√	√	1	1
路基	B13D2	1 区间地面线路两侧预留埋设弱电电缆沟槽的空间位置	用于电缆槽设计	√	√	1	1
建筑	B6D2	1 车站建筑平、立、剖面图 2 公共区及设备区装修图	用于设备布置	√	√	1 2	1 2
综合管线	B7D2	1 综合管线平、剖面图 2 综合支吊架（含抗震支吊架）详图	用于设备及管线布置，会签并确认（是否满足本专业管线要求）		√		1 2
限界	A5D2	1 各种建筑限界图	提供资料、会签	√	√	1	1
车辆基地	F1D2	1 总平面布置图 2 综合管线图	用于设备、线路布置	√	√	1 2	1 2
控制中心（含工艺、线网指挥平台）	D17D2	1 设备工艺布置要求	用于设备布置	√	√	1	1

27.4.2 设计输出部分（表 27.4-2）

民用通信专业对相关专业的输出接口表 表 27.4-2

专业名称：民用通信 专业代号：MYTX 接口编码：D2

接口名称	接口编号	输出接口要求	接口处理及用途	输出设计阶段		输出资料重点控制条款	
				初设	施工图	初设	施工图
桥涵	D2B12	1 桥上弱电电缆沟槽及支架的设置要求 2 管线位置 3 管线线荷载	提供资料	√	√	1	1~3
路基	D2B13	1 弱电电缆槽道的尺寸及预留要求	提供资料	√	√	1	1
建筑	D2B5	1 车站、控制中心、车辆基地通信设备用房要求	提供资料	√	√	1	1
车站结构（含防水）	D2B8	1 设备荷载要求	提供资料	√	√	1	1
限界	D2A5	1 区间和车站弱电电缆支架形式 2 漏缆数量及安装位置 3 区间设备尺寸及安装方式	提供资料	√	√	1~3	1~3

续上表

接口名称	接口编号	输出接口要求	接口处理及用途	输出设计阶段		输出资料重点控制条款	
				初设	施工图	初设	施工图
车辆基地	D2F1	1 通信设备电缆路径示意图	提供资料	√	√	1	1
控制中心（含工艺、线网指挥平台）	D2D17	1 设备布置要求	提供资料	√	√	1	1
动力与照明	D2C3	1 用电及接地要求	提供资料	√	√	1	1
供电系统（接触网）	D2C2	1 漏缆挂设位置	提供资料	√	√	1	1
通风空调	D2E1	1 民用通信设备用房合适的温、湿度要求	提供资料	√	√	1	1

第 28 章 公安通信

28.1 专业组成

为保障轨道交通公安各管理部门业务的正常开展，实现轨道交通安全运营以及打击各种犯罪行为，公安通信系统主要由传输系统、视频监视系统、无线集群通信调度系统、计算机网络系统、有线电话系统、电源及接地系统、一键式应急响应系统等子系统组成。地铁公安通信系统按地铁分局、地铁派出所和车站警务站三级组网。各子系统的组网必须满足地铁公安管理模式的要求。

28.2 专业功能

1）传输系统的基本功能

公安传输系统是公安专网的核心，主要为地铁分局（地面）、派出所（地面）、警务站（地下）提供公安视频监控、公安电话、计算机网络、无线系统所需的 10/100/1000M 和 2M 等接口及传输通道。

2）视频监控系统功能

地铁公安视频监控是公安部门维护线路正常运营管理秩序的重要手段，是为各级公安人员实时监视、提高地铁治安水平，保证地铁列车安全正点运送旅客的有效工具。通过设置在现场的摄像机对地铁各车站重要区域的旅客流动及治安情况进行实时监控，以便及时发现、震慑和打击违法犯罪行为，为查缉破案提供录像取证。

3）无线通信系统功能

地铁是一个客流量大，人口密集的公共场所，突发情况多，管理难度大。为了提高公安部门对地铁范围内的治安管理，更好地为地铁乘客服务，需要建立一套公安无线通信指挥调度系统，保证城市轨道交通内部以及与公安局所属各部门之间的公安通信联络，以便出现重大案情或重大事故时，能够对现场公安各警种人员进行统一指挥调度。

4）计算机网络系统功能

为便于市公安局、公交（地铁）分局、派出所和各车站警务室民警能及时共享公安信息网丰富的信息，提高整体作战水平和快速反应能力，同时能将各点采集的数据信息纳入公安信息网，设立连接各车站警务室、派出所、公交（地铁）分局和市公安局的公安专用高速数据计算机网络子系统。

5）有线电话系统功能

公安有线电话系统是地铁公安通信系统的一个组成部分，是地铁公安的内线电话，是地铁公安各管理部门之间以及与市公安各管理部门之间提供公务联络的一种专用工具。

6)电源及接地系统功能

地铁公安电源系统应在外供交流电源故障发生时,仍能在一定时间范围内向公安通信各子系统提供稳定、可靠、不间断的电源供应,使公安通信系统设备可以继续工作一段时间,等待主电源恢复正常。接地系统应能防止公安通信设备受强电系统的危险影响和电磁干扰,保证通信系统正常工作,同时也应保证通信系统设备和工作人员的安全。

7)一键式应急响应系统

地铁车站发生突发事件时,按照事件对应级别,通过按压设置在车控室内的不同按钮(红色、黄色),实现迅速报警、出入口警报、视频切换、闸口打开、站内广播等功能。

28.3 专业的主要接口

通信专业与各有关专业、车站设备的接口关系可以概括为以下方面。

传输通道接口:公安通信专业为各有关专业、车站设备提供稳定可靠的 10/100/1000M 以太网,模拟语音,E1、STM-1/-4/-16 等传输通道接口。

供电接口:通信专业需要供电系统专业为其提供 2 路 380V 交流电源。

接地接口:通信专业需要动力与照明专业为其提供设备接地的接口。

28.4 专业设计技术接口表

28.4.1 设计输入部分(表 28.4-1)

相关专业对公安通信专业的输入接口表 表 28.4-1

专业名称:公安通信　专业代号:GATX　接口编码:D3

接口名称	接口编号	输入接口要求	接口处理及用途	输入设计阶段		受资专业需重点核对、协商条款	
				初设	施工图	初设	施工图
线路	A4D3	1 全线线路平、纵断面图,车站分布表	用于通信线路及骨干传输网络构成	√	√	1	1
桥梁	B12D3	1 全线高架桥平面图、总布置图	用于确定埋设方式	√	√	1	1
路基	B13D3	1 区间地面线路两侧预留埋设弱电电缆沟、槽的空间位置	用于电缆槽设计	√	√	1	1

续上表

接口名称	接口编号	输入接口要求	接口处理及用途	输入设计阶段		受资专业需重点核对、协商条款	
				初设	施工图	初设	施工图
建筑装修（含外部景观）	B6D3	1 车站、控制中心及车辆基地房屋平、立、剖面图 2 车站、控制中心综合管线布置图 3 车辆基地总平图布置图	用于设备布置	√	√	1~3	1~3
概预算	A8D3	1 概算编制办法	提供资料	√	√	1	1
限界	A5D3	1 各种建筑限界图	提供资料、会签	√	√	1	1
地铁派出所	G18D3	1 派出所总平面布置图 2 工艺专业对公安通信的要求 3 派出所综合管线图	用于设备、线路布置	√	√	1~3	1~3

28.4.2 设计输出部分（表 28.4-2）

公安通信专业对相关专业的输出接口表 表 28.4-2

专业名称：公安通信　　专业代号：GATX　　接口编码：D3

接口名称	接口编号	输出接口要求	接口处理及用途	输出设计阶段		输出资料重点控制条款	
				初设	施工图	初设	施工图
桥梁	D3B12	1 桥上弱电电缆沟槽及支架的设置要求	提供资料	√	√	1	1
路基	D3B13	1 弱电电缆槽道的尺寸及预留要求	提供资料	√	√	1	1
建筑装修（含外部景观）	D3B5	1 车站、控制中心、车辆基地通信设备用房要求	提供资料	√	√	1	1
车站结构（含防水）	D3B8	1 设备荷载要求	提供资料	√	√	1	1
概预算	D3A8	1 编制说明、系统概算表、个别概算表、主要系统工程数量表	提供资料	√	√	1	1
限界	D3A5	1 区间和车站弱电电缆支架形式 2 漏缆数量及安装位置 3 区间设备尺寸及安装方式	提供资料	√	√	1	1
动力与照明	D3C3	1 用电及接地要求	提供资料	√	√	1	1

续上表

接口名称	接口编号	输出接口要求	接口处理及用途	输出设计阶段		输出资料重点控制条款	
				初设	施工图	初设	施工图
通风空调	D3E1	1 公安通信设备用房合适的温、湿度要求 2 各种用房环控设备、管线布置要求 3 各设备功率和发热量，提供白天和夜间发热量	1 提供资料 2 用于环控管线、设备、风口的布置 3 用于环控负荷计算、设备配置	√	√	1~3	1~3
轨行区综合管线	D3B10	1 轨行区管线平面布置起终点、设备尺寸及安装高度要求	提供资料	√	√	1	1
地铁派出所	D3G18	1 公安通信设备布置图 2 派出所设备用房要求 3 派出所综合管线图	提供资料		√		1~3

第 29 章
乘客信息显示系统

29.1 专业组成

本专业组成主要包括播放控制系统和车地无线系统。

29.2 专业功能

1)应急功能

(1)预先设定紧急信息

PIDS 可以预先设定多种紧急灾难告警模式,在紧急情况下触发进入告警模式。通过中心操作员工作站,设定每种模式的警告信息及各种警告发布参数。在发生火警、恐怖袭击等情况时,进入紧急灾难告警模式。此时,相应的终端显示屏显示发布乘客警告信息及人流疏导信息。

(2)即时编辑发布紧急信息

当车站发生非预期的灾难且需要 PIDS 即时发布灾难警告信息时,可通过中心操作员工作站,由操作员即时编辑各种警告信息,并送至指定的终端显示屏,使乘客及时看到警告信息及人流疏导信息。

2)宣传及广告发布功能

PIDS 可为轨道交通引入一个多媒体形象的展示平台,可通过多种类型的终端设备实施发布功能,并以视频、图片、文字的形式播出,可以为地铁进行更多的形象宣传。形象宣传的多媒体播放方式支持:DVD(Digital Versatile Disc,数字多功能光盘)视像播放,VCD(Video Compact Disc,视频压缩盘片)视像播放,AVI(Audio Video Interleaved,音频视频交错格式)、GIF(Graphics Interchange Format,图形交换格式)等动画效果播放,文本动画显示,图像动画显示,网页显示,常用文件播放显示。

PIDS 还可为轨道交通运营商提供一个广告的发布平台。广告的类型可以为电视视频广告,也可以播出图片和文字等灵活多样的广告,更能够吸引乘客的注意。

3)区域屏幕分割功能

终端显示屏幕可根据要求划分为多个区域,不同区域可同时显示各类不同的信息,包括文字、图片和视频信息;不同区域的信息可采用不同的显示方式,以吸引更多的观众。播出的版面可以根据不同需要而随时进行调整,各子窗口可以独立指定时间表,通过时间表的控制,每一子窗口可以单独用于显示列车服务信息、乘客引导信息、商业广告信息、一般站务信息、公共信息以及新闻、天气、通告等,同时也可对某个信息进行全屏播放。

操作员可以即时编辑指定的提示信息，并发布至指定的终端显示屏，提示乘客注意。操作员可以设定实时信息是否以特别信息形式或者紧急信息形式发放显示，发放高优先的信息可以即时打断原来正在播放的信息内容，即时显示。

4）显示列车服务信息

车站子系统的信息播放控制器实时接收 ATS 列车服务信息，再控制指定的终端显示器显示相应的列车服务信息，如下班车的到站时间、列车时间表、列车阻塞 / 异常、特别的列车服务安排等信息。

5）车载信息播放功能

（1）列车能实时接收、存储并播放中心下发的新闻、公告、商业广告等。

（2）车载信息的播放是由播放控制设备根据播放列表自动进行，播出版面在正常运营期间自动定时切换而不需人工干预，以避免固定显示的文字或图像对显示终端的灼伤（烧屏）现象。

（3）在接收故障、中心故障或通道故障等情况下，能自动切换，播放存储信息，不应让乘客有明显的感觉。

（4）司机可根据需要控制本车的紧急信息播放。

6）时钟显示功能

PIDS 可以接收时钟系统的时钟信号，确保终端显示屏幕显示时钟的准确性。屏幕可以在播出各类信息的同时提供显时服务和日期显示。通过时间表可以设定终端显示屏的全屏或指定的子窗口显示多媒体时钟。

7）终端显示屏的广泛兼容性

PIDS 能够良好地兼容多种显示设备，包括视频 PDP 屏、双基色 LED 屏、视频全彩 LED 屏、双基色 LED 图条屏、电视机和其他各种显示终端。支持 LCD 显示屏、OLED 显示屏、投影仪、电视墙幕等各种当前流行的多媒体显示设备。

8）定时自动播出功能

PIDS 可以提供定时播出的功能，系统可以根据事先编辑设定好的播出列表自动播出相应的信息。播出列表可以以日播出列表、周播出列表、月播出列表的形式定制。播出过程无须人为操作。

9）集中网管维护功能

为了确保系统的正常运行，PIDS 能提供完备的网管功能。网管系统应智能化，可实时监控各终端节点的状态，车站服务器管理各自车站的 PIDS 设备。中心网管工作站可动态显示系统各设备的工作状态，实时监控系统，实现智能声光报警，并能自动生成网络故障统计报表，智能分析故障。

10）数字传输功能

PIDS 采用数字方式采集中心信号并进入传输网的传输中心，播出服务器处理后的信息，经过传输网传输的数字视频流信号传至车站播出服务器，由车站播出工作站进行多区域信息叠加，并在显示屏进行显示。

由于PIDS从中央到显示终端的整个过程采用全数字的方式，从而避免了图像质量在传输过程中因过多的转换而造成的质量下降问题。

11)灵活多样的显示功能

所有车站的播出工作站在PIDS中都是相对独立的，因此中央和车站操作员可以直接控制到每台车站播出工作站的显示内容（车站操作员限本站），即根据需要在同一时间内每组的显示终端显示不同的信息。

中心操作员可以根据需要自由设定任意一台车站播出工作站的播出界面，包括屏幕播出的区域数目、每个播出区域的播出内容和播出时间等。中心传来的实时图像和车站播出服务器预存的视频图像可根据需要以窗口模式和全屏模式在任意显示屏上播放。

12)信息显示优先级功能

PIDS建设的根本目的是确保乘客快速安全地到达其目的地，在保证安全运营的基础上，向乘客提供各类信息服务，以及通过PIDS提供的信息发布平台进行商业广告的运作。因此，在PIDS的设计中，应充分考虑每一类信息的显示优先级。高优先级的信息优先显示，相同优先级的信息按照先进先出的规则进行显示。信息显示的优先级规则如下：

信息类型的优先级按照如下顺序递减：紧急灾难信息、列车服务信息、乘客引导信息、一般站务信息及公共信息、商业信息。

低优先级信息不能打断高优先级信息的播出。高优先级信息可以打断低优先级信息的播出。同等优先级的信息按设定的时间播出列表顺序播出。

13)列车图像监视功能

系统应具有列车视频监控功能，通过车载子系统和网络子系统将列车的图像上传到控制中心和地铁公安分局控制中心，相关人员可以同时监视多列车的图像，可选择调看列车的任一摄像机摄取的图像，可用各种时序自动循环切换，也可由操作人员手动切换。主要实现的功能如下：

(1)视频图像采用超高清标准，对司机室、客厢、轨面、受电弓摄像机采集的视频信息实现智能化的存储和传输，录像保持时间按90天考虑，同时具备将车载图像数据上传至专用视频平台的功能。

(2)车载存储设备根据控制中心监视器的命令，将实时的监视信号通过车头车尾的两个无线网桥，发送给控制中心监视器。

(3)控制中心监视器可对所有运营列车的所有车厢进行实时视频监视，具备自动循环监视、编程设置人工监视、人工单选监视等功能。

(4)控制中心监视器以及硬盘录像机，可根据日期和时间以及端口号查看历史录像。

14)与外部接口功能

系统应具有与外部系统互联的功能，实现外部数据的获取，并对外部数据能进行主动的安全防护与隔离。

29.3 专业的主要接口

乘客信息显示系统专业与各有关专业、车站设备的接口关系可以概括以下方面。

传输通道接口：乘客信息显示系统在车站需通信专业提供稳定可靠的以太网传输通道接口，乘客信息显示系统为车辆提供车地通信传输通道。

供电接口：乘客信息显示系统需要供电系统专业为其提供交流电源。

接地接口：乘客信息显示系统需要动力与照明专业为其提供设备接地的接口。

29.4 专业设计技术接口表

29.4.1 设计输入部分（表 29.4-1）

相关专业对乘客信息显示专业系统的输入接口表　　表 29.4-1

专业名称：乘客信息显示系统　　专业代号：PIDS　　接口编码：D4

接口名称	接口编号	输入接口要求	接口处理及用途	输入设计阶段		受资专业需重点核对、协商条款	
				初设	施工图	初设	施工图
线路	A4D4	1 全线线路平、纵断面图 2 车站分布表	用于通信线路及骨干传输网络构成	√	√	1 2	1 2
桥梁	B12D4	1 全线高架桥平面	用于设备安装	√	√	1	1
疏散平台	B11D4	1 疏散平台平面布置图	用于设备安装	√	√	1	1
建筑	B5D4	1 车站建筑平、立、剖面图 2 公共区及设备区装修图（含导向）	用于设备布置	√	√	1 2	1 2
综合管线	B7D4	1 经协商的综合管线图	按照综合管线图进行设备及管线布置		√		1
概预算	A8D4	1 提供概算编制办法	提供资料	√	√	1	1
行车组织与运营管理	A2D4	1 配线图、交路	设计说明、设备配置	√	√	1	1
车辆	A3D4	1 合理布置车载通信设备（天线、电台、电缆），防撞击、防振动 2 车辆配车数 3 车地无线传输通道需求	1 设备功能 2 车地无线通信	√	√	1~3	1~3

续上表

接口名称	接口编号	输入接口要求	接口处理及用途	输入设计阶段		受资专业需重点核对、协商条款	
				初设	施工图	初设	施工图
限界	A5D4	1 协商各种限界图	提供资料、会签	√	√	1	1
站场	F1D4	1 车辆基地总平面布置图 2 工艺专业对通信的要求 3 车辆基地综合管线图 4 车辆基地建筑图	用于设备、线路布置	√	√	1~4	1~4
控制中心（含工艺、线网指挥平台）	D17D4	1 控制中心建筑图 2 设备工艺布置要求 3 协商落实明确调度席位	用于设备布置	√	√	1~3	1~3
供电系统（接触网）	C2D4	1 接触网设置情况 2 隔离开关设置情况	用于区间设备挂设		√	1 2	1 2
信号	D5D4	1 列车到站信息 2 接口位置和接口要求	用于播放系统设计	√	√	1 2	1 2
AFC	D6D4	1 站厅设备布置情况	用于设备布置		√		1
ISCS	D10D4	1 接口位置与接口要求	用于紧急信息播放设计	√	√	1	1
云平台	D15D4	1 合理布置相关服务器设备及计算资源 2 对系统提出接口类型要求	提供资料，协调设备功能	√	√	1 2	1 2
安检	D13D4	1 设备布置情况	用于设备布置	√	√	1	1
智能客服	D18D4	1 设备布置情况	用于接口位置确认	√	√	1	1

29.4.2 设计输出部分（表 29.4-2）

乘客信息显示系统专业对相关专业的输出接口表 表 29.4-2

专业名称：乘客信息显示系统 专业代号：PIDS 接口编码：D4

接口名称	接口编号	输出接口要求	接口处理及用途	输出设计阶段		输出资料重点控制条款	
				初设	施工图	初设	施工图
建筑	D4B5	1 车站、控制中心、车辆基地通信设备用房要求 2 车站公共区、设备区设备布置情况	提供资料	√	√	1	1 2
车站结构（含防水）	D4B8	1 设备荷载要求	提供资料	√	√	1	1

续上表

接口名称	接口编号	输出接口要求	接口处理及用途	输出设计阶段		输出资料重点控制条款	
				初设	施工图	初设	施工图
概预算	D4A8	1 编制说明、系统概算表、个别概算表、主要系统工程数量表	提供资料	√	√	1	1
车辆	D4A3	1 车辆无线通信设备安装要求 2 列车显示器的功能及技术要求	提供资料	√	√	1 2	1 2
限界	D4A5	1 区间设备尺寸及安装方式	提供资料	√	√	1	1
动力与照明	D4C3	1 用电及接地要求	提供资料	√	√	1	1
通信	D4D1	1 所需通信信道数量及接口类型	提供资料	√	√	1	1
信号	D4D5	1 列车所需 ATS 信息	提供资料	√	√	1	1
ISCS	D4D10	1 接口类型、位置	提供资料，协调设备功能	√	√	1	1
云平台	D4D15	1 中心服务器设备及计算资源要求	提供资料	√	√	1	1
智能客服	D4D18	1 导引设备及接口类型	提供资料	√	√	1	1
轨道	D4A6	1 通信管线穿越轨道区域的资料	提供资料	√	√	1	1

第30章
信号

30.1 专业组成

本专业组成主要包括：

（1）控制中心信号设备；

（2）正线（包括折返线、存车线、联络线等）及各车站信号设备；

（3）车辆基地信号设备；

（4）试车线信号设备；

（5）列车车载信号设备；

（6）维修中心信号系统检修及维修设备；

（7）培训中心信号系统设备。

30.2 专业功能

信号系统是现代城市轨道交通自动控制系统中的重要部分，用于保证列车和乘客的安全，实现列车快速、高密度、有序运行，其核心是列车自动控制ATC系统，它由列车自动防护（ATP）子系统、列车自动驾驶（ATO）子系统和列车自动监控（ATS）子系统组成，各子系统间相互渗透，实现地面控制与车上控制相结合、现地控制与中央控制相结合，构成一个以安全设备为基础，集行车指挥和运行调整等功能为一体的列车自动控制系统。

30.3 专业的主要接口

信号专业与相关专业的接口可以概括为以下两部分。

物理接口：包括与线路、车站建筑、轨道、限界、区间、桥梁、控制中心（含工艺、线网指挥平台）、车辆基地等土建专业的有关信号设备土建预留、电缆管沟、设备用房需求，与行车组织及运营管理专业有关运营组织方面的配合等，与动力与照明专业有关用电及接地需求，与通风空调专业有关环境需求等。

电气接口：主要包括与通信、综合监控系统、站台门、防淹门、车辆等机电专业的信道需求、条件互锁、信息交换等电气接口。

30.4 专业设计技术接口表

30.4.1 设计输入部分(表 30.4-1)

相关专业对信号专业的输入接口表 表 30.4-1

专业名称:信号 专业代号:SIG 接口编码:D5

接口名称	接口编号	输入接口要求	接口处理及用途	输入设计阶段		受资专业需重点核对、协商条款	
				初设	施工图	初设	施工图
线路	A4D5	1 全线线路平、剖面图 2 车站分布表和线路曲线表 3 有岔车站的平面布置图及作业性质 4 线路竖曲线的土建结构限速值 5 线路平直地段(无平面曲线和竖曲线地段)的土建结构限速值	提供资料、会签	√	√	1~3	1~5
轨道	A6D5	1 正线和车辆基地道岔采用的专线号,道岔平面布置图 2 线路平面曲线的轨道外轨超高量及结构限速表 3 轨道梁结构图(包括平、剖、断、侧面图) 4 道床层内预埋信号过轨管线资料	提供资料、会签	√	√	1 2	1~4
桥梁	B12D5	1 高架桥梁墩帽的结构图 2 高架桥梁墩帽上预留信号轨旁设备安装位置资料	提供资料、会签		√		1 2
建筑	B5D5	1 车站、车辆基地和控制中心的建筑平、剖面图 2 车辆基地房屋、车站和控制中心的电缆管廊及预留孔洞位置资料 3 车站范围预留转辙机等轨旁信号设备安装空间资料	提供资料、会签	√	√	1 3	1~3

续上表

<table>
<tr><th rowspan="2">接口名称</th><th rowspan="2">接口编号</th><th rowspan="2">输入接口要求</th><th rowspan="2">接口处理及用途</th><th colspan="2">输入设计阶段</th><th colspan="2">受资专业需重点核对、协商条款</th></tr>
<tr><th>初设</th><th>施工图</th><th>初设</th><th>施工图</th></tr>
<tr><td>车站结构（含防水）</td><td>B8D5</td><td rowspan="2">1 区间结构层内预埋信号过轨管线资料
2 明挖区间预留转辙机等轨旁信号设备安装空间资料</td><td rowspan="2">提供资料、会签</td><td rowspan="2">√</td><td rowspan="2">√</td><td rowspan="2">2</td><td rowspan="2">1
2</td></tr>
<tr><td>区间</td><td>B9D5</td></tr>
<tr><td>区间</td><td>B9D5</td><td>1 地下上、下行隧道间的通道位置资料
2 区间预留转辙机等轨旁信号设备安装空间资料</td><td>提供资料、会签</td><td>√</td><td>√</td><td>2</td><td>1
2</td></tr>
<tr><td>人防（含防淹门）</td><td>A7D5/
E7D5</td><td>1 全线人防门（含防淹门）的设置里程表
2 穿越人防门（含防淹门）区域的信号管线预埋资料</td><td>提供资料、会签</td><td>√</td><td>√</td><td>1</td><td>1
2</td></tr>
<tr><td>概预算</td><td>A8D5</td><td>1 概算编制依据、采用的标准及编制办法</td><td>提供资料</td><td>√</td><td></td><td>1</td><td></td></tr>
<tr><td>行车组织与运营管理</td><td>A2D5</td><td>1 客流量及系统输送能力分析
2 车站配线及说明
3 列车运行管理模式（包括列车驾驶方式、列车的调度指挥、驾驶员的管理等）
4 正常及非正常情况下行车组织方式和列车交路
5 线路的列车最高运行限速值，通过站台限速及其他临时限速要求
6 列车区间运行时间和车站停站时间表，列车运行间隔时分分析计算
7 行车牵引计算资料
8 进路设置要求</td><td>提供资料，协商解决</td><td>√</td><td>√</td><td>1~7</td><td>1~8</td></tr>
<tr><td>车辆</td><td>A3D5</td><td>1 车辆的配车数量
2 车辆的主要技术参数及编组资料
3 车辆有关牵引和制动的各种特性参数
4 车辆与信号系统间的设备输入/输出接口、安装接口
5 电源及接地系统接口位置和技术参数</td><td>提供资料</td><td>√</td><td>√</td><td>1~3</td><td>1~5</td></tr>
</table>

续上表

接口名称	接口编号	输入接口要求	接口处理及用途	输入设计阶段		受资专业需重点核对、协商条款	
				初设	施工图	初设	施工图
限界	A5D5	1 全线各种建筑限界图	提供资料	√	√	1	1
车辆基地	F2D5/F3D5/F8D5	1 包括出/入段线、洗车线和试车线等在内的车辆基地作业及检修流程和作业方式 2 车辆基地总平面布置图 3 车辆基地室外管线综合布置资料 4 车辆基地牵引供电范围	提供资料、会签	√	√	2	1~4
控制中心（含工艺、线网指挥平台）	D17D5	1 控制中心的规模和功能定位 2 控制中心中央控制室的设备工艺布置要求 3 控制中心建筑平面布置图及中央控制室设备布置图 4 控制中心预留条件	提供资料、会签	√	√	1~3	1~4
供电系统（牵引供电）	C2D5	1 正线和车辆基地的相关牵引供电资料及牵引供电状况显示	提供资料		√		1
动力与照明	C3D5	1 接地系统原理图、布置图及接地电阻值	提供资料	√	√	1	1
通信	D1D5	1 通信信道及信道接口资料 2 主时钟信息	提供资料	√	√	1	1 2
ISCS	D10D5	1 综合监控各个系统的方式和接口界面的划分 2 综合监控系统与信号系统交换接口信息内容和方式 3 与信号系统的接口位置和接口要求	提供资料	√	√	1~3	1~3
通风空调	E1D5	1 在车站、控制中心及车辆基地信号设备用房屋内通风空调设备的布置情况	会签	√	√	1	1

续上表

接口名称	接口编号	输入接口要求	接口处理及用途	输入设计阶段		受资专业需重点核对、协商条款	
				初设	施工图	初设	施工图
站台门	E6D5	1 全线防淹门的设置里程表 2 全线各车站、区间的站台门、防淹门的控制要求及与信号专业的接口原则 3 穿越防淹门区域的信号管线预埋资料	提供资料、会签	√	√	1 2	1~3
防淹门	E7D5						
消防	G9D5	1 全线车站、控制中心、车辆基地信号设备用房屋内采取的消防措施及消防设备的设置情况	提供资料		√		1
站场	F1D5	1 车辆基地站场平面布置图	提供资料	√	√	1	1

30.4.2 设计输出部分（表 30.4-2）

信号专业对相关专业的输出接口表 表 30.4-2

专业名称：信号　专业代号：SIG　接口编码：D5

接口名称	接口编号	输出接口要求	接口处理及用途	输出设计阶段		输出资料重点控制条款	
				初设	施工图	初设	施工图
线路	D5A4	1 对车站配线图的意见 2 对折返线、存车线等线路设置长度的意见	提供资料，协商解决	√	√	1 2	1 2
轨道	D5A6	1 信号设备在道床层需预埋管件和轨旁设备需预留安装空间的要求	提供资料		√		1
桥梁	D5B12	1 在高架桥梁墩帽上预留信号轨旁设备安装坑、槽、管的要求 2 在高架桥梁上信号专用标志的设置要求 3 在高架桥梁墩帽上信号轨旁设备的负荷要求	提供通用图或其他资料		√		1~3

续上表

接口名称	接口编号	输出接口要求	接口处理及用途	输出设计阶段		输出资料重点控制条款	
				初设	施工图	初设	施工图
建筑	D5B5	1 车站、车辆基地和控制中心信号生产房屋设置要求 2 车站、车辆基地和控制中心室内信号设备对环境条件的要求 3 车辆基地房屋、车站和控制中心信号电缆管线的布置及沟槽管洞要求 4 车辆基地房屋、车站和控制中心预埋件及预留孔尺寸图 5 车站范围内转辙机等轨旁信号设备安装空间的预留要求	提供资料、会签	√	√	1 2 5	1~5
区间	D5B9	1 在区间结构层内预埋信号过轨管线的要求	提供资料		√		1
轨行区综合管线	D5B10	1 地下区间转辙机安装空间的预留要求 2 地下区间其他轨旁信号设备的安装要求	提供资料	√	√	1	1 2
人防	D5A7	1 穿越人防门区域预埋信号管线的要求	提供资料		√		1
概预算	D5A8	1 信号初步设计概算、综合概算、个别概算及编制说明 2 信号初步设计工程数量表及设备材料表	提供资料	√		1 2	
行车组织与运营管理	D5A2	1 进路设置等信号相关子系统和设备的控制及表示的反应延迟时间参数等行车组织与运营管理评价所需资料 2 信号机的设置及轨道区段划分要求 3 信号制式、信号维护管理机构及生产定员的设置	提供资料，协商解决	√	√	2 3	1~3

续上表

接口名称	接口编号	输出接口要求	接口处理及用途	输出设计阶段		输出资料重点控制条款	
				初设	施工图	初设	施工图
车辆	D5A3	1 车辆系统与信号系统各种详细的接口技术条件、接口方式、接口协议和接口功能的实现 2 车门、司机门的监控及对列车广播的控制要求 3 车辆与信号车载设备连接后的静态和动态试验 4 信号系统与车辆关联设备及线缆的供货分工	设计协调		√		1~4
限界	D5A5	1 全线道岔转辙机的安装位置表 2 转辙机等轨旁信号设备安装空间的预留要求 3 全线信号机布置及安装图	提供资料	√	√	2	1~3
车辆基地	D5F2/ D5F3/ D5F8	1 信号专业对车辆基地作业方式的意见 2 信号维护管理机构及生产定员的设置 3 车辆基地信号平面图及室外电缆路径图 4 车辆基地站场及硬化地面区域预埋管线和预留沟槽的要求	提供资料、会签	√	√	1 2	1~4
控制中心（含工艺、线网指挥平台）	D5D17	1 控制中心工艺布置要求，管线资料及信号控制模式	提供资料		√		1
动力与照明	D5C3	1 车站、控制中心、车辆基地各信号设备接地要求 2 车站、控制中心、车辆基地各信号设备用电要求 3 车站、控制中心、车辆基地各信号设备用房屋照明要求 4 车站、控制中心、车辆基地各信号房屋插座设置要求	提供资料	√	√	1~4	1~4

续上表

<table>
<tr><th rowspan="2">接口名称</th><th rowspan="2">接口编号</th><th rowspan="2">输出接口要求</th><th rowspan="2">接口处理及用途</th><th colspan="2">输出设计阶段</th><th colspan="2">输出资料重点控制条款</th></tr>
<tr><th>初设</th><th>施工图</th><th>初设</th><th>施工图</th></tr>
<tr><td>供电系统（杂散电流）</td><td>D5C2</td><td>1 室外信号设备平面布置图
2 正线、车辆基地信号计轴设备、钢轨绝缘节（如有）的设置位置</td><td>提供资料，配合设计</td><td></td><td>√</td><td></td><td>1
2</td></tr>
<tr><td>通信</td><td>D5D1</td><td>1 信号系统所需通信通道和通道接口类型及数量要求
2 信号系统与主时钟同步信息的接口要求
3 与无线系统的接口内容、方式及接口划分
4 与 PIS 的接口内容、方式及接口划分</td><td>提供资料</td><td>√</td><td>√</td><td>1~4</td><td>1~4</td></tr>
<tr><td>ISCS</td><td>D5D10</td><td>1 按综合监控系统的要求提出信号系统的接口内容、接口位置、接口原则和接口界面的划分</td><td>提供资料，协商解决</td><td>√</td><td>√</td><td>1</td><td>1</td></tr>
<tr><td>通风空调</td><td>D5E1</td><td>1 车站、控制中心、车辆基地室内信号设备对环境条件的要求
2 车站、控制中心、车辆基地信号设备用房屋设置通风空调设备的要求</td><td>提供资料</td><td>√</td><td>√</td><td>1
2</td><td>1
2</td></tr>
<tr><td>站台门</td><td>D5E6</td><td rowspan="2">1 站台门、防淹门的控制及与信号专业的接口原则
2 穿越防淹门、区域信号管线的预埋要求</td><td rowspan="2">提供资料</td><td rowspan="2">√</td><td rowspan="2">√</td><td rowspan="2">1</td><td rowspan="2">1
2</td></tr>
<tr><td>防淹门</td><td>D5E7</td></tr>
<tr><td>消防</td><td>D5G9</td><td>1 有关信号房屋的面积、设备布置等资料</td><td>提供资料</td><td></td><td>√</td><td></td><td>1</td></tr>
</table>

第 31 章
自动售检票

31.1 专业组成

自动售检票（AFC）系统是一个计程计时的全自动收费系统，使用非接触式 IC 卡（Integated Circuit Card，集成电路卡）、虚拟车票等作为车票媒体。系统所有设备均具备处理非接触 IC 卡车票及虚拟车票的能力，包括轨道交通专用非接触 IC 卡车票及第三方系统发行车票。设备的处理能力及存储容量至少满足工程远期设计客流的要求，并可实现与地铁已建和在建线路乘客在付费区换乘的要求，且与其他公交系统实现“一卡通”。

AFC 系统主要由线路网络汇聚节点、车站计算机系统、车站终端设备、维修系统、培训系统、模拟测试系统、车票及通信网络组成。

31.2 专业功能

1）车站计算机系统（SC）

SC 是系统中的重要组成部分，车站服务器直接负责控制和管理车站的各类设备。在整个 AFC 系统中，车站计算机系统负责对本车站内部的所有设备进行实时监控，并可对车站 AFC 系统运营、票务、收益以及维修等功能进行集中管理。车站计算机能够收集、处理车站内的各类数据，并上传到清分中心；接收清分中心下传的各类系统参数，并下载到各车站设备；可接收清分中心下达系统的各类命令，并下传到各车站设备；同时，可根据需要自行向车站设备下达控制命令，并将该操作记录上传到清分中心。

2）车站终端设备（SLE）

车站终端设备包括票房售票机、自动售票机、云购票机、自动检票机及便携式检验票机等。

对使用单程票的乘客，需乘客自己操作自动售票机、云购票机购 / 取票。乘客购 / 取票后，经进站检票机检验其所持车票有效后方能进站乘车；到达目的地出站时仍需经出站检票机检验车票的有效性。若出站检票机检验车票有效，则车票回收，乘客出站；若检验车票无效，则出站检票机退出车票，乘客不能出站，乘客需持车票到自助票务处理设备自助对其车票进行分析处理或前往客服中心由工作人员对其车票进行分析处理。

对使用储值票、生物类车票（Face ID、指纹等）、移动支付票的乘客，可根据需要购买不同金额的车票，该车票不限使用次数。乘客每次乘车，需经进站检票机检票后方能进站，出站时经出站检票机检票，并扣除相应的乘车资费。此类票出站检票机不回收，可不断向票内充值，乘客可长期持有使用。

3）维修系统

AFC 维修系统用于维修中心人员对 AFC 系统设备和部件进行检修及测试等，由车站计算机系统和车站终端设备等组成。维修系统与清分云平台通过通信系统提供的通信传输网进行通信。能通过清分云平台接受车站计算机系统上传的设备故障信息，并将故障信息（包括车站、设备号、故障信息和日期等）转发到相关维修部门。维修系统能生成并打印维修报表，并上传至清分云平台。设备维修状态信息应能对外发布到指定客户的移动手机终端上。

4）培训系统

AFC 培训系统是模拟车站 AFC 系统运行的独立培训系统，用于对 AFC 系统车站操作人员及设备维护和检修的技术人员进行培训。AFC 培训系统由车站计算机系统和车站终端设备等组成。

5）模拟测试系统

模拟环境主要对系统对接、软件更新、重要系统参数的修改、新增设备的模拟测试和维修后设备的模拟测试。模拟测试环境能够接入 ICCS（Integrated Centeral Computer System）清分测试系统，构成完整的模拟测试环境，可用于与 ICCS 的接口测试和联合集成测试。模拟测试系统由模拟测试服务器、车站计算机系统和车站终端设备等组成。

6）车票

车票是记录乘客乘车信息的媒介和载体，能记录车票的系统编号、安全信息、车票种类、个人信息、进 / 出站信息、金额、有效期、历史交易记录等信息，与车站终端设备共同完成系统 AFC 功能。

车票为符合 ISO 14443 标准的非接触式 IC 卡及手机地铁票作为轨道交通车票的票卡。储值票采用卡式，单程票采用代币式票卡 Token。移动支付票包括金融 IC 卡、地铁云卡、NFC 手机地铁票、eID 等。生物车票包括 Face ID、指纹等。

7）传输网络

（1）车站级局域网：1000M 工业环形结构以太网，接口类型为 GE 光纤接口，通信协议为 TCP/IP；

（2）线路中央至各车站（含车辆基地）通信传输网：设 2 条 1000M 独立逻辑网络通道，接口类型为 GE 光纤接口。

31.3 专业的主要接口

自动售检票专业的接口主要包括与动力与照明、通信、建筑、综合监控系统、门禁等专业的接口。

31.4 专业设计技术接口表

31.4.1 设计输入部分(表31.4-1)

相关专业对自动售检票专业的输入接口表 表31.4-1

专业名称:自动售检票 专业代号:AFC 接口编码:D6

接口名称	接口编号	输入接口要求	接口处理及用途	输入设计阶段		受资专业需重点核对、协商条款	
				初设	施工图	初设	施工图
线路	A4D6	1 车站分布表	提供资料,用于构建网络、确定数量	√		1	
建筑装修(含外部景观)	B6D6	1 车站特征表 2 车站总平面布置图 3 车站建筑平、剖面图 4 车辆基地、控制中心建筑平面图 5 大型枢纽车站、换乘站建筑方案 6 与城际换乘车站建筑方案 7 既有线路换乘站改造方案 8 装修图纸	提供资料、协商,用于确认设备布置	√	√	1~7	1~8
概预算	A8D6	1 编制说明、汇总概算表、概算表、安装个别概算表、设备购置费个别概算表、工料机汇总表、甲乙供分劈概算、招标概算表	提供资料,用于确认概算	√		1	
客流预测	A1D6	1 全线预测客流结果	提供资料,用于计算设备数量	√		1	
行车组织与运营管理	A2D6	1 系统能力、运营管理要求、行车交路	提供资料,用于计算设备数量	√		1	
通信	D1D6	1 所需的图纸、方案	提供资料,用于确定网络需求	√	√	1	1
ISCS	D10D6	1 接口位置与接口要求,车站IBP盘的布置图	提供资料,用于确认接口需求	√	√	1	1
动力与照明	C3D6	1 所需的用电、接地图纸、方案	提供资料,用于确认用电、接地需求	√	√	1	1
云平台	D15D6	1 接口位置与接口要求	提供资料,用于确定系统架构	√	√	1	1

续上表

接口名称	接口编号	输入接口要求	接口处理及用途	输入设计阶段		受资专业需重点核对、协商条款	
				初设	施工图	初设	施工图
清分	D7D6	1 接入需求	提供资料、协商，用于确认接口需求	√	√	1	1
智能客服	D18D6	1 功能接口需求	协商，用于确认接口需求	√	√	1	1
FAS	D8D6	1 物理接口、功能接口要求	协商，用于确认接口需求	√	√	1	1
综合管线	B7D6	1 反馈综合管线图纸	提供资料，用于确认管槽敷设		√		1

31.4.2 设计输出部分（表31.4-2）

自动售检票专业对相关专业的输出接口表 表31.4-2

专业名称：自动售检票 专业代号：AFC 接口编码：D6

接口名称	接口编号	输出接口要求	接口处理及用途	输出设计阶段		输出资料重点控制条款	
				初设	施工图	初设	施工图
建筑装修（含外部景观）	D6B6	1 车站AFC设备数量及布置要求 2 车站、车辆基地、控制中心AFC设备用房要求 3 车站AFC综合管线布置图 4 车站AFC设备布置图	提供资料，用于确认设备及管线布置	√	√	1 2 4	1~4
概预算	D6A8	1 设备数量表 2 材料数量表 3 工程量清单	提供资料，用于确认概算	√		1~3	
动力与照明	D6C3	1 车站、控制中心、车辆基地AFC设备动力配电、用房照明及接地要求	提供资料，用于确认用电、接地需求	√	√	1	1
通信	D6D1	1 通信信道数量及接口类型	提供资料，用于确认网络需求	√	√	1	1
ISCS	D6D10	1 综合监控系统所需的数据 2 车站控制室IBP盘工艺布置要求	提供资料、协商，用于确认接口需求	√	√	1	1 2
门禁	D6D11	1 票卡的技术规格	提供资料，用于确认接口需求		√		1
智能客服	D6D18	1 明确功能接口分界 2 物理接口位置	协商，用于确认接口需求	√	√	1 2	1 2

续上表

接口名称	接口编号	输出接口要求	接口处理及用途	输出设计阶段		输出资料重点控制条款	
				初设	施工图	初设	施工图
通风空调	D6E1	1 AFC设备用房的环境要求、机柜布置图 2 AFC设备发热量	提供资料，用于确认环境需求	√	√	1 2	1 2
FAS	D6D8	1 满足功能接口要求	协商，用于确认接口需求	√	√	1	1
云平台	D6D15	1 需构建在综合业务云平台的系统所需的硬件资源（如需）	提供资料，用于确定系统架构	√	√	1	1
综合管线	D6B7	1 管线图 2 管线敷设要求	提供资料，用于确认管槽敷设		√		1 2

第 32 章
清分

32.1 专业组成

城市轨道交通清分中心系统（ICCS）应采用先进的计算机技术和数据处理技术，为所有轨道交通线路提供准确、及时的票务清分服务，并统一发行所有轨道交通专用单程票卡，统一制定轨道交通 AFC 系统的运营政策，为城市轨道交通控制中心实时提供各线路客流、各种业务数据的分析服务等。ICCS 是各轨道交通线路 AFC 系统对外的唯一数据接口。

32.2 专业功能

（1）ICCS 应满足城市轨道交通线网工程 AFC 系统运营管理、收益清算、车票发行和管理、数据采集分析处理和联网收费的需要，并充分考虑线网扩展的需求，为后续线路的接入预留条件。

（2）ICCS 提供城市轨道交通线网与外部系统之间的数据接口，系统网络结构和通信协议符合国际和国内标准规范及相关规定，实现系统之间的互联。

（3）ICCS 与第三方清算中心互联，实现轨道交通与其他公共交通等的一票换乘和清分功能。

（4）ICCS 具有良好的扩展性。

（5）ICCS 具有必要的开放性和标准化接口，能够在保证整个系统数据安全的前提下为各个外部应用系统提供统一的统计信息源。

（6）ICCS 应具有多功能、高性能的安全措施，保证各类信息的安全。

（7）ICCS 应具有数据备份和自动恢复功能，设置灾备系统，保障轨道交通线网的正常运营。

（8）ICCS 设备应具备良好的操作界面，具有高可靠性，便于使用和维修，适应城市的环境条件。

32.3 专业的主要接口

清分专业的接口主要包括与以下专业的接口：动力与照明、通信、建筑、自动售检票、云平台（含线网指挥系统、电子发票系统、乘客“画像”信息数据库）、智能客服、安检、大数据、概预算、综合管线。

32.4 专业设计技术接口表

32.4.1 设计输入部分(表 32.4-1)

相关专业对清分专业的输入接口表 表 32.4-1

专业名称:清分 专业代号:QF 接口编码:D7

<table>
<tr><th rowspan="2">接口名称</th><th rowspan="2">接口编号</th><th rowspan="2">输入接口要求</th><th rowspan="2">接口处理及用途</th><th colspan="2">输入设计阶段</th><th colspan="2">受资专业需重点核对、协商条款</th></tr>
<tr><th>初设</th><th>施工图</th><th>初设</th><th>施工图</th></tr>
<tr><td>建筑装修(含外部景观)</td><td>B6D7</td><td>1 建筑总平面图
2 建筑平、剖面图
3 装修图纸</td><td>提供资料,用于确认用房需求</td><td>√</td><td>√</td><td>1
2</td><td>1~3</td></tr>
<tr><td>概预算</td><td>A8D7</td><td>1 编制说明、汇总概算表、概算表、安装个别概算表、设备购置费个别概算表、工料机汇总表、甲乙供分劈概算、招标概算表</td><td>提供资料,用于确认概算</td><td>√</td><td></td><td>1</td><td></td></tr>
<tr><td>通信</td><td>D1D7</td><td>1 通信信道数量及接口类型(适用于线网骨干网)</td><td>提供资料,用于确认网络需求</td><td>√</td><td>√</td><td>1</td><td>1</td></tr>
<tr><td>AFC</td><td>D6D7</td><td>1 按接入要求提供满足接入清分系统要求的软硬件</td><td>协商,用于确认接口需求</td><td>√</td><td>√</td><td>1</td><td>1</td></tr>
<tr><td>云平台</td><td>D15D7</td><td>1 物理接口位置及类型
2 线网指挥系统、电子发票系统、乘客“画像”信息数据库提供功能接口需求</td><td>提供资料、协商,用于确认接口需求</td><td>√</td><td>√</td><td>1
2</td><td>1
2</td></tr>
<tr><td>智能客服</td><td>D18D7</td><td rowspan="3">1 功能接口需求</td><td rowspan="3">协商,用于确认接口需求</td><td rowspan="3">√</td><td rowspan="3">√</td><td rowspan="3">1</td><td rowspan="3">1</td></tr>
<tr><td>安检</td><td>D13D7</td></tr>
<tr><td>大数据</td><td>D16D7</td></tr>
<tr><td>动力与照明</td><td>C3D7</td><td>1 所需的用电、接地图纸及资料</td><td>提供资料,用于确认用电、接地需求</td><td>√</td><td>√</td><td></td><td>1</td></tr>
<tr><td>综合管线</td><td>B7D7</td><td>1 反馈综合管线图纸</td><td>提供资料,用于确认管槽敷设</td><td></td><td>√</td><td>1</td><td>1</td></tr>
</table>

32.4.2 设计输出部分(表 32.4-2)

清分专业对相关专业的输出接口表 表 32.4-2

专业名称:清分 专业代号:QF 接口编码:D7

接口名称	接口编号	输出接口要求	接口处理及用途	输出设计阶段		输出资料重点控制条款	
				初设	施工图	初设	施工图
建筑装修(含外部景观)	D7B6	1 清分设备用房建筑要求 2 清分设备用房装修要求	提供资料,用于确认用房需求	√	√	1	1 2
概预算	D7A8	1 编制说明、汇总概算表、概算表、安装个别概算表、设备购置费个别概算表、工料机汇总表、甲乙供分劈概算、招标概算表	提供资料,用于确认概算	√		1	
通信	D7D1	1 通信信道数量及接口类型(适用于线网骨干网)	提供资料,用于确认网络需求	√	√	1	1
AFC	D7D6	1 接入要求	协商,用于确认接口需求	√	√	1	1
云平台	D7D15	1 需构建在综合业务云平台的系统所需的硬件资源(如需) 2 线网指挥系统、电子发票系统、乘客"画像"信息数据库提供功能接口需求	提供资料、协商,用于确认接口需求	√	√	1 2	1 2
智能客服	D7D18	1 功能接口需求	协商,用于确认接口需求	√	√	1	1
安检	D7D13						
大数据	D7D16						
动力与照明	D7C3	1 清分设备动力配电、用房照明及接地要求	提供资料,用于确认用电、接地需求	√	√	1	1
综合管线	D7B7	1 反馈综合管线图纸	提供资料,用于确认管槽敷设		√		1
通风空调	D7E1	1 清分设备用房的环境要求、机柜布置 2 清分设备发热量	提供资料,用于确认环境需求	√	√	1 2	1 2

第 33 章 火灾自动报警系统

33.1 专业组成

火灾自动报警系统(不含自动灭火控制部分,下同)组成主要包括:

(1)控制中心中央级设备;

(2)车站级监控管理设备;

(3)位于各车站现场级的报警控制盘;

(4)消防专用电话系统;

(5)各类探测器;

(6)手动报警装置;

(7)输入输出模块;

(8)全线监控信息传输网络;

(9)中央级局域网;

(10)车站级局域网;

(11)总线网络。

系统一般在车辆基地综合楼设置 FAS 维修维护工作站,为全线 FAS 维修中心。

33.2 专业功能

火灾自动报警系统由中央级、车站级、就地级构成,包不含自动灭火控制部分。

系统的主要功能是利用控制技术、探测传感技术、计算机及网络技术,实现对全线各车站可能发生的灾害(主要是火灾)在火灾初期及早发现、及时确认、及时报警,联动防排烟、消防水泵以及防火隔断设施等消防专用设备,命令 BAS 等消防联动控制子系统控制其被控设备转入灾害工况模式运行。系统实施的主要目的是给乘客营造一个安全、舒适的乘车环境。

33.3 专业的主要接口

由于 FAS 涉及的接口众多,接口设计已经成为 FAS 成功与否的关键因素之一。目前,接口转换的技术虽然成熟,但产品种类多,考虑 FAS 的可实施性和可维护性,建议尽可能统一接口标准和接口协议。

FAS 的主要接口专业包括建筑(车站、车辆基地、主变电所等)、通风空调、给排水及消防、自动灭火、动力与照明、环境与设备监控、综合监控系统等。

33.4 专业设计技术接口表

33.4.1 设计输入部分(表 33.4-1)

相关专业对火灾自动报警系统专业的输入接口表　　表 33.4-1

专业名称:火灾自动报警系统　专业代号:FAS　接口编码:D8

接口名称	接口编号	输入接口要求	接口处理及用途	输入设计阶段		受资专业需重点核对、协商条款	
				初设	施工图	初设	施工图
线路	A4D8	1 线路工程概况,区间线路平面图	用于文件编制	√	√	1	1
限界	A5D8	1 地下区间断面限界图和限界要求 2 过轨综合管线(协调)	用于设备布置、线缆路径设计		√		1
人防	A7D8	1 车站与区间建筑的平、剖面图,人防门通用图或其他资料	用于线缆路径设计		√		1
概预算	A8D8	1 工程量清单格式要求及概算 2 特殊设备单价、涉及统一取费问题的单价要相互协商 3 横向比较的造价水平 4 工程变更概算	用于统计 FAS 工程量	√	√	1~3	1~4
建筑	B5D8	1 车站、控制中心及主变电所建筑平、剖面图 2 防火卷帘、电动排烟窗、电动排烟口(协商,标准做法) 2.1 防火卷帘门、挡烟垂壁、电动排烟窗、电动排烟口等设备的数量、功能、监控要求 2.2 防火卷帘门、电动排烟窗、电动排烟口等设备平面布置图	用于设备布置、FAS 系统图设计	√	√	1 2.1	1 2.1 2.2
建筑装修(含外部景观)	B6D8	1 车站公共区天花板效果图(CAD 版) 2 常开防火门数量、功能、监控要求	用于设备布置、FAS 系统图设计	√	√	1 2	1 2

续上表

接口名称	接口编号	输入接口要求	接口处理及用途	输入设计阶段		受资专业需重点核对、协商条款	
				初设	施工图	初设	施工图
车站结构（含防水）	B8D8	1 车站结构平面图（建筑专业统筹）	用于设备布置	√	√	1	1
区间	B9D8	1 区间跟随所（区间风井）的平、剖面图 2 区间联络通道的防火门	用于设备布置、FAS系统图设计	√	√	1	1
供电系统	C2D8	1 车站（含存车线、折返线）、区间变电所、车辆基地、主变电所等强电电缆桥架	用于设备布置		√		1
动力与照明	C3D8	1 切非回路数量、编号、位置（电扶梯、动力与照明、FAS专业协商切非延时） 2 应急照明装置数量、编号、平面布置图[《消防应急照明和疏散指示系统技术标准》(GB 51309)] 3 配电箱、接地端子编号、平面位置	用于设备布置	√	√	1 2	1~3
BAS	D9D8	1 接口位置、接口方式	用于设备布置	√	√	1	1
ISCS	D10D8	1 确定集成方案 2 接口界面、接口方式、接口要求	用于系统构成及设备布置	√	√	1 2	1 2
通风空调	E1D8	1 明确被监控设备（防火阀、专用排烟风机等）的数量、监控要求、控制模式、设备平面布置以及接口界面、接口方式等	用于设备布置、FAS系统图设计	√	√	1	1

续上表

接口名称	接口编号	输入接口要求	接口处理及用途	输入设计阶段		受资专业需重点核对、协商条款	
				初设	施工图	初设	施工图
给排水及消防	E4D8	1 消火栓（箱）的平面布置图 2 消防水泵、稳压泵、消防水池、现场水流指示器、信号阀、湿式报警阀等设备的数量、编号、监控要求及平面布置图	用于设备布置、FAS 系统图设计	√	√	2	1 2
自动灭火	E5D8	1 细水雾泵组、水箱液位计等设备的数量、编号、监控要求及平面布置图 2 区域控制阀、压力开关、湿式阀箱等设备的数量、位置、监控要求及平面布置图（气体灭火，阀箱的供电）	用于设备布置、FAS 系统图设计	√	√	1 2	1 2
防淹门	E7D8	1 车站和区间建筑的平、剖面图，防淹门通用图或其他资料	用于线缆路径设计		√	1	1
车辆基地建筑	F3D8	1 车辆基地建筑平、剖面图，有设备防爆要求的房间 2 防火卷帘、电动排烟窗、排烟口等 2.1 防火卷帘门、电动排烟窗、排烟口等的数量、功能、监控要求 2.2 防火卷帘门、电动排烟窗、排烟口等 3 常开防火门数量、功能、监控要求	用于设备布置、FAS 系统图设计		√	1 2.1	1 2.1 2.2 3
车辆基地结构	F4D8	1 各单体结构平面图（建筑专业统筹）	用于设备布置	√	√	1	1
车辆基地通风空调	F5D8	1 明确被监控设备（防火阀、专用排烟风机、加压送风口）的数量、监控要求、控制模式、设备平面布置以及接口界面、接口方式，防烟分区图等	用于设备布置、FAS 系统图设计	√	√	1	1

续上表

接口名称	接口编号	输入接口要求	接口处理及用途	输入设计阶段		受资专业需重点核对、协商条款	
				初设	施工图	初设	施工图
车辆基地给排水及消防（不含自动灭火）	F6D8	1 消火栓（箱）的平面布置图 2 消防水泵（含稳压泵）、喷淋泵、高压细水雾、消防水池、现场水流指示器、信号阀、湿式报警阀等设备的数量、编号、监控要求及平面布置图 3 区域控制阀、压力开关、湿式阀箱等设备的数量、位置、监控要求及平面布置图	用于设备布置、FAS系统图设计	√	√	1~3	1~3
车辆基地动力与照明	F7D8	1 切非回路数量、编号、位置 2 应急照明装置数量、编号、平面布置图	用于设备布置	√	√	1 2	1 2

33.4.2 设计输出部分（表 33.4-2）

火灾自动报警系统专业对相关专业的输出接口表 表 33.4-2

专业名称：火灾自动报警系统　　专业代号：FAS　　接口编码：D8

接口名称	接口编号	输出接口要求	接口处理及用途	输出设计阶段		输出资料重点控制条款	
				初设	施工图	初设	施工图
限界	D8A5	1 FAS 区间断面设备、管线布置示意图	用于地下区间限界图设计		√		1
轨道	D8A6	1 区间过轨要求	用于管线预埋图设计	√	√	1	1
人防	D8A7	1 FAS 在区间人防门预埋管线的要求	用于人防门预埋通用图设计		√		1
概预算	D8A8	1 工程量清单	用于编制概算文件	√	√	1	1
建筑	D8B5	1 房间（及装修标准）、弱电井等需求 2 提供 FAS 孔洞或管线预埋需求	1 用于建筑图设计 2 用于建筑预埋件图设计	√	√	1 2	1 2
建筑装修（含外部景观）	D8B6	1 FAS 设备布置图	用于装修平面图设计		√		1
区间	D8B9	1 FAS 预埋要求	用于区间预埋		√		1
动力与照明	D8C3	1 车站用电量要求及接地要求 2 照度要求	用于设备配置	√	√	1 2	1 2

续上表

接口名称	接口编号	输出接口要求	接口处理及用途	输出设计阶段		输出资料重点控制条款	
				初设	施工图	初设	施工图
BAS	D8D9	1 接口要求、接口界面	用于设备布置	√	√	1	1
ISCS	D8D10	1 确定集成方案 2 接口界面、接口方式、接口要求	用于系统构成及设备布置	√	√	1 2	1 2
通风空调	D8E1	1 设备对环境的要求	用于设备配置	√	√	1	1
防淹门	D8E7	1 车站和区间建筑平、剖面图，防淹门通用图或其他资料	用于孔洞预埋		√		1
车辆基地建筑	D8F3	1 用房及孔洞需求 2 管线预埋需求	用于设备布置、FAS系统图设计	√	√	1 2	1 2
车辆基地通风空调	D8F5	1 设备对环境的要求	用于设备配置	√	√	1	1
车辆基地动力与照明	D8F7	1 车站用电量要求及接地要求 2 照度要求	用于设备配置	√	√	1 2	1 2

第 34 章 环境与设备监控系统

34.1 专业组成

环境与设备监控系统(BAS)分为智能环控设备监控和智能车站设备监控系统,主要包括:

(1)控制中心中央级设备(由综合监控系统专业负责);

(2)车站级监控管理设备(由综合监控系统专业负责);

(3)位于各车站现场级的控制器;

(4)远程 R/O 模块、各类传感器;

(5)执行器以及全线监控信息传输网络;

(6)中央级局域网(由综合监控系统专业负责);

(7)车站级局域网(由综合监控系统专业负责);

(8)现场底层总线控制网络。

系统一般在车辆基地综合楼设置 BAS 维修维护工作站,为全线 BAS 维修中心。

除此之外,系统一般考虑在车站级控制室设置紧急后备盘(IBP),其作为车站级 BAS 的后备模式。

34.2 专业功能

系统的主要功能是利用控制技术、计算机及网络技术来实现对全线各车站通风空调、给排水、动力与照明、电扶梯、乘客导向系统、站台门、门禁系统等设备布局的实时监视或节能控制。另外,系统作为全线消防联动控制子系统,火灾初期,应能通过综合监控系统,或者直接来自 BAS 的火灾指令,控制被控设备立刻转入火灾工况模式运营。在紧急情况下,也可直接通过 IBP 盘来直接发布火灾信息,通过盘面一对一模式按钮直接控制相关机电设备执行灾害模式。系统实施的主要目的是给乘客营造一个安全、舒适的乘车环境。

34.3 专业的主要接口

由于 BAS 涉及的接口众多,接口设计已经成为 BAS 成功与否的关键因素之一。目前接口转换的技术虽然成熟,但产品种类多,考虑到 BAS 的可实施性和可维护性,建议尽可能统一接口标准和接口协议。

BAS 的主要接口专业包括车站建筑,车辆基地建筑,通风空调,给排水及消防,动力与照明,自动扶梯、电梯、楼梯升降机,火灾自动报警系统,综合监控系统等。

34.4 专业设计技术接口表

34.4.1 设计输入部分(表 34.4-1)

相关专业对环境与设备监控系统专业的输入接口表 表 34.4-1

专业名称:环境与设备监控系统 专业代号:BAS 接口编码:D9

<table>
<tr><th rowspan="2">接口名称</th><th rowspan="2">接口编号</th><th rowspan="2">输入接口要求</th><th rowspan="2">接口处理及用途</th><th colspan="2">输入设计阶段</th><th colspan="2">受资专业需重点核对、协商条款</th></tr>
<tr><th>初设</th><th>施工图</th><th>初设</th><th>施工图</th></tr>
<tr><td>线路</td><td>A4D9</td><td>1 线路概况
2 车站分布表</td><td>提供资料,用于构建网络、确定数量</td><td>√</td><td>√</td><td>1</td><td>1</td></tr>
<tr><td>建筑</td><td>B5D9</td><td>1 车站概况说明
2 车站总平面布置
3 车站建筑(含区间风井)平、剖面图
4 车辆基地建筑平面图
5 主变电所平面图
6 控制中心平面图
7 装修图纸</td><td>提供资料,用于确认设备布置</td><td>√</td><td>√</td><td>1~6</td><td>1~7</td></tr>
<tr><td>概预算</td><td>A8D9</td><td>1 编制说明、汇总概算表、概算表、安装个别概算表、设备购置费个别概算表、工料机汇总表、甲乙供分劈概算、招标概算表</td><td>提供资料,用于确认概算</td><td>√</td><td></td><td>1</td><td></td></tr>
<tr><td>人防(含防淹门)</td><td>A7D9/E7D9</td><td>1 人防通用图或其他资料
2 区间人防门(含防淹门)的接口方式、监控要求</td><td>提供资料,用于确定线缆路径、监控内容</td><td>√</td><td>√</td><td>1
2</td><td>1
2</td></tr>
<tr><td>动力与照明</td><td>C3D9</td><td>1 所需的用电、接地方案和图纸
2 明确被监控设备的数量、监控要求、控制模式</td><td>提供资料,用于确认用电、接地需求,确定监控内容</td><td>√</td><td>√</td><td>1
2</td><td>1
2</td></tr>
<tr><td>FAS</td><td>D8D9</td><td>1 接口位置、接口方式</td><td>提供资料、协商,用于确定接口内容</td><td>√</td><td>√</td><td>1</td><td>1</td></tr>
<tr><td>ISCS</td><td>D10D9</td><td>1 确定集成方案
2 接口界面、接口方式、接口要求</td><td>提供资料、协商,用于确定系统构成及设备布置</td><td>√</td><td>√</td><td>1
2</td><td>1
2</td></tr>
</table>

续上表

接口名称	接口编号	输入接口要求	接口处理及用途	输入设计阶段		受资专业需重点核对、协商条款	
				初设	施工图	初设	施工图
通风空调	E1D9	1 明确被监控设备的数量、监控要求、控制模式、设备平面布置以及接口界面、接口方式等 2 环控系统节能控制策略及要求	提供资料、协商，明确设备布置图、控制点数量，实现节能控制要求	√	√	1 2	1 2
自动扶梯、电梯、楼梯升降机	E8D9	1 电梯设备数量、监控要求、接口界面、控制模式 2 扶梯设备数量、监控要求、接口界面、控制模式	提供资料、协商，明确设备布置图、控制点数量	√	√	1 2	1 2
给排水及消防	E4D9	1 明确被监控设备的数量、监控要求、控制模式、设备平面布置以及接口界面、接口方式等	提供资料、协商，明确设备布置图、控制点数量	√	√	1	1

34.4.2 设计输出部分（表 34.4-2）

环境与设备监控系统专业对相关专业的输出接口表 表 34.4-2

专业名称：环境与设备监控系统　　专业代号：BAS　　接口编码：D9

接口名称	接口编号	输出接口要求	接口处理及用途	输出设计阶段		输出资料重点控制条款	
				初设	施工图	初设	施工图
建筑	D9B5	1 车站（含区间风井）的设备、管理用房及预留孔洞要求 2 控制中心设备、管理用房及预留孔洞要求 3 车辆基地的设备、管理用房及预留孔洞要求	提供资料、协商，提供设备及管理用房、预留孔洞	√	√	1~3	1~3
人防（含防淹门）	D9A7/D9E7	1 穿越人防门（含防淹门）区域的预埋管要求	提供资料	√	√	1	1
概预算	D9A8	1 主要设备数量表、材料表	提供资料，用于确定概算	√		1	
动力与照明	D9C3	1 车站（含区间风井）、车辆基地、控制中心等设备用房的用电要求及接地要求	提供资料、协商，按要求为BAS设备供电及接地端子排	√	√	1	1

续上表

接口名称	接口编号	输出接口要求	接口处理及用途	输出设计阶段		输出资料重点控制条款	
				初设	施工图	初设	施工图
FAS	D9D8	1 接口要求、接口界面	提供资料，执行 FAS 火灾模式指令	√	√	1	1
ISCS	D9D10	1 根据集成深度，明确功能接口分界和物理接口位置	提供资料，明确与综合监控系统的接口内容	√	√	1	1
通风空调	D9E1	1 车站（含区间风井）、车辆基地、控制中心等设备用房的环境参数及发热量要求 2 实现环控系统节能控制要求	提供资料，明确对设备使用环境要求，实现对环控系统的节能控制	√	√	1 2	1 2
门禁	D9D11	1 在车辆基地综合楼为门禁提供 UPS 电源	提供资料，为门禁在车辆基地综合楼提供 UPS 电源	√	√	1	1

第35章 综合监控系统

35.1 专业组成

综合监控系统（ISCS）是一个高度集成的综合自动化监控系统，其目的主要是利用统一的监控层硬件平台和软件平台，实现对各被控对象的集中监控和管理功能，同时实现对列车运行情况和客流统计数据的关联监视功能，实现相关各被控对象之间的信息共享和协调联动功能。通过综合监控系统统一的用户界面，运营管理人员能够更加方便、更加有效地监控管理集成系统的相关机电系统。

综合监控系统由中央级监控系统、车站级（含车辆基地）监控系统以及主干网络构成，并接入线网指挥中心。

中央级监控系统由服务器、数据存储设备、各种工作站、大屏幕显示设备、UPS电源、打印机及网络设备等组成。

车站级综合监控系统由服务器、各种工作站、打印机及网络设备等，组成车站级综合监控系统局域网。车站综合监控系统通过分布在车站范围内的车站局域网络，集成车站的PSCADA、BAS、FAS、PSD等系统，同时将通过接口设备互联PA、CCTV系统。

综合监控系统设有网络管理系统、软件测试平台、培训管理系统等辅助子系统。

35.2 专业功能

综合监控系统的主要功能包括：

（1）统一的层次化、生动丰富通用的图形人机界面。可显示系统和子系统接线图、总貌图、流程图、趋势图等。人机界面应遵循色彩一致性、菜单层次性、操作风格一致性、文字显示统一性、操作方式一致性的原则。

（2）集中统一的用户注册和合理的操作权限管理功能。为保证系统安全和控制命令的唯一性，需要集中统一的用户注册管理，各种工作站根据注册用户的权限，开放不同的功能。

（3）完善的报警功能和报警机制，可实现报警信息分类、筛选、重组等功能。各级操作员工作站都具备完善的报警功能，可将报警信息进行分类、筛选、重组，建立一个报警体系。同时，还具有在各种灾害报警下各系统启动灾害模式，进行联锁，组成全系统的安全体系。

（4）高效的历史数据记录及处理、分析和统计、查询功能。系统可对历史数据记录进行处理、分析和统计，具有趋势图、日志等功能，文件处理、归档功能以及报表打印功能。

（5）强大的报表管理、生成和打印功能。具有对各类文件的处理功能，对各类数据和文件进行归档，并可制作各类用户所需报表，具备图形打印、文件打印和报表打印功能。

（6）高效的在线帮助功能。在各种人机界面中，正常工作模式下系统具备联机操作帮助功能。非正常事件、报警事件发生时，人机界面能自动切换到应急处理画面，包括报警性质、等级、位置和处理措施提示。

（7）完善的时间同步功能。综合监控系统从时钟系统中心、车站获得标准时间信号。综合监控系统的各个服务器、操作站均应具备时间同步功能，统一各子系统现场控制器的时钟。

（8）在大屏幕上实现对全线信号系统、CCTV 画面、AFC 客流、供电、隧道通风等系统的运作状况进行监视的功能。

（9）实现被集成系统原有的主要功能，且按照系统工作模式实现必要的联动功能。

（10）在紧急情况下，车站值班人员可通过设置在车站控制室的紧急后备盘（IBP）实现必要的车站紧急后备控制功能。

35.3 专业的主要接口

接口是综合监控系统的重要组成部分，是综合监控系统设计成功与否的关键因素。系统间必须紧密配合，才能保证工程的顺利实施。

根据需要，综合监控系统的接口一般可以分为内部接口和外部接口。内部接口通常是指与各集成子系统之间的接口，外部接口是指综合监控系统与其他专业如建筑、通信、信号、自动售检票等系统之间的接口。

35.4 专业设计技术接口表

35.4.1 设计输入部分（表 35.4-1）

相关专业对综合监控系统专业的输入接口表 表 35.4-1

专业名称：综合监控系统 专业代号：ISCS 接口编码：D10

接口名称	接口编号	输入接口要求	接口处理及用途	输入设计阶段		受资专业需重点核对、协商条款	
				初设	施工图	初设	施工图
线路	A4D10	1 车站分布表	用于规划系统方案	√		1	1
概预算	A8D10	1 概算编制办法	用于编制概算文件	√		1	
建筑	B5D10	1 车站平、剖面图	用于设备布置	√	√	1	1
综合管线	B7D10	1 车站综合管线图纸	用于管线布置	√	√	1	1
车辆基地建筑	F3D10	1 控制中心和车辆基地平、剖面图	用于设备布置	√	√	1	1

续上表

接口名称	接口编号	输入接口要求	接口处理及用途	输入设计阶段		受资专业需重点核对、协商条款	
				初设	施工图	初设	施工图
车辆基地综合管线	F8D10	1 车辆基地综合管线图	用于管线布置	√	√	1	1
控制中心（含工艺、线网指挥平台）	D17D10	1 工艺布置要求	用于设备布置	√	√	1	1
供电系统	C2D10	1 明确功能接口分界和物理接口位置（包括 PSCADA、WF、供电设备在线监测等）	用于接口方案设计	√	√	1	1
动力与照明	C3D10	1 明确功能接口分界和物理接口位置（包括智能照明、能源管理、电气火灾、应急照明、区间智能疏散等）	用于接口方案设计	√	√	1	1
通信	D1D10	1 明确所需通信信道数量及接口类型 2 明确中央时钟接口类型 3 CCTV 明确功能接口分界和物理接口位置（包括 OCC 大屏幕要求） 4 PA、CLK、集中告警明确功能接口分界和物理接口位置	用于接口方案设计	√	√	1~4	1~4
PIDS	D4D10	1 明确功能接口分界和物理接口位置	用于接口方案设计	√	√	1	1
信号	D5D10	1 明确功能接口分界和物理接口位置 2 信号系统控制中心大屏要求及车站控制室 IBP 盘工艺布置要求	用于接口方案设计	√	√	1	1 2
AFC	D6D10	1 明确功能接口分界和物理接口位置 2 车站控制室 IBP 盘工艺布置要求	用于接口方案设计	√	√	1	1 2
FAS	D8D10						

续上表

接口名称	接口编号	输入接口要求	接口处理及用途	输入设计阶段		受资专业需重点核对、协商条款	
				初设	施工图	初设	施工图
BAS	D9D10	1 明确功能接口分界和物理接口位置 2 车站车控室IBP盘工艺布置要求	用于接口方案设计	√	√	1	1 2
门禁	D11D10						
隧道通风	E2D10	1 机械风口里程，以供执行隧道模式 2 隧道内风压	用于接口方案设计		√		1 2
自动扶梯、电梯、楼梯升降机	E8D10	1 明确功能接口分界和物理接口位置 2 车站控制室IBP盘工艺布置要求	用于接口方案设计	√	√	1	1 2
安防	D12D10	1 明确功能接口分界和物理接口位置	用于接口方案设计	√	√	1	1
安检	D13D10						
智能客服	D18D10						
站台门	E6D10	1 明确功能接口分界和物理接口位置 2 车站控制室IBP盘工艺布置要求	用于接口方案设计	√	√	1	1 2
防淹门	E7D10						
云平台	D15D10	1 满足综合监控系统计算、存储、网络及安全的需求	用于接口方案设计	√	√	1	1
大数据	D16D10	1 大数据系统可以开放的相应提升功能 2 大数据系统所需数据的格式、标准 3 相应接口形式	用于接口方案设计	√	√	1~3	3

35.4.2 设计输出部分(表 35.4-2)

综合监控系统专业对相关专业的输出接口表 表 35.4-2

专业名称:综合监控系统 专业代号:ISCS 接口编码:D10

接口名称	接口编号	输出接口要求	接口处理及用途	输出设计阶段		输出资料重点控制条款	
				初设	施工图	初设	施工图
建筑	D10B5	1 设备用房面积、位置、净空要求	用于建筑方案设计	√	√	1	1
建筑装修(含外部景观)	D10B6	1 设备用房装修要求	用于装修方案设计	√	√	1	1
车站结构(含防水)	D10B8	1 设备荷载要求	用于结构方案设计	√		1	
综合管线	D10B7	1 线槽的敷设路径、数量、尺寸、标高 2 管线检修空间要求、管线重量荷载 3 需设置抗震支吊架的范围	用于结构方案设计		√	1	1~3
概预算	D10A8	1 编制说明、系统概算表、个别概算表、主要系统工程数量表	用于编制概算文件	√		1	
行车组织与运营管理	D10A2	1 管理模式、机构设置及定员	用于行车组织方案	√		1	
车辆基地建筑	D10F3	1 设备用房面积、位置、净空及装修要求	用于建筑方案设计	√	√	1	1
车辆基地结构	D10F4	1 设备荷载要求	用于结构方案设计	√	√	1	1
车辆基地通风空调	D10F5	1 设备用房合适的温、湿度要求 2 设备布置位置,避免风口开在设备机柜上方	用于通风方案设计	√	√	1	1 2
车辆基地动力与照明	D10F7	1 集中UPS、配电要求及接口界面,提供照明、插座及接地要求	用于配电方案设计	√	√	1	1

续上表

接口名称	接口编号	输出接口要求	接口处理及用途	输出设计阶段		输出资料重点控制条款	
				初设	施工图	初设	施工图
车辆基地综合管线	D10F8	1 线槽的敷设路径、数量、尺寸、标高 2 管线检修空间要求、管线重量荷载 3 需设置抗震支吊架的范围	用于综合管线设计		√	1	1~3
控制中心（含工艺、线网指挥平台）	D10D17	1 工艺布置要求	用于控制中心工艺设计	√	√	1	1
动力与照明	D10C3	1 集中UPS、配电要求及接口界面，照明、插座及接地要求	用于配电方案设计	√	√	1	1
通风空调	D10E1	1 设备用房合适的温、湿度要求 2 设备布置位置，避免风口开在设备机柜上方	用于通风方案设计	√	√	1	1 2
通信	D10D1	1 接口位置与接口要求 2 综合监控系统网络要求	用于通信方案设计	√	√	1 2	1 2
PIDS	D10D4	1 接口位置与接口要求 2 车站IBP盘的布置图	用于乘客信息显示方案设计	√	√	1 2	1 2
信号	D10D5	1 接口位置与接口要求 2 车站IBP盘的布置图	用于信号方案设计	√	√	1	1 2
AFC	D10D6	1 接口位置与接口要求 2 车站IBP盘的布置图	用于AFC方案设计	√	√	1	1 2
FAS	D10D8	1 接口位置与接口要求 2 车站IBP盘的布置图	用于FAS方案设计	√	√	1	1 2
BAS	D10D9	1 接口位置与接口要求 2 车站IBP盘的布置图	用于BAS方案设计	√	√	1	1 2

续上表

接口名称	接口编号	输出接口要求	接口处理及用途	输出设计阶段		输出资料重点控制条款	
				初设	施工图	初设	施工图
门禁	D10D11	1 接口位置与接口要求 2 车站 IBP 盘的布置图	用于门禁方案设计	√	√	1	1 2
安防	D10D12	1 综合监控系统在车辆基地控制中心 DCC（Depot Control Center）综合设备用房的设备数量及安装要求 2 UPS 需求	用于安防方案设计	√	√	1 2	1 2
安检	D10D13	1 接口位置与接口要求	用于安检方案设计	√	√	1	1
智能客服	D10D18	1 接口位置与接口要求	用于智能客服方案设计	√	√	1	1
站台门	D10E6	1 接口位置与接口要求 2 车站 IBP 盘的布置图	用于站台门方案设计	√	√	1	1 2
防淹门	D10E7	1 接口位置与接口要求 2 车站 IBP 盘的布置图	用于防淹门方案设计	√	√	1	1 2
云平台	D10D15	1 综合监控系统计算、存储、网络及安全等要求	用于云平台规划	√	√	1	1
大数据	D10D16	1 所需提升的功能要求 2 所能提供的数据类型、格式、数量等 3 需要大数据系统反馈的相应结果的数据类型、格式、数量等 4 传输及获取数据的位置（云平台内部/外部、车站/车辆基地/线网中心云节点等）	用于大数据方案设计	√	√	1~4	2~4

第 36 章
门禁

36.1 专业组成

在各控制中心、车站、车辆基地、区间风井、主变电所等的重要设备、管理用房设置门禁装置。

门禁线网级系统主要由门禁管理服务器、视频分析服务器、监控管理工作站、授权工作站、授权读卡器、授权软件、管理软件等组成。门禁系统就地级设备主要由视频和接口设备、网络控制器、交换机、前端设备和就地级网络构成。

36.2 专业功能

系统应能实现在线、离线、灾害、维修四种模式的运行。

线网级系统具有授权管理功能，设置员工票的安全级别、授权进入的区域、密码等。收集从就地级网络控制器上传的员工卡处理记录及统计数据，并对数据进行存储与处理。

在线正常运行模式，在此模式下由读卡器读取门禁卡信息，系统根据授权规则向读卡器下达执行命令。

当线网级系统、车站视频和接口设备、网络控制器、现地控制器之间任意一级通信中断时，下级可根据授权规则自行确定执行相应动作。

当发生火灾时，能将防火分区内门禁锁及相关通道门禁锁全部开启，实现消防联动。

线网级系统能实现对各车站级系统内所有终端设备的监控，系统的运作、授权、参数、网络、数据库、时钟同步和维修等管理，设备监测与控制，报表打印及系统数据的集中采集、统计、保存和查询等。

对于较高安全级别的区域，可通过实时显示及打印的方式进行监控。

在必要时，授权人员可临时设置本车站级范围内的区域及进出权限。

系统具有故障报警、显示功能。

当电源中断恢复后，所有设备可即时自动重新启动。

36.3 专业的主要接口

门禁的主要接口专业包括车站建筑、车辆基地建筑、主变电所、动力与照明、通信、AFC、ISCS、FAS、BAS、安防、云平台等。

36.4 专业设计技术接口表

36.4.1 设计输入部分(表 36.4-1)

相关专业对门禁专业的输入接口表 表 36.4-1

专业名称:门禁 专业代号:ACS 接口编码:D11

接口名称	接口编号	输入接口要求	接口处理及用途	输入设计阶段		受资专业需重点核对、协商条款	
				初设	施工图	初设	施工图
线路	A4D11	1 线路概况 2 车站分布表	提供资料,用于构建网络,确定数量	√	√	1 2	1 2
建筑	B5D11	1 车站概况说明 2 车站总平面布置 3 车站建筑(含区间风井)平、剖面图 4 车辆基地建筑平面图 5 主变电所平面图 6 控制中心平面图 7 装修图纸	提供资料,用于确认设备布置	√	√	1~6	1~7
概预算	A8D11	1 编制说明、汇总概算表、概算表、安装个别概算表、设备购置费个别概算表、工料机汇总表、甲乙供分劈概算、招标概算表	提供资料,用于确认概算	√		1	
动力与照明	C3D11	1 所需的用电、接地方案和图纸	提供资料,用于确认用电、接地需求	√	√	1	1
通信	D1D11	1 确认时钟的接口类型	提供资料,用于确认接口需求	√		1	
AFC	D6D11	1 票卡的技术规格	提供资料,用于确认接口需求	√		1	
ISCS	D10D11	1 接口位置与接口要求,车站 IBP 盘的布置图	提供资料,用于确认接口需求	√	√	1	1
FAS	D8D11	1 发送火灾信息,联动 ACS 门锁的释放	提供资料,用于确认接口需求	√	√	1	1
云平台	D15D11	1 地铁生产业务综合云平台相关方案,为门禁提供云平台资源	提供资料,用于确定云平台接入方案	√	√	1	1

36.4.2 设计输出部分(表 36.4-2)

门禁专业对相关专业的输出接口表 表 36.4-2

专业名称:门禁 专业代号:ACS 接口编码:D11

接口名称	接口编号	输出接口要求	接口处理及用途	输出设计阶段		输出资料重点控制条款	
				初设	施工图	初设	施工图
建筑	D11B5	1 车站(含区间风井)的设备、管理用房及预留孔洞要求 2 控制中心设备、管理用房及预留孔洞要求 3 车辆基地的设备、管理用房及预留孔洞要求 4 主变电所的设备、管理用房及预留孔洞要求	提供资料、协商,提供设备及管理用房,预留孔洞	√	√	1~4	1~4
概预算	D11A8	1 主要设备数量表、材料表	提供资料,用于确定概算	√		1	
行车组织与运行管理	D11A2	1 管理模式、机构设置及定员	提供资料、协商,确定管理模式和机构设置,定员汇总	√	√	1	1
动力与照明	D11C3	1 车站(含区间风井)、车辆基地、控制中心、主变电所用电要求及接地要求	提供资料、协商,按要求为门禁设备供电及接地端子排	√	√	1	1
通信	D11D1	1 对中央时钟提出接口类型要求	提供资料、协商,为门禁提供时钟信号	√	√	1	1
ISCS	D11D10	1 车站控制室接口及界面划分、IBP 盘工艺布置要求 2 与综合监控系统的接口内容及界面划分	提供资料、协商,为门禁在车站控制室 IBP 盘设置应急按钮,明确与综合监控系统的接口内容及界面	√	√	1 2	1 2
BAS	D11D9	1 车辆基地综合楼门禁 UPS 用电要求	提供资料,为门禁在车辆基地综合楼提供电源	√	√	1	1
安防	D11D12	1 车辆基地运转楼楼门禁 UPS 用电要求	提供资料,为门禁在车辆基地运转楼提供电源	√	√	1	1
建筑装修(含外部景观)	D11B6	1 磁力锁安装需求	提供资料,为门禁现场设备预留安装条件	√	√	1	1
云平台	D11D15	1 接入生产业务综合云平台的要求	提供资料,为门禁预留云平台资源	√	√	1	1

第37章 安防

37.1 专业组成

车辆基地地域相对偏僻、空间大、设备贵重，做好安全防范十分重要。采用安全技术防范系统，可以有效地协助安全防范工作。

安防系统采用多种方式构成多方位、立体化的综合防范体系，以保证段内设备安全和工作环境的可靠。系统能够在第一时间内做出相应判断和动作，并以视觉、听觉或其他感受方式通知管理与保安人员，告知事故现场所发生的各种情况，使之做出有效的快速反应，并将所发生事件的全过程以视频记录的方式进行记录，为处理事故提供现场确实可靠的依据。

安防系统包括：

（1）周界告警系统；

（2）视频监控系统；

（3）广播系统；

（4）车辆进出管理系统；

（5）电源与接地系统。

37.2 专业功能

1）周界告警系统基本功能

（1）当有人攀爬和破坏围界柔性金属网时，应能及时发出报警信号，并能有效避免误报。

（2）当发生报警事件时，应能在安防设备用房的计算机终端显示器上准确显示报警的具体位置。同时，安防设备用房的视频监控系统应能控制发生所在地的摄像机立即指向报警现场，锁定报警过程的特写镜头，并录像存档。这样值班人员不仅能够在电子地图上迅速了解出事的准确位置，还能通过监视器了解发生报警事件的实际情况，为其迅速采取措施提供有力的保证。

周界告警系统主要用于防范犯罪分子翻入围墙或破坏围墙。当有人翻入或破坏围墙时，会触动周界告警系统报警，报警信号会显示在周界监视终端上，同时会提供信号给视频监控系统，以达到联动的目的。

2)视频监控系统功能

(1)基本功能:

①监视人员可利用控制软件调看多画面实时图像,可根据优先级通过监视器监视摄像头覆盖区域,以实现人防与技术防范相结合,确保地铁的资产安全。控制终端可调用任何一路视频图像进行视频控制。

②监视人员可监视所有摄像机的实时视频,可以进行循环显示或手动选择显示 1、4、6、9、16 等多种分割画面。

③监视人员可对各个摄像机摄取的画面进行选择。视频控制室内的所有监视终端可以同时显示同一台摄像机的图像。

④多个操作人员可以同时对同一画面进行监视。

(2)图像汉字叠加功能。

(3)录像功能。

(4)智能分析功能。

3)广播系统功能

广播系统主要用于阻止入侵行为。当周界告警系统发出报警信号,并经值班人员确认有入侵行为正在发生时,值班人员可通过设置于消防控制室的广播操作台(含话筒)进行人工广播或播放预置录音,以达到阻止入侵行为的目的。当需要进行消防广播或运营广播时,值班人员也可以通过广播控制台对相应的分区进行广播。

4)车辆进出管理功能

车辆管理系统为在车辆基地出入口设置联网的一进一出管理系统,实现同时适用员工停车者和临时停车者的出入口收费及图像对比功能。

5)电源及接地系统功能

电源设备主要为安防系统设备及运用库内(含运转综合楼)的 FAS、BAS、门禁、ISCS 等提供高质量、高可靠性的电源供应,保证在主电源中断或发生超限波动的情况下,设备在规定的时间内仍能正常工作,等待主电源恢复正常。

采用综合接地方式,保护人身及通信设备的安全。

37.3 专业的主要接口

1)与动力与照明专业接口

安防系统在车辆基地 DCC 综合设备用房设置独立的 UPS 设备为机房内设备供电,要求动力与照明专业在 DCC 综合设备用房为安防系统提供 1 个双电源切换箱。双电源切换箱的输入为 2 路独立的 AC380/220 V 电源,电压波动范围为 -15% ~ +10%,频率为 50Hz(1±5%),电源应能自动切换,容量为 50kV·A,馈出回路不小于 2 路。接口界面在低压配电盘进线侧,动力与照明专业负责接线至配电盘进线端子。双切箱壁挂安装,安装位置需与安防专业确认。

同时，在车辆基地主、次门卫为安防专业提供1处配电箱。配电箱的输入为1路AC380/220V电源，需求容量为2kV·A，同时提供2个馈出分路。接口界面在低压配电盘馈线侧，通信专业负责接线至配电盘馈线端子。

动力与照明专业按车辆基地安防专业要求的等级、负荷容量为车辆基地安防设备供电，向车辆基地安防专业提供专用配电箱，同时为车辆基地安防专业设备提供接地箱或接地端子，接地电阻不大于1Ω。

2)与建筑专业的设计接口

车辆基地安防专业负责向建筑专业提出有关车辆基地安防系统设备用房的位置、装修、沟、槽、管、洞以及各种预埋件等要求。建筑专业根据安防专业所提要求进行设计施工。

3)与通信专业的接口

车辆基地安防专业与通信专业设计分界点在车辆基地通信系统配线架的外侧。

(1)与传输子系统的接口

正线通信专业需为安防专业提供传输通道。安防专业向通信专业提供所需的传输带宽、接口类型及数量。通信专业为安防专业预留相应带宽的传输通道，提供相应数量和类型的接线端子。

(2)与时钟子系统的接口

正线通信专业需为安防专业提供时钟信号。安防专业向通信专业提供所需时钟信号的路数及接口类型。通信专业为安防专业提供相应数量和类型的接线端子。

(3)与视频子系统的接口

车辆基地安防视频监视系统需接入正线视频监视系统，实现正线对安防视频监控系统任意实时图像及录像的调看和控制功能，同时安防视频监控系统具有调看正线车站智能备品间任意一路实时图像及录像的调看和控制功能，严格执行现行《公共安全视频监控联网系统信息传输、交换、控制技术要求》(GB/T 28181)的相关规定。

(4)与广播子系统的接口

车辆基地安防广播系统需接入正线广播系统。安防专业向通信专业提供所要接入的分区数以及接口类型和数量。通信专业为安防专业提供相应类型和数量的接入端口。车辆基地安防广播系统与正线广播系统双方需密切配合，保证协议互相开放，实现车辆基地安防广播系统的无缝接入。

(5)与智能监测管理系统的接口

车辆基地安防系统各子系统网管信息需接入正线集中告警系统。安防专业向通信专业提供各系统网管信息，由集中告警系统统一管理。

4)与云平台的接口

(1)接口界面，如图37.3-1所示。

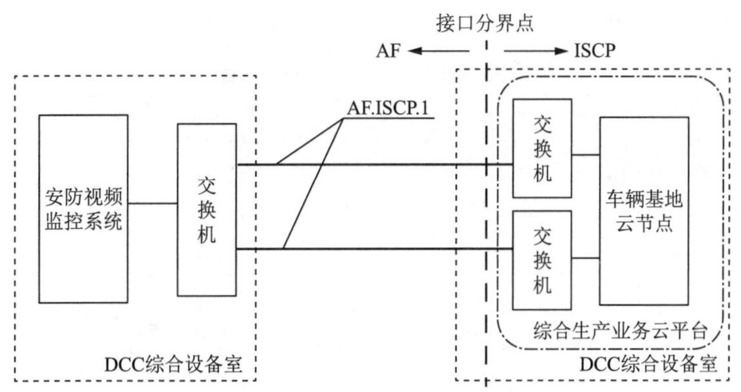

图 37.3-1 与云平台的接口界面

（2）物理接口，见表 37.3-1。

与云平台的物理接口 表 37.3-1

编 号	位 置	AF	ISCP	接口类型
AF.ISCP.1	各车辆基地 DCC 综合设备用房车辆基地云节点交换机上	提供网络电缆（带编号）连接至 DCC 综合设备用房车辆基地云节点交换机上，无偿配合调试	提供交换机端口，负责协议转换，负责调试	万兆单模光口；每处 2 个

（3）功能接口，见表 37.3-2。

功 能 接 口 表 37.3-2

编 号	功能要求	AF	ISCP
AF.ISCP.1	在 AF 和 ISCP 之间建立通信通道	①按约定形式访问及使用综合业务云平台提供的计算资源、存储资源及网络资源； ②提供能够适用于云环境的业务软件	①为安防视频监控系统提供所需的计算、存储及网络资源； ②满足安防视频监控系统业务软件在云环境下的运行要求； ③保障云内相应系统运行及数据的信息安全； ④对网络进行统一的 IP 地址规划

5）与综合监控系统专业的接口

（1）接口划分，如图 37.3-2 所示。

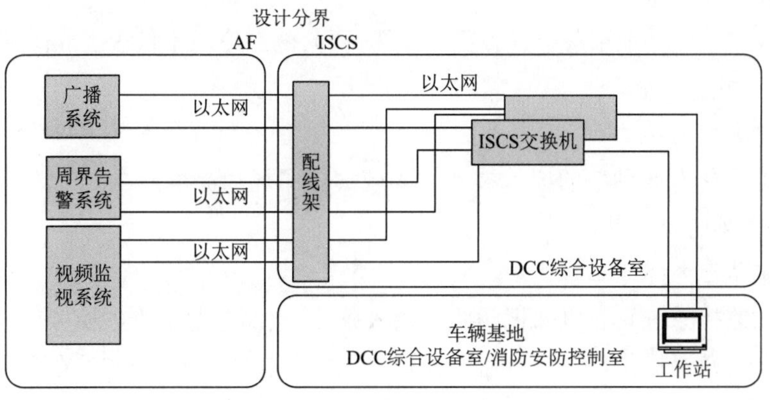

图 37.3-2 接口划分示意图

（2）物理接口，见表 37.3-3。

与综合监控系统专业的物理接口　　表 37.3-3

编号	接口位置	接口类型	综合监控系统	安防系统	备注
1	车辆基地综合监控系统设备用房的配线架外侧	以太网数据接口	提供配线架及端口	提供连接到配线架的电缆	广播系统
2	车辆基地综合监控系统设备用房的配线架外侧	以太网数据接口	提供配线架及端口	提供连接到配线架的电缆	周界告警系统
2	车辆基地综合监控系统设备用房的配线架外侧	以太网数据接口	提供配线架及端口	提供连接到配线架的电缆	视频监控系统

6）与 FAS、BAS、门禁、ISCS 专业的接口

由于安防、FAS、BAS、门禁、ISCS 等专业均设置于车辆基地 DCC 综合设备用房，因而考虑由安防专业给以上五个专业统一供电，以节省建设成本。

车辆基地运用库内的 FAS、BAS、门禁、ISCS 专业需向安防专业提供用电需求（包括容量、回路数量等），安防专业根据各专业的用电需求设置相应容量的 UPS，并提供相应的供电回路。

车辆基地安防专业与 FAS、BAS、门禁、ISCS 等专业的接口位于安防 UPS 输出端配电箱馈线端子处。

7）与车辆基地室外综合管线专业的接口

车辆基地内各建筑物楼与室外弱电管道、管井连通及相关的沟、洞等处的预设钢管（如过轨、建筑物引入等处管道管井）路径由室外综合管线专业统一筹划，由安防专业负责提供钢管路由、人手孔设置点及施工；安防专业负责将车辆基地内各建筑物楼内安防系统的预埋件埋设于装修层中，预埋件的制作安装由安防专业负责设计，装修层施工由车辆基地土建专业负责。

安防专业在车辆基地围蔽上挂设震动电缆，围蔽的高度应不低于 2.5m。两专业间应密切配合，以保证施工质量。

8）与绿化专业的接口

车辆基地绿化专业种植的树木枝叶边界应离停车场周界围栏 3m 以上，以免树叶遮挡摄像机，影响视频监视效果。

9）与车辆基地电梯专业的接口

安防视频监控系统具有电梯视频监控接入条件，电梯专业负责电梯厢体内的摄像机供货、供电及安装，负责提供安防视频监控光端机供电及安装位置；安防专业负责敷设摄像机光缆至电梯控制箱内，接口类型为电口，接口界面位于电梯控制箱内。

37.4 专业设计技术接口表

37.4.1 设计输入部分(表 37.4-1)

相关专业对安防专业的输入接口表　　表 37.4-1

专业名称:安防　　专业代号:AF　　接口编码:D12

接口名称	接口编号	输入接口要求	接口处理及用途	输入设计阶段		受资专业需重点核对、协商条款	
				初设	施工图	初设	施工图
车辆基地建筑	F3D12	1 车辆基地总平面布置图 2 工艺专业对安防的要求 3 DCC 综合设备用房建筑图	用于设备、线路布置	√	√	1~3	1~3
车辆基地通风空调	F5D12	1 机房出风口位置布置图	用于确认风口位置		√		1
车辆基地动力与照明	F7D12	1 动力系统图 2 接地布置图	用于确认用电及接地需求	√	√	1 2	1 2
车辆基地综合管线	F8D12	1 车辆基地室外综合管线图	用于确认室外管线布置及工程量	√	√	1	1
站场	F1D12	1 车辆基地周界围蔽设置类型	用于确认周界告警系统设置方案及区域	√	√	1	1
车辆基地电梯	E8D12	1 车辆基地电梯设置数量及轿厢内视频监控数据接口类型	用于确定电梯视频监控接口界面	√	√	1	1
概预算	A8D12	1 编制说明、汇总概算表、概算表、安装个别概算表、设备购置费个别概算表、工料机汇总表、甲乙供分劈概算、招标概算表	提供资料,用于确认概算	√		1	
云平台	D15D12	1 车辆基地云平台节点设置情况	提供资料,用于确认接口类型及位置	√	√	1	1
门禁	D11D12	1 DCC 综合设备用房设备布置图 2 DCC 机房设备用电需求 3 DCC 机房设备发热量	用于确定 DCC 综合设备用房面积、设备布置,确定 DCC 综合设备用房用电量及发热量	√	√	1~3	1~3

续上表

接口名称	接口编号	输入接口要求	接口处理及用途	输入设计阶段		受资专业需重点核对、协商条款	
				初设	施工图	初设	施工图
ISCS	D10D12	1 DCC综合设备用房设备布置图 2 DCC机房设备用电需求 3 DCC机房设备发热量	用于确定DCC综合设备用房面积、设备布置，确定DCC综合设备用房用电量及发热量	√	√	1~3	1~3
通信	D1D12	1 传输系统资料 2 室外综合管线布置图	用于确定传输接口及室外管线接口	√	√	1 2	1 2

37.4.2 设计输出部分（表37.4-2）

安防专业对相关专业的输出接口表 表37.4-2

专业名称：安防 专业代号：AF 接口编码：D12

接口名称	接口编号	输出接口要求	接口处理及用途	输出设计阶段		输出资料重点控制条款	
				初设	施工图	初设	施工图
车辆基地建筑	D12F3	1 用房需求 2 用房装修要求	用于装修、建筑设计	√	√	1 2	1 2
车辆基地通风空调	D12F5	1 用房环境要求	用于空调设计	√	√	1	1
车辆基地动力与照明	D12F7	1 用房用电需求 2 接地端子需求	用于确认用电需求及接地端子数量	√	√	1 2	1 2
车辆基地综合管线	D12F8	1 车辆基地室外管线布置图	开放室外综合管线布置图	√	√	1	1
站场	D12F1	1 周界围蔽的需求	用于确认周界围蔽的设计方案	√	√	1	1
车辆基地电梯	D12E8	1 车辆基地电梯设置数量及轿厢内视频监控数据接口类型	用于确定电梯视频监控接口类型及界面	√	√	1	1
概预算	D12A8	1 设备清单	提供资料，用于确认概算	√		1	
云平台	D12D15	1 资源、储存需求	用于确认接口界面	√	√	1	1
门禁	D12D11	1 DCC综合设备用房设备布置图 2 交流配电柜配电端口 3 接地端子位置	用于确定DCC综合设备用房设备布置	√	√	1~3	1~3

续上表

接口名称	接口编号	输出接口要求	接口处理及用途	输出设计阶段		输出资料重点控制条款	
				初设	施工图	初设	施工图
ISCS	D12D10	1 DCC 综合设备用房设备布置图 2 交流配电柜配电端口 3 接地端子位置 4 周界告警系统、广播系统、视频监控系统接口及功能需求	用于确定 DCC 综合设备用房设备布置，确认周界告警系统、广播系统、视频监控系统接口及功能需求	√	√	1~3	1~4
通信	D12D1	1 传输带宽需求、端口类型及数量要求 2 广播系统设置方案	用于确定传输系统接口及广播系统、集中告警系统接口	√	√	1 2	1 2

第38章 安检

38.1 专业组成

出于对地铁治安管理和反恐形势严峻的考虑，为确保地铁站线路及站点治安稳定和防恐反恐工作的落实，应在地铁站设置安检系统。

地铁安检是进入地铁人员必须履行的检查手续，是保障旅客人身安全的重要预防措施。地铁安检的内容主要是采用X射线、金属探测等技术对旅客及其行包进行安全检查，检查旅客及其行李物品中是否携带枪支、弹药、管制刀具、易爆、腐蚀等可能危害公共安全的物品，以确保地铁及乘客的安全。

地铁安检必须在旅客进入地铁前进行，拒绝检查者不准进入地铁，情节严重者可转交至警方处理。

38.2 专业功能

根据轨道交通运营管理需求，安检系统按控制中心与车站两级管理，控制中心、车站和现场三级控制的架构进行设计。

安检系统结构分为三层：线网层、车站层、现场层。线网层实现对线网所有安检设备的监控和数据采集，统计分析系统数据，自动生成各种报表。车站层实现对本车站安检设备的监控，采集相应的系统事件数据，并进行统计分析，自动生成各种报表。就地层实现对指定区域或出入口的安检出入控制。

车站现场安检设备主要由通道式X光行李检查机、安检门、台式液体探测仪、爆炸物探测仪、分类安检通道门、手持式金属探测器、现场取证记录仪、防爆器材、开包查验站及安检辅助器材构成。

38.3 专业的主要接口

安检专业的接口主要包括与以下专业的接口：建筑、线路、概预算、客流预测、云平台、控制中心（含工艺、线网指挥平台）、大数据、通信、动力与照明、综合监控系统、公安通信。

38.4 专业设计技术接口表

38.4.1 设计输入部分(表38.4-1)

相关专业对安检专业的输入接口表 表38.4-1

专业名称:安检 专业代号:AJ 接口编码:D13

<table>
<tr><th rowspan="2">接口名称</th><th rowspan="2">接口编号</th><th rowspan="2">输入接口要求</th><th rowspan="2">接口处理及用途</th><th colspan="2">输入设计阶段</th><th colspan="2">受资专业需重点核对、协商条款</th></tr>
<tr><th>初设</th><th>施工图</th><th>初设</th><th>施工图</th></tr>
<tr><td>线路</td><td>A4D13</td><td>1 车站分布表</td><td>用于概算编制</td><td>√</td><td></td><td>1</td><td></td></tr>
<tr><td>客流预测</td><td>A1D13</td><td>1 全线车站及分向预测客流结果</td><td>用于确定安检设备的数量</td><td>√</td><td></td><td>1</td><td></td></tr>
<tr><td>建筑</td><td>B5D13</td><td>1 车站特征表
2 车站总平面布置图
3 车站建筑平、剖面图
4 车辆基地、控制中心建筑平面图</td><td>用于概算编制及确认本专业用房面积、位置及设备布置</td><td>√</td><td>√</td><td>1~4</td><td>3
4</td></tr>
<tr><td>云平台</td><td>D15D13</td><td>1 通信信道的数量及接口类型(由安检专业提供配线电缆引至综合业务云平台配线架)
2 车站及线网系统计算、网络、存储、信息安全等硬软件配置</td><td>用于确定接口及系统硬件需求</td><td>√</td><td>√</td><td>1
2</td><td>1
2</td></tr>
<tr><td>控制中心(含工艺、线网指挥平台)</td><td>D17D13</td><td>1 接口功能要求
2 时钟接口类型</td><td>用于确定接口及功能</td><td>√</td><td>√</td><td>1
2</td><td>1
2</td></tr>
<tr><td>大数据</td><td>D16D13</td><td>1 接口功能要求</td><td>用于确定接口及功能</td><td>√</td><td>√</td><td>1</td><td>1</td></tr>
<tr><td>通信</td><td>D1D13</td><td>1 按要求布置安检点视频监控
2 按要求布置安检点一键报警
3 按要求提供安检区域无线网络</td><td>用于确定接口及功能</td><td>√</td><td>√</td><td>3</td><td>3</td></tr>
<tr><td>动力与照明</td><td>C3D13</td><td>1 按要求提供配电箱</td><td>用于设备供电</td><td>√</td><td>√</td><td>1</td><td>1</td></tr>
<tr><td>ISCS</td><td>D10D13</td><td>1 接口位置与接口要求</td><td>用于处理接口</td><td>√</td><td>√</td><td>1</td><td>1</td></tr>
<tr><td>概预算</td><td>A8D13</td><td>1 编制说明、系统概算表</td><td>提供资料</td><td>√</td><td></td><td>1</td><td></td></tr>
<tr><td>公安通信</td><td>D3D13</td><td>1 接口位置与接口要求</td><td>用于确定接口及功能</td><td>√</td><td>√</td><td>1</td><td>1</td></tr>
</table>

38.4.2 设计输出部分(表38.4-2)

安检专业对相关专业的输出接口表　　表38.4-2

专业名称:安检　专业代号:AJ　接口编码:D13

接口名称	接口编号	输出接口要求	接口处理及用途	输出设计阶段		输出资料重点控制条款	
				初设	施工图	初设	施工图
建筑	D13B5	1 车站安检设备数量及布置要求 2 车站、车辆基地、控制中心安检设备用房要求 3 车站安检综合管线布置图	提供资料	√	√	1 2	3
概预算	D13A8	1 主要系统工程数量表	提供资料	√		1	
行车组织与运营管理	D13A2	1 管理模式、机构设置及定员	提供资料	√		1	
动力与照明	D13C3	1 车站、车辆基地、控制中心安检设备动力配电、用房照明及接地要求	提供资料	√	√	1	1
通信	D13D1	1 安检点视频监控、一键报警、无线网络要求	提供资料	√		1	
ISCS	D13D10	1 功能接口分界和物理接口位置	提供资料、协商	√	√	1	1
云平台	D13D15	1 计算、网络、存储、信息安全等硬件性能及等级要求 2 功能接口分界和物理接口位置	提供资料、协商	√	√	1 2	2
控制中心(含工艺、线网指挥平台)	D13D17	1 功能接口要求	提供资料、协商	√		1	
通风空调	D13E1	1 安检设备用房的环境要求 2 安检设备发热量	提供资料	√	√	1	1

第 39 章 计算机综合信息系统

39.1 专业组成

计算机综合信息系统包括线路网络以及骨干网节点的接入设计。

39.2 专业功能

1)日常办公

以客户端方式提供消息通知、待办事宜、工作安排、工作日志、名片管理、档案借阅、资产预约、报表查询等功能,为办公人员提供所需要的各种常用功能及日常办公环境,可以方便地阅览各种等待处理的新消息,可以撰写各种文件和通知,可以查看个人日程表,制订自己的日程安排计划和待办事宜。在日常办公环境中提供的功能包括:

(1)新消息:为办公人员提供所有新收到的信息,包括邮件、通知、日程安排通知、会议通知、文件等,用户可以在统一的环境中阅读消息,为办公人员的工作提供尽可能多的便利。

(2)待办事宜:显示系统中各功能模块的最新更新或当前状态,为用户提供一个真正轻松而又有序的工作平台。可以使用户对自己的工作安排进行记录备忘,可以对待办事宜设置优先级;对已经完成的工作可以标记为“完成”;系统会自动对待办事宜的内容进行分类管理。

(3)工作安排:提供了全功能的私人和团队日程安排。可设置提醒信息、过期是否自动删除,可以按日、按周查看单位内所有员工的工作安排,具备信息提醒和日程安排公开范围功能。

(4)工作日志:提供自身工作日志记录功能,可进行日常办公的工作摘要记录,并提供强大的检索功能。

(5)名片管理:主要提供名片和通讯录的管理、信息检索服务等,用户可以自行建立、编辑、删除名片信息。

(6)档案借阅:提供对收文、发文、会议、传阅、签报、人事及实物案卷和档案完整的检索与借阅管理方案。

(7)资产预约:员工可以更加有效地共享单位的公共资产(如车辆、办公设备、图书等),可以查询可预约的资产状况,并可跟踪预约的整个审批过程,每一种资产均可设置不同的访问团队,使资产共享局限于特定的团队。

(8)报表查询:根据用户定制的报表与工作流相结合,可以发起流转或提交审批,并将地铁运营公司各级领导关心的报表汇总,实现提供报表处理状态跟踪查看功能,为领导提供决策数据支持。

(9)文档管理:提供对在线文档的智能化管理,文档可以分类存放到预定的文件夹中,并可以为每一个文件夹设定可访问团队,确保文档资料的高度安全。结合流程实现文档的生命周期管理;另外,还支持严格权限管理,可实现文档的三不管理(不准复制,不准打印,不准另存为)。

(10)个人设定:提供对个人账号的维护及个性化设置。

(11)数据处理:包括日常办公信息的管理、业务统计数据的处理和部分数据的定量化分析处理等数据处理功能。

2)协同合作功能

提供运营各部门、人员之间的办公协同处理功能,包括公文处理(各类公文的准备、起草、汇报、下达、审批、批转等)、会议管理、报表系统、工作流、档案管理、资产管理、安全认证(签名认证、控制面板)等。

(1)电子邮件:电子邮件接收、发送、回复、保存,支持邮件附件、多个外部邮箱账号、邮件的优先级设置、内部通讯组的群发等。

(2)电子论坛:员工可以在一个共同的空间里阅读、发布、回答工作中产生的疑问与论点,加强交流。

(3)Internet 连接功能:实现与国际互联网的连接,提供远程访问服务,并具有网络安全防范措施。

(4)多媒体信息功能:可以提供图片、语音、文字和视频信息的传送与共享,具有多媒体会议功能等,可为管理人员提供直观的参考信息。

(5)互联互通:可以根据运营单位需求,与将来接入控制中心的其他线路车站计算机网络系统组成一个网络。

(6)信息发布:可用于办公部门发布各种办公文件、通知公告、规章制度、各类办公服务信息等。系统可以根据办公活动的需要对信息发布的栏目分组、栏目发布格式进行灵活配置,并对信息的维护权限和阅读权限进行控制。

3)设备维护与管理功能

车站计算机网络系统通过建立设备台账,以接收和传递与运营管理和生产维修有关的数据和信息,实现对全线供电、机电、通信等系统设备运行状况的监视,使维修调度和维护人员及时了解现场事故信息,提高处理事故的工作效率,缩短故障时间,并实现相关信息的存档和打印功能。

4)企业资产管理(EAM)功能

企业资产管理应对资产生命周期的全过程进行管理,包括设备和物资等资产的采购、储存、使用跟踪、维修、报废等主要阶段,并实现设备和资产的分级、分部门、分人员管理,具备对所有资产的日常工作和管理情况的统一分析、关键指标分析和统计分析等功能,包括设备基础信息管理、工作流程管理、检测分析管理、项目追踪管理、预算管理、库存管理、采购管理、维修人力资源管理、预算和成本统计分析、报表管理、资产绩效分析等。

5)企业资源计划(ERP)功能

可以传送与共享图片、语音、文字和视频信息,具有多媒体会议功能,可为管理人员提供直观的参考信息。

(1)人事管理:对地铁工作人员资料进行管理,可进行添加、删除等维护操作,并可掌握在班生产人员的情况。

(2)文档管理:对内部文档进行有序管理,提供强有力的检索和权限控制。

(3)会议管理:具有安排会议、发放会议通知、答复会议通知、查看参加会议人员的答复情况、为参加会议的用户提供会议资料的汇总和查询、会议纪要归档等功能。

(4)费用管理:对各种费用报销进行审批、归档。

(5)公文管理:包含收文管理、发文管理,具有公文的拟稿、修改、审批、会签、登记、拟办、分发、传阅、承办督办、归档、查询、打印等功能,可实现对流转中的公文进行流程跟踪和控制,并可用于部门请示报告。为保证安全性,系统提供了电子签名和数据加密的功能,以保证审批数据的有效性。

6)系统管理功能

(1)具有自诊断功能,能进行系统性能管理、故障管理、配置管理、安全管理等,具有网络流量管理、虚拟网络划分等功能。

(2)具有用户组管理、权限类型管理、管理员账号口令管理、系统访问日志管理和公共信息维护管理等功能,主要管理系统设置、流程管理、人员管理、部门管理等。

7)安全防范功能

在系统内设有防病毒和防火墙专用服务器,通过网络管理安全策略,对系统内的各工作站自动进行软件升级和安全防范,以保证系统内的信息安全。

39.3 专业的主要接口

计算机综合信息系统专业与车站设备专业的接口关系包括:

传输通道接口:计算机综合信息系统在车站需要通信专业为其提供稳定可靠的以太网传输通道接口。

供电接口:计算机综合信息系统专业需要供电系统专业为其提供 2 路交流电源。

接地接口:计算机综合信息系统专业需要动力与照明专业为其提供设备接地的接口。

39.4 专业设计技术接口表

39.4.1 设计输入部分(表39.4-1)

相关专业对计算机综合信息系统专业的输入接口表 表39.4-1

专业名称:计算机综合信息系统 专业代号:OA 接口编码:D14

接口名称	接口编号	输入接口要求	接口处理及用途	输入设计阶段		受资专业需重点核对、协商条款	
				初设	施工图	初设	施工图
建筑	B5D14	1 车站建筑平、立、剖面图 2 公共区及设备区装修图	用于设备布置	√	√	1 2	1 2
综合管线	B7D14	1 经协商的综合管线图	用于设备及管线布置		√		1
概预算	A8D14	1 概算编制办法	提供资料	√	√	1	1
车辆基地	F1D14	1 车辆基地总平面布置图 2 工艺专业对通信的要求 3 车辆基地综合管线图 4 车辆基地建筑图	用于设备、线路布置	√	√	1~4	1~4
控制中心(含工艺、线网指挥平台)	D17D14	1 控制中心建筑 2 设备工艺布置要求 3 协商落实明确调度席位	用于设备布置	√	√	1~3	1~3
安检	D13D14	1 设备布置情况	用于设备布置	√	√	1	1
智能客服	D18D14						

39.4.2 设计输出部分(表39.4-2)

计算机综合信息系统专业对相关专业的输出接口表 表39.4-2

专业名称:计算机综合信息系统 专业代号:OA 接口编码:D14

接口名称	接口编号	输出接口要求	接口处理及用途	输出设计阶段		输出资料重点控制条款	
				初设	施工图	初设	施工图
概预算	D14A8	1 编制说明、系统概算表、个别概算表、主要系统工程数量表	提供资料	√	√	1	1
通风空调	D14E1	1 设备用房设备发热量 2 设备用房设备布置图	提供资料	√	√	1	1 2
动力与照明	D14C3	1 用电及接地要求	提供资料	√	√	1	1
通信	D14D1	1 通信信道数量及接口类型	提供资料	√	√	1	1

第 40 章
云平台

40.1 专业组成

采用虚拟化技术、分布式存储技术、云资源管理技术、信息安全技术等，搭建适应地铁生产业务的综合云平台，实现计算、存储、网络资源按需分配、统一管理和集中监测，提高资源利用率，便于业务快速部署和扩展。

建设生产业务综合云平台，为线网指挥系统、线网大数据应用系统、线网视频监控系统、线网智能客服系统、线网乘客信息系统、线网安检信息管理系统、线网门禁授权系统、线网智能运维系统等，以及线路综合监控系统、线路通信系统、线路门禁系统等系统应用提供计算、存储、网络等硬件基础资源，并预留其他线路接入的扩展能力，实现硬件资源统一管理与合理的动态分配，满足运营将来不同时期的系统灵活应用开发的需求。

40.2 专业功能

(1)综合业务云平台总体构架应由感知层、网络层、数据层、平台层、应用展示层及信息安全保障平台构成。各层级的功能如下：

①感知层具备源数据的采集功能，源数据在各系统的运行过程中直接产生。源数据的采集通过数据平台及各应用系统的传感器等实现，感知层既能获取标量信息，又能获取视频、音频和图像等矢量信息。

②网络层具有信息系统层级间的信息传输功能。

③数据层具有信息系统基础数据、共享数据、源数据的采集、存储和交换功能。

④平台层具有信息的数据处理、统计、分析等功能。为数据的全生命周期管理和实时数据、历史、周期性数据分析、挖掘提供技术支撑，可构建生成轨道交通企业所需的各种指标及分析模型。

⑤应用展示层主要包括运营生产、运营管理等领域的应用，可根据需要，扩展各领域的新应用。

(2)综合业务云平台安全保障体系根据网络安全法和信息安全保护等条例制定相适应的安全防范机制和策略，为各应用系统间的数据交换提供信息安全的标准服务。

(3)根据管理模式及采用的技术，综合业务云平台由线网运营指挥中心、线路运控中心和车站三级应用系统及线网中心云平台和车站两级物理逻辑架构。线路中心应用系统虚拟在线网数据中心云平台。

(4)综合业务云平台为各应用系统提供 IaaS、PaaS、SaaS 服务:

①云平台系统为运营生产系统各应用系统提供 IaaS 服务。

②运营生产各应用系统的服务器可通过云平台虚拟化部署在云计算资源池中,应用系统在车站级可采用瘦终端及云桌面。重要的应用系统可在车站级部署硬件资源,作为车站降级处理使用。

③综合业务云平台可分系统、分阶段为各应用系统提供 SaaS 服务,当轨道交通企业数据中心阶段性完成,积累大量的结构化及非结构化数据,通过数据分析挖掘,可在 PaaS 层基础上进行数据挖掘服务。

40.3 专业的主要接口

接口是云平台的重要组成部分,是各业务系统软件能否承载在云平台上的关键因素。系统间必须紧密配合,才能保证工程的顺利实施。

云平台为上云业务系统提供计算、存储、网络、安全等资源,各上云的系统可申请云平台资源,完成本系统的相关功能。

云平台在各车站、各车辆基地、各区域控制中心等处均设置云节点。各系统可在云节点处接入云平台,并将软件部署在云平台上。

40.4 专业设计技术接口表

40.4.1 设计输入部分(表 40.4-1)

相关专业对云平台专业的输入接口表 表 40.4-1

专业名称:云平台 专业代号:YPT 系统编码:D15

接口名称	接口编号	输入接口要求	接口处理及用途	输入设计阶段		受资专业需重点核对、协商条款	
				初设	施工图	初设	施工图
建筑	B5D15	1 车站建筑平面图	用于布置云平台设备用房	√	√	1	1
车辆基地建筑	F3D15	1 车辆基地建筑平面图	用于布置云平台设备用房	√	√	1	1

续上表

<table>
<tr><th rowspan="2">接口名称</th><th rowspan="2">接口编号</th><th rowspan="2">输入接口要求</th><th rowspan="2">接口处理及用途</th><th colspan="2">输入设计阶段</th><th colspan="2">受资专业需重点核对、协商条款</th></tr>
<tr><th>初设</th><th>施工图</th><th>初设</th><th>施工图</th></tr>
<tr><td>通信（传输系统）</td><td>D1D15</td><td rowspan="17">1 硬件（如vCPU、内存、硬盘容量、共享存储容量等）资源要求
2 存储（如数据存储量、存储年限、存储方式等）资源要求
3 网络（如带宽、接口位置、接口数量、接口形式等）要求
4 安全（如安全等级）等资源要求
5 业务系统性能需求（需要满足的系统可靠性、故障时间、系统响应时间等要求）
6 其他与云平台有关的需求</td><td rowspan="17">1 云平台对资源进行统一规划
2 根据需求配置相应资源满足性能要求
3 额外的需求</td><td rowspan="17">√</td><td rowspan="17">√</td><td rowspan="17">1~6</td><td rowspan="17">1~6</td></tr>
<tr><td>ISCS</td><td>D10D15</td></tr>
<tr><td>ISCS（线网指挥系统）</td><td>D10D15</td></tr>
<tr><td>门禁</td><td>D11D15</td></tr>
<tr><td>通信（视频监控系统）</td><td>D1D15</td></tr>
<tr><td>PIDS</td><td>D4D15</td></tr>
<tr><td>通信（集中告警系统）</td><td>D1D15</td></tr>
<tr><td>智能客服</td><td>D18D15</td></tr>
<tr><td>安检</td><td>D13D15</td></tr>
<tr><td>AFC</td><td>D6D15</td></tr>
<tr><td>安防</td><td>D12D15</td></tr>
<tr><td>大数据</td><td>D16D15</td></tr>
<tr><td>车辆（智能运维部分）</td><td>A3D15</td></tr>
<tr><td>供电系统（智能运维部分）</td><td>C2D15</td></tr>
<tr><td>轨道（供电在线检测系统）</td><td>A6D15</td></tr>
<tr><td>信号（智能运维部分）</td><td>D5D15</td></tr>
<tr><td>自动扶梯、电梯、楼梯升降机（智能运维部分）</td><td>E8D15</td></tr>
</table>

40.4.2 设计输出部分(表 40.4-2)

云平台专业对相关专业的输出接口表 表 40.4-2

专业名称:云平台　　专业代号:YPT　　系统编码:D15

<table>
<tr><th rowspan="2">接口名称</th><th rowspan="2">接口编号</th><th rowspan="2">输出接口要求</th><th rowspan="2">接口处理及用途</th><th colspan="2">输出设计阶段</th><th colspan="2">输出资料重点控制条款</th></tr>
<tr><th>初设</th><th>施工图</th><th>初设</th><th>施工图</th></tr>
<tr><td>建筑</td><td>D15B5</td><td rowspan="2">1 房间面积、装修、净高、静电地板/静电瓷砖需求
2 预留预埋要求
3 设备用房尺寸要求、门口宽度要求、控制设备安装位置
4 运输通道要求</td><td rowspan="2">1 提供对设备用房的相关要求
2 提供预留预埋要求
3 提供房间尺寸等要求
4 运输通道要求</td><td rowspan="2">√</td><td rowspan="2">√</td><td rowspan="2">1~4</td><td rowspan="2">1~4</td></tr>
<tr><td>车辆基地建筑</td><td>D15F3</td></tr>
<tr><td>动力与照明</td><td>D15C3</td><td rowspan="2">1 负荷位置、负荷等级及接口位置
2 电源切换箱的主要工作参数及负荷容量
3 动力与照明专业在云平台相关房间设置接地端子箱</td><td rowspan="2">1 用于设置箱子
2 用于统计用电量
3 用于设置接地箱</td><td rowspan="2">√</td><td rowspan="2">√</td><td rowspan="2">1~3</td><td rowspan="2">1~3</td></tr>
<tr><td>车辆基地动力与照明</td><td>D15F7</td></tr>
<tr><td>通风空调</td><td>D15E1</td><td rowspan="2">1 云平台的设备布置对空调的位置及安装要求
2 云平台设备的发热功率及总功率参数</td><td rowspan="2">1 避免布置在设备机柜的正上方
2 用于通风计算冷量</td><td rowspan="2">√</td><td rowspan="2">√</td><td rowspan="2">1
2</td><td rowspan="2">1
2</td></tr>
<tr><td>车辆基地通风空调</td><td>D15F5</td></tr>
<tr><td>通信(传输系统)</td><td>D15D1</td><td>1 骨干网传输带宽、路径等要求</td><td>用于传输计算带宽和配置节点</td><td>√</td><td>√</td><td>1</td><td>1</td></tr>
<tr><td>ISCS</td><td>D15D10</td><td rowspan="9">1 本线设置的云节点设置情况
2 配置资源情况
3 云节点端口分配图
4 IP 地址规划
5 各接口专业上云平台的接口要求(含协议、数据标准等)</td><td rowspan="9">1 用于相关专业考虑如何接入云平台
2 用于相关专业核查资源是否满足功能实现要求
3 用于施工接入指定端子
4 用于厂家编写程序
5 用于厂家制作接口程序</td><td rowspan="9">√</td><td rowspan="9">√</td><td rowspan="9">1
2</td><td rowspan="9">1~5</td></tr>
<tr><td>ISCS(线网指挥系统)</td><td>D15D10</td></tr>
<tr><td>门禁</td><td>D15D11</td></tr>
<tr><td>通信(视频监控系统)</td><td>D15D1</td></tr>
<tr><td>PIDS</td><td>D15D4</td></tr>
<tr><td>通信(集中告警系统)</td><td>D15D1</td></tr>
<tr><td>智能客服</td><td>D15D18</td></tr>
<tr><td>安检</td><td>D15D13</td></tr>
</table>

续上表

接口名称	接口编号	输出接口要求	接口处理及用途	输出设计阶段		输出资料重点控制条款	
				初设	施工图	初设	施工图
AFC	D15D6	1 本线设置的云节点设置情况 2 配置资源情况 3 云节点端口分配图 4 IP 地址规划 5 各接口专业上云平台的接口要求（含协议、数据标准等）	1 用于相关专业考虑如何接入云平台 2 用于相关专业核查资源是否满足功能实现要求 3 用于施工接入指定端子 4 用于厂家编写程序 5 用于厂家制作接口程序	√	√	1 2	1~5
安防	D15D12						
大数据	D15D16						
车辆（智能运维部分）	D15A3						
供电系统（供电在线检测系统）	D15C2						
轨道（智能运维部分）	D15A6						
信号（智能运维部分）	D15D5						
自动扶梯、电梯、楼梯升降机（智能运维部分）	D15E8						

第41章 大数据

41.1 专业组成

大数据(Bigdata),指无法在一定时间范围内用常规软件工具进行捕捉、管理和处理的数据集合,是需要新处理模式才能具有更强的决策力、洞察发现力和流程优化能力的海量、高增长率和多样化的信息资产。

大数据的特色在于对海量数据进行分布式数据挖掘,可以依托云计算的分布式处理、分布式数据库和云存储、虚拟化技术。

大数据需要特殊的技术,以有效地处理大量的容忍经过时间内的数据。适用于大数据的技术,包括大规模并行处理数据库、数据挖掘、分布式文件系统、分布式数据库、云计算平台、互联网和可扩展的存储系统。

41.2 专业功能

生产大数据平台在管理决策、运营管理、安全防范、乘客服务、维修管理、资源开发等方面,能够与应用结合提升功能。

1)管理决策方面

结合轨道交通决策管理的具体需求,通过对客流票务数据、行车指标数据、设备状态数据、能耗统计数据、安全数据、应急资源数据等数据进行大数据处理分析和数据挖掘,对大数据技术进行实用性应用的开发和实践,通过对决策数据的统计和逻辑分析,全面真实地体现地铁的运作状况,为管理层提供科学决策的辅助功能。

2)运营管理方面

系统汇集视频、客流、行车调度、设备运行等数据,采用大数据挖掘和统计手段,为各类运营管理人员提供实时、精确、全面的技术支持,提升运营精细化管理水平。能够提供行车组织、客流疏导、客流预测、设备运行模式控制、能耗监控、运营人员管理、突发事件应急处理等多种功能。

3)安全保障方面

大数据平台与自动售检票系统、公安系统等进行信息互通,获取乘客实名制注册信息及乘客出行轨迹信息,并结合公安系统提供的公民信息数据,通过数据挖掘和大数据分析,判断乘客潜在风险属性,为地铁实现分类快速安检创建前提条件,提高安全联防响应速度,提升地铁在线网大客流条件下的客运能力。

4)乘客服务方面

系统汇集视频、乘客轨迹、客流、行车、客服等数据,可采用大数据挖掘手段,为乘客提供更舒心、精准、人性化的服务,能够提供客流提醒、出行建议、车站拥挤度、列车拥挤度、智能温馨服务等多种功能。

5)维修管理方面

系统汇集车辆、轨道、信号、供电等与行车安全有关的关键设备数据,采用轨道交通系统运营状态全息化智能感知、快速辨识、风险评估、预警和处置技术,构建轨道交通系统全寿命周期综合评估与保障技术体系,全面提高城市轨道交通运维体系的健康管理水平。能够提供列车状态检测与在线故障诊断、信号设备维护检测与故障预测、牵引供电系统状态检测与运维支持、轨道在线检测与故障预测、机电设备健康管理与故障预测等多种功能。

通过大数据平台与相关系统的接口采集到运维管理所需的基础数据,通过生产大数据分析技术,实现智能运维管理功能。

6)资源开发方面

利用移动互联网及大数据等各项先进信息技术,可考虑与相关商家企业联合,充分利用地铁生产大数据附加价值,协助提升地铁相关商业开发价值。

基于闲时客流分布分析,利用地铁空闲运力,开展物流业务合作等。

与车站周边商户合作,向乘客推送精准消费优惠等商业信息推广。

通过对乘客乘车行为的数据分析,挖掘地铁商业物业租赁目标客户。

通过对乘客行为分析,结合乘客个人信息,向乘客提供精准的商业广告服务。

41.3 专业的主要接口

接口是大数据系统的重要组成部分,是大数据系统设计成功与否的关键因素。系统间必须紧密配合,才能保证工程的顺利实施。大数据系统以"能采尽采"为原则采集生产数据、运营管理数据、企业外部数据,并为生产系统、管理系统、企业外部系统提供数据服务。

41.4 专业设计技术

41.4.1 设计输入部分(表41.4-1)

相关专业对大数据专业的输入接口表　　表41.4-1

专业名称:大数据　　专业代号:DSJ　　系统编码:D16

<table>
<tr><th rowspan="2">接口名称</th><th rowspan="2">接口编号</th><th rowspan="2">输入接口要求</th><th rowspan="2">接口处理及用途</th><th colspan="2">输入设计阶段</th><th colspan="2">受资专业需重点核对、协商条款</th></tr>
<tr><th>初设</th><th>施工图</th><th>初设</th><th>施工图</th></tr>
<tr><td>云平台</td><td>D15D16</td><td>1 云内承载系统的云内接口
2 云外接口的具体位置
3 为大数据系统配置的相应资源</td><td>用于提供大数据系统所需硬件资源、计算、存储、网络、安全等资源</td><td>√</td><td>√</td><td>1~3</td><td>1~3</td></tr>
<tr><td>ISCS</td><td>D10D16</td><td rowspan="12">1 所需提升的功能要求
2 所能提供的数据类型、格式、数量等
3 需要大数据系统反馈的相应结果的数据类型、格式、数量等
4 传输及获取数据的位置(云平台内部/外部、车站/车辆基地/线网中心云节点等)</td><td rowspan="12">云内接口,由云平台统一规划,划分虚拟通道;云外接口,接口位置在云平台云节点交换机上
1 用于提供需要大数据帮助完成的分析、挖掘、跨专业间数据获取等功能提升需求
2 规定标准协议、完成数据传输,大数据获取数据
3 规定标准协议、完成数据传输,大数据输出数据
4 用于提供数据来源(是来自云平台虚拟机的虚拟通道,还是来自云外部借用云平台的传输通道)</td><td rowspan="12">√</td><td rowspan="12">√</td><td rowspan="12">1~4</td><td rowspan="12">1~4</td></tr>
<tr><td>ISCS(线网指挥系统)</td><td>D10D16</td></tr>
<tr><td>门禁</td><td>D11D16</td></tr>
<tr><td>通信(视频监控系统)</td><td>D1D16</td></tr>
<tr><td>PIDS</td><td>D4D16</td></tr>
<tr><td>通信(集中告警系统)</td><td>D1D16</td></tr>
<tr><td>智能客服</td><td>D18D16</td></tr>
<tr><td>安检</td><td>D13D16</td></tr>
<tr><td>AFC</td><td>D6D16</td></tr>
<tr><td>安防</td><td>D12D16</td></tr>
<tr><td>车辆(智能运维部分)</td><td>A3D16</td></tr>
<tr><td>供电系统(供电在线检测系统)</td><td>C2D16</td></tr>
</table>

续上表

接口名称	接口编号	输入接口要求	接口处理及用途	输入设计阶段		受资专业需重点核对、协商条款	
				初设	施工图	初设	施工图
轨道（智能运维部分）	A6D16	1 所需提升的功能要求 2 所能提供的数据类型、格式、数量等 3 需要大数据系统反馈的相应结果的数据类型、格式、数量等 4 传输及获取数据的位置（云平台内部/外部、车站/车辆基地/线网中心云节点等）	云内接口，由云平台统一规划，划分虚拟通道；云外接口，接口位置在云平台云节点交换机上 1 用于提供需要大数据帮助完成的分析、挖掘、跨专业间数据获取等功能提升需求 2 规定标准协议、完成数据传输，大数据获取数据 3 规定标准协议、完成数据传输，大数据输出数据 4 用于提供数据来源（是来自云平台虚拟机的虚拟通道，还是来自云外部借用云平台的传输通道）	√	√	1~4	1~4
信号（智能运维部分）	D5D16						
自动扶梯、电梯、楼梯升降机（智能运维部分）	E8D16						
清分	D7D16						
计算机综合信息系统	D14D16						

41.4.2 设计输出部分（表 41.4-2）

大数据专业对相关专业的输出接口表　　表 41.4-2

专业名称：大数据　　专业代号：DSJ　　系统编码：D16

接口名称	接口编号	输出接口要求	接口处理及用途	输出设计阶段		输出资料重点控制条款	
				初设	施工图	初设	施工图
云平台	D16D15	1 硬件（如 vCPU、内存、硬盘容量、共享存储容量等）资源要求 2 存储（如数据存储量、存储年限、存储方式等）资源要求 3 网络（如带宽、接口位置、接口数量、接口形式等）要求 4 安全（如安全等级）等资源要求 5 业务系统性能需求（需要满足的系统可靠性、故障时间、系统响应时间等要求） 6 云平台开放云内各业务系统接口 7 其他与云平台有关的需求	1 所需硬件要求及存储、网络、安全等要求 2 所需性能要求 3 划分虚拟通道	√	√	1~7	1~7

续上表

接口名称	接口编号	输出接口要求	接口处理及用途	输出设计阶段		输出资料重点控制条款	
				初设	施工图	初设	施工图
ISCS	D16D10	1 大数据系统可以开放的相应提升功能 2 大数据系统所需数据的格式、标准 3 相应接口形式	1 对于大数据能够提供的服务，业务专业可针对性地筛选使用 2 接入大数据系统需满足的要求 3 接入大数据和从大数据输出所需遵循的标准	√	√	1~3	1~3
ISCS（线网指挥系统）	D16D10						
门禁	D16D11						
通信（视频监控系统）	D16D1						
PIDS	D16D4						
通信（集中告警系统）	D16D1						
智能客服	D16D18						
安检	D16D13						
AFC	D16D6						
安防	D16D12						
车辆（智能运维部分）	D16A3						
供电系统（供电在线检测系统）	D16C2						
轨道（智能运维部分）	D16A6						
信号（智能运维部分）	D16D5						
自动扶梯、电梯、楼梯升降机（智能运维部分）	D16E8						

续上表

接口名称	接口编号	输出接口要求	接口处理及用途	输出设计阶段		输出资料重点控制条款	
				初设	施工图	初设	施工图
清分	D16D7	1 大数据系统可以开放的相应提升功能 2 大数据系统所需数据的格式、标准 3 相应接口形式	1 对于大数据能够提供的服务，业务专业可针对性地筛选使用 2 接入大数据系统需满足的要求 3 接入大数据和从大数据输出所需遵循的标准 4 提供大数据所需的相关数据	√	√	1~3	1~3
计算机综合信息系统	D16D14	1 大数据系统可以开放的相应提升功能 2 大数据系统所需数据的格式、标准 3 相应接口形式	实现管理网和生产网信息对接、信息发布、数据共享等	√	√	1~3	1~3

第 42 章 控制中心（含工艺、线网指挥平台）

42.1 专业组成

控制中心(OCC)是确保轨道交通列车安全、正点、可靠和高效运行的基本保障设施。控制中心的调度人员通过各种现代化通信与控制手段对轨道交通的运营过程实施全面的集中监控和管理，为轨道交通运营生产创造良好的运营条件，为乘客提供优良的乘车服务，并对设备的运行实施监控管理确保其正常运行。控制中心是线路指挥和调度的场所，也是线路主要机电系统中央级设备的布置场所。

控制中心(含工艺、线网指挥平台)专业主要包括以下部分：

(1)OCC 机电系统工艺设计(向 OCC 提供资料，相关专业负责设计)；

(2)环境与设备监控(向 OCC 提供资料，相关专业负责设计)；

(3)门禁(向 OCC 提供资料，相关专业负责设计)；

(4)中央控制室工艺设计；

(5)机电设备间的接口以及与其他相关专业的接口配合。

线网指挥系统是线网运营管理指挥中心为实现功能展现的其中一个核心平台。

线网指挥系统包括综合监控及应用系统（包括线路接入功能、网络传输功能、数据处理功能和应用功能）和通信辅助系统（包括传输系统、无线系统、调度电话、广播系统、时钟系统等)。

42.2 专业功能

城市轨道交通控制中心是轨道交通行车组织与运营管理的中枢，是对轨道交通行车、电力供电、环境控制及火灾报警等实行中央调度指挥及集中监控，是轨道交通自动售检票系统的信息处理中心和票务管理中心，是维修调度指挥中心，在非常情况下，也是事件处理的指挥中心，同时也是轨道交通通信枢纽和信息交换处理中心。

根据机电系统的构成、设备配置、控制模式等要求，控制中心主要是行车组织与运营管理的工作场所，为机电设备（通信、信号、综合监控、电力监控、设备监控和防灾报警、自动售检票、乘客信息显示等）提供设备安装场所，协调机电系统与控制中心之间的接口。中央控制室是轨道交通行车组织、监控、调度、运营管理的集中场所，主要功能包括行车调度、电力调度、环控调度、火灾自动报警、票务信息管理、乘客信息管理，同时为调度指挥提供通信、信息网络、电视监控，实现与外部（消防、公安、管理层、各线路之间等）的信息交换。

线网指挥平台系统对各线路控制中心的管理重点在于运输协调、灾情应急预案、应急指挥等宏观上的管理，是政策性、信息服务性的管理，而非对各线路设备及日常运营的实时管理。各线路在发生突发事件时，各线路控制中心将立即处理，并根据突发事件类别要求上报线网指挥平台。如突发事件涉及其他运营线路，则由线网指挥平台来统一协调。

42.3 专业的主要接口

城市轨道交通控制中心（含工艺、线网指挥平台）专业与相关专业的接口关系可以概括以下方面。

建筑接口：为机电系统设备安装提供设备用房、维护用房，为运营管理提供生产用房、办公用房，以及生活设施配置。

装修接口：机电系统设备用房根据机电设备要求进行装修，维护、生产和管理用房按办公房屋标准装修或建设单位要求装修。

电力接口：动力与照明为 OCC 用电设备和机电系统提供稳定可靠的电源供应，由各专业提出用电要求，包括负荷等级、容量、电压等级（单相或三相）、位置、输出回路等资料。机电系统提供设备布置图，动力与照明专业配置照明灯具。

环控要求：机电系统提出设备环境要求，包括环境温度范围、环境湿度范围。机电系统提供设备布置图，环控专业设置风口位置。

OCC 接口：信号系统、通信系统、BAS、FAS、AFC、ISCS 等提出配置设备的规格、尺寸、数量、安装要求，模拟显示屏显示距离要求，由 OCC 根据运营组织架构、管理程序来进行综合工艺布置。

接地接口：弱电系统大量采用计算机、微电子集成技术，稳定可靠零电位非常重要，动力与照明专业需要为各弱电系统提供弱电接地的接口。

42.4 专业设计技术接口表

42.4.1 设计输入部分（表 42.4-1）

相关专业对控制中心（含工艺、线网指挥平台）专业的输入接口表 表 42.4-1

专业名称：控制中心（含工艺、线网指挥平台） 专业代号：OCC 接口编码：D17

接口名称	接口编号	输入接口要求	接口处理及用途	输入设计阶段		受资专业需重点核对、协商条款	
				初设	施工图	初设	施工图
建筑	F3D17	1 OCC 建筑图	提供资料	√	√	1	1
概预算	A8D17	1 初步设计概算编制办法	提供文件	√		1	

续上表

接口名称	接口编号	输入接口要求	接口处理及用途	输入设计阶段		受资专业需重点核对、协商条款	
				初设	施工图	初设	施工图
行车组织与运营管理	A2D17	1 行车运营模式	提供资料	√		1	
通信	D1D17	1 OCC 工艺布置要求、控制模式	提供资料	√	√	1	1
信号	D5D17						
FAS	D8D17						
BAS	D9D17						
ISCS	D10D17	1 OCC 工艺布置要求	提供资料	√	√	1	1
门禁	D11D17	1 OCC 工艺布置要求	安排门禁设备台位	√	√	1	1
云平台	D15D17	1 满足线网指挥中心计算、存储、网络及安全需求，满足控制中心设备工艺布置要求	提供资料、协调	√	√	1 2	1 2
大数据	D10D17	1 大数据系统可以开放的相应提升功能 2 大数据系统所需数据的格式、标准 3 相应接口形式	提供资料、协调	√	√	1 2	2 3
城市规划	G1D17	1 城市总体规划要求 2 城市功能定位与性质 3 城市布局结构 4 功能组团结构	控制中心的选址	√		1~4	
综合交通	G2D17	1 明确功能接口分界和物理接口位置，包括城际铁路、有轨电车等接口	提供资料、协调	√	√	1	1
供电系统	C2D17	1 协商确定供电运行安全管理系统在控制中心的工艺布置、线缆敷设方案 2 协商确定线网指挥平台供电二次系统设计功能需求及设计界面	提供资料、协调	√	√	1 2	1 2

42.4.2 设计输出部分（表 42.4-2）

控制中心（含工艺、线网指挥平台）专业对相关专业的输出接口表 表 42.4-2

专业名称：控制中心（含工艺、线网指挥平台） 专业代号：OCC 接口编码：D17

接口名称	接口编号	输出接口要求	接口处理及用途	输出设计阶段		输出资料重点控制条款	
				初设	施工图	初设	施工图
车辆基地建筑	D17F3	1 中央控制室及控制中心工艺对建筑及装修专业的要求	提供资料	√	√	1	1
车辆基地结构	D17F4	1 荷载要求	提供资料	√		1	
概预算	D17A8	1 初步设计概算（说明、个别概算、工程数量表、主要设备表、劳材表）	概算文件	√		1	
行车组织与运营管理	D17A2	1 运营管理模式、机构设置及定员	提供资料	√		1	
车辆基地动力与照明	D17F7	1 用电、配电、接地要求	提供资料	√	√	1	1
通信	D17D1	1 工艺布置要求，接口位置与接口要求	提供资料、协商	√	√	1	1
信号	D17D5						
FAS	D17D8						
BAS	D17D9						
ISCS	D17D10						
AFC	D17D6						
安防	D17D12						
安检	D17D13						

续上表

接口名称	接口编号	输出接口要求	接口处理及用途	输出设计阶段		输出资料重点控制条款	
				初设	施工图	初设	施工图
智能客服	D17D18	1 工艺布置要求，接口位置与接口要求	提供资料、协商	√	√	1	1
计算机综合信息系统	D17D14						
车辆基地通风空调	D17DF5						
云平台	D17D15						
大数据	D17D16	1 线网控制中心数据接口及功能要求	提供资料	√	√	1	1

第 43 章 智能客服

43.1 专业组成

智能客服系统分为线网层和现场层两层。

43.2 专业功能

线网层主要实现与线网内所有客服现场设备的远程音视频交互、乘客信息的可视化、乘客问询数据收集挖掘及系统管理等功能。

现场层的智能客服终端、乘客自助终端、智能咨询终端、客服机器人、移动式客服终端、轨道交通 APP 根据需求完成具体特定功能。

43.3 专业的主要接口

智能客服专业的接口主要包括与以下专业的接口：车站计算机综合信息系统、动力与照明、建筑、自动售检票、综合业务云平台。

43.4 专业设计技术接口表

43.4.1 设计输入部分（表 43.4-1）

相关专业对智能客服专业的输入接口表 表 43.4-1

专业名称：智能客服 专业代号：ZNKF 接口编码：D18

接口名称	接口编号	输入接口要求	接口处理及用途	输入设计阶段		受资专业需重点核对、协商条款	
				初设	施工图	初设	施工图
线路	A4D18	1 车站分布表	1 提供资料 2 构建网络、确定数量	√		1	

续上表

接口名称	接口编号	输入接口要求	接口处理及用途	输入设计阶段		受资专业需重点核对、协商条款	
				初设	施工图	初设	施工图
建筑装修（含外部景观）	B6D18	1 车站特征表 2 车站总平面布置 3 车站建筑平、剖面图 4 车辆基地、控制中心建筑平面图 5 大型枢纽车站、换乘站建筑方案 6 与城际换乘车站的建筑方案 7 既有线路换乘站的改造方案 8 装修图纸	1 提供资料、协商 2 确认设备布置	√	√	1~7	1~8
概预算	A8D18	1 编制说明、汇总概算表、概算表、安装个别概算表、设备购置费个别概算表、工料机汇总表、甲乙供分劈概算、招标概算表	1 提供资料 2 确认概算	√		1	
客流预测	A1D18	1 全线预测客流结果	1 提供资料 2 计算设备数量	√		1	
行车组织与运营管理	A2D18	1 系统能力、运营管理要求、行车交路	1 提供资料 2 计算设备数量	√		1	
动力与照明	C3D18	1 所需的用电、接地图纸、方案	1 提供资料 2 确认用电、接地需求	√	√	1	1
清分	D7D18	1 接入需求	1 提供资料、协商 2 确认接口需求	√	√	1	1
AFC	D6D18	1 接入需求	1 提供资料、协商 2 确认接口需求	√	√	1	1
云平台	D15D18	1 接口位置与接口要求 2 为线网指挥系统、电子发票系统、乘客“画像”信息数据库提供功能接口需求	1 提供资料 2 确定系统架构	√	√	1	1
大数据	D16D18	1 功能接口需求	1 提供资料 2 确认数据需求	√	√	1	1
计算机综合信息系统	D14D18	1 满足需求的网络资源	1 提供资料 2 确认网络需求	√	√	1	1
综合管线	B7D18	1 反馈综合管线图纸	1 提供资料 2 确认管槽敷设		√		1

43.4.2 设计输出部分（表 43.4-2）

智能客服专业对相关专业的输出接口表 表 43.4-2

专业名称：智能客服 专业代号：ZNKF 接口编码：D18

接口名称	接口编号	输出接口要求	接口处理及用途	输出设计阶段		输出资料重点控制条款	
				初设	施工图	初设	施工图
建筑装修（含外部景观）	D18B6	1 车站智能客服设备数量及布置要求 2 车站、车辆基地智能客服设备用房要求 3 车站智能客服综合管线布置图 4 车站智能客服设备布置图	1 提供资料、协商 2 确认设备布置	√	√	1 2 4	1~4
概预算	D18A8	1 设备数量表 2 材料数量表 3 工程量清单	1 提供资料 2 确认概算	√		1	
动力与照明	D18C3	1 车站、车辆基地、智能客服设备动力配电、用房照明及接地要求	1 提供资料 2 确认用电、接地需求	√	√	1	1
通信	D18D7	1 通信信道数量及接口类型要求	1 提供资料 2 确认网络需求	√	√	1	1
AFC	D18D6	1 明确功能接口分界 2 物理接口位置	1 提供资料、协商 2 确认接口需求	√	√	1	1
通风空调	D18E1	1 智能客服设备发热量	1 提供资料 2 确认环境需求	√	√	1	1
云平台	D18D15	1 所需硬件资源需求 2 为线网指挥系统、电子发票系统、乘客“画像”信息数据库提供功能接口需求	1 提供资料 2 确定系统架构	√	√	1 2	1 2
大数据	D18D16	1 功能接口需求	1 提供资料 2 确认数据需求	√	√	1	1
计算机综合信息系统	D18D14	1 满足需求的网络资源	1 提供资料 2 确认网络需求	√	√	1	1
综合管线	D18B7	1 反馈综合管线图纸	1 提供资料 2 确认管槽敷设		√		1

第 44 章 出入口P+R安防

44.1 专业组成

P+R 停车场，即换乘停车场，驾车停进 P+R 停车场，然后去换乘地铁抵达工作单位，下班后再坐地铁到达停车场，驾车回家。

出入口 P+R 停车场安防系统主要由公交站场安防系统、自行车场接驳停车场安防系统及私家车停车场管理系统组成。

44.2 专业的主要接口

公交车、私家车及自行车场接驳停车场范围，为综合体的公交交通衔接，该系统独立建设视频监控系统，不属于地铁内部系统，系统预留接入地铁视频建设系统条件。

数据传输通道接口：地铁视频监控系统为各停车场安防系统预留的以太网数据接口。

供电接口：停车场安防系统及停车场管理系统需要停车场提供 2 路 380V 交流电源。

接地接口：停车场安防系统及停车场管理系统需要动力与照明专业为其提供设备接地的接口。

44.2.1 设计输入部分（表 44.2-1）

相关专业对出入口 P+R 安防专业的输入接口表 表 44.2-1

专业名称：出入口 P+R 安防 专业代号：PRAF 接口编码：D19

接口名称	接口编号	输入接口要求	接口处理及用途	输入设计阶段		受资专业需重点核对、协商条款	
				初设	施工图	初设	施工图
建筑	B5D19	1 车站房屋平、立、剖面图 2 公共区及设备区装修图	用于设备布置	√	√	1 2	1 2

44.2.2 设计输出部分（表 44.2-2）

出入口 P+R 安防专业对相关专业的输出接口表 表 44.2-2

专业名称：出入口 P+R 安防 专业代号：PRAF 接口编码：D19

接口名称	接口编号	输出接口要求	接口处理及用途	输出设计阶段		输出资料重点控制条款	
				初设	施工图	初设	施工图
动力与照明	D19C3	1 用电及接地要求	提供资料	√	√	1	1
通信	D19D1	1 视频监控系统接入条件	提供资料	√	√	1	1

第 45 章 通风空调

45.1 专业组成

本专业组成主要包括：

（1）隧道通风系统（仅站台层在地下的车站有）；

（2）车站公共区空调通风系统（又称大系统）；

（3）车站设备管理用房空调通风系统（又称小系统）；

（4）为地铁环境空调提供冷源的制冷系统（又称水系统）。

45.2 专业功能

1）地下车站的通风空调

（1）隧道通风系统

分为区间通风系统和车站隧道通风系统两部分。

列车正常运营时，应能排除隧道内的余热余湿并能满足隧道内换气次数和温度要求；

列车阻塞时，应能向阻塞区间提供一定的通风量，控制隧道温度，以满足列车空调器仍能正常运行的要求；

列车发生火灾时，应能及时排除烟气和控制烟气流向，诱导乘客安全撤离火灾区域。

（2）车站公共区空调通风及防排烟系统（又称大系统）

车站大系统正常运营时，应能为乘客提供过渡性舒适环境。

当车站公共区发生火灾时，车站大系统（可与其他系统协调动作，例如隧道通风系统）应能迅速排除烟气，同时为乘客提供一定的迎面风速，诱导乘客安全疏散。

（3）车站设备管理用房空调通风及防排烟系统（又称小系统）

车站小系统正常运营时，应能为地铁工作人员提供舒适的工作环境及满足设备良好运行的环境条件。

车站重要设备管理用房应设置备用系统，满足空调季节 24h 不间断运行要求。

当车站管理、设备用房区发生火灾时，应能排除烟气或隔断火源、烟气，加压送风。

（4）制冷系统（又称水系统）

该系统为地铁空调提供冷源，其供冷对象为车站大系统及小系统。

2）高架线和地面线的通风空调

（1）高架线和地面线的车站一般条件下采用自然通风模式，必要时才设置机械通风空调系统。

（2）车站的设备及管理用房根据工艺和环境需要设置通风空调系统。

3）车辆基地及综合基地的通风空调

（1）车辆基地及综合基地的主要设备及管理用房根据工艺和环境需要设置空调通风及防排烟系统。

（2）车辆基地及综合基地的主要设备及管理用房空调用冷源系统。

45.3 专业的主要接口

（1）向通风空调专业输入资料的专业（28 个）：客流预测，限界，轨行区综合管线，人防，建筑，建筑装修（含外部景观），综合管线，供电系统，动力与照明，通信，民用通信，公安通信，信号，AFC，FAS，BAS，ISCS，安检，计算机综合信息系统，隧道通风，集中供冷，自动灭火，站台门，防淹门，自动扶梯、电梯、楼梯升降机，环境保护，绿色建筑，节能。

（2）通风空调专业需输出资料的专业（16 个）：限界、建筑、建筑装修（含外部景观）、综合管线、区间、轨行区综合管线、动力与照明、FAS、BAS、隧道通风、集中供冷、给排水及消防、概预算、消防。

45.4 专业设计技术接口表

45.4.1 设计输入部分（表 45.4-1）

相关专业对通风空调专业的输入接口表　　表 45.4-1

专业名称：通风空调　　专业代号：KT　　接口编码：E1

接口名称	接口编号	输入接口要求	接口处理及用途	输入设计阶段		受资专业需重点核对、协商条款	
				初设	施工图	初设	施工图
客流预测	A1E1	1 初/近/远期客流 2 早晚高峰客流 3 换乘客流	用于车站冷负荷计算	√	√	1~3	1~3
限界	A5E1	1 车站部分限界要求 2 区间部分限界要求 3 出入段线部分限界要求	用于轨行区部分的管线布置	√	√	1~3	1~3
轨行区综合管线	B10E1	1 轨行区各类断面管线布置图	用于轨行区部分的管线布置	√	√	1	1
人防	A7E1	1 人防区段要求 2 人防平、剖面图	用于通风空调人防部分计算、设计	√	√	1 2	1 2

续上表

接口名称	接口编号	输入接口要求	接口处理及用途	输入设计阶段		受资专业需重点核对、协商条款	
				初设	施工图	初设	施工图
建筑	B5E1	1 总平面图[不限于以下内容:风井、冷却塔、多联机室外机及其他室外设备的名称标注,距离标注,风口朝向标注,各风亭、冷却塔、出入口相互关系标注,风亭和冷却塔周围50m范围内敏感点的名称及与敏感点的距离标注,出入口和风亭之间的遮挡(如果有)] 2 各层建筑平、剖面图,预留孔洞及预埋件图,基础图(不限于以下内容:房间面积表,反梁位置,设备运输路径,包含挡烟垂壁形式、高度,站台楼扶梯封闭形式详图) 3 室外部分建筑布置平、剖面图,预留孔洞及预埋件图,基础图[不限于以下内容:室外设备的基础图、水管廊道详图(如果有)、围蔽详图、地面紧急疏散出口固定窗详图、出入口和风亭之间的遮挡(如果有)]	用于通风空调各系统管线平、剖面布置及风口布置	√	√	1~3	1~3
建筑装修(含外部景观)	B6E1	1 公共区装修图纸(不限于以下内容:天花板风口布置要求,挡烟垂壁位置、高度,楼梯口的装修围蔽详图) 2 各设备用房装修图(不限于以下内容:天花板风口布置要求、电气设备位置、架空地板详图) 3 出入口装修图纸(不限于以下内容:天花板风口布置要求,挡烟垂壁位置、高度)	用于配合装修专业进行管线、风口、设备的布置	√	√	1~3	1~3

续上表

接口名称	接口编号	输入接口要求	接口处理及用途	输入设计阶段		受资专业需重点核对、协商条款	
				初设	施工图	初设	施工图
综合管线	B7E1	1 管线规划设计原则和要求 2 对综合管线设计图协商确定 3 最终综合管线排布图 4 综合支吊架（含抗震支吊架）详图 5 隧道通风、大系统风管、小系统风管、空调水管、多联机系统的敷设路径、数量、尺寸、标高	根据综合管线的要求调整通风空调管线，与综合管线保持一致，复核本专业布置要求	√	√	1~5	1~5
供电系统	C2E1	1 各种用房环控设备、管线的布置要求 2 房间环境设计要求 3 各设备的发热量（变电所提供白天和夜间发热量） 4 协商确定供电设备用房内通风空调管线的敷设方案 5 对于主变电所33kV环网出线电缆廊道或地面区间变电所进出线电缆廊道，应协商廊道内通风设计方案	1 用于环控管线、设备、风口的布置 2 用于环控负荷计算、设备配置	√	√	1~3	1~3
动力与照明	C3E1	1 各种用房环控设备、管线的布置要求 2 房间环境设计要求 3 各电气设备的发热量 4 负荷等级要求 5 双方共同确认接口位置（动力与照明专业负责但不限于以下内容） 5.1 根据要求，提供冷水机组启动柜与机组之间的电源电缆及控制电缆（启动柜与机组分离） 5.2 根据要求，提供冷水机组与冷却水泵、冷冻水泵、冷却塔的联动电缆，并通过硬线将水泵和塔的状态反馈给每台冷水机组	1 用于环控管线、设备、风口的布置 2 用于环控负荷计算、设备配置 3 实现相关配电及联锁关系	√	√	1~5	1~5

续上表

接口名称	接口编号	输入接口要求	接口处理及用途	输入设计阶段		受资专业需重点核对、协商条款	
				初设	施工图	初设	施工图
动力与照明	C3E1	5.3 提供至冷凝器在线清洗功能段的相关电缆 5.4 负责为风机在线自动诊断装置的控制柜提供 220V 电源及变频控制柜的参数采集 5.5 负责实现带净化消毒装置的空调机组风机与净化消毒装置的联锁控制，并反馈相关信号 5.6 负责实现变频空调机组和冷却风扇之间的联锁启停 5.7 多联机中央空调系统室内机的配电直接接入室内机 5.8 在 IBP 盘实现手动控制下专用补风、加压风机与其联锁电动风阀之间的底层硬线联锁和专用排烟风机与其联锁电动风阀、防火阀之间的底层硬线联锁。实现专用排烟风机与同系统专用补风机的硬线联锁。专用防排烟风机的手/自动状态信号需反馈给 FAS	1 用于环控管线、设备、风口的布置 2 用于环控负荷计算、设备配置 3 实现相关配电及联锁关系	√	√	1~5	1~5
通信	D1E1	1 各种用房环控设备、管线的布置要求 2 房间环境设计要求 3 各设备的功率和发热量，提供白天和夜间发热量	1 用于环控管线、设备、风口的布置 2 用于环控负荷计算、设备配置	√	√	1~3	1~3
民用通信	D2E1						
公安通信	D3E1						
信号	D5E1						
AFC	D6E1						

续上表

接口名称	接口编号	输入接口要求	接口处理及用途	输入设计阶段		受资专业需重点核对、协商条款	
				初设	施工图	初设	施工图
FAS	D8E1	1 各种用房环控设备、管线的布置要求 2 房间环境设计要求 3 各设备的发热量 4 双方共同确认接口位置 4.1 电动防烟防火阀配电和监控 4.2 专用防排烟设备和联动风阀控制要求	1 用于环控管线、设备、风口的布置 2 用于环控负荷计算、设备配置	√	√	1~4	1~4
BAS	D9E1	1 各种用房环控设备、管线的布置要求 2 房间环境设计要求 3 各设备的发热量 4 实现环控节能目标和智能运维功能 5 双方共同确认接口位置（智能环控系统需提供但不限于以下内容） 5.1 负责从综合监控系统至风机在线自动诊断装置控制柜的电缆 5.2 可变风路式组合式空调器控制箱的通信接口端子外侧、风机在线自动诊断装置的通信接口端子外侧、冷凝器在线清洗装置的通信接口端子外侧、环控机房冷却塔在线吸垢装置的通信接口端子外侧、冷水直膨系统的通信接口端子外侧、蒸发冷凝系统的通信接口端子外侧、冷却塔水位监测装置的通信接口端子外侧 5.3 与区间VRV[1]设备的接口位于区间VRV控制器的通信接口处	1 用于环控管线、设备、风口的布置 2 用于环控负荷计算、设备配置	√	√	1~5	1~5

[1] VRV（Variable Refrigerant Volume），可变制冷剂流量。

续上表

<table>
<tr><th rowspan="2">接口名称</th><th rowspan="2">接口编号</th><th rowspan="2">输入接口要求</th><th rowspan="2">接口处理及用途</th><th colspan="2">输入设计阶段</th><th colspan="2">受资专业需重点核对、协商条款</th></tr>
<tr><th>初设</th><th>施工图</th><th>初设</th><th>施工图</th></tr>
<tr><td>ISCS</td><td>D10E1</td><td>1 各种用房环控设备、管线的布置要求
2 房间环境设计要求
3 各设备的功率和发热量
4 实现列车火灾停在区间时,列车准确停车位置</td><td>1 用于环控管线、设备、风口的布置
2 用于环控负荷计算、设备配置
3 反馈运营环控设备情况</td><td>√</td><td>√</td><td>1~4</td><td>1~4</td></tr>
<tr><td>安检</td><td>D13E1</td><td rowspan="2">1 各种用房环控设备、管线的布置要求
2 房间环境设计要求
3 各设备的功率和发热量,提供白天和夜间发热量</td><td rowspan="2">1 用于环控管线、设备、风口的布置
2 用于环控负荷计算、设备配置</td><td rowspan="2">√</td><td rowspan="2">√</td><td rowspan="2">1~3</td><td rowspan="2">1~3</td></tr>
<tr><td>计算机综合信息系统</td><td>D14E1</td></tr>
<tr><td>隧道通风</td><td>E2E1</td><td>1 隧道通风系统布置方案(包含中间风井、区间、出入段线、端头折返线、联络线、配线隧道通风系统、土建风道及风口、喷口、射流风机、推力风机、消声器等)
2 隧道通风系统设备的监控要求
3 隧道风机、射流风机、推力风机的配电要求、消声要求
4 轨道排风口(道)的布置要求</td><td>1 落实隧道通风系统的布置
2 落实隧道通风系统设备的配电及监控要求</td><td>√</td><td>√</td><td>1~4</td><td>1~4</td></tr>
<tr><td>集中供冷</td><td>E3E1</td><td>1 集中供冷设计温差、系统控制附件设置要求、资用压力
2 区间与车站设计分界点及设计要求
3 特殊断面车站(如暗挖),管道需要沿车站隧道设置,需协调落实</td><td>落实集中供冷相关要求</td><td>√</td><td>√</td><td>1
2</td><td>1
2</td></tr>
<tr><td>自动灭火</td><td>E5E1</td><td>1 自动灭火系统分区范围
2 各种用房环控设备、管线的布置要求
3 房间环境设计要求
4 灭火介质类型,排风要求,防护区密闭要求,确认是否需要设置下排风口</td><td>用于环控管线、设备、风口的布置及设备选型</td><td>√</td><td>√</td><td>1~4</td><td>1~4</td></tr>
</table>

续上表

接口名称	接口编号	输入接口要求	接口处理及用途	输入设计阶段		受资专业需重点核对、协商条款	
				初设	施工图	初设	施工图
绿色建筑	G19E1	1 供暖空调系统的冷、热源机组能效是否优于现行国家标准《公共建筑节能设计标准》(GB 50189)的规定以及现行有关国家标准能效限定值的要求［如多联机IPLV值优于现行国家标准《公共建筑节能设计标准》(GB 50189)要求的8%以上］ 2 集中供暖系统热水循环泵的耗电输热比和通风空调系统风机的单位风量耗功率符合现行国家标准《公共建筑节能设计标准》(GB 50189)等的有关规定，且空调冷热水系统循环水泵的耗电输冷(热)比比现行国家标准《民用建筑供暖通风与空气调节设计规范》(GB 50736)规定值低20% 3 合理选择和优化供暖、通风空调系统 4 评价是否采取措施降低过渡季节供暖、通风空调系统能耗(如采取最大总新风比不低于70%，以降低过渡季空调系统能耗) 5 评价是否采取措施降低部分负荷，部分空间使用下的供暖、通风空调系统能耗 6 评价排风能量回收系统设计是否合理并运行可靠 7 评价是否对风机水泵采取减振、消声和隔音等措施，并对风气系统进行消声处理，对机房采取隔声、密闭措施，以满足相关环保规范有关噪声的要求 8 评价空调设备或系统是否采用节水冷却技术(如采用多联机，为无蒸发耗水量的冷却技术)	打分，给出调整方案的建议	√	√	1 2 4 5 7 8	1 2 4 5 7 8

续上表

接口名称	接口编号	输入接口要求	接口处理及用途	输入设计阶段		受资专业需重点核对、协商条款	
				初设	施工图	初设	施工图
站台门	E6E1	1 各种用房环控设备、管线的布置要求 2 房间环境设计要求 3 各设备的发热量 4 气密性能	1 用于环控管线、设备、风口的布置 2 用于环控负荷计算、设备配置	√	√	1~4	1~4
防淹门	E7E1	1 各种用房环控设备、管线布置要求 2 房间环境设计要求 3 各设备的发热量	1 用于环控管线、设备、风口的布置 2 用于环控负荷计算、设备配置	√	√	1~3	1~3
自动扶梯、电梯、楼梯升降机	E8E1						
环境保护	G10E1	1 环评报告 2 落实环评报告及批复文件中风道消声器设置、冷却塔选型及风亭对大气环境影响的环评要求 3 落实车站冷却塔风亭所在声功能区距离和噪声要求	用于通风空调系统噪声环境、空气环境、电磁环境等环保设计	√	√	1~3	1~3
节能	G20E1	1 节能要求及目标	根据节能要求，进行通风空调系统设计优化、设备选型优化，完成节能目标	√	√	1	1

45.4.2　设计输出部分（表 45.4-2）

通风空调专业对相关专业的输出接口表　　表 45.4-2

专业名称：通风空调　　专业代号：KT　　接口编码：E1

接口名称	接口编号	输出接口要求	接口处理及用途	输出设计阶段		输出资料重点控制条款	
				初设	施工图	初设	施工图
限界	E1A5	1 轨行区部分的管线布置、设备布置	用于核实限界是否满足要求	√	√	1	1
概预算	E1A8	1 环控设备材料表（防火板）	用于车站概预算设计	√	√	1	1

续上表

接口名称	接口编号	输出接口要求	接口处理及用途	输出设计阶段		输出资料重点控制条款	
				初设	施工图	初设	施工图
建筑	E1B5	1 人防门、风井、冷却塔布置要求，与出入口相对布置要求，人防新风井和人防排风井对角布置要求 2 环控机房、风道、孔洞、基础的布置要求 3 环控设备的荷载要求、预埋件要求 4 配合建筑完成优化房间布置、层高设计 5 设备吊装孔洞、吊钩、设备运行路径通道要求 6 结构反梁位置及要求 7 新排风道内壁风压要求 8 超60m长通道、设置安检通道、换乘通道的高度要求（满足设置排烟、空调要求） 9 排烟、补风机房要求 10 挡烟垂壁的高度、位置要求 11 楼扶梯及前室设置，尽量减少加压送风系统设置	配合建筑专业对房间、风道、基础、孔洞、预埋件、层高等进行布置	√	√	1~11	1~11
建筑装修（含外部景观）	E1B6	1 环控管线、风口、设备图 2 配合建筑装修专业完成装修设计图 3 结合装修设计图调整风口设置 4 挡烟垂壁的设置、位置要求，核实排烟口与挡烟垂壁的相对位置 5 楼扶梯口的封闭要求 6 机房、风道的装修要求，风亭百叶防水、过风面积要求 7 室外冷却塔、室外机美观围蔽、防盗要求	配合建筑装修专业完成装修设计图，管线高度、风口布置满足装修要求	√	√	1~7	1~7

续上表

接口名称	接口编号	输出接口要求	接口处理及用途	输出设计阶段		输出资料重点控制条款	
				初设	施工图	初设	施工图
综合管线	E1B7	1 环控管线、风口、设备图 2 配合完成综合管线设计图 3 管线检修空间要求、管线重量荷载 4 需设置抗震支吊架的范围	配合完成综合管线设计图,确保满足综合管线要求	√	√	1~4	1~4
区间	E1B9	1 配合完成中间风机房位置选择 2 区间范围内射流风机、推力风机的布置要求和安装要求 3 出入场、段线射流风机、推力风机或风机房的布置要求及设备安装要求	配合完成区间的中间风机房选址,满足风机房、风机设备的布置要求和设备安装要求	√	√	1~3	1~3
轨行区综合管线	E1B10	1 轨行区设备布置图	配合完成轨行区综合管线图	√	√	1	1
动力与照明	E1C3	1 设备用电、运行、监控及联锁要求 2 设备、阀门编码要与动力与照明设计图核对,提供负荷等级要求 3 双方确认接口位置 4 冷却塔、VRV室外机检修电源 5 总管入口处防火阀与排烟风机的联锁要求,排烟风机与同系统补风机的联锁关闭要求	用于环控设备配电、监控设计	√	√	1~5	1~5
FAS	E1D8	1 各类防火阀的监视控制要求 2 双方共同确认接口位置 3 各类消防专用风机的监视、控制要求	实现对各类防火阀的监视、控制,实现对消防专用风机的监视、控制	√	√	1~3	1~3
BAS	E1D9	1 各类设备的监视、控制要求 2 各种环控工艺 3 风水联动控制需求及控制目标 4 双方共同确认接口位置	实现对环控设备的监视、控制,实现各种模式及完成节能目标	√	√	1~4	1~4

续上表

接口名称	接口编号	输出接口要求	接口处理及用途	输出设计阶段		输出资料重点控制条款	
				初设	施工图	初设	施工图
隧道通风	E1E2	1 各站隧道通风系统布置图，针对特殊配线车站，提供机械风口的平面布置图，横向排烟风道的布置图、射流风机的布置图，核实是否满足要求 2 中间风机房部分隧道通风系统布置图及设置里程 3 出入场、段线隧道通风系统布置图 4 隧道通风系统控制量显示量表 5 车站活塞风道的消声计算提给隧道通风系统专业，用于核实活塞风道的消声器阻力	用于隧道通风系统专业进行核实确认	√	√	1~5	1~5
集中供冷	E1E3	1 本站的冷负荷分布情况 2 本站阻力情况 3 本站机房及管路布置情况 4 车站供冷供回水温度，分界面、接管点及各阀门的设置要求 5 工艺相关压力、温度、流量等各类传感器的布置要求	用于集中供冷专业进行设计	√	√	1~5	1~5
给排水及消防	E1E4	1 各设备的给水、排水点 2 补水量要求 3 双方确认接口分界点，由给排水及消防专业设置水表，风道、VRV 室外机、冷却塔处设置清洗水源并采取排水措施	用于给排水设计	√	√	1~3	1~3

续上表

接口名称	接口编号	输出接口要求	接口处理及用途	输出设计阶段		输出资料重点控制条款	
				初设	施工图	初设	施工图
消防	E1G9	1 环控消防相关图纸 2 连续长度大于60m的换乘通道、出入口通道、连接通道（含两个出入口之间连续长度大于60m的过街通道），落实机械排烟设施 3 落实消防专用通道、封闭楼梯间、防烟楼梯间及前室的防烟设施 4 落实四层及以上深埋车站站台火灾的机械补风措施 5 落实烟风机和排烟风道设置在排烟区的同层和上层 6 落实防烟分区划分及排烟量、排烟口设置，排烟口尽量侧式布置，需设置在蓄烟层内 7 落实排烟风机和本系统补风机的联动资料提供 8 落实设置排气扇、自然引风口、泄压阀靠墙防火阀的设置 9 落实补风口设置及高度满足现行《火灾自动报警系统设计规范》（GB 50116）的要求 10 落实排烟、补风管耐火时限要求	用于车站消防设计	√	√	1~10	1~10
绿色建筑	E1G19	1 空调冷热源设备能效指标计算书及相关设计图纸	用于通风空调设计	√	√	1	1

第 46 章 隧道通风

46.1 专业组成

本专业主要组成包括区间通风系统、车站隧道通风系统。

46.2 专业功能

隧道通风系统分为区间通风系统和车站隧道通风系统两部分。

列车正常运营时，应能排除隧道内的余热余湿并能满足隧道内换气次数和温度要求；

列车阻塞时，应能向阻塞区间提供一定的通风量，控制隧道温度，以满足列车空调器仍能正常运行的要求；

列车发生火灾时，应能及时排除烟气和控制烟气流向，诱导乘客安全撤离火灾区域。

46.3 专业的主要接口

隧道通风专业应结合线路、行车组织与运营管理、客流预测、建筑、区间、供电系统、车辆、信号、车辆基地等专业资料进行隧道通风系统的设计工作。

隧道通风专业还应向建筑、限界、区间结构、综合监控系统、区间内有设备的相关专业(站台门、疏散平台)、车站通风空调、BAS 等专业输出如设备布置方案、风口里程、区间内土建风道(含轨顶、轨底风道及风口)、区间内射流风机(推力风机、喷嘴)等设备布置、模式要求、区间内风压的设计资料。

46.4 专业设计技术接口表

46.4.1 设计输入部分(表 46.4-1)

相关专业对隧道通风专业的输入接口表 表 46.4-1

专业名称：隧道通风　　专业代号：TVS　　系统编码：E2

接口名称	接口编号	输入接口要求	接口处理及用途	输入设计阶段		受资专业需重点核对、协商条款	
				初设	施工图	初设	施工图
线路	A4E2	1 线路平、纵断面，包含： 1.1 站间距 1.2 坡度	用于隧道通风系统配置及软件模拟计算	√	√	1.1	1.1

续上表

接口名称	接口编号	输入接口要求	接口处理及用途	输入设计阶段		受资专业需重点核对、协商条款	
				初设	施工图	初设	施工图
行车组织与运营管理	A2E2	1 全日列车运行计划，包括初/近/远期列车正常运行图、运行交路 2 列车降级运行条件下的运行安排 3 列车停站时间 4 牵引计算结果 5 列车越站通过站台限速及其他特殊区段的限速等 6 运营管理模式，包括正常（正常运营、停运或夜间时段）及非正常（事故、火灾等时段）情况下的运作组织等 7 正常运行时有列车追踪的区段 8 配线形式（含出入段线、联络线）	1 用于隧道通风系统配置及软件模拟计算 2 隧道通风需要考虑对于特殊情况的处理方式：在既有设计方案下，实际运营中如果区间内（未设置中间风井）有两列车的隧道通风考虑相应的措施	√	√	1~8	1~4 7 8
客流预测	A1E2	1 初/近/远期各时段的各站客流情况（断面客流及乘降客流等）、超高峰小时系数等	用于软件模拟计算	√		1	
工程地质	B1E2	1 土壤温度 2 土壤导热系数 3 土壤导温系数 [在勘察之前需提出的测量要求：测量密度（测点间距）、不同地质条件的布点要求，细化检测方案布点数量]	用于隧道通风模拟计算及软件资料输入	√		1~3	

续上表

接口名称	接口编号	输入接口要求	接口处理及用途	输入设计阶段		受资专业需重点核对、协商条款	
				初设	施工图	初设	施工图
车站建筑	B5E2	1 总平面图 2 车站各层平、剖面图（系统用房、设备布置、预留孔洞及预埋件、基础、车站隧道排风口布置、活塞风面积、设备运输检修通道、墙体材料） 3 如站内有长大配线，则应考虑射流风机的设置空间（正线应侧装）及配线区域隔墙、土建排烟风道与风口的设置，在轨行区的设备需要协商安全的设置要求（包括特殊布置，如顶装的射流风机等） 4 区间风机房布置总平面，平、剖面图等（含中间风井、推力风机房、控制箱等） 5 人防门、防淹门的设置	用于隧道通风系统配置及软件模拟计算	√	√	1~4	1~4
区间	B9E2	1 隧道平、剖面图（包括断面、长度、配线区域隔墙、缓压导流墙等） 2 区间工法、断面面积 3 射流风机安装处平、剖面图 4 区间内风井、土建排烟风道及风口平、剖面图 5 围护结构厚度、结构形式、材质（导热系数等）传热性能参数 6 人防门、防淹门的设置	用于隧道通风系统配置及软件模拟计算	√	√	1~6	1~4 6

续上表

接口名称	接口编号	输入接口要求	接口处理及用途	输入设计阶段		受资专业需重点核对、协商条款	
				初设	施工图	初设	施工图
车辆	A3E2	1 车辆头部形状、断面图、重量、车身摩擦系数（快线线路需要隧道通风、车辆和结构等专业协商车辆的最高速度，车厢内压力变化率要求、密闭性、断面等） 2 列车长度、编组 3 牵引电机特性曲线，制动特性，列车加速度、减速度限制等 4 车辆对外散热设备功率，包含空调、牵引系统散热形式、数量及散热量 5 车辆燃烧特性，如火灾发热量等（视情况协商） 6 列车冷凝器风量及布置位置 7 是否有车载制动电阻装置	用于隧道通风系统配置及软件模拟计算	√	√	1~7	4 6 7
限界	A5E2	1 地铁各种限界图 2 快线（限界、区间和车辆等专业需要协商洞径、阻塞比等空气动力学和设备的设置）	用于隧道通风系统配置，原则上尽量减少布置在轨行区的设备	√	√	1	1
综合管线	A5E2	1 射流风机、推力风机等区间设备的位置	用于确定区间通风系统设备的设置位置		√		1
供电系统	C2E2	1 再生制动能量反馈效率 2 区间电缆发热量	用于隧道通风系统配置及软件模拟计算	√	√	1 2	1
信号	D5E2	1 信号最终的牵引计算	1 用于区间风井的设置等 2 信号最终的牵引计算结果提供的时间相对较晚，中间风井方案基本已经实施，如与设计时的行车资料有出入，则考虑采取相应的措施	√	√	1	1
车辆基地建筑	F3E2	对于盖下或地下出入段线有此情况： 1 出入线与咽喉区的平、剖面图（协商隧道通风配置）	用于隧道通风系统配置（风井、机房等）	√	√	1	1

续上表

接口名称	接口编号	输入接口要求	接口处理及用途	输入设计阶段		受资专业需重点核对、协商条款	
				初设	施工图	初设	施工图
车辆基地通风空调	F5E2	对于盖下或地下出入段线有此情况： 1 出入线与咽喉区的通风方案（协商隧道通风配置和接口情况）	用于隧道通风系统配置	√	√	1	1
车辆基地动力与照明	F7E2	对于盖下或地下出入段线有此情况： 1 出入线与咽喉区隧道通风设备的配电方案（协商出入段线隧道通风设备的配电）	用于隧道通风系统配置	√	√	1	1
环境保护	G10E2	环评报告 1 风道消声器设置要求	用于隧道通风系统配置	√	√	1	1
车站通风空调	E1E2	1 车站活塞风道的消声计算 2 各站隧道通风系统布置图，特别是特殊配线车站，机械风口位置特别大断面，横向排烟风道布置、射流风机布置是否满足要求 3 中间风机房部分的隧道通风系统布置图及设置里程 4 出入场、段线隧道通风系统布置图 5 隧道通风系统控制量显示量表	1 用于核实活塞风道的阻力 2 用于隧道通风系统核实确认	√	√	1~5	1~5

46.4.2 设计输出部分（表 46.4-2）

隧道通风专业对相关专业的输出接口表 表 46.4-2

专业名称：隧道通风 专业代号：TVS 系统编码：E2

接口名称	接口编号	输出接口要求	接口处理及用途	输出设计阶段		输出资料重点控制条款	
				初设	施工图	初设	施工图
限界	E2A5	1 射流风机、推力风机的安装位置及安装空间要求	用于确认区间通风系统设备的设置	√	√	1	1
区间综合管线	E2A5						

续上表

接口名称	接口编号	输出接口要求	接口处理及用途	输出设计阶段		输出资料重点控制条款	
				初设	施工图	初设	施工图
车站建筑	E2B5	1 隧道通风系统布置方案：系统用房要求、设备布置及系统布置（包括轨排风道的设置） 2 中间风井、端头井等隧道通风系统布置方案（指车站设计范围内如有中间风井、端头井的情况） 3 区间土建排烟风道及风口布置方案（指车站设计范围内的隧道） 4 配线区域射流风机及隔墙设置 5 有风压墙面风压值 6 预留孔洞及预埋件要求 7 车站隧道排风口布置要求 8 活塞风面积要求 9 环评要求 10 设备运输检修通道 11 轨行区设备布置要求（射流风机、推力风机、控制箱等）	1 用于确认隧道通风系统的设置 2 相关风道、房间等墙体、构筑物、封堵需考虑耐风压影响	√	√	1~3	1~3 5
区间	E2B9	1 中间风井的设置（隧道通风系统设备布置、荷载） 2 区间、出入段线和端头风井等特殊区域的射流风机、推力风机布置位置及布置方式（包括相关风口） 3 区间土建排烟风道及风口布置方案 4 配线等特殊区域分隔墙、导流缓压等设施相关要求 5 出入段线隧道通风系统布置方案 6 隧道内风压等 7 端头风井等特殊节点	1 用于确认区间通风系统的设置 2 相关风道、房间、隔墙、导流墙等墙体、构筑物、封堵需考虑耐风压影响	√	√	1~4	1~5

续上表

接口名称	接口编号	输出接口要求	接口处理及用途	输出设计阶段		输出资料重点控制条款	
				初设	施工图	初设	施工图
供电系统	E2C2	1 隧道通风系统配置（含轨顶、站台下风道与风口） 2 隧道内风压等	1 用于跟随所、牵引所的设置 2 区间内的各类管线、设备及其附属配件、封堵等均需考虑耐风压影响	√	√	1	1 2
车站通风空调	E2E1	1 隧道通风系统布置方案（包含中间风井、区间、出入段线、端头折返线、联络线、配线隧道通风系统、土建风道及风口、喷口、射流风机、推力风机、消声器的设置要求等） 2 隧道通风系统设备的监控要求 3 轨道排风口（道）的布置要求 4 隧道风机、轨排风机、射流风机、推力风机的配电要求	1 用于车站通风空调设计 2 落实隧道通风系统的布置，落实隧道通风系统设备的配电及监控要求	√	√	1~3	1~3
动力与照明	E2C3	1 隧道通风设备的配电、联锁要求等（由车站环控专业提供资料） 2 隧道内风压等	1 用于车站隧道通风设备的配电、联锁 2 区间内的各类管线、设备及其附属配件、封堵等均需考虑耐风压影响	√	√	1	1 2
站台门	E2E6	1 隧道内风压 2 站台门的开启要求 3 全封闭、半封闭等要求，以及其他特殊要求	1 站台门均需考虑耐风压影响，包括正常运行时开关门力 2 用于站台门开启的模式执行	√	√	1 2	1 2
ISCS	E2D1	1 机械风口里程 2 隧道内风压等	1 需要综合监控系统和信号专业落实，信号专业应能向综合监控系统专业提供列车停车位置，用于执行隧道通风系统模式 2 区间内的各类管线、设备及其附属配件、封堵等均需考虑耐风压影响		√		1 2

续上表

接口名称	接口编号	输出接口要求	接口处理及用途	输出设计阶段		输出资料重点控制条款	
				初设	施工图	初设	施工图
BAS	E2D5	1 隧道通风系统模式运行要求 2 隧道通风系统相关传感器的设置要求 3 隧道内风压等	1 用于BAS编程 2 用于BAS设置传感器		√		1~3
人防	E2A7	1 人防门洞（含区间隔断门）过风面积要求及设置位置	用于确定人防门面积和位置，不能遮挡风口及风机出口	√	√	1	1
车辆基地建筑	E2F3	1 对于盖下或地下出入段线有此情况：出入段线与车辆基地分界的开口设置位置、风机房等相关接口配置要求	用于布置出入段线的隧道通风系统	√	√	1	1
车辆基地通风空调	E2F5	1 对于盖下或地下出入段线有此情况：出入段线与车辆基地分界的隧道通风相关的系统分界设置要求	车辆基地分界隧道通风系统的管辖范围以及相关的接口要求	√	√	1	1
车辆基地动力与照明	E2F7	1 对于盖下或地下出入段线有此情况：出入段线隧道通风系统设备配置等	出入段线隧道通风系统设备的配电要求	√	√	1	1
集中供冷	E2E3	1 隧道内风压等	隧道内的构筑物、封堵、各类支架、管线、疏散平台等各类管线、设备及其附属配件均需考虑耐风压影响		√		1
给排水及消防	E2E4						
防淹门	E2E7						
信号	E2D5						
接触网	E2C6						
疏散平台	E2B11						
通信	E2D1						
建筑装修（含外部景观）	E2B6						
其他							

第 47 章 集中供冷

47.1 专业组成

本专业组成主要包括：

（1）地下车站的集中供冷专业；

（2）设备间的接口关系以及与其他专业的接口配合。

47.2 专业功能

中心城区部分车站受周边建筑环境限制，车站室外无条件设置冷却塔，为解决这部分车站空调供冷问题，在相邻的其他车站或地块统一设置集中冷站。

47.3 专业的主要接口

集中供冷专业接口关系主要如下：

（1）为保证稳定可靠的电源供应，本专业需要给动力与照明专业提供用电资料，包括负荷等级、容量、电压等级（单相或三相）、位置等资料；

（2）配合土建专业稳定建筑布置，土建专业向本专业提供集中冷站、敷设区间供冷水管、区间的建筑资料，本专业负责布置本专业的各设备用房；

（3）本专业应提供设备的控制工艺要求；

（4）本专业应提供专业投资估算或概算。

47.4 专业设计技术接口表

47.4.1 设计输入部分（表 47.4-1）

相关专业对集中供冷专业的输入接口表 表 47.4-1

专业名称：集中供冷　　专业代号：GL　　系统编码：E3

接口名称	接口编号	输入接口要求	接口处理及用途	输入设计阶段		受资专业需重点核对、协商条款	
				初设	施工图	初设	施工图
建筑	B5E3	1 冷水机房或蓄冷水池及室外冷却塔的建筑布置图	作为进行专业内设计的基础资料	√	√	1	1

续上表

接口名称	接口编号	输入接口要求	接口处理及用途	输入设计阶段		受资专业需重点核对、协商条款	
				初设	施工图	初设	施工图
区间	B9E3	1 区间平、剖面图	用于区间水管位置布置	√	√	1	1
人防（含防淹门）	A7E3/E7E3	1 人防门（含防淹门）套管埋管布置图	核查人防门（含防淹门）套管预留，满足设计要求		√		1
限界	A5E3	1 地铁各种限界图	核查区间水管布置，满足本专业和限界要求	√	√	1	1
车站通风空调	E1E3	1 车站空调负荷及站内水系统阻力	作为集中供冷专业设计输入资料	√	√	1	1
轨行区综合管线	B10E3	1 区间供冷水管布置最终路径标高	用于轨行区综合管线布设	√	√	1	1

47.4.2 设计输出部分（表 47.4-2）

集中供冷专业对相关专业的输出接口表　　表 47.4-2

专业名称：集中供冷　　专业代号：GL　　系统编码：E3

接口名称	接口编号	输出接口要求	接口处理及用途	输出设计阶段		输出资料重点控制条款	
				初设	施工图	初设	施工图
建筑	E3B5	1 确定冷水机房、蓄冷水池位置及尺寸，确定供冷设备的运输通道、吊装孔	提出工艺需求，作为建筑专业的设计输入	√	√	1	1
建筑装修（含外部景观）	E3B6	1 室外冷却塔美观围蔽、防盗要求	提出工艺需求，作为建筑装修专业的设计输入	√	√	1	1
结构	E3B8	1 供冷设备荷载、蓄冷水池承重要求和运输路线	作为结构专业荷载设计的基础资料	√	√	1	1
区间	E3B9	1 区间供冷水管布置管径和路径 2 区间供冷水管重量	作为区间断面尺寸和结构荷载的基础资料	√	√	1 2	1 2
人防（含防淹门）	E3A7/E3E7	1 集中供冷人防门（含防淹门）穿管位置及管径	作为人防门（含防淹门）套管设计预留的基础资料		√		1
概预算	E3A8	1 设备材料表	作为概算输入的基础资料	√	√	1	1

续上表

接口名称	接口编号	输出接口要求	接口处理及用途	输出设计阶段		输出资料重点控制条款	
				初设	施工图	初设	施工图
限界	E3A5	1 区间供冷水管布置管径	核实区间管线布置，满足限界的要求	√	√	1	1
车站通风空调	E3E1	1 车站供冷供回水温度，分界面、接管点及各阀门的设置要求 2 工艺相关压力、温度、流量等各类传感器的布置要求	作为车站内水系统设计的基础资料	√	√	1 2	1 2
动力与照明	E3C3	1 供冷设备用电资料	作为集中供冷站动力与照明设计的基础资料	√	√	1	1
BAS	E3D9	1 设备监控控制接口	作为集中冷站设备监控的基础资料	√	√	1	1
给排水及消防	E3E4	1 集中供冷用水、排水资料以及接口点	作为集中冷站给排水及消防设计的基础资料	√	√	1	1
轨行区综合管线	E3B10	1 区间供冷水管布置管径和路径	用于轨行区综合管线布设	√	√	1	1

第 48 章 给排水及消防

48.1 专业组成

给排水及消防专业组成主要包括给水、水消防、排水三大部分，具体内容为：

(1)车站及区间给水系统、水消防系统和排水系统。

(2)主变电所、控制中心（含工艺、线网控制平台)、地铁洞口的给水系统、水消防系统和排水系统。

(3)车站、区间、主变电所、控制中心(含工艺、线网控制平台)、地铁洞口的给排水系统与其他相关专业的接口配合。

48.2 专业功能

1)生活、生产给水系统

满足各车站、控制中心(含工艺、线网控制平台)、主变电所等工作人员的生活用水、厕所冲洗用水及车站冲洗用水需求，满足各车站环控系统的循环冷却补充用水需求。

2)水消防系统

满足各车站、地下区间、控制中心（含工艺、线网控制平台)、主变电所的消防用水需求，含为满足有物业开发时增设自动喷水灭火系统用水需求。

3)排水系统

(1)排除各车站、控制中心（含工艺、线网控制平台)、主变电所工作人员的生活污水、厕所冲洗用水；

(2)排除地下站、地下区间结构渗漏水，车站内冲洗用水及消防废水；

(3)排除隧道出入口、地下站出入口、高架站及高架区间的雨水。

48.3 专业的主要接口

给排水及消防专业接口关系主要如下：

(1)为保证稳定可靠的电源供应，本专业需要给动力与照明提供用电资料，包括负荷等级、容量、电压等级(单相或三相)、位置等资料；

(2)本专业应向 FAS 专业提供水消防相关设备的监视和控制要求；

(3)本专业应向 BAS 专业提供给排水相关设备的监视和控制要求；

(4)配合建筑专业稳定建筑布置，建筑专业向本专业提供车站、区间的初步建筑资料，本专业负责布置本专业的各设备用房，并将设备用房、孔洞及预埋件要求反提给建筑专业；

（5）各专业需要向本专业提供用水要求，包括用水点位置、管径、水量、水压及水质等要求；

（6）各专业需要向本专业提供排水要求，包括排水点位置、水量及水质等要求。

48.4 专业设计技术接口表

48.4.1 设计输入部分（表 48.4-1）

相关专业对给排水及消防专业的输入接口表 表 48.4-1

专业名称：给排水及消防 专业代号：GS 系统编码：E4

接口名称	接口编号	输入接口要求	接口处理及用途	输入设计阶段		受资专业需重点核对、协商条款	
				初设	施工图	初设	施工图
概预算	A8E4	1 各阶段的概预算清单要求 2 特殊设备单价、涉及统一取费问题的单价要相互协商（新工艺、新设备） 3 类似工程的造价水平（横向比较）	用于统计给排水专业工程量	√		1~3	
线路	A4E4	1 区间线路平、纵断面图	用于确定区间废水泵房里程	√	√	1	1
限界	A5E4	1 各种断面的限界图及限界要求 2 特殊区域（配线、联络线、折返线）管线路由及设置要求，轨行区综合管线专业负责标高协调，过轨同时提给轨道及轨行区综合管线专业	用于车站及区间给排水及消防管道布置	√	√	1 2	1 2
轨道	A6E4	1 管道过轨限制要求 2 各类道床横断面图、各车站及区间集水坑（沉沙坑）底至轨面高度、预埋排水管起点标高等 3 转辙机坑及集水坑的布置方案 4 分管给排水及消防专业的副总体牵头，给排水及消防、轨道、区间结构、车站建筑、车站结构专业协商确定泵房里程、预埋管标高	1 用于确定区间给排水及消防管道过轨方案 2 用于确定废水泵房里程、进水管的预埋以及废水池有效水深 3 用于确定转辙机集水坑排水方案	√	√	1 2	1~4

续上表

接口名称	接口编号	输入接口要求	接口处理及用途	输入设计阶段		受资专业需重点核对、协商条款	
				初设	施工图	初设	施工图
建筑	B5E4	1 车站、区间风井等各层建筑平面图（含附属）、总平面图（含征地红线） 2 建筑横、纵剖面图 3 卫生间、给排水设备用房、离壁墙、排水沟、截水沟等大样图 4 疏散楼梯间位置（与消防无关的管线不能穿越，消防管道穿越时不得影响疏散宽度） 5 室外地面恢复标高（实施前复核确认） 6 局部低点（如变电所夹层等） 7 协商消防泵房、消防水池位置及标高	1 用于确定给排水设备用房的位置及平面布置 2 用于给排水系统水力计算 3 用于给排水大样图设计 4 用于给排水管道布置 5 室外压力井、检查井标高及装饰性井盖配合 6 用于设置局部排水泵站 7 用于确定消防泵房、水池位置及标高	√	√	1 2 6 7	1~7
建筑装修（含外部景观）	B6E4	1 公共区及设备区是否设置吊顶及层高 2 公共区及设备区走道明 / 暗装要求（不能占用消防疏散宽度） 3 公共区及设备区消火栓（箱）位置与装修协商后确定 4 地面恢复绿化范围和场地标高 5 洁具由装修专业牵头，会同给排水及消防专业一起确定，包括给排水管道的明 / 暗敷要求 6 灭火器箱位置及开孔要求，协商隐蔽方式 7 集水井盖板尺寸及石材模数协商 8 高架站及附属外立面等对美观要求较高的位置，排水管道（雨水管、废水管、污水排水管）明 / 暗敷要求	1 用于确定给排水管线的标高及布置 2 用于确定消火栓（箱）、冲洗水箱及灭火器的安装方式 3 用于绿化给水设计及排水接驳设计 4 用于卫生间大样图设计 5 用于确定集水井盖板形式 6 用于确定排水管道布置方案	√	√	1	1~8
车站结构（含防水）	B8E4	1 车站施工工法（明挖法、暗挖法） 2 车站渗漏水量	1 用于确定车站废水泵房集水池的有效容积及水泵参数	√	√	1 2	1 2

续上表

接口名称	接口编号	输入接口要求	接口处理及用途	输入设计阶段		受资专业需重点核对、协商条款	
				初设	施工图	初设	施工图
区间结构	B9E4	1 区间施工工法（明挖法、盾构法、矿山法） 2 区间渗漏水量	1 用于确定区间废水泵房集水池的有效容积及水泵参数 2 用于确定区间排水沟截面积	√	√	1 2	1 2
综合管线	B7E4	1 综合管线平、剖面图 2 综合支吊架（含抗震支吊架）详图	用于确定、核查管道的走向及标高，减少交叉	√	√	1	1 2
通风空调	E1E4	1 车站通风空调水系统的补水要求，如补水量、水质、接管位置及管径等 2 车站冷却塔布置方式、位置、补水量、供水水质、接管位置及管径、检修水源要求，冷却塔排水水质、排水量等 3 室外多联机位置及维修水源要求	1 用于给车站通风空调水系统补水 2 用于给冷却塔补水、排水及检修 3 用于室外多联机检修时供水	√	√	1~3	1~3
自动扶梯、电梯、楼梯升降机	E8E4	1 集水坑的排水要求	用于确定集水坑的排水方案	√	√	1	1
人防	A7E4	1 人防专业对给排水及消防系统的设置要求及位置 2 协商确定各处人防门处预留预埋件（孔洞、套管）的规格、位置及数量	用于确定人防给排水方案	√	√	1	1 2
城市给排水	G8E4	1 市政给排水管网相关管线资料	用于确定工点室外给排水方案，城市偏远地区无污水管网时设置污水处理设施	√	√	1	1
环境保护	G10E4	1 环评报告，重点关注排污要求	用于确定排水处理级别及出水水质标准	√	√	1	1
桥梁	B12E4	1 桥梁平、剖面图，桥墩构造表及节点大样图 2 协商确定桥梁的雨水落水管的位置	用于室外排水管线设计	√	√	1	1 2

续上表

接口名称	接口编号	输入接口要求	接口处理及用途	输入设计阶段		受资专业需重点核对、协商条款	
				初设	施工图	初设	施工图
路基	B13E4	1 原则上路基排水由路基专业考虑；有防洪排涝风险的位置与给排水及消防专业协商，由路基专业统筹考虑路基排水	有防洪排涝风险的地方与给排水及消防专业协商	√	√	1	1
工程筹划	B14E4	1 设计工期要求	用于控制设计周期	√	√	1	1

48.4.2 设计输出部分（表 48.4-2）

给排水及消防专业对相关专业的输出接口表 表 48.4-2

专业名称：给排水及消防 专业代号：GS 系统编码：E4

接口名称	接口编号	输出接口要求	接口处理及用途	输出设计阶段		输出资料重点控制条款	
				初设	施工图	初设	施工图
概预算	E4A8	1 各阶段的设备材料表、工程量清单	用于编制概预算	√		1	
限界	E4A5	1 区间消防管、压力排水管的管径、尺寸 2 协商确定消防管及压力排水管位置和标高	用于完成各断面的限界图	√	√	1 2	1 2
轨行区综合管线	E4B10	1 区间消防管、压力排水管的管径、尺寸 2 协商确定消防管及压力排水管的位置和标高	用于完成轨行区综合管线设计	√	√	1 2	1 2
轨道	E4A6	1 过轨管道的设计里程、管径及过轨要求 2 转辙机坑集水坑尺寸 3 由分管给排水及消防专业的副总体牵头，给排水及消防、轨道、区间结构、车站建筑、车站结构专业协商确定泵房里程、预埋管标高	1 用于预留过轨通道 2 用于布置集水坑 3 用于确定废水泵房里程、进水管的预埋以及废水池的有效水深	√	√	1~3	1~3

续上表

接口名称	接口编号	输出接口要求	接口处理及用途	输出设计阶段		输出资料重点控制条款	
				初设	施工图	初设	施工图
建筑	E4B5	1 设备用房布置及检修要求（面积、标高、位置等） 2 预埋预留件（防水套管、预埋管、吊钩等）、孔洞等设置要求等 3 室内外消火栓、冲洗水栓的布置 4 有组织排水要求 5 配线车站端头泵房的检修要求（设不通过轨行区楼梯） 6 室外化粪池、一体化污水处理装置（城市偏远无污水管网地区设置）等布置要求（纳入建筑总平面，报建需要）	1 用于确定建筑布置 2 用于完成孔洞、套管、吊钩等预埋 3 用于完成消火栓孔洞预留和大样图设计 4 用于完成排水沟设计 5 用于完成废水泵房检修通道设计 6 总平面报警需求	√	√	1 6	1~6
建筑装修（含外部景观）	E4B6	1 消火栓（箱）、灭火器箱、冲洗水栓位置、尺寸及开孔要求 2 室外压力井、检查井布置及装饰性井盖要求 3 水泵控制箱的位置及装修要求（特别注意高架附属部分以及室外安装的水泵控制箱） 4 卫生间等对美观要求较高的区域，管道及阀门等的装修要求	1 用于统筹、优化公共区及设备区装修方案 2 用于完成室外地坪装修设计 3 用于完成装修大样图设计 4 用于完成卫生间装修设计		√		1~4
综合管线	E4B7	1 消防水管及消火栓、给水管、污水管、废水管的敷设路径、数量、尺寸、标高 2 管线检修空间要求、管线重量荷载 3 需设置抗震支吊架的范围	用于完成综合管线设计	√	√	1 3	1~3
车站结构（含防水）	E4B8	1 设备用房荷载要求	用于完成结构设计	√	√	1	1

续上表

接口名称	接口编号	输出接口要求	接口处理及用途	输出设计阶段		输出资料重点控制条款	
				初设	施工图	初设	施工图
区间	E4B9	1 区间废水泵房的形式 2 泵房布置，集水池有效容积，预留孔洞位置及大小，预埋管的尺寸、标高等要求 3 泵房位置给排水管过轨要求 4 泵房处出地面检修井设置要求 5 区间给排水及消防管道的布置位置及荷载 6 高架区间排水预留孔洞尺寸及要求，预埋排水管材质、管径及位置等	1 用于完成区间废水泵房结构设计 2 用于核算区间预埋滑槽荷载等 3 用于完成高架区间结构设计	√	√	1~4	1~4
桥梁	E4B12	1 桥梁桥面排水路径协商 2 桥面排水预留孔洞、预留套管资料 3 通过桥涵的给排水管线资料	用于完成桥面排水方案及管道、孔洞、套管等预埋	√	√	1	1~3
路基	E4B13	1 穿路基或在路基上敷设的给排水管线资料（如有）	用于给排水管线预埋	√	√	1	1
动力与照明	E4C3	1 设备配电负荷等级、容量、数量及位置等要求 2 设备接地要求	1 用于完成系统配电设计 2 用于完成系统接地设计，保证接地端子排接线端子数量足够	√	√	1 2	1 2
FAS	E4D8	1 消火栓（箱）位置 2 水消防系统设备（消防水泵、稳压装置等）、阀门及仪表等位置、数量及监控要求 3 消防水池、高位消防水箱位置及水位监控要求 4 协商确定水消防系统与 FAS 接口信息传递形式等	1 用于 FAS 系统设计 2 用于完成接口协议签订	√	√	1~4	1~4

续上表

接口名称	接口编号	输出接口要求	接口处理及用途	输出设计阶段		输出资料重点控制条款	
				初设	施工图	初设	施工图
BAS	E4D9	1 生产生活给水加压装置、排水泵、污水提升装置、转辙机坑排水装置、远传水表等的位置、数量、运行及监控要求 2 电动蝶阀位置、数量及监控要求 3 协商确定给排水系统与BAS接口信息传递形式等	1 用于BAS系统设计 2 用于对区间消防管道的控制 3 用于完成接口协议签订	√	√	1~3	1~3
人防	E4A7	1 穿人防门给排水管道预留孔洞（套管）位置及大小 2 防爆地漏及排水管预埋尺寸、位置及坡度 3 人防给水管穿混凝土结构预留套管尺寸及位置	用于完成人防给排水相关设计	√	√	1	1~3

第 49 章 自动灭火

49.1 专业组成

自动灭火主要包括管网子系统、控制子系统两部分，具体组成为：

（1）管网部分：由气体钢瓶、瓶头阀或水泵、区域控制阀、电磁阀、喷嘴、输送管道等组成。

（2）控制部分：由集中报警控制盘、分区灭火控制盘、探测器、模块、电线、电缆、线管等组成。

49.2 专业功能

自动灭火平时由火灾自动报警系统（FAS）监测防护区的状态，火灾时能及时探测到防护区内发生的各种火灾，发出报警信号；同时，联动系统启动装置，释放灭火剂，及时控制、扑灭地铁防护区的火灾，以保证人员、行车和设备的安全。

49.3 专业的主要接口

自动灭火专业应结合建筑、区间结构、建筑装修（含外部景观）、综合管线等专业资料，进行系统保护范围、设备用房布置、管线走向、孔洞预留预埋等设计工作。

自动灭火专业还应向建筑、区间结构、建筑装修（含外部景观）、综合管线、动力与照明、火灾自动报警系统（FAS）、概预算等专业输出如设备用房、防护区荷载、承压、管线走向、标高、配电、接地及控制要求、工程量清单等主要设计资料。

注：本章仅含管网部分接口，控制部分内容纳入火灾自动报警系统（FAS）章节。

49.4 专业设计技术接口表

49.4.1 设计输入部分（表 49.4-1）

相关专业对自动灭火专业的输入接口表　　表 49.4-1

专业名称：自动灭火　专业代号：ZDMH　系统编码：E5

接口名称	接口编号	输入接口要求	接口处理及用途	输入设计阶段		受资专业需重点核对、协商条款	
				初设	施工图	初设	施工图
概预算	A8E5	1 各阶段的概预算清单要求	用于统计自动灭火工程量	√		1	

续上表

接口名称	接口编号	输入接口要求	接口处理及用途	输入设计阶段		受资专业需重点核对、协商条款	
				初设	施工图	初设	施工图
建筑	B5E5	1 车站、区间风井等各层建筑平面图（含附属） 2 建筑横、纵剖面图	1 用于确定设备用房的位置，系统防护区确定及平面布置 2 用于系统组合分配计算	√	√	1 2	1 2
车辆基地建筑	F3E5	1 综合楼、运转综合楼等各层建筑平面图 2 建筑横、纵剖面图 3 设备用房是否吊顶、静电地板及层高 4 设备用房走道明/暗装要求	1 用于确定设备用房的位置，系统防护区确定及平面布置 2 用于系统组合分配计算	√	√	1~3	1~4
建筑装修（含外部景观）	B6E5	1 设备用房装修资料，包含： 1.1 设备用房是否吊顶、静电地板及层高 1.2 设备用房走道明/暗装要求	1 用于确定是否需在吊顶、静电地板下增加保护及保护方式 2 用于确定细水雾灭火系统阀箱安装方式	√	√	1.1	1.1 1.2
综合管线	B7E5	1 综合管线平、剖面图 2 综合支吊架（含抗震支吊架）详图	用于确定、核查管道走向及标高，减少交叉	√	√	1	1 2
车辆基地综合管线	F8E5						
工程筹划	B14E5	1 设计工期要求	用于控制设计周期	√	√	1	1
供电系统	C2E5	1 全线地下牵引所、降压所、跟随所的布点资料 2 特殊设备用房自动灭火防护需求（如同相装置室、隔离开关柜室等）	用于复核防护区是否遗漏	√	√	1 2	1 2
弱电系统	D1E5～D18E5	1 特殊的弱电设备用房自动灭火防护需求，与弱电系统专业核实	用于复核防护区是否遗漏	√	√	1	1

49.4.2　设计输出部分（表 49.4-2）

自动灭火专业对相关专业的输出接口表　　　　表 49.4-2

专业名称：自动灭火　　专业代号：ZDMH　　系统编码：E5

<table>
<tr><th rowspan="2">接口名称</th><th rowspan="2">接口编号</th><th rowspan="2">输出接口要求</th><th rowspan="2">接口处理及用途</th><th colspan="2">输出设计阶段</th><th colspan="2">输出资料重点控制条款</th></tr>
<tr><th>初设</th><th>施工图</th><th>初设</th><th>施工图</th></tr>
<tr><td>概预算</td><td>E5A8</td><td>1 各阶段的设备材料表、工程量清单</td><td>用于编制概预算</td><td>√</td><td></td><td>1</td><td></td></tr>
<tr><td>建筑</td><td>E5B5</td><td>1 设备用房布置要求（面积、位置等）
2 自动灭火预埋预留件（孔洞、套管）等
3 自动灭火防护区墙体承压要求</td><td>1 用于确定建筑布置
2 用于完成孔洞、套管等预埋
3 用于完成墙体强度核算</td><td>√</td><td>√</td><td>1</td><td>1~3</td></tr>
<tr><td>车辆基地建筑</td><td>E5F3</td><td>1 设备用房布置要求（面积、位置等）
2 自动灭火预埋预留件（孔洞、套管）等
3 自动灭火防护区墙体承压要求
4 细水雾灭火系统防护区阀箱位置
5 气体灭火系统防护区泄压口布置（尺寸、位置及标高）</td><td>1 用于确定建筑布置
2 用于完成孔洞、套管等预埋
3 用于完成墙体强度核算
4 用于统筹、优化设备区装修方案
5 用于完成泄压口安装孔洞预留</td><td>√</td><td>√</td><td>1</td><td>1~5</td></tr>
<tr><td>建筑装修（含外部景观）</td><td>E5B6</td><td>1 细水雾灭火系统防护区阀箱位置
2 气体灭火系统防护区泄压口布置（尺寸、位置及标高）</td><td>1 用于统筹、优化设备区装修方案
2 用于完成泄压口安装孔洞预留</td><td></td><td>√</td><td></td><td>1
2</td></tr>
<tr><td>综合管线</td><td>E5B7</td><td rowspan="2">1 自动灭火系统管线敷设路径、数量、尺寸、标高
2 管线检修空间要求、管线重量荷载
3 需设置抗震支吊架的范围</td><td rowspan="2">用于完成综合管线设计</td><td rowspan="2">√</td><td rowspan="2">√</td><td rowspan="2">1
3</td><td rowspan="2">1~3</td></tr>
<tr><td>车辆基地综合管线</td><td>E5F8</td></tr>
<tr><td>车站结构（含防水）</td><td>E5B8</td><td rowspan="3">1 设备用房、防护区荷载、墙体等承压要求</td><td rowspan="3">用于完成结构设计</td><td rowspan="3">√</td><td rowspan="3">√</td><td rowspan="3">1</td><td rowspan="3">1</td></tr>
<tr><td>车辆基地结构</td><td>E5F4</td></tr>
<tr><td>区间</td><td>E5B9</td></tr>
</table>

续上表

接口名称	接口编号	输出接口要求	接口处理及用途	输出设计阶段		输出资料重点控制条款	
				初设	施工图	初设	施工图
动力与照明	E5C3	1 设备配电负荷等级、容量、数量及位置等要求 2 设备接地要求	1 用于完成系统配电设计，保证双切箱接线端子数量足够 2 用于完成系统接地设计，保证接地端子排接线端子数量足够	√	√	1 2	1 2
车辆基地动力与照明	E5F7						
FAS	E5D8	1 自动灭火防护区名称及布局 2 系统监控要求，信息传递形式、数量及位置等要求 3 高压细水雾阀箱用电要求	1 用于完成报警部分设计 2 用于签订接口协议，满足系统监控及联动控制要求	√	√	1~3	1~3
通风空调	E5E1	1 自动灭火系统的防护区 2 设备用房、防护区通风换气及排风要求 3 灭火介质类型 4 防护区密闭要求 5 设备用房、防护区环控设备及管线布置要求	1 用于完成通风设计，确保使用安全 2 用于完成排风口设计 3 用于完成防火阀设计 4 协商确定设备及管线布置	√	√	1~4	1~5
车辆基地通风空调	E5F5						
给排水及消防	E5E4	1 细水雾灭火系统设备用房补水要求 2 细水雾灭火系统设备用房、闭式系统防护区排水要求	1 用于完成泵房补水设计 2 用于完善排水设计，确保排水顺畅	√	√	1 2	1 2
车辆基地给排水及消防	E5F6						

第 50 章 站台门

50.1 专业组成

站台门系统主要由门体、门机、电源系统与控制系统等四个部分组成。

门体包括滑动门、固定门、应急门、端门、顶箱结构(或侧盒)、支撑结构、门槛等。

门机包括门控单元、电机、机械传动装置等。

电源主要包括驱动电源、控制电源，采用一级负荷供电，驱动电源、控制电源配置后备电源。

50.2 专业功能

站台门设置在站台边缘，是站台公共区与轨行区的分隔，起到节能环保、提高乘客舒适度、提升地铁服务水平的作用。

50.3 专业的主要接口

站台门与建筑、车站结构、建筑装修(含外部景观)、车辆、限界、综合监控系统、动力与照明、通风空调、信号系统等专业有接口。

50.4 专业设计技术接口表

50.4.1 设计输入部分(表 50.4-1)

相关专业对站台门专业的输入接口表 表 50.4-1

专业名称:站台门 专业代号:PSD 系统编码:E6

接口名称	接口编号	输入接口要求	接口处理及用途	输入设计阶段		受资专业需重点核对、协商条款	
				初设	施工图	初设	施工图
建筑	B5E6	1 建筑图	1 用于统计站台门工程量 2 用于核对预留预埋是否符合要求 3 用于核对布置是否正确	√	√	1	1

续上表

接口名称	接口编号	输入接口要求	接口处理及用途	输入设计阶段		受资专业需重点核对、协商条款	
				初设	施工图	初设	施工图
ISCS	D10E6	1 接口形式及内容	1 用于确定接口分界 2 用于确定接口类型	√	√	1	1
信号	D5E6						
车辆	A3E6	1 车辆编组资料（包括车门间距、车门宽度、司机门间距、司机门宽度等）	用于站台门布置	√	√	1	1
限界	A7E6	1 站台门门体、防踏空胶条、瞭望灯带等限界	用于站台门门体设计	√	√	1	1

50.4.2 设计输出部分（表 50.4-2）

站台门专业对相关专业的输出接口表 表 50.4-2

专业名称：站台门　　专业代号：PSD　　系统编码：E6

接口名称	接口编号	输出接口要求	接口处理及用途	输出设计阶段		输出资料重点控制条款	
				初设	施工图	初设	施工图
建筑	E6B5	1 全线站台门布置通用图，预留、预埋件通用图，设备用房布置图等	1 用于确定站台门标准、站台平面布置图 2 用于确定站台门系统设备用房要求 3 用于确定站台门预留、预埋要求布置图	√	√	1	1
车站结构（含防水）	E6B8	1 站台门预留、预埋及受力要求	1 用于确定站台门对顶梁（端门梁）的受力要求 2 用于确定站台门对站台板的受力要求	√	√	1	1
建筑装修（含外部景观）	E6B6	1 站台门安装后的收口要求	1 用于确定站台门门体对装修物理空间的要求 2 用于确定站台门绝缘层与装修接口 3 用于确定端门收口要求		√		1
概预算	E6A8	1 站台门设备工程量	用于编制概算	√	√	1	1

续上表

接口名称	接口编号	输出接口要求	接口处理及用途	输出设计阶段		输出资料重点控制条款	
				初设	施工图	初设	施工图
动力与照明	E6C3	1 站台门需求	1 用于确定接口界面 2 用于确定用电需求 3 用于确定接地需求	√	√	1	1
ISCS	E6D10	1 接口形式及内容	1 用于确定全线站台门的设置数量 2 用于确定站台门监控需求 3 用于确定站台门 IBP 盘需求	√	√	1	1
通风空调	E6E1	1 站台门设备用电容量及发热量 2 设备用房环境设计要求 3 设备用房柜子布置图	1 用于确定环控容量 2 用于确定设备用房环境要求 3 风口避开设备柜正上方	√	√	1	1
信号	E6D5	1 接口形式及内容	1 用于确定全线站台门的设置数量 2 用于确定站台门系统级控制需求 3 用于确定接口界面 4 用于确定开关门命令要求	√	√	1	1

第51章 防淹门

51.1 专业组成

防淹门系统由机械和控制两部分组成，系统具有中央、车站、就地三级监视和车站、就地二级控制功能，部分城市采用防淹门兼人防的设防方式。

51.2 专业功能

为防止因突发事故造成隧道破裂而使洪水灾害扩大至各地铁站及全线区间，保护地铁站人身和设备的安全而设置防淹门（兼人防）。

51.3 专业的主要接口

防淹门与线路、车站结构、轨道、综合监控系统、动力与照明、通风空调、信号系统等专业有接口。

51.4 专业设计技术接口表

51.4.1 设计输入部分（表51.4-1）

相关专业对防淹门专业的输入接口表　　表51.4-1

专业名称：防淹门　　专业代号：FYM　　系统编码：E7

接口名称	接口编号	输入接口要求	接口处理及用途	输入设计阶段		受资专业需重点核对、协商条款	
				初设	施工图	初设	施工图
建筑	B5E7	1 全线线路图（过江、过河、过海等）	用于确定防淹门设置	√	√	1	1
ISCS	D10E7	1 建筑图 2 车站防洪标高	1 用于确定防淹门的设置里程 2 用于确定防淹门的设置类型 3 用于确定防淹门的设计水头	√	√	1	1

续上表

接口名称	接口编号	输入接口要求	接口处理及用途	输入设计阶段		受资专业需重点核对、协商条款	
				初设	施工图	初设	施工图
信号	D5E7	1 接口形式及内容	1 用于确定接口分界 2 用于确定接口类型	√	√	1	1
轨道	A6E7						

51.4.2 设计输出部分(表 51.4-2)

防淹门专业对相关专业的输出接口表 表 51.4-2

专业名称:防淹门　　专业代号:FYM　　系统编码:E7

接口名称	接口编号	输出接口要求	接口处理及用途	输出设计阶段		输出资料重点控制条款	
				初设	施工图	初设	施工图
建筑	E7B5	1 防淹门对建筑专业的要求,包括闸门布置、检修维护空间、预留预埋、设备用房要求等	1 配合建筑方案进行防淹门布置 2 用于确定防淹门设备用房的规格尺寸 3 用于确定防淹门预留、预埋要求	√	√	1	1
车站结构(含防水)	E7B8	1 防淹门预留、预埋受力要求	1 用于确定防淹门受力要求	√	√	1	1
概预算	E7A8	1 防淹门设备工程量	用于编制概算	√	√	1	1
动力与照明	E7C3	1 接口形式及内容	1 用于确定接口界面 2 用于确定用电需求 3 用于确定接地需求	√	√	1	1
ISCS	E7D10	1 接口形式及内容	1 用于确定全线防淹门的设置数量 2 用于确定防淹门的监控需求 3 用于确定防淹门 IBP 盘需求	√	√	1	1
通风空调	E7E1	1 防淹门设备用电容量及发热量 2 设备用房环境设计要求 3 设备用房柜子布置图	1 用于确定环控容量 2 用于确定设备用房环境要求 3 风口避开设备柜正上方	√	√	1 2	1~3

续上表

接口名称	接口编号	输出接口要求	接口处理及用途	输出设计阶段		输出资料重点控制条款	
				初设	施工图	初设	施工图
信号	E7D5	1 全线防淹门的设置数量 2 防淹门关门控制需求 3 接口界面	1 用于确定接口数量 2 用于确定控制需求 3 用于确定接口界面	√	√	1~3	1~3
轨道	E7A6	1 全线防淹门的设置里程 2 防淹门门槛对轨道专业的要求	1 用于确定轨道预留门槛里程 2 用于确定门槛预留尺寸	√	√	1 2	1 2
人防	E7A7	1 全线防淹门设防布点图	用于明确防淹门是否兼具人防功能	√	√	1	1
供电系统	E7C2	1 全线防淹门的设置位置 2 关闭闸门对接触网的断网要求	1 用于确定接触网特殊设计里程 2 用于确定接触网断网要求	√	√	1 2	1 2

第 52 章
自动扶梯、电梯、楼梯升降机

52.1 专业组成

本专业组成主要为自动扶梯、电梯、楼梯升降机。

52.2 专业功能

自动扶梯设置在车站内和出入口，是地铁交通系统的一个重要组成部分，将地面上需要乘坐地铁列车的乘客迅速、安全、舒适地送入地铁站台或将地铁列车下车的乘客送到地面。

电梯主要为行动不方便的乘客提供出入地铁的一条无障碍通道。同时，电梯在设备更换维修时，运输设备零部件。

楼梯升降机在无法设置电梯时设置，以便为行动不方便的乘客提供出入地铁的一条无障碍通道。

52.3 专业的主要接口

自动扶梯、电梯、楼梯升降机专业与建筑、车站结构、建筑装修（含外部景观）、BAS、动力与照明、ISCS、通风空调、给排水及消防、通信等专业有接口。

52.4 专业设计技术接口表

52.4.1 设计输入部分（表 52.4-1）

相关专业对自动扶梯、电梯、楼梯升降机专业的输入接口表　　表 52.4-1

专业名称：自动扶梯、电梯、楼梯升降机　　专业代号：DT　　系统编码：E8

接口名称	接口编号	输入接口要求	接口处理及用途	输入设计阶段		受资专业需重点核对、协商条款	
				初设	施工图	初设	施工图
建筑	B5E8	1 建筑平、剖面图及设备工程量	1 用于统计工程量 2 用于确认建筑孔洞、预埋件是否符合电扶梯系统要求	√	√	1 2	1 2

续上表

接口名称	接口编号	输入接口要求	接口处理及用途	输入设计阶段		受资专业需重点核对、协商条款	
				初设	施工图	初设	施工图
建筑装修（含外部景观）	B6E8	1 装修对电梯井道的要求	用于确定电梯井道方案	√	√	1	1
BAS	D9E8	1 接口形式及内容	用于确定接口形式及内容	√	√	1	1
ISCS	D10E8						
通信	D1E8	1 电梯轿厢内摄像头参数及接口形式	用于确定电梯轿厢内摄像头参数选型及接口形式	√	√	1	1
安防（车辆基地）	D12E8						

52.4.2 设计输出部分（表 52.4-2）

自动扶梯、电梯、楼梯升降机专业对相关专业的输出接口表 表 52.4-2

专业名称：自动扶梯、电梯、楼梯升降机　　专业代号：DT　　系统编码：E8

接口名称	接口编号	输出接口要求	接口处理及用途	输出设计阶段		输出资料重点控制条款	
				初设	施工图	初设	施工图
建筑	E8B5	1 电扶梯系统对建筑专业的要求，含各种参数、预埋件及典型布置图、编号原则、运输通道要求、楼梯升降机安装要求与检修要求	用于确定建筑方案、孔洞及预埋件	√	√	1	1
车站结构（含防水）	E8B8	1 电扶梯系统对土建的要求	用于确定孔洞、预埋件及受力要求	√	√	1	1
建筑装修（含外部景观）	E8B6	1 电扶梯设备安装后的收口要求	用于指导建筑装修专业对电扶梯设备周边的收口设计		√		1
概预算	E8A8	1 电扶梯设备工程量	用于概预算及变更概算编制输入	√	√	1	1
BAS	E8D9	1 电扶梯设备清单、接口形式、界面及内容	用于确认双方接口形式、界面及内容	√	√	1	1
FAS	E8D8						
动力与照明	E8C3	1 电扶梯设备用电界面及要求	用于确认双方接口界面及要求	√	√	1	1

续上表

接口名称	接口编号	输出接口要求	接口处理及用途	输出设计阶段		输出资料重点控制条款	
				初设	施工图	初设	施工图
ISCS	E8D10	1 电扶梯设备清单、接口形式、界面及内容	用于确认双方接口形式、界面及内容	√	√	1	1
通风空调	E8E1	1 电扶梯设备用电容量及发热量	用于通风空调容量计算	√	√	1	1
给排水及消防	E8E4	1 电扶梯底坑排水要求	用于设计电扶梯底坑排水方案	√	√	1	1
通信	E8D1	1 自动扶梯梯路视频监视要求 2 电梯轿厢视频监视及多方通话接口界面、形式及内容 3 楼梯升降机视频通话接口界面、形式及内容	用于确认双方接口形式、界面及内容	√	√	1	1
安防（车辆基地）	E8D12	1 车辆基地电梯轿厢视频监视接口界面、形式及内容	用于确认双方接口形式、界面及内容	√	√	1	1
车辆基地通风空调	E8F5	1 电梯设备用电容量及发热量 2 电梯机房的空调及通风要求	1 用于通风空调容量计算 2 通风空调专业为电梯机房设置空调	√	√	1 2	1 2
电扶梯系统（智能运维部分）	E8D16	1 电扶梯系统智能运维数据存储、分析要求等	用于确认双方接口形式、界面及内容	√	√	1	1
车辆基地建筑	E8F3	1 电梯系统对建筑专业的要求，含各种参数、预埋件及典型布置图、编号原则、运输通道要求、检修要求	用于确定建筑方案、孔洞及预埋件	√	√	1	1
绿色建筑	E8G19	1 电梯和自动扶梯设置位置，以及梳理是否采取电梯群控、扶梯自动启停等节能控制措施，相关图纸	提供资料	√	√	1	1

第53章 声屏障

53.1 专业组成

本专业组成主要为钢立柱、吸隔声板。

53.2 专业功能

声屏障设置于地面线路轨道与敏感点之间，用于吸收、隔绝、反射列车运行时产生的噪声，改善线路两侧声环境，降低噪声对敏感点的影响。

53.3 专业的主要接口

声屏障专业应结合行车组织与运营管理、车辆、线路、限界、区间、疏散平台、桥梁、路基、供电系统等专业资料进行声屏障系统的设计工作。

声屏障专业还应向限界、轨道、区间、疏散平台、桥梁、路基、动力与照明及地上线路有设备的所有专业输出如声屏障形式、荷载、预埋件、防雷等设计资料。

53.4 专业设计技术接口表

53.4.1 设计输入部分（表53.4-1）

相关专业对声屏障专业的输入接口表 表53.4-1

专业名称：声屏障　　专业代号：SPZ　　系统编码：E9

接口名称	接口编号	输入接口要求	接口处理及用途	输入设计阶段		受资专业需重点核对、协商条款	
				初设	施工图	初设	施工图
行车组织与运营管理	A2E9	1 最高运行速度	用于计算声屏障承受的风荷载	√	√	1	1
车辆	A3E9	1 列车噪声 2 列车长度、编组	1 用于模拟列车运行时的周围声环境 2 用于判断声屏障最小设置长度	√	√	1	1
线路	A4E9	1 线路平、纵断面图，包含线路两侧地形	用于设计声屏障设置范围	√	√	1	1

续上表

接口名称	接口编号	输入接口要求	接口处理及用途	输入设计阶段		受资专业需重点核对、协商条款	
				初设	施工图	初设	施工图
限界	A5E9	1 地上线路（含 U 形槽）各种限界图	用于设计声屏障形式	√	√	1	1
轨道	A6E9	1 轨道减振设置里程、图纸	用于综合考虑减振降噪措施	√	√	1	1
区间	B9E9	1 U 形槽平、断面图	用于设计 U 形槽处声屏障安装方式	√	√	1	1
疏散平台	B11E9	1 地上线路疏散平台安装方式	用于设计疏散平台下吸声板安装方式	√	√	1	1
桥梁	B12E9	1 断面图，包括桥梁挡板形式	用于设计桥梁上声屏障安装方式	√	√	1	1
路基	B13E9	1 平、断面图	用于设计路基段声屏障安装方式	√	√	1	1
供电系统	C2E9	1 地上线路断面图，包括供电线槽位置、接触网 / 轨位置及安全距离要求	用于设计声屏障形式、安装方式	√	√	1	1
通信	D1E9	1 地上线路天线或固定设备等位置、尺寸、安装方式	用于考虑通信设备的安装空间	√	√	1	1
信号	D5E9	1 地上线路天线或固定设备等位置、尺寸、安装方式	用于考虑信号设备的安装空间	√	√	1	1
BAS	D9E9	1 地上线路传感器等设位置、尺寸、安装方式	用于考虑 BAS 设备的安装空间	√	√	1	1
城市规划	G1E9	1 地上线两侧规划情况	用于根据规范预留声屏障设置条件	√	√	1	1
环境保护	G10E9	1 环评报告 1.1 地上线路两侧敏感点类型、位置、声功能区划分 1.2 声屏障设置高度、范围	用于设计声屏障长度、形式	√	√	1	1

53.4.2 设计输出部分（表 53.4-2）

声屏障专业对相关专业的输出接口表　　表 53.4-2

专业名称：声屏障　　专业代号：SPZ　　系统编码：E9

接口名称	接口编号	输出接口要求	接口处理及用途	输出设计阶段		输出资料重点控制条款	
				初设	施工图	初设	施工图
限界	E9A5	1 声屏障形式及安装位置	用于确认声屏障的设置	√	√	1	1

续上表

接口名称	接口编号	输出接口要求	接口处理及用途	输出设计阶段		输出资料重点控制条款	
				初设	施工图	初设	施工图
概预算	E9A8	1 声屏障工程量	用于编制概算表	√		1	
轨道	E9A6	1 声屏障范围	结合声屏障设置范围考虑轨道减振措施	√	√	1	1
建筑装修（含外部景观）	E9B6	1 声屏障形式及安装位置	用于考虑高架站两侧与声屏障的接口及景观要求	√	√	1	1
区间	E9B9	1 U形槽处声屏障安装预埋件形式，受力大小	用于考虑防撞墙受力及声屏障预埋件	√	√	1	1
轨行区综合管线	E9B10	1 声屏障形式、安装位置、安装范围	用于确认声屏障的安装位置	√	√	1	1
疏散平台	E9B11	1 疏散平台下吸声板的安装方案	用于考虑吸声板的安装条件	√	√	1	1
桥梁	E9B12	1 高架线声屏障形式、范围，安装预埋件形式，风荷载、静荷载	用于考虑桥梁及两侧挡板受力，考虑挡板形式、声屏障预埋件，考虑区间疏散楼梯的设置，全线预留声屏障安装条件	√	√	1	1
路基	E9B13	1 高架线声屏障形式、范围，安装预埋件形式，风荷载、静荷载	用于考虑声屏障安装空间、基础及预埋件，全线预留声屏障安装条件	√	√	1	1
供电系统	E9C2	1 声屏障形式、安装方式	用于考虑线缆设备的安装空间、安装工序	√	√	1	1
动力与照明	E9C3	1 声屏障形式、安装方式 2 声屏障防雷方案	1 用于考虑线缆设备的安装空间、安装工序 2 用于考虑地上线路水平扁钢预埋	√	√	1 2	1 2
通信	E9D1	1 声屏障形式、安装方式	用于考虑线缆设备的安装空间、安装工序	√	√	1	1
信号	E9D5						
通风空调	E9E1	1 声屏障形式、范围	用于考虑全封闭声屏障对防排烟的影响	√	√	1	1
车辆基地通风空调	E9F5						
隧道通风	E9E2	1 声屏障形式、范围	用于考虑全封闭声屏障对隧道通风的影响	√	√	1	1
给排水及消防	E9E4	1 声屏障形式、范围	用于考虑全封闭声屏障对区间给排水及消防的影响	√	√	1	1

第 54 章 站场

54.1 专业组成

本专业组成主要包括：

（1）出入段线设计；

（2）站场线路总平面设计；

（3）场坪标高设计；

（4）土石方工程；

（5）站场道路设计；

（6）站场排水设计；

（7）红线围蔽设计；

（8）道路交通标志标线设计。

54.2 专业功能

站场专业主要根据工艺专业要求（包括车辆基地功能定位、设计规模、线路配置、房屋建筑、检修设施的配置要求）进行车辆基地内的线路总平面布置设计、段内道路设计以及场地排水设计等，根据车辆基地与接轨车站的站段关系进行出入段线平面及纵断面设计，根据防洪评估水位成果综合多方面因素考虑进行场坪标高设计，根据车辆基地内日常生产、生活交通需求进行道路交通标志标线设计，合理组织段内交通。

因此，站场专业是落实车辆基地工艺需求、生产生活办公需求的总体设计专业，站场设计是否合理直接影响车辆基地内部地铁车辆调度组织效率、收发车效率以及段内工作人员生产生活办公的交通便利性，同时站场场坪设计是确保车辆基地满足百年一遇的防洪排涝要求的最有效手段。

54.3 专业的主要接口

站场设计属于车辆基地工点设计的内容之一，站场专业与车辆基地工点设计内部专业及车辆基地以外的正线相关专业均存在设计接口。

1）内部接口

站场专业一般与车辆基地工点设计内部工艺、路基、建筑、车站结构（含防水）、给排水及消防、综合管线等专业存在设计接口。

2)外部接口

站场专业一般与车辆基地工点设计以外的防洪排涝、工程地质、工程测量、线路、行车组织与运营管理、轨道、信号、安防、区间等专业存在设计接口。

54.4 专业设计技术接口表

54.4.1 设计输入部分(表54.4-1)

相关专业对站场专业的输入接口表 表54.4-1

专业名称:站场 专业代号:CWZC 系统编码:F1

接口名称	接口编号	输入接口要求	接口处理及用途	输入设计阶段		受资专业需重点核对、协商条款	
				初设	施工图	初设	施工图
线网规划	G3F1	1 批复的选址意见书及对应的选址(例如大红线)附件	用于核实初步设计阶段用地红线及用地规模的合法合规性	√		1	
城市规划	G1F1	1 选址周边规划路网(含建设时序情况)、用地规划及权属情况	用于核实选址规划符合性及道路出入口的接驳条件	√	√	1	1
行车组织与运营管理	A2F1	1 出入段线接轨车站配线形式及要求 2 出入段线一度停车要求 3 出入段线最小发车间隔要求	1 用于出入段线线路设计 2 用于判断人工驾驶车辆基地咽喉区收发车能力是否满足要求,核实是否需要配置第三条出入段线	√		1~3	
线路	A4F1	1 正线线路平、纵断面图 2 出入段线接轨配线	用于出入段线线路设计	√	√	1 2	1 2
轨道	A6F1	1 车辆基地轨道结构高度 2 车辆基地道岔及车挡相关设计参数及要求 3 出入段线、段内试车线轨道超高 4 平过道与道路设计界面要求	1 用于确定车辆基地内设计轨面标高及站场线路平面设计 2 用于出入段线调线、调坡(适用于站场专业负责出入段线设计) 3 用于库前平过道站场道路设计,确定界面	√	√	1 2	3
工程地质	B1F1	1 出入段线地质断面图 2 车辆基地内站场横断面地质断面图	用于出入段线及横断面设计	√	√	1 2	1 2
工程测量	B2F1	1 现状地形 2 出入段线及车辆基地横断面对应的定测地面线	用作站场设计基础资料及站场土石方计量依据	√	√	1 2	1 2

续上表

接口名称	接口编号	输入接口要求	接口处理及用途	输入设计阶段		受资专业需重点核对、协商条款	
				初设	施工图	初设	施工图
区间	B9F1	1 出入段线区间施工工法对平面及纵向净距或覆土深度要求	用于出入段线平面及纵断面设计	√	√	1	1
主变电所	C1F1	1 车辆基地内主变电所周边道路及雨水排水接驳界面和要求	用于明确车辆基地内站场道路、排水与主变电所的设计接口界面和预留设计接口	√	√	1	1
信号	D5F1	1 出入段线信号转换段设置要求 2 自动驾驶车辆基地有/无人转换段长度要求 3 车辆基地内咽喉区转辙机平面布置图	用于出入段线信号转换段设计、自动驾驶车辆基地转换轨设计以及车辆基地咽喉区道岔设计的合理性复核	√	√	1~3	1 3
安防	D12F1	1 根据车辆基地围蔽设置范围反馈安防周界范围及主要设备布置位置	用于确定车辆基地内除红线围蔽以外的围蔽设计范围及高度要求，考虑安防设施的维修可达性	√	√	1	1
防洪排涝	G14F1	1 车辆基地防洪排涝推荐水位成果及相关要求 2 车辆基地改移河涌方案要求（含平面及设计标高）	1 用于确定场坪标高 2 用于协商改移河涌设计方案	√	√	1 2	2
工艺	F2F1	1 运用库、检修库、工程车库、调机库、物资库等与功能定位及设计规模相关的方案 2 其他要求（如在线检测设备、新车装卸、材料堆场、配轨基地等） 3 信号转换段/网轨转换段布置位置要求（由工艺专业统筹信号、供电系统专业）	用于站场总平面布置设计	√	√	1 2	1 2

续上表

接口名称	接口编号	输入接口要求	接口处理及用途	输入设计阶段		受资专业需重点核对、协商条款	
				初设	施工图	初设	施工图
车辆基地建筑	F3F1	1 维修综合楼、污水处理站及其他辅助生产办公的单体方案（含单体出入口引道） 2 上盖开发车辆基地的盖板设计相关方案（含柱网布置、盖板范围等要求） 3 消防车道设置要求 4 段内地面汽车停车位布置方案 5 场内绿化或盖下硬化范围及对应的站场土石方平整标高要求	1 用于车辆基地站场总平面布置设计 2 用于站场土石方填筑设计	√	√	1~5	1~5
车辆基地给排水及消防	F6F1	各单体（含盖板临时屋面）排水接驳点及流量	用于站场排水设计	√	√	1	1
车辆基地综合管线	F8F1	1 室外综合管沟平面规划布置图 2 室外综合管线平面图 3 室外综合管线交叉节点控制图（含标高计算表）	用于站场总平面、站场排水管网、管沟平面及标高协调设计	√	√	1	1~3
路基	B13F1	1 路基填料要求（分层分区填筑要求及压实度要求等） 2 周边支挡平面布置方案 3 改移河涌设计方案	1 用于站场横断面填料设计 2 用于确定周边支挡征地范围 3 用于核实站场排水出口与河涌接口及标高关系	√	√	1~3	1~3
车辆基地结构	F4F1	1 U形槽主体结构平面方案 2 库内站场土石方平整标高面要求 3 地下室站场土石方平整标高面要求	1 用于完善站场总图设计 2 用于库内站场土石方填筑设计 3 用于地下室站场土石方填筑设计	√	√	1	1
概预算	A8F1	1 工程量清单格式要求及概算 2 工程变更费用	用于统计站场工程量	√	√	1	2

54.4.2 设计输出部分（表 54.4-2）

站场专业对相关专业的输出接口表 表 54.4-2

专业名称：站场 专业代号：CWZC 系统编码：F1

接口名称	接口编号	输出接口要求	接口处理及用途	输出设计阶段		输出资料重点控制条款	
				初设	施工图	初设	施工图
行车组织与运营管理	F1A2	1 试车线、出入段线平面及纵断面设计参数	用于行车牵引计算等	√	√	1	1
线路	F1A4	1 出入段线平、纵断面设计图	用于核对落实出入段线接轨配线设计、正线与出入段线交叉标高控制	√	√	1	1
限界	F1A5	1 站场总平面图 2 出入段线平、纵断面图	用于核实总图、出入段线限界要求，开展出入段线限界施工图设计等	√	√	1 2	1 2
轨道	F1A6	1 站场总平面图 2 出入段线平、纵断面图	用于轨道设计	√	√	1 2	1 2
工程地质	F1B1	1 出入段线平面及地质断面横纵比例要求 2 站场总图及横断位置图，地质断面横纵比例要求	按要求绘制出入段线地质纵断面图、站场路基各横断面对应的地质断面图	√	√	1 2	1 2
工程测量	F1B2	1 修测地形范围及要求 2 出入段线平面及地面线定测要求 3 站场总图及横断位置图，地面线要求	用于地形测量、地面线定测	√	√	1	1~3
区间	F1B9	1 出入段线平、纵断面设计图	用于出入段线区间结构设计	√	√	1	1
信号	F1D5	1 站场总平面图（及线路尺寸图） 2 出入段线平、纵断面图	用于出入段线、车辆基地内信号设计	√	√	1 2	1 2
安防	F1D12	1 站场总平面图	用于车辆基地安防设计	√	√	1	1
防洪排涝	F1G14	1 车辆基地用地红线 2 车辆基地出入段线及总平面布置方案	用于车辆基地防洪排涝评估	√		1 2	
工艺	F1F2	1 站场总平面图（及线路尺寸图）	用于工艺总图及相关设计，核查站场线路工艺功能要求	√	√	1	1

续上表

接口名称	接口编号	输出接口要求	接口处理及用途	输出设计阶段		输出资料重点控制条款	
				初设	施工图	初设	施工图
车辆基地建筑	F1F3	1 站场总平面图（及线路尺寸图） 2 站场道路平面图	用于建筑专业设计	√	√	1 2	1 2
车辆基地给排水及消防	F1F6	1 站场排水平面图	用于屋面排水、盖上排水等设计及向站场专业提供资料，核对排水方案是否满足其要求	√	√	1	1
车辆基地综合管线	F1F8	1 站场排水平面图（含初步标高控制表）	用于综合管线设计		√		1
路基	F1B13	1 场坪标高 2 站场总平面图 3 出入段线平、纵断面图	用于路基设计	√	√	1~3	1~3
车辆基地结构	F1F4	1 U形槽主体结构侧壁顶标高最低要求 2 出入段线平、纵断面图	用于出入线U形槽主体结构设计	√	√	1 2	1 2
概预算	F1A8	1 工程量清单 2 设计变更工程量变化对比表	用于编制相应概算文件	√	√	1	2

第 55 章 工艺

55.1 专业功能

本专业组成主要包括：

（1）确定车辆基地功能定位。

（2）计算车辆基地检修运用规模。

（3）制定车辆基地工艺布局、工艺流线。

（4）向建筑等相关专业开放工艺单体。

（5）向其他专业提出工艺需求。

（6）配置车辆检修、机电车间及其他设备。

55.2 专业的主要任务

工艺专业应结合行车交路等资料，合理确定车辆基地的功能定位与规模。

在设计阶段制定车辆基地工艺布局、工艺流线，确定主要单体的规模、各区域标高及主要设施，并提供资料给建筑专业。向风水电、轨道、接触网等专业提供资料。

55.3 专业设计技术接口表

55.3.1 设计输入部分（表 55.3-1）

相关专业对工艺专业的输入接口表 表 55.3-1

专业名称：工艺 专业代号：CWGY 系统编码：F2

接口名称	接口编号	输入接口要求	接口处理及用途	输入设计阶段		受资专业需重点核对、协商条款	
				初设	施工图	初设	施工图
行车组织与运营管理	A2F2	1 配属列车数 2 行车交路 3 全日开行对数	用于计算车辆基地规模	√		1 3	
车辆	A3F2	1 车辆主要尺寸，如长、宽、高、车辆定距等 2 车辆供电方式 3 车辆运输条件	用于确定库内线间距、净空	√		1	
限界	A5F2	1 车辆基地内限界相关要求	用于确定作业平台、司机蹬车平台具体尺寸	√	√	1	1

续上表

接口名称	接口编号	输入接口要求	接口处理及用途	输入设计阶段		受资专业需重点核对、协商条款	
				初设	施工图	初设	施工图
站场	F1F2	1 站场总平面布置图	用于编制工艺总平面图	√	√	1	1
车辆基地建筑	F3F2	1 建筑总平面布置图 2 检修库、运用库、物资库、杂品库、洗车库、运转综合楼等建筑图	用于编制工艺设备布置图	√	√	1 2	1 2
车辆基地结构	F4F2	1 库房柱宽及柱跨要求	用于布置工艺单体	√	√	1	1
场站综合体	G15F2	1 物业开发要求，如开发强度、噪声、喷漆尾气要求等	用于布置工艺总平面	√	√	1	1
信号	D5F2	1 停车位置至信号机距离 2 停车位置至车挡距离 3 协商自动驾驶要求	用于布置工艺总平面及库内轨道	√	√	1~3	1~3
轨道	A6F2	1 焊轨基地要求（若有） 2 钢轨运输条件（如从出入口运输至堆场） 3 车挡长度 4 协商工建车间设备，工建检修车辆的配置	用于布置工艺总平面及库内轨道，配置工艺设备	√	√	1 2 4	1~3
线网规划	G3F2	1 明确车辆基地功能定位 2 工艺设备设施资源共享要求	用于确定车辆基地功能定位，配置工艺设备	√		1 2	

55.3.2 设计输出部分（表 55.3-2）

工艺专业对相关专业的输出接口表 表 55.3-2

专业名称：工艺　　专业代号：CWGY　　系统编码：F2

接口名称	接口编号	输出接口要求	接口处理及用途	输出设计阶段		输出资料重点控制条款	
				初设	施工图	初设	施工图
站场	F2F1	1 总平面：工艺专业负责库房规模设计，包括股道数量、线间距、线路长度、库房尺寸等；站场专业负责库外股道布置及站场总平面布置	用于站场总平面布置	√	√	1	1

续上表

接口名称	接口编号	输出接口要求	接口处理及用途	输出设计阶段		输出资料重点控制条款	
				初设	施工图	初设	施工图
车辆基地建筑	F2F3	1 库房单体:工艺专业负责设计库房工艺单体图(含运转综合楼),包括工艺专业对库房单体的全部使用要求(尤其注意门洞尺寸、工艺净空);建筑专业反馈库房单体建筑平、剖、立面图 2 DCC 用房:工艺专业负责提供 DCC 的尺寸要求、DCC 与会议室的位置关系、柜台布置要求;建筑专业负责 DCC 的平面设计,按设备用房要求接受各弱电专业(信号、综合监控系统、消防控制室、安防等)资料,并按需求细化房间布置及家具布置方案(含装修);DCC 内的布置由工艺专业统筹系统专业对平面进行布置并提供资料给建筑专业,检修调度台、椅子、工具柜等由建筑专业考虑 3 生产办公用房:工艺专业负责设计生产办公用房房间表,并提供生产办公用房房间布置位置及其他特殊要求;建筑专业负责设计办公用房平、剖面设计方案 4 设备基础:工艺专业负责设计设备基础的定位,并向建筑专业提供设备基础尺寸、预埋管、管沟盖板尺寸及材质等资料;建筑专业负责落实设备基础尺寸、预埋管、盖板等,负责落实基础内部的装修、防水要求	用于编制建筑单体图	√	√	1	1

续上表

接口名称	接口编号	输出接口要求	接口处理及用途	输出设计阶段		输出资料重点控制条款	
				初设	施工图	初设	施工图
车辆基地建筑	F2F3	5 预埋管线：工艺专业负责预埋管线的设计（含平面布置及管线工程量），建筑专业负责将纳入建筑层的预埋管线的套管、走向及位置纳入建筑图 6 库内水沟：工艺专业负责提供库内排水沟及截水沟的设置位置要求，建筑专业负责水沟设计（含盖板） 7 库内围蔽：工艺专业负责提供库内的安全围蔽及分区围蔽范围，建筑专业负责具体设计 8 对有防爆等特殊要求的房间，由工艺专业提供房间内存放的物品和容量	用于编制建筑单体图	√	√	1	1
车辆基地结构	F2F4	1 大型设备基础：工艺专业负责设计设备基础的定位，并向车辆基地结构专业提供设备基础尺寸、预埋件等专业；车辆基地结构专业负责设备基础、预埋件等设计 2 起重机：工艺专业负责设计起重机走行轨轨面标高、走行轨轨道型号，车辆基地结构专业负责起重机牛腿、走行梁、悬挂式起重机预埋件设计	用于编制设备基础图、起重机走行梁设计图	√	√	1	1
车辆基地给排水及消防	F2F6	1 库内水沟：工艺专业负责提供库内排水沟及截水沟的设置位置要求，给排水及消防专业负责排水设计	用于配置工艺用水点	√	√	1	1

续上表

接口名称	接口编号	输出接口要求	接口处理及用途	输出设计阶段		输出资料重点控制条款	
				初设	施工图	初设	施工图
车辆基地动力与照明	F2F7	1 动力插座:工艺专业负责设计动力插座位置、容量、形式,车辆基地动力与照明专业负责落实 2 工艺设备用电:工艺专业负责工艺设备用电点位置(即设备接电点位置或起重机滑触线)及用电量设计;车辆基地动力与照明专业负责配电至设备控制柜或用电点(即设备接电点位置或起重机滑触线),并预留电缆长度 5m 3 接地:工艺专业负责提供设备基础接地要求;车辆基地动力与照明专业负责按提供资料落实接地方案,接地扁钢由车辆基地动力与照明专业提供	用于布置动力插座、设备用电	√	√	2	1~3
概预算	F2A8	1 工艺设备表及参考单价	用于编制概算文件	√		1	
轨道	F2A6	1 工艺总平面布置图 2 段内轨道道床形式要求	用于编制车辆基地轨道设计图	√	√	1 2	1 2
供电系统	F2C2	1 工艺总平面布置图 2 段内股道电化范围要求、接触网导线高度 3 静调电源柜位置及电源要求 4 网轨转换段位置 5 施工图设计阶段,列车停车位置,挂地线空间要求、挂地线位置 6 移动式接触网要求(若有)	1 用于确定接触网敷设范围及回流设计 2 用于接触网导线高度设计 3 用于静调电源柜设计、埋管 4 用于分段绝缘器设计(协商) 5 用于确认移动式接触网是否设置,以及设置位置和长度	√	√	1 2	1~3
通信	F2D1	1 工艺专业特殊的网络、电话要求	用于配置工艺用网、电话		√		1
云平台	F2D15	1 在线检测、智慧检修等工艺设备接入云平台的要求	用于在云平台中分析处理车辆检修相关数据	√	√	1	1

续上表

接口名称	接口编号	输出接口要求	接口处理及用途	输出设计阶段		输出资料重点控制条款	
				初设	施工图	初设	施工图
行车组织与运营管理	F2A2	1 协商停车规模 2 各阶段检修车数量 3 协商最小发车间隔要求	用于确定配属车数	√		2	
场站综合体	F2G15	1 工艺总平面图	用于确定物业开发总平面	√	√	1	1

第 56 章 车辆基地建筑

56.1 专业组成

本专业组成主要包括：

（1）检修库；

（2）运用库；

（3）维修楼（含后勤服务楼）；

（4）物资库；

（5）牵引变电所；

（6）污水处理站；

（7）门卫。

56.2 专业功能

地铁车辆基地是对运营列车进行管理、检修、保养的场所，建筑设计不仅决定了车辆基地的总图布局，也会影响用地合理性和集约性。车辆基地建筑总平面的布置，应该遵循有利生产、方便管理和生活的原则。按照工艺要求和性质的不同合理布置厂前区及生产区。通过优化组合，能节约用地面积，提高空间使用效率，加强各个功能单元之间的联系。

56.3 专业的主要接口

车辆基地建筑专业应结合工艺、站场、结构、通风空调、给排水及消防、动力与照明、系统等专业资料进行总平面、检修库、运用库、物资总库、维修楼、后勤服务楼等建（构）筑物设计工作。

在建筑设计阶段，建筑专业还应向结构、通风空调、给排水及消防、动力与照明等专业输出各类建（构）筑物的平、立、剖面图及重要大样等资料。

56.4 专业设计技术接口表

56.4.1 设计输入部分（表 56.4-1）

相关专业对车辆基地建筑专业的输入接口表 表 56.4-1

专业名称：车辆基地建筑 专业代号：CWJZ 系统编码：F3

接口名称	接口编号	输入接口要求	接口处理及用途	输入设计阶段		受资专业需重点核对、协商条款	
				初设	施工图	初设	施工图
工艺	F2F3	1 车辆基地定位、定员、规模 2 近/远期建设需要（如预留列位、预留生产用房等远期建设建筑与用地使用尺寸、工艺净空高度、地面承载要求） 3 工艺流线与要求、工艺布局、生产库房规模尺寸、门洞尺寸、车辆室外装卸及吊装要求、堆场空间尺寸 4 生产办公用房房间表（含装修要求），设备用房以各专业提供资料为准 5 库房室内分区、轨行区分区及咽喉区自动驾驶分区围蔽需求（如平面、开门、高度） 6 易燃品库、危废品存放等特殊用房要求，如房间存储物品种类及储存量 7 库内给、排水点（如洗手池、空调水收集），设备基础定位、尺寸、安装需求，预埋管、管沟、排水沟尺寸及材质要求 8 有叉车进出房间的通行要求，如门洞尺寸	用于确定建筑规模及稳定建筑平、剖面方案	√	√	1~6	2~8

续上表

接口名称	接口编号	输入接口要求	接口处理及用途	输入设计阶段		受资专业需重点核对、协商条款	
				初设	施工图	初设	施工图
站场	F1F3	1 站场总平面布置图（场地用地范围、竖向标高、厂区环道、外部道路衔接） 2 出入段线U形槽平、纵剖面图 3 地下车辆基地消防车道、咽喉区排水方案	用于深化建筑总平面图及U形槽雨篷	√	√	1	1~3
车辆基地结构	F4F3	1 柱网布置图 2 结构梁、板、柱、楼梯、地下室侧墙结构的平面布置与构件尺寸 3 大跨度空间库房的结构形式及带上盖开发盖板的结构布置形式	用于深化建筑各层平面，同时核实层高	√	√	1 3	1 2
车辆基地通风空调	F5F3	1 建筑采用的通风、空调及防排烟系统形式 2 机房、风道（烟道）、孔洞、基础的布置、尺寸标高、设备运输路径与检修要求 3 夹层风道、风机房、空调机房、冷水机房、室外机的排水要求 4 设备基础、荷载及预埋件（管）要求 5 外立面的开孔、百叶要求 6 室内外设备、风口及风管布置要求	设备用房布置，设备管井、孔洞及基础预留	√	√	1 2	1~6
车辆基地给排水及消防	F6F3	1 总平面室外消火栓、隔油池、消防取水口等室外建（构）筑物位置与要求 2 天面热水系统设施 3 消防泵房、生活用水泵房与水池布置，室内消火栓、孔洞、预埋套管及设备基础、吊钩位置与要求 4 屋面、盖板找坡形式与构造由建筑专业负责，排水点及相关排水设施由给排水及消防专业负责	设备用房布置，孔洞、基础预留	√	√	3 4	1~4

续上表

接口名称	接口编号	输入接口要求	接口处理及用途	输入设计阶段		受资专业需重点核对、协商条款	
				初设	施工图	初设	施工图
车辆基地动力与照明	F7F3	1 降压所选址由车辆基地动力与照明专业核实后提供资料 2 降压所面积、设备布置、尺寸、电井截面、路径，降压所入户位置及孔洞要求 3 强电间尺寸及孔洞要求 4 灯具布置图	设备用房布置，孔洞、基础预留	√	√	1 2	1 2
车辆基地综合管线	F8F3	1 出入段线U形槽横剖面图 2 单体走廊横剖面图	用于明确U形槽横剖及建筑走廊净高	√	√	1 2	1 2
通信	D1F3	1 房间装修要求（设备用房） 2 设备布置 3 电缆引入及预留孔洞位置	用于明确房间装修做法及预留洞口尺寸	√	√	1	1~3
信号	D5F3	1 房间装修要求（设备用房） 2 设备布置 3 预留孔洞位置	用于明确房间装修做法及楼板预留洞口尺寸	√	√	1	1~3
AFC	D6F3						
FAS	D8F3						
BAS	D9F3						
ISCS	D10F3						
门禁	D11F3						
安防	D12F3						
供电系统（接触网）	C2F3	1 库内接触网下锚定位 2 咽喉区供电分区装修要求 3 预留预埋件位置	用于确定接触网坠陀位置，避免与其他设备冲突	√	√	1	1
轨道	A6F3	1 建筑内部轨道断面	用于明确设计界面及相关构造做法	√	√	1	1

续上表

接口名称	接口编号	输入接口要求	接口处理及用途	输入设计阶段		受资专业需重点核对、协商条款	
				初设	施工图	初设	施工图
概预算	A8F3	1 工程量清单格式要求及概算 2 工程变更费用	用于统计建筑工程量	√	√	1	2
区间	B9F3	1 正线与车辆基地出洞口断面	用于确定U形槽雨篷范围		√		1
自动扶梯、电梯、楼梯升降机	E8F3	1 电梯的选型 2 地坑、机房的各类预留孔洞及预埋件	用于明确地坑、机房的各类预留孔洞及预埋件	√	√	1	1 2
场站综合体	G15F3	1 上盖开发总图（含匝道、盖板范围、孔洞位置、白地界面）	用于明确车辆基地与物业开发界面，用于盖下装修设计	√	√	1	1
环境保护	G10F3	1 环评要求及相关建议措施	用于落实环评要求	√	√	1	1
职业病防治	G12F3	1 场所布置要求	用于明确有毒和无毒场所分开设置	√	√	1	1
白蚁防治	G13F3	1 白蚁防治要求	用于明确白蚁防治范围及要求		√		1
地铁派出所	G18F3	1 派出所功能及装修要求	用于明确功能及装修标准	√	√	1	1
绿色建筑	G19F3	1 绿色建筑要求	用于明确绿色建筑标准	√	√	1	1

56.4.2 设计输出部分（表 56.4-2）

车辆基地建筑专业对相关专业的输出接口表 表 56.4-2

专业名称：车辆基地建筑 专业代号：CWJZ 系统编码：F3

接口名称	接口编号	输出接口要求	接口处理及用途	输出设计阶段		输出资料重点控制条款	
				初设	施工图	初设	施工图
站场	F3F1	1 建筑总平面图 2 建筑散水沟接驳室外排水点位	用于确定各建（构）筑物外轮廓、层数及出入口位置	√	√	1	1
车辆基地结构	F3F4	1 各建筑物平、立、剖面图 2 柱网轴线 3 房间净空要求、外边梁及设备孔洞要求 4 需要降板的范围 5 建筑大样	用于确认建筑方案及大样构造	√	√	1 2	1~5
车辆基地通风空调	F3F5	1 各建筑物平、立、剖面图 2 建筑防火分区 3 家具布置	用于确认建筑方案，作为输入条件图	√	√	1 2	1~3

续上表

接口名称	接口编号	输出接口要求	接口处理及用途	输出设计阶段		输出资料重点控制条款	
				初设	施工图	初设	施工图
车辆基地给排水及消防	F3F6	1 各建筑物平、立、剖面图 2 建筑防火分区 3 家具布置	用于确认建筑方案，作为输入条件图	√	√	1 2	1~3
动力与照明	F3F7						
综合管线	F3B7	1 各建筑物平、剖面图 2 房间净高要求	用于确认建筑平、剖面图及净高要求，作为输入条件图		√		1 2
概预算	F3A8	1 工程量清单 2 设计变更工程量变化对比表	用于确认开项及工程量	√	√	1	2

第 57 章
车辆基地结构

57.1 专业组成

本专业组成主要包括基础(桩)、梁、板、柱、墙、杆件。

57.2 专业功能

车辆基地结构是由基础(柱)、梁、板、柱、墙、杆件等建筑构件形成的具有一定空间功能,在设计使用年限内能安全承受建筑物、车辆、设备及检修等荷载作用的骨架结构。

57.3 专业设计技术接口表

57.3.1 设计输入部分(表 57.3-1)

相关专业对车辆基地结构专业的输入接口表　　表 57.3-1

专业名称:车辆基地结构　　专业代号:CWJG　　系统编码:F4

接口名称	接口编号	输入接口要求	接口处理及用途	输入设计阶段		受资专业需重点核对、协商条款	
				初设	施工图	初设	施工图
车辆基地建筑	F3F4	1 各单体平、立、剖面图 2 外墙、楼梯、设备基础、检修坑、集水井、栏杆等细部大样图	1 用于确定建筑层高 2 用于确定构件尺寸	√	√	1	1 2
车辆基地工艺	F2F4	1 轨道基础、道床布置(大样)图 2 设备及设备基础布置图、房间内设备布置图	1 用于确定轨道基础形式、道床形式 2 用于确定相关荷载及构件尺寸	√	√	1 2	1 2
车辆基地通风空调	F5F4	1 各单体设备布置图 2 设备基础图 3 设备吊钩布置图	1 用于确定相关荷载及构件尺寸 2 用于确定设备基础形式 3 用于确定相关荷载及构件尺寸	√	√	1 2	1~3

续上表

接口名称	接口编号	输入接口要求	接口处理及用途	输入设计阶段		受资专业需重点核对、协商条款	
				初设	施工图	初设	施工图
车辆基地给排水及消防（不含自动灭火）	F6F4	1 各单体设备布置图 2 设备基础图 3 设备吊钩布置图	1 用于确定相关荷载及构件尺寸 2 用于确定设备基础形式 3 用于确定相关荷载及构件尺寸	√	√	1 2	1~3
车辆基地动力与照明	F7F4						
车辆基地综合管线	F8F4	1 综合管线布置图	1 用于确定相关荷载及构件尺寸	√	√	1	1
通信	D1F4	1 各单体设备布置图（含设备重量） 2 设备基础图	1 用于确定相关荷载及构件尺寸 2 用于确定设备基础形式	√	√	1	1 2
信号	D5F4						
供电系统（供电变电一次）	C2F4	1 牵引所（供电用房）设备布置图（含设备重量） 2 设备基础图 3 设备孔洞位置	1 用于确定相关荷载及构件尺寸 2 用于确定设备基础形式	√	√	1 2	1~3
供电系统（杂散电流）	C2F4	1 杂散电流钢筋焊接位置、做法	1 用于确定具体实施措施	√	√	1	1
供电系统（接触网）	C2F4	1 接触网悬挂点布置图（含荷载） 2 接触网下锚布置及大样图	1 用于确定相关荷载及构件尺寸 2 用于确定相关荷载及构件尺寸，预埋做法	√	√	1	1 2
轨道	A6F4	1 各类轨道结构范围及大样图 2 具体做法要求，如变形缝设置做法	1 用于落实轨道基础相关要求 2 结构布置时进行用于确定	√	√	1	1 2
场站综合体	G15F4	1 盖板基础形式 2 盖板结构构件尺寸	1 用于确定盖板基础与道床及设备基础、管沟的关系 2 用于确定构件尺寸对车辆基地单体的关系	√	√	1 2	1 2

57.3.2　设计输出部分（表 57.3-2）

车辆基地结构对相关专业的输出接口表　　表 57.3-2

专业名称：车辆基地结构　　专业代号：CWGD　　系统编码：F4

<table>
<tr><th rowspan="2">接口名称</th><th rowspan="2">接口编号</th><th rowspan="2">输出接口要求</th><th rowspan="2">接口处理及用途</th><th colspan="2">输出设计阶段</th><th colspan="2">输出资料重点控制条款</th></tr>
<tr><th>初设</th><th>施工图</th><th>初设</th><th>施工图</th></tr>
<tr><td>车辆基地建筑</td><td>F4F3</td><td>1 结构平面布置图</td><td>用于确定构件尺寸及净高</td><td>√</td><td>√</td><td>1</td><td>1</td></tr>
<tr><td>车辆基地工艺</td><td>F4F2</td><td rowspan="7">1 结构平面布置图
2 基础布置图</td><td rowspan="7">1 用于确定构件尺寸及净高
2 用于确定管线布置</td><td rowspan="7">√</td><td rowspan="7">√</td><td rowspan="7">1
2</td><td rowspan="7">1
2</td></tr>
<tr><td>车辆基地通风空调</td><td>F4F5</td></tr>
<tr><td>车辆基地给排水及消防（不含自动灭火）</td><td>F4F6</td></tr>
<tr><td>车辆基地动力与照明</td><td>F4F7</td></tr>
<tr><td>车辆基地综合管线</td><td>F4F8</td></tr>
<tr><td>供电系统（供电变电一次）</td><td>F4C2</td></tr>
<tr><td>供电系统（杂散电流）</td><td>F4C2</td><td>1 道床结构布置图</td><td>用于确定端子预埋位置</td><td>√</td><td>√</td><td>1</td><td>1</td></tr>
<tr><td>供电系统（接触网）</td><td>F4C2</td><td>1 结构布置图</td><td>用于核实结构构件是否满足接触网下锚要求</td><td>√</td><td>√</td><td>1</td><td>1</td></tr>
<tr><td>场站综合体</td><td>F4G15</td><td>1 道床结构布置图、设备基础图、管沟布置图</td><td>用于确定盖板基础与道床及设备基础、管沟的关系</td><td>√</td><td>√</td><td>1</td><td>1</td></tr>
</table>

第 58 章 车辆基地通风空调

58.1 专业组成

本专业组成主要包括：

（1）车辆基地生产厂房通风空调系统；

（2）车辆基地办公管理、工艺设备用房通风空调系统；

（3）车辆基地空调冷源及水系统。

58.2 专业功能

为车辆基地设备提供合适的温度、湿度、含尘浓度，为工作人员提供舒适的工作环境，满足生产工艺及职业安全卫生要求。

采取净化措施，使得车辆基地排放的有害或污染环境的物质满足空气环境质量标准和各种污染物排放标准。

车辆基地发生火灾时应能迅速排除烟气，保障工作人员安全疏散。

58.3 专业的主要接口

（1）向车辆基地通风空调专业输入资料的专业（28 个）：人防、供电系统、接触网、通信、民用通信、公安通信、信号、自动售检票、清分、FAS、BAS、ISCS、门禁、安防、计算机综合信息系统、隧道通风、自动灭火、电梯、声屏障、工艺、车辆基地建筑、车辆基地给排水及消防（不含自动灭火）、车辆基地动力与照明、车辆基地综合管线、环境保护、职业病防治、绿色建筑、节能。

（2）车辆基地通风空调专业需输出资料的专业（13 个）：概预算、FAS、BAS、隧道通风、车辆基地建筑、车辆基地给排水及消防（不含自动灭火）、车辆基地动力与照明、车辆基地综合管线、消防、环境保护、职业病防治、绿色建筑、节能。

58.4 专业设计技术接口表

58.4.1 设计输入部分（表 58.4-1）

相关专业对车辆基地通风空调专业的输入接口表 表 58.4-1

专业名称：车辆基地通风空调 专业代号：CWKT 接口编码：F5

接口名称	接口编号	输入接口要求	接口处理及用途	输入设计阶段		受资专业需重点核对、协商条款	
				初设	施工图	初设	施工图
人防	A7F5	1 人防区段要求 2 人防工艺要求	用于通风空调系统人防部分计算、设计	√	√	1 2	1 2
供电系统	C2F5	1 各种用房环控设备、管线布置要求 2 房间环境设计要求 3 各设备发热量	1 用于环控管线、设备、风口的布置 2 用于环控负荷计算、设备配置	√	√	1~3	1~3
供电系统（接触网）	C2F5	1 接触网安装、安全距离要求 2 接触网下锚点布置图	用于环控管线布置	√	√	1	1 2
通信	D1F5	1 各种用房环控设备、管线布置要求 2 房间环境设计要求 3 各设备发热量	1 用于环控管线、设备、风口的布置 2 用于环控负荷计算、设备配置	√	√	1~3	1~3
民用通信	D2F5						
公安通信	D3F5						
PIDS	D4F5						
信号	D5F5						
AFC	D6F5						
清分	D7F5						
FAS	D8F5	1 各种用房环控设备、管线布置要求 2 房间环境设计要求 3 各设备发热量 4 双方共同确认接口位置	1 用于环控管线、设备、风口的布置 2 用于环控负荷计算、设备配置	√	√	1~4	1~4
BAS	D9F5						
ISCS	D10F5						

续上表

接口名称	接口编号	输入接口要求	接口处理及用途	输入设计阶段		受资专业需重点核对、协商条款	
				初设	施工图	初设	施工图
门禁	D11F5	1 各种用房环控设备、管线布置要求 2 房间环境设计要求 3 各设备发热量	1 用于环控管线、设备、风口的布置 2 用于环控负荷计算、设备配置	√	√	1~3	1~3
安防	D12F5						
计算机综合信息系统	D14F5						
隧道通风	E2F5	1 正线出入段线隧道通风系统方案、防火防烟分隔需求	用于确定车辆基地通风空调系统与隧道通风系统的接口界面、管辖范围，落实防排烟的具体形式	√	√	1	1
自动灭火	E5F5	1 房间环境设计要求 2 灭火介质类型、排风要求、防护区密闭要求	用于环控管线、设备、风口的布置，设备选型	√	√	1 2	1 2
自动扶梯、电梯、楼梯升降机	E8F5	1 各种用房环控设备、管线布置要求 2 房间环境设计要求 3 各设备发热量	1 用于环控管线、设备、风口的布置 2 用于环控负荷计算、设备配置	√	√	1~3	1~3
声屏障	E9F5	1 车辆基地内声屏障设置范围 2 声屏障形式	用于通风及防排烟系统设置	√	√	1 2	1 2
工艺	F2F5	1 各工艺作业的环境设计（温湿度、防爆等）要求 2 工艺作业过程各类排放浓度、排放速率 3 各工艺用房内定员数量 4 车辆轮廓、冷凝器及检修平台门的布置要求等	用于环控负荷计算，设备、管线配置	√	√	1~3	1~3
车辆基地建筑	F3F5	1 总平面图 2 各单体建筑平、剖面图 3 各单体房间装修要求 4 空调系统室外设备布置详图及要求 5 单体室内布置详图	1 用于环控负荷计算、设备配置 2 用于通风空调各系统管线平、剖面布置，风口布置	√	√	1 2	1~4

续上表

接口名称	接口编号	输入接口要求	接口处理及用途	输入设计阶段		受资专业需重点核对、协商条款	
				初设	施工图	初设	施工图
车辆基地给排水及消防（不含自动灭火）	F6F5	1 自动灭火系统分区范围 2 各种用房环控设备、管线布置要求 3 房间环境设计要求	用于环控管线、设备、风口的布置及设备选型	√	√	1~3	1~3
车辆基地动力与照明	F7F5	1 各种用房环控设备、管线布置要求 2 房间环境设计要求 3 各设备发热量 4 负荷等级要求 5 双方共同确认接口位置	用于环控管线、设备、风口的布置及环控负荷计算、设备配置	√	√	1~5	1~5
车辆基地综合管线	F8F5	1 综合管线设计，包括抗震要求 2 最终综合管线排布图	根据综合管线的要求调整通风空调系统管线，与综合管线保持一致	√	√	1 2	1 2
环境保护	G10F5	1 环评报告 2 环保要求	用于通风空调系统噪声环境、空气环境等环保设计	√	√	1 2	1 2
职业病防治	G12F5	1 车辆基地内职业病防治要求	用于通风空调系统设计	√	√	1	1
绿色建筑	G19F5	1 绿色建筑要求及目标	根据绿色建筑要求，进行通风空调系统设计，完成绿色建筑目标	√	√	1	1
节能	G20F5	1 节能要求及目标	根据节能要求，进行通风空调系统设计优化、设备选型优化，完成节能目标	√	√	1	1

58.4.2 设计输出部分（表 58.4-2）

车辆基地通风空调专业对各专业的输出接口表　　表 58.4-2

专业名称：车辆基地通风空调　　专业代号：CWKT　　接口编码：F5

接口名称	接口编号	输出接口要求	接口处理及用途	输出设计阶段		输出资料重点控制条款	
				初设	施工图	初设	施工图
概预算	F5A8	1 环控设备材料表	用于车辆基地概预算设计	√		1	

续上表

接口名称	接口编号	输出接口要求	接口处理及用途	输出设计阶段		输出资料重点控制条款	
				初设	施工图	初设	施工图
FAS	F5D8	1 各类防火阀、排烟阀、加压风口的监视控制要求 2 双方共同确认接口位置 3 各类消防专用风机的监视、控制要求	实现对各类防火阀的监视、控制，实现对消防专用风机的监视、控制	√	√	1~3	1~3
BAS	F5D9	1 各类设备的监视、控制要求 2 各种环控工艺 3 通风空调控制需求及控制目标 4 双方共同确认接口位置	实现对环控设备的监视、控制，实现各种模式及完成节能目标	√	√	1~4	1~4
隧道通风	F5E2	1 车辆基地范围内出入段线、牵出线等的防排烟系统设计要求	用于隧道通风系统设计	√	√	1	1
车辆基地建筑	F5F3	1 环控机房、风道、孔洞、基础的布置要求 2 环控设备的荷载要求、预埋件要求 3 配合建筑完成优化房间布置、层高设计 4 设备运行通道要求 5 结构反梁位置及要求 6 外立面开孔、百叶等要求 7 室内外设备、风口、风管布置要求	配合建筑对房间、风道、基础、孔洞、预埋件、层高、房间布置等	√	√	1~5	1~7
车辆基地给排水及消防（不含自动灭火）	F5F6	1 各设备的给水、排水点 2 补水量要求 3 双方确认接口分界点，由车辆基地给排水及消防（不含自动灭火）专业设置水表 4 风道、室外机、冷却塔处设置清洗水源并采取排水措施	用于给排水及消防（不含自动灭火）设计	√	√	1~4	1~4
车辆基地动力与照明	F5F7	1 设备用电、运行、监控及联锁要求 2 负荷等级要求 3 双方确认接口位置 4 多联机室外机提供检修电源	用于环控设备配电、监控设计	√	√	1~4	1~4

续上表

接口名称	接口编号	输出接口要求	接口处理及用途	输出设计阶段		输出资料重点控制条款	
				初设	施工图	初设	施工图
车辆基地综合管线	F5F8	1 环控管线、风口、设备图 2 配合完成综合管线设计图	配合完成综合管线设计图，确保满足综合管线要求	√	√	1 2	1 2
消防	F5G9	1 环控消防相关图纸	用于消防设计	√	√	1	1
环境保护	F5G10	1 环境保护相关说明及图纸	用于环境保护设计	√	√	1	1
职业病防治	F5G12	1 职业病防治相关说明及图纸	用于职业病防护评价	√	√	1	1
绿色建筑	F5G19	1 绿色建筑相关说明及图纸	用于绿色建筑设计	√	√	1	1
节能	F5G20	1 节能相关说明及图纸	用于节能设计	√	√	1	1

第59章 车辆基地给排水及消防（不含自动灭火）

59.1 专业组成

车辆基地给排水及消防（不含自动灭火）专业组成主要包括给水、水消防、排水三大部分，具体内容为：

（1）车辆基地单体室内给水系统、水消防系统和排水系统及与其他相关专业的接口配合。

（2）车辆基地室外给水系统、水消防、污废水排水系统及与其他相关专业的接口配合。

59.2 专业功能

1）生活、生产给水系统

满足车辆基地各单体工作人员的生活用水、生产用水，满足车辆基地综合楼、控制中心等单体环控系统的循环冷却补充用水，满足车辆基地室外单体生活用水、绿化用水。

2）水消防系统

满足各车辆基地单体的消防用水，满足车辆基地室外消防用水。

3）排水系统

（1）排除各单体工作人员的生活污水、生产废水；

（2）排除各单体的消防废水；

（3）排除各单体、临时盖板的屋面雨水；

（4）组织室外污水、废水，引至污水处理站处理达标后排放至市政排水系统。

59.3 专业的主要接口

车辆基地给排水及消防（不含自动灭火）专业接口关系主要包括以下几个方面。

（1）为保证稳定可靠的电源供应，本专业需要给动力与照明专业提供用电资料，包括负荷等级、容量、电压等级（单相或三相）、位置等；

（2）本专业应向 FAS 专业提供水消防相关设备的监视和控制要求；

（3）本专业应向 BAS 专业提供给排水相关设备的监视和控制要求；

（4）配合土建专业稳定建筑布置，土建专业向本专业提供车辆基地的初步建筑资料，本专业负责布置本专业的各设备用房，并将设备用房、孔洞及预埋件要求反提给土建专业；

（5）各专业需要向本专业提供用水要求，包括用水点位置、水量、水压及水质等要求；

（6）各专业需要向本专业提供排水要求，包括排水点位置、水量及水质等要求。

59.4 专业设计技术接口表

59.4.1 设计输入部分（表 59.4-1）

相关专业对车辆基地给排水及消防（不含自动灭火）专业的输入接口表　表 59.4-1

专业名称：车辆基地给排水及消防（不含自动灭火）　专业代号：CWGS　系统编码：F6

接口名称	接口编号	输入接口要求	接口处理及用途	输入设计阶段		受资专业需重点核对、协商条款	
				初设	施工图	初设	施工图
概预算	A8F6	1 各阶段的概预算清单 2 特殊设备单价、涉及统一取费问题的单价要相互协商（新工艺、新设备） 3 横向比较的造价水平	用于统计工程量	√	√	1	1
站场	F1F6	1 室外埋地管线的平、断面图	用于确定、核查管道走向及标高，减少交叉	√	√	1	1
工艺	F2F6	1 洗车机、检修库、运用库工艺用水的水量、位置	用于确定工艺用水	√	√	1	1
车辆基地结构	F4F6	1 综合楼、控制中心、大型库房的地梁、横梁布置图	用于核对排水管、喷淋管的标高及位置关系		√		1
车辆基地综合管线	F8F6	1 综合楼、控制中心、大型库房的管线典型断面	用于确定、核查管道走向及标高，减少交叉	√	√	1	1
车辆基地通风空调	F5F6	1 综合楼、控制中心等单体通风空调水系统的补水量、供水方式、接管位置及直径 2 多联机室外机的布置位置	1 用于通风空调水系统补水 2 用于多联机的检修用水	√	√	1 2	1 2
城市给排水	G8F6	1 市政给水水源、水压、管径及市政排水管网相关管线资料	用于确定工点室外给排水方案	√	√	1	1
自动扶梯、电梯、楼梯升降机	E8F6	1 电扶梯集水坑的排水要求	用于确定电扶梯集水坑的排水方案	√	√	1	1
环境保护	G10F6	1 环评报告	用于确定排水处理级别及出水水质标准	√	√	1	1
工程筹划	B14F6	1 设计工期要求	用于控制设计周期	√	√	1	1
主变电所	C1F6	1 给排水用水量、排水量要求	用于室外给排水设计	√	√	1	1

续上表

接口名称	接口编号	输入接口要求	接口处理及用途	输入设计阶段		受资专业需重点核对、协商条款	
				初设	施工图	初设	施工图
车辆基地建筑	F3F6	1 各单体各层建筑平面图(含附属) 2 建筑横、纵剖面图 3 局部夹层及高度 4 卫生间、给排水设备用房、排水沟、截水沟等大样图 5 装修吊顶及层高 6 走道明/暗装要求 7 洁具由建筑装修(含外部装修)专业牵头,会同车辆基地给排水及消防(不含自动灭火)专业一起确定,包括给排水管道的明/暗敷要求 8 潜污泵集水井盖板,室内由建筑专业提供,室外由车辆基地给排水及消防(不含自动灭火)专业提供 9 盖板坡度,找坡位置划分,天沟的设置,雨水调蓄系统及其挡墙的设置 10 协商确定盖板、盖板匝道的雨水落水管的位置 11 车辆基地绿化喷灌系统,由建筑绿化专业负责。绿化排水,总图绿化专业自行考虑;屋面绿化,沉箱结构回填的绿化,绿化回填内部的透水管、排水组织等,由绿化专业考虑。沉箱排水口及其立管,单体建筑的给排水设计预留,沉箱排水口的位置由绿化专业提供	1 用于确定给排水设备用房的位置及平面布置 2 用于给排水系统水力计算 3 用于管线布置 4 用于确定给排水管线的标高及布置 5 确定消火栓(箱)、冲洗水箱及灭火器的安装方式 6 用于雨水排水设计、上盖雨水调蓄系统设计 7 用于进行绿化给水排水的接口预留	√	√	1 2 6 9 11	1~6 9~11

59.4.2 设计输出部分(表 59.4-2)

车辆基地给排水及消防(不含自动灭火)专业对相关专业的输出接口表 表 59.4-2

专业名称:车辆基地给排水及消防(不含自动灭火) 专业代号:GS 系统编码:F6

接口名称	接口编号	输出接口要求	接口处理及用途	输出设计阶段		输出资料重点控制条款	
				初设	施工图	初设	施工图
概预算	F6A8	1 各阶段的设备材料表、工程量清单	用于编制概预算	√	√	1	1

续上表

接口名称	接口编号	输出接口要求	接口处理及用途	输出设计阶段		输出资料重点控制条款	
				初设	施工图	初设	施工图
站场	F6F1	1 给排水管线平面 2 盖板临时排水立管	1 用于完成综合管线设计 2 用于完成站场雨水系统的设计	√	√	1 2	1 2
车辆基地建筑	F6F3	1 设备用房布置要求（面积、位置等） 2 给排水预埋预留件（孔洞、套管）、孔洞等 3 给排水专业在总图布置一趟绿化及地面冲洗干管，沿道路敷设，每 80m 预留一个 DN40 的接口，能覆盖道路，且如道路两侧有绿化，则干管引出的接口需要考虑道路两侧	1 用于确定建筑布置 2 用于完成孔洞、套管等预埋 3 用于绿化给水预留	√	√	1 3	1~3
车辆基地综合管线	F6F8	1 给排水管线平面图	用于完成综合管线设计	√	√	1	1
车辆基地结构	F6F4	1 设备用房荷载及防水要求	用于完成结构设计	√	√	1	1
车辆基地动力与照明	F6F7	1 设备配电负荷等级、容量、数量及位置等要求 2 设备接地要求	1 用于完成系统配电设计 2 用于完成系统接地设计，保证接地端子排接线端子的数量足够 3 用于联锁启动消防泵	√	√	1 2	1 2
FAS	F6D8	1 消火栓（箱）位置 2 水消防系统设备（消防水泵、稳压装置等）、阀门及仪表等位置、数量及监控要求 3 消防水池、高位消防水箱位置及水位监控要求 4 水消防系统与 FAS 接口信息传递形式、数量及位置等要求 5 湿式报警阀、压力开关、流量开关联锁启泵线	1 用于完成报警部分设计 2 用于签订接口协议，满足系统监控及联动控制要求	√	√	1~5	1~5

续上表

接口名称	接口编号	输出接口要求	接口处理及用途	输出设计阶段		输出资料重点控制条款	
				初设	施工图	初设	施工图
BAS	F6D9	1 生产生活给水加压装置，排水泵、污水提升装置，污水处理站，热水系统，远传水表等的位置、数量、运行及监控要求 2 给排水系统与BAS接口信息传递形式、数量及位置等要求	1 用于完成BAS部分设计 2 用于签订接口协议，满足系统监控及联动控制要求	√	√	1 2	1 2
车辆基地通风空调	F6F5	1 设备用房通风换气及排风要求	用于完成通风设计，确保使用安全	√	√	1	1
城市给排水	F6G8	1 接入市政排水管网的管径、标高、水质	用于室外市政排水方案设计	√	√	1	1

第 60 章
车辆基地动力与照明

60.1 专业组成

本专业主要包含以下内容：

（1）车辆基地内的生产维修楼、生产库房、室外道路、派出所、控制中心等动力与照明设计；

（2）车辆基地内建筑物的智能照明、智能低压、消防切非、能源管理等系统；

（3）车辆基地内建筑物等电位联结、防雷接地系统。

60.2 专业功能

根据各专业用电设备，以及配电、控制、保护等需求进行配电设计；根据负荷性质、用电容量、工程特点进行供配电设计。

供配电系统保障设备使用安全、可靠。技术先进，配电方案应构成简单，减少能耗，构架合理。

对易燃易爆、高污染等环境，采用特殊防爆用电设备和设施。

60.3 专业的主要接口

（1）向车辆基地动力与照明专业输入资料的专业（27 个）：人防，供电系统，接触网，通信，民用通信，公安通信，信号，自动售检票，清分，FAS，BAS，ISCS，门禁，安防，计算机综合信息系统，控制中心（含工艺、线网指挥平台），车站给排水，自动扶梯、电梯、楼梯升降机，工艺，车辆基地建筑，车辆基地结构，车辆基地给排水及消防（不含自动灭火），车辆基地通风空调，车辆基地综合管线，环境保护，绿色建筑，节能。

（2）车辆基地动力与照明专业需输出资料的专业（14 个）：概预算、FAS、BAS、ISCS、供电系统、车辆基地建筑、车辆基地结构、车辆基地综合管线、消防、环境保护、劳动安全与卫生、职业病防治、绿色建筑、节能。

60.4 专业设计技术接口表

60.4.1 设计输入部分（表 60.4-1）

相关专业对车辆基地动力与照明专业的输入接口表 表 60.4-1

专业名称：车辆基地动力与照明　　专业代号：CWDL　　接口编码：F7

接口名称	接口编号	输入接口要求	接口处理及用途	输入设计阶段		受资专业需重点核对、协商条款	
				初设	施工图	初设	施工图
人防	A7F7	1 人防区段要求 2 人防设备配电要求	用于配电设计	√	√	1 2	1 2
供电系统	C2F7	1 各种用房配电要求 2 房间设备布置要求 3 各设备接地、等电位接地需求	1 用于功能房间设备配电计算、选型设计 2 用于与车辆基地动力与照明专业设备布置保持一致 3 用于预留接地端子	√	√	1~3	1~3
供电系统（接触网）	C2F7	1 接触网安装、安全限界距离要求 2 接触网下锚点及横拉索布置图、剖面图	1 用于灯具布置 2 用于核对限界	√	√	1	1 2
通信	D1F7	1 各种用房配电要求 2 房间设备布置图 3 房间接地及是否有架空地板要求 4 两专业确认接口界面位置	1 用于配电设计 2 用于灯具布置 3 用于预留接地端子板	√	√	1~3	1~3
民用通信	D2F7						
公安通信	D3F7						
PIDS	D4F7						
信号	D5F7						
AFC	D6F7						
清分	D7F7						
FAS	D8F7	1 各种用房配电要求 2 房间设备布置图 3 房间接地及是否有架空地板要求 4 两专业确认接口界面位置 5 库内的探测器主机电源、分级电源由FAS专业自行配置	1 用于配电设计 2 用于灯具布置 3 用于预留接地端子板 4 设双电源切换箱，末端点采用放射式配电至探测器主机电源 5 完成湿式报警阀与压力开关的联锁控制电缆设计（14X505-1）	√	√	1~4	1~4

续上表

<table>
<tr><th rowspan="2">接口名称</th><th rowspan="2">接口编号</th><th rowspan="2">输入接口要求</th><th rowspan="2">接口处理及用途</th><th colspan="2">输入设计阶段</th><th colspan="2">受资专业需重点核对、协商条款</th></tr>
<tr><th>初设</th><th>施工图</th><th>初设</th><th>施工图</th></tr>
<tr><td>BAS</td><td>D9F7</td><td rowspan="2">1 各种用房配电要求
2 房间设备布置图
3 房间接地及是否有架空地板要求
4 两专业确认接口界面位置</td><td rowspan="2">1 用于配电设计
2 用于灯具布置
3 用于预留接地端子板</td><td rowspan="2">√</td><td rowspan="2">√</td><td rowspan="2">1~3</td><td rowspan="2">1~3</td></tr>
<tr><td>ISCS</td><td>D10F7</td></tr>
<tr><td>门禁</td><td>D11F7</td><td>1 各种用房配电要求
2 房间设备布置图
3 房间接地及是否有架空地板要求
4 门禁末端电源由门禁专业自行配置，配电至主、分控器
5 两专业确认接口界面位置</td><td>1 用于配电设计
2 用于灯具布置
3 用于预留接地端子板</td><td>√</td><td>√</td><td>1~3</td><td>1~3</td></tr>
<tr><td>安防</td><td>D12F7</td><td rowspan="2">1 各种用房配电要求
2 房间设备布置图
3 房间接地及是否有架空地板要求
4 两专业确认接口界面位置</td><td rowspan="2">1 用于配电设计
2 用于灯具布置
3 用于预留接地端子板</td><td rowspan="2">√</td><td rowspan="2">√</td><td rowspan="2">1~3</td><td rowspan="2">1~3</td></tr>
<tr><td>计算机综合信息系统</td><td>D14F7</td></tr>
<tr><td>云平台</td><td>D15F7</td><td>1 控制中心内云平台负荷用电资料（含负荷等级、负荷容量等）
2 云平台系统对接地的要求</td><td>1 用于相关动力设计
2 用于相关接地设计</td><td>√</td><td>√</td><td>1
2</td><td>1
2</td></tr>
<tr><td>控制中心（弱电系统专业）</td><td>D17F7</td><td>1 各种用房配电要求
2 房间设备布置图
3 房间接地及是否有架空地板要求
4 两专业确认接口界面位置
5 整合 UPS 的需整合专业、用电量及同时使用系数</td><td>1 用于配电设计
2 用于灯具布置
3 用于预留接地端子板
4 配置整合 UPS 容量和构架</td><td>√</td><td>√</td><td>1~3</td><td>1~3</td></tr>
<tr><td>隧道通风</td><td>E2F7</td><td>1 正线出入段线隧道通风系统设备容量、与车站间距</td><td>用于确定车辆基地出入段线洞口隧道通风系统的配电原则及相关接口要求</td><td>√</td><td>√</td><td>1</td><td>1</td></tr>
</table>

续上表

接口名称	接口编号	输入接口要求	接口处理及用途	输入设计阶段		受资专业需重点核对、协商条款	
				初设	施工图	初设	施工图
自动扶梯、电梯、楼梯升降机	E8F7	1 各种电梯的用电容量、负荷等级要求 2 电梯形式(有机房/无机房)	1 用于配电设计 2 用于确定专业的设计界面	√	√	1 2	1 2
工艺	F2F7	1 各工艺设备容量、负荷等级、接口形式、电源接口位置、接地要求 2 工艺设备布置平面图、工艺设备限界间距要求 3 各工艺设备的同时使用系数 4 起重机滑触线配电需求 5 两专业协商接口界面位置	1 用于负荷计算、配电设计 2 用于灯具布置 3 用于预留接地端子板 4 用于确定配电形式和具体电源点位置的预留	√	√	1~3	1~3
车辆基地建筑	F3F7	1 总平面图 2 各单体建筑平、剖面图 3 各单体房间装修要求、装修区域范围 4 各专业设备布置详图及要求 5 单体室内布置详图 6 标注采用电动机升降的卷帘门,电机的电压等级和负荷类型 7 防静电地板的防雷设置,接口的室内等电位接地端子板 8 办公卡座自带插座和线槽,卡座布置图 9 防爆要求场所或者危废品存放要求 10 后勤厨房设备布置图和设备清单(设备用电容量和配电等级要求) 11 装修标准、功能性需求、结构梁布置 12 控制中心内控制大厅空间照度、色温、色彩、照明控制等方面的要求 13 控制大厅内综合管线(建筑专业)	1 用于设备布置,管线平、剖面布置,灯具布置,室内等电位接地排布置 2 用于确定配电形式 3 用于确定电动卷帘门的配电电压等级和配电形式,排烟窗(建筑专业提供厂家联系方式)标准图 4 根据使用环境使用防爆设施设备(房间,建筑专业提供使用性质——甲乙类) 5 提供厨房设备布置、用电需求后单独补充厨房配电(建议厂家负责厨房内的设施设备专业的深化设计)	√	√	1 2	1~10

续上表

接口名称	接口编号	输入接口要求	接口处理及用途	输入设计阶段		受资专业需重点核对、协商条款	
				初设	施工图	初设	施工图
车辆基地结构	F4F7	1 车辆基地库内天面结构形式 2 控制中心控制大厅顶面形式	用于确定灯具布置形式、荷载、检修条件	√	√	1 2	1 2
车辆基地给排水及消防（不含自动灭火）	F6F7	1 各给排水设备容量、负荷等级、接口形式、电源接口位置、接地要求 2 给排水设备布置平面图、同时使用系数 3 起重机滑触线配电需求 4 两专业确认接口界面位置 5 消防设备自带控制箱（柜）	1 用于负荷计算、配电 2 用于灯具布置、灯具选型 3 用于预留接地端子板 4 用于确定配电形式和具体电源点位置预留	√	√	1~4	1~4
车辆基地通风空调	F5F7	1 通风空调设备容量、负荷等级、接口形式、电源接口位置、接地要求 2 通风空调布置平面图 3 各通风空调的设备布置平、剖面图 4 环控专业负责室内风机盘管与调速开关之间的控制线，动力与照明专业预埋控制线套管 5 两专业确认接口界面位置	1 用于负荷计算、配电 2 用于灯具布置、灯具选型 3 用于预留接地端子板 4 用于确定配电形式和具体电源点位置预留	√	√	1~5	1~5
车辆基地综合管线	F8F7	1 综合管线设计要求 2 最终综合管线排布图	1 根据综合管线的要求调整车辆基地动力与照明专业主干线槽路由，与综合管线保持一致 2 检修、维护方式，灯具布置、限界要求	√	√	1 2	1 2
环境保护	G10F7	1 环评报告 2 环保要求	用于车辆基地动力与照明专业系统、设备控制及电磁敷设强度等环保设计	√	√	1 2	1 2

续上表

接口名称	接口编号	输入接口要求	接口处理及用途	输入设计阶段		受资专业需重点核对、协商条款	
				初设	施工图	初设	施工图
绿色建筑	G19F7	1 绿色建筑要求及目标	根据绿色建筑要求，进行车辆基地动力与照明专业系统设置，完成绿色建筑目标，如光伏、光导与建筑配合	√	√	1	1
轨道	A6F7	1 轨道轨旁设备	提供资料，如轨道轨旁设备	√	√	1	1
节能	G20F7	1 节能要求及目标	根据节能要求，进行车辆基地动力与照明专业系统设置优化、设备选型优化，完成节能目标	√	√	1	1

60.4.2 设计输出部分（表 60.4-2）

车辆基地动力与照明专业对相关专业的输出接口表 表 60.4-2

专业名称：车辆基地动力与照明　　专业代号：CWDL　　接口编码：F7

接口名称	接口编号	输出接口要求	接口处理及用途	输出设计阶段		输出资料重点控制条款	
				初设	施工图	初设	施工图
概预算	F7A8	1 材料表	用于概预算设计	√		1	
FAS	F7D8	1 各类配电设备的控制要求 2 双方共同确认接口位置 3 各类消防专用风机的监视、控制要求	实现对各类风机、防火阀的监视与控制，实现对消防专用风机配电设备的监视与控制	√	√	1~3	1~3
BAS	F7D9	1 各类配电设备的监视与控制要求 2 智能低压控制柜的接口要求 3 风机风阀联动控制需求 4 双方共同确认接口位置	实现对工艺、通风空调配电设备的监视与控制，实现各种模式、智能控制目标	√	√	1~4	1~4
供电系统	F7C2	1 0.4kV 降压所布置平面图	核对两个专业间的设备布置平面图和编号保持一致	√	√	1	1
ISCS	F7D10	1 上传信息点要求、控制主机位置	配合现场调试	√	√	1	1
隧道通风	F7E2	1 车辆基地范围内出入段线配电设计范围	用于确认与车站区间的配电界面	√	√	1	1

续上表

接口名称	接口编号	输出接口要求	接口处理及用途	输出设计阶段		输出资料重点控制条款	
				初设	施工图	初设	施工图
车辆基地建筑	F7F3	1 0.4kV 降压所、跟随所、配电间、电井等设置位置、面积等要求 2 设备用房的荷载要求、预埋件要求 3 配合建筑完成优化房间布置、层高设计 4 设备运输通道要求、主干管线的敷设路径要求 5 结构预埋管线	用于完成 0.4kV 降压所、跟随所、配电间、电井孔洞、预埋件、层高、房间布置等	√	√	1~5	1~5
建筑装修（含外部景观）	F7B6	1 办公用房、功能用房、公共区走廊及大厅（带天花板）房间的灯具平面布置图 2 公共区清扫插座、疏散指示平面布置图	用于灯具、插座、疏散指示位置的确定		√		1 2
车辆基地综合管线	F7F8	1 主干线槽尺寸、位置 2 配合完成综合管线设计图	确保满足综合管线要求	√	√	1 2	1 2
环境保护	F7G10	1 环境保护相关说明及图纸	用于环境保护设计	√	√	1	1
劳动安全与卫生	F7G11	1 劳动安全与卫生相关说明及图纸	用于劳动安全与卫生评价	√	√	1	1
职业病防治	F7G12	1 职业病防治相关说明及图纸	用于职业病防护评价	√	√	1	1
绿色建筑	F7G19	1 绿色建筑相关说明及图纸	用于绿色建筑设计	√	√	1	1
节能	F7G20	1 节能相关说明及图纸	用于节能设计	√	√	1	1

第 61 章 车辆基地综合管线

61.1 专业组成

本专业组成主要包括:

(1)重力管道:站场排水沟槽、站场道路雨水管、污水管、废水管等。

(2)压力管道:给水管、消防管、自动喷淋管、中水管等。

(3)强电系统:主变电所管线、供电管线、低压管线 / 电缆沟。

(4)弱电系统:通信管线、信号管线 / 管槽、FAS、BAS、门禁、ISCS 管线、安防等。

(5)风管 / 风道。

(6)燃气管线。

61.2 专业功能

综合管线在保证各专业管线功能的情况下,解决管线设备的标高和位置问题,避免交叉时产生冲突,并且在综合楼和运转综合楼走廊范围采用综合支吊架,同时还要配合并满足结构及装修的各个位置要求。

61.3 专业的主要接口

车辆基地综合管线专业应结合车辆基地的站场、建筑、结构、风水电、供电系统、通信、信号、FAS、BAS、ISCS、门禁、安防等专业资料进行管线综合平衡设计工作。

由车辆基地综合管线专业负责管沟、综合支吊架、管线梁等路径规划,各专业管线纳入管廊的由车辆基地综合管线专业负责排布,管廊外的管线具体路由及敷设方式由各专业负责。各管线工程量、支架工程量含在各专业,管沟盖板、钢筋混凝土量及管线梁的钢筋混凝土量含在车辆基地结构专业;综合支吊架工程量含在车辆基地综合管线专业。

U 形槽的管线由车辆基地综合管线专业统筹协商区间管线专业,明确 U 形槽管线的敷设方式。

对采用综合支吊架的设计,由车辆基地结构专业牵头完成综合支吊架受力计算书及相关的核算工作。

61.4 专业设计技术接口表

61.4.1 设计输入部分（表 61.4-1）

相关专业对车辆基地综合管线专业的输入接口表　　表 61.4-1

专业名称：车辆基地综合管线　专业代号：CWGX　系统编码：F8

接口名称	接口编号	输入接口要求	接口处理及用途	输入设计阶段		受资专业需重点核对、协商条款	
				初设	施工图	初设	施工图
站场	F1F8	1 总平面图 2 排水沟、管敷设路径、数量、尺寸、标高	用于综合管线设计，避免管线与其他管线冲突		√		1 2
车辆基地建筑	F3F8	1 各单体房间布置（主要是综合楼、运转楼、牵引变电所、主变电所等） 2 轴网编号、梁底标高等（统筹车辆基地结构专业） 3 综合楼、运转楼走廊宽度、层高、梁底标高等（如协商需要穿梁管线等） 4 装修要求	用于管线综合设计，已明确室内外管线接入点及走廊架空管线的标高		√		1~4
车辆基地通风空调	F5F8	1 风管、风道、空调水管等的敷设路径、数量、尺寸、标高、荷载（如协商安装的要求，走廊空间紧张处相关管线排布要求等） 2 检修空间要求	用于管线综合设计，避免各管线间冲突		√		1 2
车辆基地给排水及消防（不含自动灭火）	F6F8	1 各类压力管、污水管、废水管的敷设路径、数量、尺寸、标高、荷载 2 检修空间要求	用于管线综合设计，避免各管线间冲突		√		1 2
车辆基地动力与照明	F7F8	1 低压电缆的敷设路径、数量、尺寸、标高、荷载 2 检修空间要求	用于管线综合设计，避免各管线间冲突		√		1 2
供电系统	C2F8	1 场区内的设备布置图，供电电缆的敷设路径、敷设方式、数量、尺寸、标高、荷载 2 检修空间要求	用于管线综合设计，避免各管线间冲突		√		1 2
供电系统（接触网）	C2F8	1 接触网基础 2 接触网高度、承力索高度、安装位置、安全距离等	避免架空管线与接触网冲突		√		1 2

续上表

接口名称	接口编号	输入接口要求	接口处理及用途	输入设计阶段		受资专业需重点核对、协商条款	
				初设	施工图	初设	施工图
通信	D1F8	1 通信系统管线的敷设路径、数量、尺寸、标高、荷载 2 检修空间要求	用于管线综合设计，避免各管线间冲突		√		1 2
信号	D5F8	1 信号系统管线的敷设路径、数量、尺寸、标高、荷载 2 检修空间要求	用于管线综合设计，避免各管线间冲突		√		1 2
FAS	D8F8	1 FAS管线的敷设路径、数量、尺寸、标高、荷载 2 检修空间要求	用于管线综合设计，避免各管线间冲突		√		1 2
BAS	D9F8	1 BAS管线的敷设路径、数量、尺寸、标高、荷载 2 检修空间要求	用于管线综合设计，避免各管线间冲突		√		1 2
ISCS	D10F8	1 综合监控系统管线的敷设路径、数量、尺寸、标高、荷载 2 检修空间要求	用于管线综合系统设计，避免各管线间冲突		√		1 2
门禁	D11F8	1 门禁系统管线的敷设路径、数量、尺寸、标高、荷载 2 检修空间要求	用于管线综合设计，避免各管线间冲突		√		1 2
安防	D12F8	1 安防系统管线的敷设路径、数量、尺寸、标高、荷载 2 检修空间要求	用于管线综合设计，避免各管线间冲突		√		1 2
主变电所	C1F8	1 主变电所管线的敷设路径、数量、尺寸、标高、荷载 2 检修空间要求	用于管线综合设计，避免各管线间冲突		√		1 2

61.4.2 设计输出部分（表 61.4-2）

车辆基地综合管线专业对相关专业的输出接口表 表 61.4-2

专业名称：车辆基地综合管线　　专业代号：CWGX　　系统编码：F8

接口名称	接口编号	输出接口要求	接口处理及用途	输出设计阶段		输出资料重点控制条款	
				初设	施工图	初设	施工图
站场	F8F1	1 综合管线平面图、剖面图、断面图、节点图	会签（是否满足本专业管线要求）		√		1

续上表

接口名称	接口编号	输出接口要求	接口处理及用途	输出设计阶段		输出资料重点控制条款	
				初设	施工图	初设	施工图
车辆基地建筑	F8F3	1 综合管线平面图、剖面图、断面图、节点图 2 综合支吊架详图（上盖车辆基地）	会签（是否满足本专业管线要求）		√		1 2
车辆基地通风空调	F8F5						
车辆基地给排水及消防(不含自动灭火)	F8F6						
车辆基地动力与照明	F8F7						
供电系统	F8C2						
供电系统（接触网）	F8C2						
通信	F8D1						
信号	F8D5						
FAS	F8D8						
BAS	F8D9						
ISCS	F8D10						
门禁	F8D11						
安防	F8D12						
主变电所	F8C1						

第62章 车辆基地路基

62.1 专业组成

本专业组成主要包括：

（1）路基本体设计；

（2）地基处理设计；

（3）边坡支护设计；

（4）基坑支护设计。

62.2 专业功能

（1）路基本体设计：根据站场专业要求，对路基填料类型、压实标准进行设计，确保路基强度、刚度和稳定性满足要求。

（2）地基处理设计：根据站场、工艺、车辆基地建筑、车辆基地综合管线等专业要求，结合地质条件进行地基加固，确保路基满足上部结构承载力和沉降要求。

（3）边坡支护设计：根据站场专业确定的场坪标高，结合地形、地质及场地条件等进行边坡支护，确保边坡满足稳定性要求。

（4）基坑支护设计：根据车辆基地结构专业确定的主体结构，结合地形、地质及周边环境等进行基坑支护，确保基坑满足稳定性要求。

62.3 专业的主要接口

（1）内部接口：与车辆基地工点设计内部站场、车辆基地结构、车辆基地建筑、车辆基地综合管线等专业存在设计接口。

（2）外部接口：与车辆基地工点设计以外的工程地质、工程测量等专业存在设计接口。

62.4 专业设计技术接口表

62.4.1 设计输入部分（表 62.4-1）

相关专业对车辆基地路基专业的输入接口表　　表 62.4-1

专业名称：车辆基地路基　　专业代号：CWLJ　　系统编码：F9

接口名称	接口编号	输入接口要求	接口处理及用途	输入设计阶段		受资专业需重点核对、协商条款	
				初设	施工图	初设	施工图
站场	F1F9	1 总平面图（含场坪标高） 2 出入线平、纵断面图	1 用于确定功能分区，以确定路基填料及地基处理措施 2 用于确定边坡支护高度，以确定边坡支护措施	√	√	1 2	1 2
工艺	F2F9	1 车辆基地内不同位置的道床形式	用于确定地基处理分区及地基处理方案	√	√	1	1
车辆基地结构	F4F9	1 U形槽平、纵、横断面图（当基坑和主体结构分专业设计时） 2 综合楼、调蓄水池等平面及大样图（当基坑和主体结构分专业设计时） 3 地下综合管廊的平面图及大样图（含承载力及沉降要求） 4 上盖承台的平面图及大样图，承台底标高（综合体）	1 用于确定基坑规模及坑深等，以确定基坑支护方案 2 用于路基填料、地基处理等避让承台	√	√	1~4	1~4
车辆基地建筑	F3F9	1 实体围墙平面图及大样图（含承载力及沉降要求） 2 边坡绿化要求 3 边坡栏杆形式	用于确定围墙以下地基处理措施	√	√	1~3	1~3
车辆基地综合管线	F8F9	1 地下综合管线的平面图及大样图（含承载力及沉降要求）	用于确定综合管线以下地基处理措施	√	√	1	1
轨道	A6F9	1 道床断面 2 不同轨道允许的工后沉降量	用于确定地基处理标准，选择地基处理方案	√	√	1 2	1 2
工程地质	B1F9	1 完整的勘察报告（图、文、表等）	用于地基处理、边坡支护及基坑设计	√	√	1	1
工程测量	B2F9	1 现状地形 2 车辆基地横断面对应的定测地面线	用于地基处理、边坡支护及基坑设计	√	√	1 2	1 2

62.4.2 设计输出部分（表 62.4-2）

车辆基地路基专业对相关专业的输出接口表 表 62.4-2

专业名称：车辆基地路基　　专业代号：CWLJ　　系统编码：F9

接口名称	接口编号	输出接口要求	接口处理及用途	输出设计阶段		输出资料重点控制条款	
				初设	施工图	初设	施工图
站场	F9F1	1 路基填料要求 2 边坡支护平面图	1 用于计算土石方量 2 用于确定总平面用地	√	√	1	1
车辆基地结构	F9F4	1 基坑支护平面图及大样图	用于校对基坑支护是否与主体结构冲突	√	√	1	1
车辆基地建筑	F9F3	1 边坡支护平面图	用于边坡绿化设计	√	√	1	1
车辆基地综合管线	F9F8	1 边坡支护平面图	用于核实管线部分的地基处理情况	√	√	1	1
工程地质	F9B1	1 勘察技术要求 2 总平面及横断位置图	用于编写勘察报告及地质填图	√	√	1 2	1 2
工程测量	F9B2	1 修测地形范围及要求 2 总平面及横断位置图	1 用于修测地形图 2 用于横断面图的定测定位	√	√	1 2	1 2

第63章 城市规划

63.1 专业组成

本系统主要包括对影响区域范围内城市规划的理解和分析，保证区域内轨道交通设施与城市规划的匹配和契合，有效支撑和引导城市规划，积极配合城市规划提出的交通改善需求。

63.2 专业功能

本系统为线网规划、综合交通、线路、建筑、站场等专业提供最基础的规划方向、线位走向、站位布置和附属设施选址等设计依据。

63.3 专业的主要接口

城市规划专业与综合交通、线网规划、线路、建筑、站场等专业有控制接口关系，城市规划影响客流预测、线路、建筑、站场、社会稳定、消防、绿色建筑等专业的设计，为其提供接口；城市规划专业本身为各规划分支的集合，无须其他专业为其提供输入。

63.4 专业设计技术接口表

63.4.1 设计输入部分

初步设计及施工图设计阶段为各专业基于城市规划输入的深化设计，相关专业无须向城市规划专业提供输入。

63.4.2 设计输出部分（表63.4-1）

城市规划专业对相关专业的输出接口表　　表63.4-1

专业名称：城市规划　专业代号：GH　系统编码：G1

接口名称	接口编号	输出接口要求	接口处理及用途	输出设计阶段		输出资料重点控制条款	
				初设	施工图	初设	施工图
客流预测	G1A1	1 线路功能定位（和工程可行性研究阶段有变化时提供）	用于进行线路和车站客流预测	√		1	

续上表

接口名称	接口编号	输出接口要求	接口处理及用途	输出设计阶段		输出资料重点控制条款	
				初设	施工图	初设	施工图
线路	G1A4	1《城市总体规划》：城市规划发展结构、城市重点发展区域、总规三区四线等 2《分区控制性详细规划》：道路红线、规划用地性质、地块容积率等	1 用于线站位平面位置选定和方案比较 2 用于线路建设的必要性和紧迫性论证	√	√	1 2	1 2
建筑	G1B5	1 控规、土规、三区四线[初步设计（含）以及之前线路专业，初步设计（不含）以后阶为建筑专业] 2 最新规划路网道路红线（含标高）的有效性（初步设计以前线路专业，初步设计以后建筑专业） 3 控规色块图 4 各级规划报建的批复意见的落实（建筑专业） 5 车站地面附属［出入口、风井（亭）、冷却塔］与周边道路、建筑的规划退缩、消防间距、环评距离（建筑专业） 6 规划对地面附属的造型要求（有盖、敞口、结合）［建筑装修（含外部景观）专业］ 7 车站结构顶板覆土厚度应符合规划要求（建筑专业） 8 其他地面建筑物规划报建（派出所、集中冷站、主变电所、控制中心、与附属合建的复建建筑）（建筑专业） 9 枢纽综合体要求	1 用于核实方案的合理性 2 用于核实附属设置的合理性 3 用于核实车站方案的延续性 4 用于确定附属方案 5 用于确定车站埋深 6 用于确定其他地面建筑方案	√	√	1~7	1~7
站场	G1F1	1 选址周边规划路网（含建设时序情况）、用地规划及权属情况	用于核实选址规划的符合性及道路出入口的接驳条件	√	√	1	1
社会稳定	G1G4	1 线路周边规划条件 2 城市整体规划条件	用于论证线路与规划条件的符合性	√		1 2	

续上表

接口名称	接口编号	输出接口要求	接口处理及用途	输出设计阶段		输出资料重点控制条款	
				初设	施工图	初设	施工图
消防	G1G9	1《城市总体规划》 2《城市消防规划》 3 规划路网 4 周边地块规划	1 用于核查消防站布置是否满足工程的消防要求,不满足时应采取补充措施,如建设消防站(包括微型消防站)等 2 用于核查地上车站环形消防车道的设置情况及与市政道路的衔接 3 用于确认地面建筑与周边建筑满足防火间距	√	√	1~4	1~4
绿色建筑	G1G19	1 项目选址应符合所在地城乡规划,且应符合各类保护区、文物古迹保护的建设控制要求 2 场地应无洪涝、滑坡、泥石流等自然灾害的威胁,无危险化学品、易燃易爆危险源的威胁,无电磁辐射、含氡土壤等危害 3 场地内不应有排放超标的污染源 4 建筑规划布局应满足日照标准,且不得降低周边建筑的日照标准	用于确定设计方案	√	√	1~4	1~4

第64章 综合交通

64.1 专业组成

本专业主要包括对影响区域范围内的主要交通方式的现状、规划的分析和预测，以及对各种交通方式间接驳关系的分析，保证区域内各种交通方式的有机结合、功能互补。

64.2 专业功能

综合交通系统是与城市规划相配套的基础输入文件，一般由所在城市的交通规划部门完成。本专业为线网规划、线路、建筑等专业提供最基础的线站位及附属设施选址、交通一体化等设计依据。

64.3 专业的主要接口

综合交通应结合城市总体规划、交通现状和规划、出行需求预测等条件开展规划研究。

综合交通专业与城市规划、线网规划、线路、建筑、绿色建筑等专业有控制接口关系。一方面，城市规划、线网规划等专业要提供控制要求，综合交通专业要实现这些控制要求；另一方面，综合交通专业也影响线网规划、线路、建筑、绿色建筑等专业的设计，为其提供接口。

64.4 专业设计技术接口表

64.4.1 设计输入部分

初步设计及施工图设计阶段为各专业基于综合交通规划输入的深化设计，相关专业无须向综合交通专业提供输入。

64.4.2　设计输出部分(表 64.4-1)

综合交通专业对相关专业的输出接口表　　表 64.4-1

专业名称:综合交通　　专业代号:JT　　系统编码:G2

接口名称	接口编号	输出接口要求	接口处理及用途	输出设计阶段		输出资料重点控制条款	
				初设	施工图	初设	施工图
线网规划	G2G3	1 其他交通方式规划	用于做好轨道交通线网规划与其他交通方式的衔接	√	√	1	1
线路	G2A4	1《城市综合交通体系规划》:海陆空各交通方式规划及现状	用于线站位平面位置选定和方案比较	√	√	1	1
建筑	G2B5	1 交通接驳方案 2 其他等级的交通(城际轨道交通、航空、有轨电车、铁路)	用于确定交通接驳方案	√	√	1	1
绿色建筑	G2G19	1 所在地交通地图	用于确定设计方案	√	√	1	1

第 65 章 线网规划

65.1 专业组成

本专业主要包括交通规划、客流预测、土地开发、车辆基地、联络线、控制中心、投融资等。

65.2 专业功能

线网规划系统是与城市规划和综合交通规划相配套的基础输入文件，一般由所在城市的交通规划部门完成。

本专业为线路、建筑、站场等专业提供最基础的线位走向和附属设施选址等设计依据。

65.3 专业的主要接口

线网规划应结合城市总体规划、交通现状和规划、客流预测等条件开展规划研究。

线网规划专业与城市规划、综合交通、行车组织与运营管理、线路、建筑、站场、供电系统、信号、概预算、社会稳定、地铁派出所等专业有控制接口关系。一方面，城市规划、综合交通、客流预测、线路、站场、供电系统、信号、概预算等专业要提供控制要求，线网规划专业要实现这些控制要求；另一方面，线网规划也影响行车组织与运营管理、线路、建筑、站场、社会稳定、地铁派出所等专业的设计，为其提供接口。

65.4 专业设计技术接口表

65.4.1 设计输入部分

初步设计及施工图设计阶段为各专业基于线网规划输入的深化设计，相关专业无须向线网规划专业提供输入。

65.4.2 设计输出部分（表 65.4-1）

线网规划专业对相关专业的输出接口表 表 65.4-1

专业名称：线网规划 专业代号：XW 系统编码：G3

接口名称	接口编号	输出接口要求	接口处理及用途	输出设计阶段		输出资料重点控制条款	
				初设	施工图	初设	施工图
行车组织与运营管理	G3A2	1 线路功能定位及规划目标	用于系统选型及确定最高速度	√		1	
线路	G3A4	1《城市轨道交通线网规划》：线路起终点及走向、线路功能定位、敷设方式、规划换乘线系统选型等	1 用于线站位平面位置选定和方案比较 2 用于确定与其他线路的换乘和交叉关系	√	√	1	1
建筑	G3B5	1 车站其他线路换乘关系 2 其他线路的实施时序	1 用于确定线路输入	√	√	1	1
站场	G3F1	1 批复的选址意见书及对应的选址（例如大红线）附件	1 用于核实初步设计阶段用地红线及用地规模的合法合规性	√		1	
社会稳定	G3G4	1 线网规划条件 2 线网与城市规划条件的符合性分析	1 用于论证线网与城市规划的符合性 2 进行线路与线网规划的符合性分析	√		1	
地铁派出所	G3G18	1 派出所线网布点及选址要求	用于地铁派出所选址	√		1	

第 66 章 社会稳定

66.1 专业组成

本专业主要组成包括现场调查、风险数据分析、报告编写。

66.2 专业功能

社会稳定风险调查以沿线地区为基础展开，根据《中央办公厅、国务院办公厅关于建立健全重大决策社会稳定风险评估机制的指导意见（试行）》（中办发〔2012〕2 号），围绕项目建设实施的合法性、合理性、可行性和可控性，结合建设方案，深入开展调查研究。

66.3 专业的主要接口

社会稳定专业应结合客流预测、行车组织与运营管理、线路、轨道、建筑、车站结构（含防水）、概预算、桥梁、路基、声屏障、工程筹划、城市规划、线网规划、交通疏解、管线迁改、环境保护、劳动安全与卫生、职业病防治等专业资料进行社会稳定风险分析工作。

通过社会稳定风险分析，向线路、轨道、建筑、车站结构（含防水）、区间结构、桥梁、声屏障、环境保护等专业输出主要设计修改建议。

66.4 专业设计技术接口表

66.4.1 设计输入部分（表 66.4-1）

相关专业对社会稳定专业的输入接口表 表 66.4-1

专业名称：社会稳定　　专业代号：SW　　系统编码：G4

接口名称	接口编号	输入接口要求	接口处理及用途	输入设计阶段		受资专业需重点核对、协商条款	
				工可	初设	初设	施工图
客流预测	A1G4	1 各站点客流预测	用于确定现场调查样本的数量	√		1	
行车组织与运营管理	A2G4	1 针对大客流的应对方案	用于分析大客流环境下的运营社稳风险	√		1	

续上表

接口名称	接口编号	输入接口要求	接口处理及用途	输入设计阶段		受资专业需重点核对、协商条款	
				工可	初设	初设	施工图
线路	A4G4	1 线路简介、简图 2 线路平、纵断面图 3 地形图成果资料	1 用于研究线路走向与规划的符合性分析 2 用于分析线路下穿、侧穿建筑物引起的社会稳定风险指标	√		1~3	1~3
轨道	A6G4	1 轨道实施减振方案以及减振方案的范围 2 轨道减振的效果	用于分析列车振动对居民的影响	√		1 2	1 2
概预算	A8G4	1 工程概算以及资金筹措	用于论证资金的风险	√		1	
建筑	B5G4	1 车站出入口、风亭的设置原则	用于论证车站附属设施与周边居民生活需求的关系			1	
车站结构（含防水）	B8G4	1 主体结构断面图 2 车站结构与周边建筑物的关系图	用于论证工程风险引起社会稳定风险的情况	√		1 2	1 2
区间	B9G4	1 隧道纵、横断面图 2 区间结构与周边建筑物的关系图	1 用于论证工程风险引起社会稳定风险的情况 2 用于论证工程下穿建筑物的影响及社会稳定风险情况	√		1 2	1 2
桥梁	B12G4	1 桥型布置及墩台设计图 2 桥梁结构与周边建筑物的关系图	1 用于论证工程风险引起社会稳定风险的情况 2 用于论证桥梁工程噪声等社会稳定风险情况	√		1 2	1 2
路基	B13G4	1 路基断面设计图 2 路基结构与周边建筑物的关系图	1 用于论证工程风险引起社会稳定风险的情况 2 用于论证路基工程噪声等社会稳定风险情况	√		1 2	1 2
工程筹划	B14G4	1 全线工筹情况 2 里程碑工作节点	用于论证因工期延误导致的社会稳定风险	√		1 2	
声屏障	E9G4	1 声屏障设置里程、图纸	用于论证高架段及出入口的噪声引起的社会稳定问题	√		1	1
城市规划	G1G4	1 线路周边规划条件 2 城市整体规划条件	用于论证线路与规划条件的符合性	√		1 2	

续上表

接口名称	接口编号	输入接口要求	接口处理及用途	输入设计阶段		受资专业需重点核对、协商条款	
				工可	初设	初设	施工图
线网规划	G3G4	1 线网规划条件 2 线网与城市规划条件的符合性分析	用于论证线网与城市规划的符合性，进行线路与线网规划的符合性分析	√		1 2	
交通疏解	G5G4	1 交通疏解原则 2 交通疏解重难点地段分析	用于分析工程实施中，对周边交通的影响，提出合理的工法建议	√		1 2	
管线迁改	G6G4	1 管线迁改原则 2 管线迁改重难点分析	用于分析工程实施中，管线迁改对周边居民生活的影响，提出合理的工法建议	√		1 2	
环境保护	G10G4	1 沿线地铁运营期环保敏感点情况 2 沿线地铁建设期间，环保要求高，以及地铁施工影响较大情况分析	用于分析环保敏感点是否会引起社会稳定问题	√		1 2	1 2
劳动安全与卫生	G11G4	1 劳动安全与卫生方面的内容	用于分析是否会引起社会稳定问题，以及如何化解	√		1	

66.4.2 设计输出部分（表 66.4-2）

社会稳定专业对相关专业的输出接口表 表 66.4-2

专业名称：社会稳定 专业代号：SW 系统编码：G4

接口名称	接口编号	输出接口要求	接口处理及用途	输出设计阶段		输出资料重点控制条款	
				工可	初设	初设	施工图
线路	G4A4	1 需对社会稳定重点部位进行调整	反映线路穿越建筑物的居民意见，困难地段调整线路	√		1	
轨道	G4A6	1 反馈社会稳定敏感范围	加强部分地段轨道减振措施	√		1	
建筑	G4B5	1 反馈部分地段居民对地铁出入口的需求	适当调整车站出入口设置	√		1	
车站结构（含防水）	G4B8	1 反馈线路车站周边商业、交通等敏感情况	适当调整车站施工工法	√		1	
声屏障	G4E9	1 反馈高架和出入段线范围居民和专家意见	适当增加声屏障的设置	√		1	
环境保护	G4G10	1 反馈线路沿线社会稳定敏感点	环境保护设计及调查时增加更多采样点和措施	√		1	

第67章
交通疏解

67.1 专业组成

本专业组成主要包括路线设计、路面设计、路基设计、交通设施设计。

67.2 专业功能

（1）路线设计：确定疏解的平面及纵断面。

（2）路面设计：根据交通荷载等级和参考现状路面结构，确定疏解道路面结构，满足车辆和行人通行需求。

（3）路基设计：选择路基填料及根据地质情况确定合理的地基处理措施，满足路基强度和刚度要求，以及采取合理的边坡支护措施，满足边坡稳定性要求。

（4）交通设施设计：根据相关规范及交警意见，完善交通疏解范围内的标线、标志、信号灯、安全防护等设计，以确保交通组织有序进行。

67.3 专业的主要接口

（1）内部接口：与工点设计内部结构、管线迁改等专业存在设计接口。

（2）外部接口：与工点设计以外的工程地质、工程测量、房调、管线探测等专业存在设计接口。

67.4 专业设计技术接口表

67.4.1 设计输入部分（表67.4-1）

相关专业对交通疏解专业的输入接口表　　表67.4-1

专业名称：交通疏解　　专业代号：JTSJ　　系统编码：G5

接口名称	接口编号	输入接口要求	接口处理及用途	输入设计阶段		受资专业需重点核对、协商条款	
				初设	施工图	初设	施工图
车站结构（含防水）	B8G5	1 总围蔽及分期围蔽图 2 主体采用工法及分期围蔽时间	用于确定交通受影响范围及程度，以确定疏解方案	√	√	1 2	1 2

续上表

接口名称	接口编号	输入接口要求	接口处理及用途	输入设计阶段		受资专业需重点核对、协商条款	
				初设	施工图	初设	施工图
管线迁改	G6G5	1 迁改平面图及标高 2 迁改所需分期围蔽及时间	1 用于核实疏解方案是否需对迁改后的管线进行保护 2 用于确定交通受影响范围及程度，以确定疏解方案	√	√	1 2	1 2
工程地质	B1G5	1 完整的勘察报告（图、文、表等）	用于路基的地基处理、边坡支护	√	√	1	1
工程测量	B2G5	1 现状地形	用于横、纵断面设计、土石方计量及地基处理、边坡支护	√	√	1	1
房调	B3G5	1 现状路面结构	为确定疏解路面结构提供参考	√	√	1	1
管线探测	B4G5	1 现状管线资料	用于核实疏解方案是否需对现状管线进行保护	√	√	1	1

67.4.2 设计输出部分（表 67.4-2）

交通疏解专业对相关专业的输出接口表 表 67.4-2

专业名称：交通疏解 专业代号：JTSJ 系统编码：G5

接口名称	接口编号	输出接口要求	接口处理及用途	输出设计阶段		输出资料重点控制条款	
				初设	施工图	初设	施工图
车站结构（含防水）	G5B8	1 交通疏解的分期思路及平面方案	用于核实疏解方案中围挡是否满足结构分期及施工要求	√	√	1	1
管线迁改	G5G6	1 交通疏解平面图及路面结构图	用于核实疏解方案是否对现状管线有影响	√	√	1	1
工程地质	G5B1	1 勘察技术要求 2 道路平面图	用于核实布置勘察钻孔及勘察报告是否满足设计要求	√	√	1	1
工程测量	G5B2	1 地形修测范围及要求 2 道路平面图	用于核实补测地形图范围是否满足设计要求	√	√	1	1
房调	G5B3	1 调查路面结构的范围及要求 2 道路平面图	用于核实房调路面结构范围是否满足设计要求	√	√	1	1
管线探测	G5B4	1 调查管线的范围及要求 2 道路平面图	用于核实管线探测范围是否满足设计要求	√	√	1	1

第 68 章 管线迁改

68.1 专业组成

本专业组成主要包括管线综合平衡、电力管线、通信管线、燃气管线、给水管线、排水管线。

68.2 专业功能

（1）管线综合平衡：根据地铁车站施工特点，结合交通疏解方案，编写管线综合平衡规划说明书，绘制管线综合平衡图。

（2）电力管线：根据管线综合平衡图，绘制电力专业管线迁改图。

（3）通信管线：根据管线综合平衡图，绘制通信专业管线迁改图。

（4）燃气管线：根据管线综合平衡图，绘制燃气专业管线迁改图。

（5）给水管线：根据管线综合平衡图，绘制给水专业管线迁改图。

（6）排水管线：根据管线综合平衡图，绘制排水专业管线迁改图。

68.3 专业的主要接口

（1）内部接口：与工点设计内部结构、交通疏解等专业存在设计接口。

（2）外部接口：与工点设计以外的工程地质、工程测量、房调、管线探测等专业存在设计接口。

68.4 专业设计技术接口表

68.4.1 设计输入部分（表 68.4-1）

相关专业对管线迁改专业的输入接口表 表 68.4-1

专业名称：管线迁改 专业代号：GXQG 系统编码：G6

接口名称	接口编号	输入接口要求	接口处理及用途	输入设计阶段		受资专业需重点核对、协商条款	
				初设	施工图	初设	施工图
车站结构（含防水）	B8G6	1 总围蔽及分期围蔽图 2 主体采用工法及分期围蔽时间	用于确定管线受影响范围及程度，以确定疏解方案	√	√	1 2	1 2

续上表

接口名称	接口编号	输入接口要求	接口处理及用途	输入设计阶段		受资专业需重点核对、协商条款	
				初设	施工图	初设	施工图
交通疏解	G5G6	1 疏解平面图及标高 2 疏解所需分期围蔽及时间	1 用于核实管线迁改方案是否需对迁改后的管线进行保护 2 用于确定管线迁改受影响范围及程度，以确定疏解方案	√	√	1 2	1 2
工程地质	B1G6	1 完整的勘察报告(图、文、表等)	用于管线基坑开挖的合理性判断	√	√	1	1
工程测量	B2G6	1 现状地形	用于横、纵断面设计，土石方计量，地基处理，边坡支护	√	√	1	1
房调	B3G6	1 重大管线的竣工图资料	用于确定重大管线的迁改及接驳方案	√	√	1	1
管线探测	B4G6	1 现状管线资料 2 管线调查成果表	用于编制管线迁改的基础必需资料	√ √	√ √	1 2	1 2

68.4.2 设计输出部分(表 68.4-2)

管线迁改专业对相关专业的输出接口表 表 68.4-2

专业名称：管线迁改 专业代号：GXQG 系统编码：G6

接口名称	接口编号	输出接口要求	接口处理及用途	输出设计阶段		输出资料重点控制条款	
				初设	施工图	初设	施工图
车站结构(含防水)	G6B8	1 管线迁改的分期思路及平面方案	用于确定设计方案	√	√	1	1
交通疏解	G6G5	1 管线迁改平面图	用于确定设计方案	√	√	1	1
工程地质	G6B1	1 勘察技术要求 2 管线迁改平面图	用于确定设计方案	√	√	1	1
工程测量	G6B2	1 地形修测范围及要求 2 管线迁改平面图	用于确定设计方案	√	√	1	1
房调	G6B3	1 调查管线的范围及要求	用于确定设计方案	√	√	1	1
管线探测	G6B4						

第 69 章 外部电源

69.1 专业组成

轨道交通供电系统采用 110/35(33)kV 两级电压制的集中供电方式，设置 110/35(33)kV 主变电所。每座主变电所分别从城市电网引入 2 路独立的 110kV 专用电源。

本章中的外部电源指向城市轨道交通 110kV 主变电所提供电源的城市电网地区变电所。

69.2 专业功能

根据轨道交通供电系统的要求，为轨道交通各主变电所分别提供 2 路独立可靠的 110kV 电源。

69.3 专业的主要接口

地铁外部电源方案应根据城市轨道交通线网规划、城市电网现状及规划、城市规划进行设计。地铁供电设计需要与城市电网电力部门共同协商，并通过向城市电力部门报批的形式，获得城市轨道交通主变电所的接入系统批复，以明确地铁主变电所的外引电源地区变电所及出线形式等外部电源方案。

69.4 专业设计技术接口表

69.4.1 设计输入部分(表 69.4-1)

相关专业对外部电源专业的输入接口表　　表 69.4-1

专业名称:外部电源　专业代号:WD　接口编码:G7

接口名称	接口编号	输入接口要求	接口处理及用途	输入设计阶段		受资专业需重点核对、协商条款	
				初设	施工图	初设	施工图
主变电所	C1G7	1 外部电源接入方案报批 2 本侧变电所与电网变电所间的土建、变电一次、变电二次、通信专业的接口配合	1 用于获得供电部门的批复 2 用于设计接口配合	√	√	1 2	2

69.4.2 设计输出部分（表 69.4-2）

外部电源专业对相关专业的输出接口表 表 69.4-2

专业名称：外部电源　　专业代号：WD　　接口编码：G7

接口名称	接口编号	输出接口要求	接口处理及用途	输出设计阶段		输出资料重点控制条款	
				初设	施工图	初设	施工图
主变电所	G7C1	1 城市电网近/远期的规划资料及系统参数 2 周边电网现状及实施情况 3 城市电网对电网设计、建设的设计原则和技术要求 4 调度的要求及管理分工 5 投资的要求及分工 6 城市电网变电站馈出线继电保护与地铁供电系统进线继电保护的设置及时限配合 7 电能计量和质量要求	用于确定设计方案	√		1~6	

第 70 章
城市给排水

70.1 专业组成

城市给排水主要由城市给水管网、城市排水管网和污水处理厂组成。

70.2 专业功能

根据轨道交通给排水及消防系统的要求，城市给排水为轨道交通提供生产、生活及水消防系统水源，并接纳其运营产生的各类污、废、雨水。

70.3 专业主要接口

地铁给水、排水接驳方案应根据城市市政给水、排水管网现状及远期规划进行设计。地铁给排水设计需要与自来水、排水管理部门共同协商，以明确市政给水、排水接驳方案。

70.4 专业设计技术接口表

70.4.1 设计输入部分（表 70.4-1）

相关专业对城市给排水专业的输入接口表　　表 70.4-1

专业名称：城市给排水　　专业代号：WS　　接口编码：G8

接口名称	接口编号	输入接口要求	接口处理及用途	输入设计阶段		受资专业需重点核对、协商条款	
				初设	施工图	初设	施工图
概预算	A8G8	1 各阶段的概预算清单要求	用于确定城市给排水工程量	√		1	
管线探测	B4G8	1 全线市政管线探测资料	用于确定给排水接驳方案及接驳点位置	√	√	1	1
管线迁改	G6G8	1 管线迁改图 2 管线迁改资料	用于确定市政管线接驳方案	√	√	1	1 2
给排水及消防	E4G8	1 全线各工点进水点的管径、埋深及位置 2 全线各工点各类排水点的管径、埋深及位置	1 用于完成给水接驳设计 2 用于完成排水接驳设计	√	√	1 2	1 2

70.4.2 设计输出部分（表 70.4-2）

城市给排水专业对相关专业的输出接口表 表 70.4-2

专业名称:城市给排水　　专业代号:WS　　系统编码:G8

接口名称	接口编号	输出接口要求	接口处理及用途	输出设计阶段		输出资料重点控制条款	
				初设	施工图	初设	施工图
概预算	G8A8	1 各阶段的设备材料表、工程量清单	用于编制概预算	√		1	
给排水及消防	G8E4	1 线路沿线市政给水管线现状及规划资料 2 线路沿线市政排水管线现状及规划资料	1 用于确定给水及消防系统方案 2 用于确定排水接驳方案	√	√	1 2	1 2
地铁派出所	G8G18	1 地铁派出所进水点处水压及市政给水管管径	用于确定地铁派出所室内给水及消防系统加压方案	√	√	1	1

第 71 章
消防

第一部分　正 线 消 防

71.1 建筑消防

71.1.1　专业组成

轨道交通消防主要与建筑、环控（防排烟）、给排水（水与自动灭火系统）、动力与照明、ISCS、BAS、FAS 等专业相关。

建筑消防专业的主要内容为安全疏散、防火间距、防火分区、防火隔断、与商业接口等。

71.1.2　专业功能

车站、区间的空间及设备的布置满足消防的要求。

71.1.3　专业的主要接口

消防的接口内容含在各专业的接口中，这里主要罗列与消防相关的内容（表 71.1-1），加以强调。

相关专业对建筑消防专业的输入接口表　　表 71.1-1

专业名称：建筑消防　　专业代号：XF　　接口编码：G9

接口名称	接口编号	输入接口要求	接口处理及用途	输入设计阶段		受资专业需重点核对、协商条款	
				初设	施工图	初设	施工图
客流预测	A1G9	1 线路《客流预测报告》，包含： 1.1 初/近/远期各时段各车站客流情况（早晚高峰小时设计客流、高峰小时断面客流） 1.2 换乘客流 1.3 站点集散超高峰系数、断面客流超高峰系数 1.4 分向客流	用于疏散计算	√	√	1.1 1.2 1.3 1.4	1.1 1.2 1.3 1.4

续上表

接口名称	接口编号	输入接口要求	接口处理及用途	输入设计阶段		受资专业需重点核对、协商条款	
				初设	施工图	初设	施工图
行车组织与运营管理	A2G9	1 行车方案，包含： 1.1 交路 1.2 行车对数 1.3 配线设置 1.4 快慢线中明确越行站	用于疏散计算	√	√	1.1 1.2 1.3 1.4	1.1 1.2 1.3 1.4
人防（含防淹门）	A7G9/E7G9	1 区间端头顺接要求	用于核实区间疏散平台与车站端头在平面与标高上的顺接	√	√	1	1
房调	B3G9	1 车站周边重要建筑的建筑设计资料 1.1 建筑总平面图（层数、高度、功能）	用于核实车站附属与周边建筑的消防、环评间距	√	√	1	1
建筑装修（含外部景观）	B6G9	1 装修材料 1.1 具体材料 1.2 材料的防火等级、耐火时限	用于核实是否满足防火要求	√	√	1.1 1.2	1.1 1.2
区间	B9G9	1 区间方案 断面方案：单洞还是双洞 单洞时，上下行之间是否设防火隔墙 单洞且不设防火隔墙时，是否每隔800m设疏散井 2 联络通道方案 2.1 联络通道之间的距离 2.2 联络通道防火门设置方案 3 区间中间风井方案 3.1 井内疏散楼梯	1 用于确定一侧区间着火，另一侧区间可作为相对安全区 2 联络通道之间的距离不应大于600m，防火门满足A级防火要求并满足风压要求 3 疏散楼梯为防烟楼梯	√	√	1~3	2 3
疏散平台	B11G9	1 疏散平台方案，包含： 1.1 宽度 1.2 高度 1.3 材料耐火极限	1 用于核实与车站端头走道、中间风井轨道层平台顺接，宽度满足规范不小于600m的要求，高度不高于车地板的要求 2 用于核实疏散平台材料是否满足耐火时限不少于1h的要求		√		1.1 1.2 1.3
动力与照明	C3G9	1 疏散照明、疏散指示标志设置要求	用于确定设计方案		√		1
ISCS	D8G9	1 监控安装要求	用于核查对层高的影响		√		1

续上表

接口名称	接口编号	输入接口要求	接口处理及用途	输入设计阶段		受资专业需重点核对、协商条款	
				初设	施工图	初设	施工图
门禁	D11G9	1 疏散通道上门禁设置方案	用于核实是否影响疏散		√		1
安检	D13G9	1 车站安检布置方案	用于核查疏散通道是否满足宽度要求	√	√	1	1
给排水及消防	E4G9	1 消火栓布置 2 消防泵房、消防水池设置	1 考虑设备与装修一体化设计 2 设置位置考虑消防专用通道	√	√	2	1 2
自动灭火	E5G9	1 车站自动灭火形式及设备用房要求（细水雾/气体灭火） 2 是否设置自动喷水系统	1 用于核查设备用房设置是否满足要求 2 用于确认对特殊车站及车辆基地用房的要求	√	√	1 2	1 2
自动扶梯、电梯、楼梯升降机	E8G9	1 扶梯疏散能力 2 楼梯、楼梯升降机宽度要求	1 用于疏散计算 2 用于核查楼梯、楼梯升降机的宽度是否满足要求	√	√	1 2	1 2
城市规划	G1G9	1 规划路网 2 周边地块规划	1 用于核查地上车站环形消防车道设置情况及与市政道路的衔接 2 用于确认地面建筑与周边建筑满足防火间距	√	√	1 2	1 2
消防	G9G9	1 消防专项审查意见	用于核查设计是否落实		√		1
防排烟消防	G9G9	1 防排烟方案 1.1 地面站是机械排烟还是自然排烟 1.2 排烟分区方案 1.3 排烟管的走向及高度 1.4 排烟机房、送风机房设置要求 1.5 排烟管、送风管的耐火时限 1.6 排烟口布置（高度、平面位置）	1 用于确定外立面排烟孔的设置 2 用于确定挡烟垂壁的位置 3 用于核实车站层高 4 用于核查是否独立设置，是否面向走道开门 5 用于核查是否满足耐火时限要求 6 用于核查与挡烟垂壁的高度关系，平面核查与安全出口的平面位置关系	√	√	1	1

续上表

接口名称	接口编号	输入接口要求	接口处理及用途	输入设计阶段		受资专业需重点核对、协商条款	
				初设	施工图	初设	施工图
水及自动灭火消防	G9G9	1 消火栓布置 2 消防泵房、消防水池设置 3 车站自动灭火形式及设备用房要求（细水雾/气体灭火） 4 是否设置自动喷水系统	1 考虑设备与装修一体化设计 2 设置位置考虑消防专用通道 3 用于核查设备用房设置是否满足要求 4 用于确认对特殊车站及车辆基地用房的要求	√	√	2~4	1~4
场站综合体	G15G9	1 场站综合体界面 1.1 消防设计界面 2 场站综合体建筑方案 2.1 综合体与地铁站厅的连接方案（中庭、连接通道）	1 用于确定各自消防报建范围 2 连接方案满足消防要求，疏散不相互借用	√	√	1 2	1 2
资源开发	G21G9	1 明确商铺设置要求 2 物业开发部分的防火分区划分、消防疏散措施 3 物业开发部分与站厅的连接界面及措施	1 用于核实每个站厅商铺总面积不大于 $100m^2$，单间不大于 $30m^2$ 2 核查不借用地铁疏散 3 用于设置防火隔断	√	√	1~3	1~3

71.2 通风空调消防

71.2.1 专业功能

发生事故时应能迅速排除烟气和进行事故通风，为乘客、工作人员和消防人员提供新鲜空气，保障乘客、工作人员安全疏散。

71.2.2 专业的主要接口

通风空调消防专业向建筑、建筑装修（含外部景观）、动力与照明、BAS、FAS、ISCS 专业提出消防设计要求，要求涉及相关专业落实消防的接口内容。具体内容已含在各专业的接口内容中，这里主要罗列与消防相关的内容，加以强调。

71.2.3 专业设计技术接口表

输出接口表见表71.2-1。

通风空调消防专业对相关专业的输出接口表 表71.2-1

专业名称：通风空调消防 专业代号：XF 系统编码：G9

接口名称	接口编号	输出接口要求	接口处理及用途	输出设计阶段		输出资料重点控制条款	
				初设	施工图	初设	施工图
建筑	G9B5	1 排风亭、活塞风亭与出入口、新风亭距离满足现行《火灾自动报警系统设计规范》(GB 50116)的规定，排烟风亭不能正对出入口 2 落实排风亭、活塞风亭与消防专用通道疏散出入口的5m间距 3 落实排烟机房、补风机房独立设置 4 落实三层车站内竖直接入各层排烟风管的独立管道井	用于核查地面建筑和机房布置是否满足规范要求，避免串烟	√	√	1~3	1~4
建筑装修(含外部景观)	G9B6	1 落实挡烟垂壁设置及高度要求，防烟分区分界处、楼扶梯、电梯四周，出入口通道与车站主体等 2 落实与站台相连的楼扶梯两侧封堵 3 落实吊装孔防火封堵耐火时限要求	用于核实挡烟垂壁设置方案是否满足要求	√	√	1	1~3
通风空调	G9E1	1 连续长度大于60m的换乘通道、出入口通道、连接通道(含两个出入口之间连续长度大于60m的过街通道)，落实机械排烟设施 2 落实消防专用通道、封闭楼梯间、防烟楼梯间及前室的防烟设施 3 落实四层及以上深埋车站站台火灾的机械补风措施 4 落实排烟风机和排烟风道应设置在排烟区的同层和上层	用于核实车站采取的防排烟措施及消防设备布置是否满足规范要求	√	√	1~6 9	1~9

续上表

接口名称	接口编号	输出接口要求	接口处理及用途	输出设计阶段		输出资料重点控制条款	
				初设	施工图	初设	施工图
通风空调	G9E1	5 落实防烟分区划分及排烟量、排烟口设置，排烟口尽量侧式布置，需设置在蓄烟层内 6 落实排烟风机和本系统的补风机的联动 7 落实设置排气扇、自然引风口、泄压阀靠墙防火阀的设置 8 落实补风口设置及高度满足现行《火灾自动报警系统设计规范》（GB 50116）的规定 9 落实排烟、补风风管的耐火时限要求	用于核实车站采取的防排烟措施及消防设备布置是否满足规范要求	√	√	1~6 9	1~9
动力与照明	G9C3	1 落实变频排烟风机（排热风机）排烟工况的直接启动 2 落实防火阀与排烟风机的联锁，排烟风机和补风机的联锁 3 落实一级负荷设置，所有电动风阀均为一级负荷 4 落实模式中排烟风机或补风机与联锁风阀滞后启动或两台风机错峰启动时间，满足《火灾自动报警系统设计规范》（GB 50116）要求的3min（BAS 1min、低压90s、设备启动30s）	用于核实是否满足对消防设备的监控要求	√	√	1~3	1~5
FAS	G9D8	1 落实防火阀的监控 2 落实专用防排烟风机的启动	监控要求	√	√	1 2	1 2
BAS	G9D9	1 落实设备监控要求和消防模式	监控要求		√		1
ISCS	G9D10	1 落实消防模式	消防要求		√		1

71.3 水及自动灭火消防

71.3.1 专业组成

水及自动灭火消防主要由城市消防站、市政消火栓等组成。

71.3.2 专业功能

水及自动灭火消防可为轨道交通提供城市消防站及市政消火栓保护。

71.3.3 专业的主要接口

水及自动灭火消防专业核实线路沿线水及自动灭火消防现状与远期规划资料是否满足消防要求，不满足时应采取补充措施。

71.3.4 专业设计技术接口表

输入接口表见表 71.3-1。

相关专业对水及自动灭火消防专业的输入接口表 表 71.3-1

专业名称：水及自动灭火消防 专业代号：XF 系统编码：G9

接口名称	接口编号	输入接口要求	接口处理及用途	输入设计阶段		受资专业需重点核对、协商条款	
				初设	施工图	初设	施工图
城市给排水	G8G9	1 线路沿线城市消防站、市政消火栓现状及规划资料	用于核查城市消防站、市政消火栓布置是否满足工程消防要求，不满足时应采取补充措施，如自建微型消防站、增设室外消火栓等	√	√	1	1

71.4 动力与照明消防

71.4.1 专业功能

动力与照明消防可为消防设备进行配电。

71.4.2 专业的主要接口

动力与照明消防主要接受建筑装修（含外部景观）、导向、消防通风、消防给排水等专业资料，向 BAS、FAS、ISCS 等专业提出消防设计要求，要求相关专业落实。

71.4.3 专业设计技术接口表

输出接口表见表 71.4-1。

动力与照明消防专业对相关专业的输出接口表 表 71.4-1

专业名称:动力与照明消防 专业代号:XF 系统编码:G9

接口名称	接口编号	输出接口要求	接口处理及用途	输出设计阶段		输出资料重点控制条款	
				初设	施工图	初设	施工图
建筑装修(含外部景观)	G9B6	1 公共区疏散照明、疏散指示灯的布置平面图	用于消防设计	√	√	1	1
FAS	G9D8	1 执行消防且非回路控制 2 执行专用补风、加压风机与其联锁电动风阀控制 3 执行备用照明强启控制 4 执行应急照明及疏散指示系统控制	用于消防控制	√	√	1~4	1~4
BAS	G9D9	1 按需求进行相关设备监控设计	用于消防控制		√		1
ISCS	G9D10						

71.5 自动化消防

71.5.1 专业组成

自动化消防的主要内容为火灾自动报警、消防联动,主要涉及专业有 ISCS、FAS、BAS、门禁。

71.5.2 专业功能

车站、区间的空间及设备的布置满足消防的要求。

71.5.3 专业的主要接口

消防的接口内容含在各专业的接口中,这里主要罗列与消防相关的内容(表 71.5-1),加以强调。

相关专业对自动化消防专业的输入接口表 表 71.5-1

专业名称:自动化消防 专业代号:XF 接口编码:G9

接口名称	接口编号	输入接口要求	接口处理及用途	输入设计阶段		受资专业需重点核对、协商条款	
				初设	施工图	初设	施工图
建筑	B5G9	1 车站、控制中心、主变电所建筑防火分区的划分 2 防火卷帘、电动排烟窗等 2.1 防火卷帘门、挡烟垂壁、电动排烟窗等设备的数量、功能及监控要求 2.2 防火卷帘门、电动排烟窗、电动排烟口等设备的平面布置图	用于设置火灾自动报警设备及对防火卷帘、电动排烟窗的消防联动控制	√	√	1 2.1	1 2.1 2.2
建筑装修（含外部景观）	B6G9	1 常开防火门数量、功能及监控要求	用于实现对疏散通道防火门的监控	√	√	1	1
区间	B9G9	1 区间联络通道的防火门设置	用于实现对区间联络通道防火门的监视	√	√	1	1
供电系统	C2G9	1 车站（含存车线、折返线）、区间变电所、车辆基地、主变电所等强电电缆桥架的设置	用于实现对强电电缆的温度监控		√		1
动力与照明	C3G9	1 切非回路数量、编号、位置 2 应急照明装置数量、编号、平面布置图 3 配电箱、接地端子编号、平面位置	1 用于实现消防切非、应急照明强启 2 用于系统供电	√	√	1 2	1~3
通风空调	E1G9	1 明确被监控设备（防火阀、专用排烟风机等）的数量、监控要求、控制模式、设备平面布置以及接口界面、接口方式等 2 提供环控模式表给 FAS、BAS、ISCS 专业	用于完成对专用通风空调设备的监控	√	√	1 2	1 2

续上表

接口名称	接口编号	输入接口要求	接口处理及用途	输入设计阶段		受资专业需重点核对、协商条款	
				初设	施工图	初设	施工图
给排水及消防	E4G9	1 消火栓（箱）的平面布置图 2 消防水泵、稳压泵、消防水池、现场水流指示器、信号阀、湿式报警阀等设备的数量、编号、监控要求及平面布置图	1 用于报警按钮的设置 2 用于实现对消防水系统的监控	√	√	2	1 2
自动灭火	E5G9	1 细水雾泵组、水箱液位计等设备的数量、编号、监控要求及平面布置图 2 区域控制阀、压力开关、湿式阀箱等设备的数量、位置、监控要求及平面布置图	用于实现对自动灭火设备的监控	√	√	1 2	1 2
车辆基地建筑	F3G9	1 车辆基地建筑平、剖面图，有设备防爆要求的房间，防火分区划分 2 防火卷帘、电动排烟窗等 2.1 防火卷帘门、电动排烟窗、排烟口等的数量、功能及监控要求 2.2 防火卷帘门、电动排烟窗等 3 常开防火门数量、功能及监控要求	1 用于火灾自动报警设备的设置 2 用于实现对防火卷帘、电动排烟窗、疏散通道上防火门的监控	√	√	1 2.1	1~3
车辆基地通风空调	F5G9	1 明确被监控设备（防火阀、专用排烟风机、加压送风口）的数量、监控要求、控制模式、设备平面布置以及接口界面、接口方式，提供防烟分区图等 2 提供环控模式表给FAS、BAS、ISCS专业	用于实现对通风空调设备的监控		√		1

续上表

接口名称	接口编号	输入接口要求	接口处理及用途	输入设计阶段		受资专业需重点核对、协商条款	
				初设	施工图	初设	施工图
车辆基地给排水及消防（不含自动灭火）	F6G9	1 消火栓（箱）的平面布置图 2 消防水泵（含稳压泵）、喷淋泵、高压细水雾、消防水池、现场水流指示器、信号阀、湿式报警阀等设备的数量、编号、监控要求及平面布置图 3 区域控制阀、压力开关、湿式阀箱等设备的数量、位置、监控要求及平面布置图	1 用于实现对报警按钮的设置 2 用于实现对消防水系统的监控	√	√	1~3	1~3
车辆基地动力与照明	F7G9	1 切非回路数量、编号、位置 2 应急照明装置数量、编号、平面布置图	用于实现消防切非、应急照明强启	√	√	1 2	1 2

第二部分　车辆基地消防

71.6 车辆基地建筑消防

输入接口表见表 71.6-1。

相关专业对车辆基地建筑消防专业的输入接口表　　表 71.6-1

专业名称：车辆基地建筑消防　　专业代号：XF　　接口编码：G9

接口名称	接口编号	输入接口要求	接口处理及用途	输入设计阶段		受资专业需重点核对、协商条款	
				初设	施工图	初设	施工图
房调	B3G9	1 周边重要建筑的建筑设计资料 1.1 建筑总平面（层数、高度、功能）	用于核实车辆基地与周边建筑的消防、环评间距	√	√	1	1
车辆基地建筑	F3G9	1 建筑总平面图（层数、高度、功能） 2 建筑单体火灾危险等级	用于核实是否满足防火要求	√	√	1 2	1 2
场站综合体	G15G9	1 场站综合体界面及消防设计界面 2 场站综合体建筑方案	1 用于确定各自消防报建的范围 2 用于确认方案满足消防要求，疏散不相互借用	√ √	√ √	1 2	1 2

71.7 车辆基地动力与照明消防

输入接口表见表 71.7-1。

相关专业对车辆基地动力与照明消防专业的输入接口表 表 71.7-1

专业名称：车辆基地动力与照明消防　专业代号：XF　接口编码：G9

接口名称	接口编号	输入接口要求	接口处理及用途	输入设计阶段		受资专业需重点核对、协商条款	
				初设	施工图	初设	施工图
供电系统	C2G9	消防设备配电采用双电源配电，高压系统提供2路高压进线	用于消防负荷用电设计		√		1
通风空调	E1G9	1 排烟风机功率 2 排烟风机联锁控制风阀，风阀的联锁控制关系和风阀的电压等级	1 排烟风机功率对联锁风阀的控制关系 2 风阀的电压等级，如为24V风阀，则需提供资料给FAS专业；如为220V风阀，则需在所提供的资料中明确	√	√	√	1~3
FAS	D8G9	1 设备控制要求，模板文件	提供模板文件		√		1

71.8 车辆基地水消防

71.8.1 专业组成

本系统主要包括对影响区域范围内消防规划的理解和分析，保证区域内轨道交通消防设施与城市规划匹配和契合，有效支撑和引导城市规划、积极配合满足城市规划提出的相关需求。

71.8.2 专业设计技术接口表

输入接口表见表 71.8-1。

相关专业对车辆基地水消防专业的输入接口表 表 71.8-1

专业名称：车辆基地水消防　专业代号：XF　系统编码：G9

接口名称	接口编号	输入接口要求	接口处理及用途	输入设计阶段		受资专业需重点核对、协商条款	
				初设	施工图	初设	施工图
城市规划	G1G9	1《城市总体规划》 2《城市消防规划》	用于核查消防站的布置是否满足工程的消防要求，不满足时轨道交通专业应采取补充措施，如建设消防站（包括微型消防站）等	√	√	1	1

续上表

接口名称	接口编号	输入接口要求	接口处理及用途	输入设计阶段		受资专业需重点核对、协商条款	
				初设	施工图	初设	施工图
城市给排水	G8G9	1 市政给水管线现状及规划资料	用于核查市政给水管线、市政消火栓的布置是否满足工程的消防要求,不满足时轨道交通专业应采取补充措施,如自建给水系统、增设室外消火栓等	√	√	1	1

71.9 车辆基地通风空调消防

71.9.1 专业功能

车辆基地火灾时应能迅速排除烟气,保障工作人员安全疏散。

71.9.2 专业的主要接口

车辆基地通风空调消防主要是外部接口,向建筑、建筑装修(含外部景观)、动力与照明、BAS、FAS、ISCS等专业提出消防设计要求,要求涉及相关专业落实。

71.9.3 专业设计技术接口表

输出接口表见表71.9-1。

车辆基地通风空调消防专业对相关专业的输出接口表 表71.9-1

专业名称:车辆基地通风空调消防 专业代号:XF 系统编码:G9

接口名称	接口编号	输出接口要求	接口处理及用途	输出设计阶段		输出资料重点控制条款	
				初设	施工图	初设	施工图
车辆基地建筑	G9F3	1 落实排烟风口与补风口、加压风口、自然通风口间距要求;落实风口与上盖开发建筑防火间距要求 2 落实防、排烟风机房,排烟、加压竖井的设置 3 落实自然排烟口(窗)的设置 4 落实楼梯间、(合用前室)可开启外窗、固定窗、疏散门的设置	用于落实消防设计	√	√	1~3	1~4

续上表

接口名称	接口编号	输出接口要求	接口处理及用途	输出设计阶段		输出资料重点控制条款	
				初设	施工图	初设	施工图
建筑装修（含外部景观）	G9B6	1 落实吊顶开孔率要求 2 落实挡烟垂壁设置要求	用于落实消防设计	√	√	1 2	1 2
车辆基地通风空调	G9F5	1 根据《地铁设计防火标准》（GB 51298）、《建筑设计防火规范》（GB 50016）、《建筑防烟排烟系统技术标准》（GB 51251）的相关要求，落实各建筑单体内防烟系统、排烟系统设置	用于落实消防设计	√	√	1	1
车辆基地动力与照明	G9F7	1 落实消防风机、风阀等设备的配电要求 2 落实排烟防火阀与排烟风机的联锁	用于落实消防设计	√	√	1~3	1~4
FAS	G9D8	1 落实消防专用风机、消防专用风阀、各类防火阀、排烟阀、排烟口及电动加压风口的监控 2 落实消防专用风机的启动	用于落实消防设计	√	√	1	1
BAS	G9D9	1 落实平消兼用风机、风阀的监控要求和消防模式	用于落实消防设计		√		1
ISCS	G9D10	1 落实消防模式	用于落实消防设计		√		1

第 72 章
环境保护

72.1 专业功能

环境保护以环境科学的理论为基础，运用行政、法律、经济、教育和科学技术手段，协调社会经济发展同环境保护之间的关系，处理国民经济各部门、各社会集团和个人有关环境问题的相互关系，使社会经济发展在满足人们物质和文化生活需要的同时，防止环境污染和维护生态平衡。

环评报告是借鉴既有地铁工程建设和运营对环境造成的影响及治理的经验教训，同时根据国家和各省市的有关环境保护法律、法规及标准，结合城市总体规划和环保要求，对工程设计中拟采取的环保措施进行分析，并对未能满足环境要求的工程活动提出切实可行的环保措施和建议。

72.2 专业的主要接口

环境保护主要是外部接口，向线路、轨道、区间、声屏障、建筑、通风空调、给排水及消防、主变电所等专业提供环境保护书和批复意见，要求设计专业落实环评报告书和批复意见中的环评要求及措施。

72.3 专业设计技术接口表

72.3.1 设计输入部分（表 72.3-1）

相关专业对环境保护专业的输入接口表　　表 72.3-1

专业名称：环境保护　专业代号：HB　系统编码：G10

接口名称	接口编号	输入接口要求	接口处理及用途	输入设计阶段		受资专业需重点核对、协商条款	
				初设	施工图	初设	施工图
行车组织与运营管理	A2G10	1 牵引曲线	用于振动、噪声预测	√	√	1	1
车辆	A3G10	1 列车全长、单节长、全轴距、列车 AW0/AW3 轴重、设计速度及车辆采取的减振降噪措施等	用于振动、噪声预测	√	√	1	1

续上表

接口名称	接口编号	输入接口要求	接口处理及用途	输入设计阶段		受资专业需重点核对、协商条款	
				初设	施工图	初设	施工图
线路	A4G10	1 线路平、纵断面图	用于振动、噪声预测	√	√	1	1
轨道	A6G10	1 轨道技术标准	用于列车运行产生的振动及噪声预测	√		1	

72.3.2 设计输出部分（表 72.3-2）

环境保护专业对相关专业的输出接口表 表 72.3-2

专业名称：环境保护　　专业代号：HB　　系统编码：G10

接口名称	接口编号	输出接口要求	接口处理及用途	输出设计阶段		输出资料重点控制条款	
				初设	施工图	初设	施工图
车辆	G10A3	1 环评报告及批复文件中车辆选型的要求	用于落实环评措施	√	√	1	1
线路	G10A4	1 环评报告及批复文件中线路穿越文物保护区、水源保护区、生态保护区、军事禁区需采取的措施	用于落实环评措施	√	√	1	1
轨道	G10A6	1 环评报告及批复文件中减振措施及减振产品选型要求 1.1 轨道减振降噪措施设置原则 1.2 轨道减振降噪措施及设置里程	用于落实环评措施	√	√	1	1
建筑	G10B5	1 环评报告及批复文件中车站风亭、冷却塔布置要求 2 文物环境影响的工程防护措施 3 车站周边生态保护、水源保护区措施	用于落实环评措施	√	√	1~3	1~3
区间	G10B9	1 环评报告及批复文件中区间中间风井风亭布置要求及穿越文物保护区、生态保护区、水源保护区的工程防护措施	用于落实环评措施	√	√	1	1

续上表

接口名称	接口编号	输出接口要求	接口处理及用途	输出设计阶段		输出资料重点控制条款	
				初设	施工图	初设	施工图
路基	G10B13	1 环评报告及批复文件中对土建路基的工程防护要求和措施	用于落实环评措施	√	√	1	1
主变电所	G10C1	1 环评报告及批复文件中主变电磁污染控制措施	用于落实环评措施	√	√	1	1
通风空调	G10E1	1 环评报告及批复文件中风道消声器设置、冷却塔选型及风亭对大气环境影响的环评要求 2 车站冷却塔风亭所在声功能区距离和噪声要求	用于落实环评措施	√	√	1 2	1 2
集中供冷	G10E3	1 环评报告及批复文件中对集中冷站的环评要求	用于落实环评措施	√	√	1	1
给排水及消防	G10E4	1 环评报告及批复文件中对供水水质、车站污水、废水的处理排放措施	用于落实环评措施	√	√	1	1
声屏障	G10E9	1 环评报告及批复文件中对高架和地面区间设置声屏障的长度、设置形式	用于落实环评措施	√	√	1	1
车辆基地工艺	G10F2	1 环评报告及批复文件中对工艺的环保布置要求	用于落实环评措施	√	√	1	1
车辆基地通风空调	G10F5	1 环评报告及批复文件中车辆基地隔声、吸声、库房除尘措施	用于落实环评措施	√	√	1	1
车辆基地给排水及消防(不含自动灭火)	G10F6	1 环评报告及批复文件中对车辆基地污水、废水的处理排放措施	用于落实环评措施	√	√	1	1

第73章 劳动安全与卫生

73.1 专业组成

劳动安全与卫生专业主要涵盖线路、轨道、建筑、区间、供电系统、通信、信号、FAS、BAS、给排水及消防等领域的内容。

73.2 专业功能

劳动安全与卫生专业必须遵守国家现行的有关法律、法令、标准、规范，贯彻执行国家的有关方针政策，并符合劳动部门的有关规定，采取有效措施尽量减少各种运营状态下人身和财产损失，确保地铁线路安全运营。

73.3 专业的主要接口

劳动安全与卫生专业与线路、轨道、建筑、区间、供电系统、通信、信号、FAS、BAS、给排水及消防等专业存在接口。

73.4 专业设计技术接口表

73.4.1 设计输入部分(表73.4-1)

相关专业对劳动安全与卫生专业的输入接口表 表73.4-1

专业名称:劳动安全与卫生　　专业代号:AW　　系统编码:G11

接口名称	接口编号	输入接口要求	接口处理及用途	输入设计阶段		受资专业需重点核对、协商条款	
				初设	施工图	初设	施工图
线路	A4G11	1 线路设计标准、设计说明	用于劳动安全与卫生设计	√		1	
轨道	A6G11	1 轨道结构和道床设计标准、设计说明	用于劳动安全与卫生设计	√		1	
建筑	B5G11	1 建筑设计标准、设计说明	用于劳动安全与卫生设计	√		1	
区间	B9G11	1 区间结构设计标准、设计说明	用于劳动安全与卫生设计	√		1	

续上表

接口名称	接口编号	输入接口要求	接口处理及用途	输入设计阶段		受资专业需重点核对、协商条款	
				初设	施工图	初设	施工图
供电系统	C2G11	1 供电系统设计标准、设计说明	用于劳动安全与卫生设计	√		1	
通信	D1G11	1 通信设计标准、设计说明	用于劳动安全与卫生设计	√		1	
信号	D5G11	1 信号设计标准、设计说明	用于劳动安全与卫生设计	√		1	
FAS	D8G11	1 FAS 设计标准、设计说明	用于劳动安全与卫生设计	√		1	
BAS	D9G11	1 BAS 设计标准、设计说明	用于劳动安全与卫生设计	√		1	

73.4.2 设计输出部分（表 73.4-2）

劳动安全与卫生专业对相关专业的输出接口表　　表 73.4-2

专业名称：劳动安全与卫生　　专业代号：AW　　系统编码：G11

接口名称	接口编号	输出接口要求	接口处理及用途	输出设计阶段		输出资料重点控制条款	
				初设	施工图	初设	施工图
线路	G11A4	1 劳动安全与卫生关于确定线路位置时的安全要求	用于落实劳动安全与卫生措施	√	√	1	1
轨道	G11A6	1 劳动安全与卫生关于轨道结构和道床的安全及减振要求	用于落实劳动安全与卫生措施	√	√	1	1
建筑	G11B5	1 劳动安全与卫生关于车站、车辆基地及综合基地的安全要求	用于落实劳动安全与卫生措施	√	√	1	1
区间	G11B9	1 劳动安全与卫生关于区间的安全要求	用于落实劳动安全与卫生措施	√	√	1	1
供电系统	G11C2	1 劳动安全与卫生关于供电系统的安全要求	用于落实劳动安全与卫生措施	√	√	1	1
通信	G11D1	1 劳动安全与卫生关于通信的安全要求	用于落实劳动安全与卫生措施	√	√	1	1
信号	G11D5	1 劳动安全与卫生关于信号的安全要求	用于落实劳动安全与卫生措施	√	√	1	1
FAS	G11D8	1 劳动安全与卫生关于 FAS 的安全要求	用于落实劳动安全与卫生措施	√	√	1	1

续上表

接口名称	接口编号	输出接口要求	接口处理及用途	输出设计阶段		输出资料重点控制条款	
				初设	施工图	初设	施工图
BAS	G11D9	1 劳动安全与卫生关于 BAS 的安全要求	用于落实劳动安全与卫生措施	√	√	1	1
给排水及消防	G11E4	1 劳动安全与卫生关于给排水及消防的安全要求	用于落实劳动安全与卫生措施	√	√	1	1

第 74 章
职业病防治

74.1 专业功能

职业病防治专业功能是指为消除、限制或预防企业、事业单位和个体经济组织等用人单位的劳动者在职业活动中，因接触粉尘、放射性物质和其他有毒、有害物质等因素而引起的疾病而要求落实相应的防护措施及要求。

用人单位应当依照法律、法规要求，严格遵守国家职业卫生标准，落实职业病预防措施，从源头上控制和消除职业病危害。

74.2 专业的主要接口

劳动安全与卫生主要是外部接口，向主变电所、车站建筑、通风空调、给排水及消防、车辆基地工艺、车辆基地通风空调和车辆基地给排水及消防（不含自动灭火）等专业提供职业病危害预评价报告及审查意见，要求涉及专业落实职业病危害预评价报告和审查意见中的职业病防护措施及建议。

74.3 专业设计技术接口表

输出接口表见表 74.3-1。

职业病防治专业对相关专业的输出接口表　　表 74.3-1

专业名称：职业病防治　　专业代号：ZF　　系统编码：G12

接口名称	接口编号	输出接口要求	接口处理及用途	输出设计阶段		输出资料重点控制条款	
				初设	施工图	初设	施工图
轨道	G12A6	1 隔声减振措施应符合《工业企业卫生标准》（GBZ 1—2010）的要求	用于落实职业病措施	√	√	1	1
主变电所	G12C1	1 GIS 室、主变电所设置下排风 2 主变电所的事故通风换气次数不少于 12 次 /h 3 电磁防污染措施	用于落实职业病措施	√	√	1~3	1~3

续上表

接口名称	接口编号	输出接口要求	接口处理及用途	输出设计阶段		输出资料重点控制条款	
				初设	施工图	初设	施工图
车站通风空调	G12E1	1 职业病评价报告中涉及通风标准、噪声要求 2 污水泵房、33kV开关柜室的下排风	用于落实职业病措施	√	√	1 2	1 2
给排水及消防	G12E4	1 职业病评价报告中涉及污水泵房、废水泵房要求及饮用水标准	用于落实职业病措施	√	√	1	1
车辆基地工艺	G12F1	1 合理布局，有毒和无毒场所分开设置，避免交叉感染 2 车辆基地职业病相关防护要求	用于落实职业病防护措施	√	√	1	1
车辆基地通风空调	G12F5	1 污水处理站、易燃品库事故通风换气次数不少于12次/h。设置检测报警装置，并与事故通风系统联锁 2 噪声较高的作业场地如吹扫线、污水处理站等降噪措施 3 检修线、库房的防暑降温措施	用于落实职业病防护措施	√	√	1~3	1~3
车辆基地给排水及消防(不含自动灭火)	G12F6	1 职业病评价报告中污水泵房、废水泵房要求，饮用水标准及污水处理站的通风	用于落实职业病防护措施	√	√	1	1

第 75 章 白蚁防治

75.1 专业组成

白蚁防治专业主要由白蚁防治专项设计组成。

75.2 专业功能

白蚁防治可采取化学防治与物理防治相结合的手段。

化学防治：指施用化学农药，阻隔白蚁侵入建筑物途径的措施。

物理防治：

（1）清查蚁患，每季度检查地基及四周土壤；

（2）每季度清理建筑物及其外围遗留竹、木料；

（3）每季度对所有地铁建筑重点防治部位进行例行检查，每年春季在白蚁纷飞前进行重点大检查。

75.3 专业的主要接口

白蚁防治专业应根据车站建筑、区间、主变电所及控制中心、车辆基地的工程量及概预算专业提供的资料编制《白蚁防治技术要求、工程量及概算》文件。

75.4 专业设计技术接口表

75.4.1 设计输入部分（表 75.4-1）

相关专业对白蚁防治专业的输入接口表　　表 75.4-1

专业名称：白蚁防治　　专业代号：BF　　系统编码：G13

接口名称	接口编号	输入接口要求	接口处理及用途	输入设计阶段		受资专业需重点核对、协商条款	
				初设	施工图	初设	施工图
概预算	A8G13	1 白蚁防治各开项的经济指标及总费用	用于计算全线白蚁防治的费用		√		1
建筑	B5G13	1 车站、风井建筑面积（主体和附属）、出入口数量及长度、风亭数量	用于计算车站、风井的白蚁防治工程量		√		1

续上表

接口名称	接口编号	输入接口要求	接口处理及用途	输入设计阶段		受资专业需重点核对、协商条款	
				初设	施工图	初设	施工图
区间	B9G13	1 正线区间、出入场（段）暗埋段的长度及废水泵房	用于计算区间的白蚁防治工程量		√		1
桥梁	B12G13	1 区间桥梁的长度	用于计算桥梁的白蚁防治工程量		√		1
路基	B13G13	1 路基的长度	用于计算路基的白蚁防治工程量				
工程筹划	B14G13	1 全线工程的竣工时间	用于编制文件		√		1
主变电所	C1G13	1 主变电所的建筑面积 2 主变电所供电系统 110kV、33kV 及直流 1500V 供电电缆管线长度和电缆沟长度	用于计算主变电所的白蚁防治工程量		√		1 2
控制中心（含工艺、线网指挥平台）	D17G13	1 控制中心的建筑面积	用于计算控制中心的白蚁防治工程量		√		1
车辆基地建筑	F3G13	1 车辆基地建筑面积 2 车辆基地通信、信号电缆长度 3 电力电缆管线长度 4 电缆沟长度	用于计算车辆基地的白蚁防治工程量		√		1~4

75.4.2 设计输出部分（表 75.4-2）

白蚁防治专业对相关专业的输出接口表 表 75.4-2

专业名称：白蚁防治 专业代号：BF 系统编码：G13

接口名称	接口编号	输出接口要求	接口处理及用途	输出设计阶段		输出资料重点控制条款	
				初设	施工图	初设	施工图
建筑装修（含外部景观）	G13B6	1 装修不应采用竹、木类材料作装饰构件	用于明确白蚁防治专业对装修材料的要求		√		1

第 76 章 防洪排涝

76.1 专业组成

本专业组成主要包括：

(1)车站出入口、风井、隧路分界、车辆基地、主变电所等的防洪排涝设防水位；

(2)涉河建设项目等的防洪评价；

(3)复杂车站、段、场等场地的防洪排涝专题咨询论证。

76.2 专业功能

(1)设防水位为车站出入口、区间风井、路基、车辆基地、隧路分界处等提供洪水位、内涝水位值，并结合地形、现状标高、既有规划标高等提供防洪排涝水位的推荐值，作为设计防淹平台标高的参考资料。

(2)工程下穿河涌、水系、水域，工程新建跨河桥梁工程建设涉及临时迁改、永久迁改、临时围堰、占用等需要报水务部门审批的，对上述设计方案进行防洪评价。

(3)由于场地复杂或涉及区域防洪排涝或需进行水系规划和调整等，需要进行专题咨询论证时，设计单位提出，进行相关的防洪排涝咨询论证工作。

76.3 专业的主要接口

防洪排涝专业应结合线路、工程地质、建筑、车站结构（含防水)、区间、桥梁、路基、主变电所土建、车辆基地建筑、车辆基地结构、站场综合体等专业的设计工作开展。

在初步设计阶段，防洪排涝专业还应向建筑、车站结构（含防水)、桥梁、路基、主变电所土建、车辆基地建筑、车辆基地结构、车辆基地给排水及消防(不含自动灭火)、站场综合体等提供车站出入口、风井、隧路分界、车辆基地、主变电所等的防洪排涝设防水位。

在施工图设计阶段，防洪排涝专业主要向下穿河涌、水系、水域，工程新建跨河桥梁工程建设涉及临时迁改、永久迁改、临时围堰、占用等需要报水务部门审批的车站结构(含防水)、桥梁、路基、车辆基地、区间等专业提供防洪评价报告。

76.4 专业设计技术接口表

76.4.1 设计输入部分（表 76.4-1）

相关专业对防洪排涝专业的输入接口表 表 76.4-1

专业名称：防洪排涝 专业代号：FPL 系统编码：G14

接口名称	接口编号	输入接口要求	接口处理及用途	输入设计阶段		受资专业需重点核对、协商条款	
				初设	施工图	初设	施工图
线路	A4G14	1 全线陆地地形图 1∶500 或 1∶2000（车站部分为两侧 500~1000m 范围内） 2 线路下穿水系水下地形图 1∶500，范围为线路下穿段及上下游 300m 范围内的水下地形 3 车站主体、附属、车辆基地、主变电所等涉及占用河涌、迁改河涌、新建跨线桥等需要征求水务部门意见开展防洪评价的，应测量相关河道的水下地形（1∶500），范围为地铁构筑物上游 500m 至建筑物下游 300m 4 线路平、纵横断面图（车站起点、终点、中心里程，风井、盾构井、联络通道、出入口等构筑物边缘控制点坐标） 5 线路示意图 6 线路工程可行性研究设计报告	1 结合地形，计算汇水面积、冲刷深度、相对高差、建筑物壅水、阻水、河势影响等 2 用于编写防洪排涝报告概况内容，进行构筑物位置与水利规范（定）的合规性分析	√	√	1 2 4~6	2~5
工程地质	B1G14	1 钻孔平面布置图 2 地质纵断面图（左线、右线） 3 土工试验汇总统计表 4 参数建议值表	用于计算冲刷深度，进行隧道埋置深度的合规性分析，进行河道堤岸稳定影响计算分析	√	√	1~4	1~4
建筑	B5G14	1 车站总平面图（包含车站主体、出入口、风亭、竖井及编号标识等）	用于确定评估位置、范围	√	√	1	1
车站结构（含防水）	B8G14	1 相关河涌临时迁改、永久迁改方案 2 相关临时占用、永久占用、围堰方案等 3 相关改堤（路）方案	用于对方案进行防洪评价，满足水务报建的审批要求		√		1~3

续上表

接口名称	接口编号	输入接口要求	接口处理及用途	输入设计阶段		受资专业需重点核对、协商条款	
				初设	施工图	初设	施工图
区间	B9G14	1 区间总平面图（含风井、盾构井） 2 隧道纵断面图（含地质断面图） 3 区间横断面图	1 用于确定隧道下穿河道里程范围 2 用于确定隧道顶板标高 3 用于确定风井位置、范围		√		1~3
桥梁	B12G14	1 对于跨河桥梁工程，提供桥梁平面图、断面图、桩基设计图、设计说明书等	1 工程可行性研究阶段，先与水务部门沟通方案的可行性 2 施工图设计阶段用于防洪评价用，满足工程建设水务报建要求	√	√	1	1
路基	B13G14	1 路基平面图、标高等	用于评估路基段防洪排涝标准		√		1
主变电所	C1G14	1 主变电所总平面图 2 设计说明书 / 设计概况	用于评估范围、标高及防洪排涝标准	√	√	1	1
车辆基地建筑	F3G14	1 车辆基地总平面图（含隧路分界、U 形槽、建筑物等）	用于评估范围、标高及防洪排涝标准	√	√	1	1
车辆基地结构	F4G14	1 相关河涌临时迁改、永久迁改方案 2 相关临时占用、永久占用、围堰方案等 3 相关跨河桥梁方案 4 相关改堤(路)方案	用于对方案进行防洪评价，满足水务报建的审批要求		√		1~4
站场综合体	G15G14	1 总平面图 2 站场综合体设计标高	用于评估论证场坪标高是否满足防洪排涝要求	√	√	1	1

76.4.2 设计输出部分（表 76.4-2）

防洪排涝专业对相关专业的输出接口表 表 76.4-2

专业名称：防洪排涝 专业代号：FPL 系统编码：G14

接口名称	接口编号	输出接口要求	接口处理及用途	输出设计阶段		输出资料重点控制条款	
				初设	施工图	初设	施工图
建筑	G14B5	1 各车站（含出入口）防洪排涝设防水位推荐标高 2 与车站有关的河涌的冲刷深度	1 用于确定出入口防洪排涝设防标高 2 用于确定河床与车站顶板的位置关系	√		1	
车站结构（含防水）	G14B8	1 防洪评价报告 2 水务部门批文	作为向水务部门报建的文件组成		√		1

续上表

接口名称	接口编号	输出接口要求	接口处理及用途	输出设计阶段		输出资料重点控制条款	
				初设	施工图	初设	施工图
区间	G14B9	1 区间下穿河道冲刷深度、防洪评价报告、水务局批文 2 风井的防洪排涝设防水位推荐标高	1 作为向水务部门报建的文件组成 2 供风井设计人员确定防洪排涝标高	√	√	2	1
桥梁	G14B12	1 防洪排评价报告 2 水务部门批文	作为向水务部门报建的文件组成		√		1 2
路基	G14B13	1 防洪排涝设防水位推荐值	用于确定防洪排涝标高	√		1	
主变电所	G14C1	1 防洪排涝设防水位推荐值 2 电缆廊道等下穿河道的冲刷深度/标高，或防洪评价报告等	用于确定防洪排涝标高	√		1	
车辆基地建筑	G14F3	1 防洪排涝设防水位推荐值	用于确定防洪排涝标高	√		1	
车辆基地结构	G14F4	1 防洪排评价报告 2 水务部门批文	作为向水务部门报建的文件组成		√		1 2
站场综合体	G14G15	1 防洪排涝设防水位推荐值	用于确定防洪排涝标高	√		1	

第 77 章 场站综合体

77.1 专业功能

本系统主要对各枢纽综合体地块红线内的所有交通衔接设施、开发同步实施预留工程等进行对接。

77.2 专业的主要接口

应结合站场、建筑、建筑装修（含外部景观）、车站结构（含防水）、通风空调、车辆基地给排水及消防（不含自动灭火）、动力与照明、通信、信号、综合管线、FAS、BAS、门禁、绿化、概预算等专业资料进行设计工作。

77.3 专业设计技术接口表

77.3.1 设计输入部分(表 77.3-1)

各专业对场站综合体专业的输入接口表　　表 77.3-1

专业名称:场站综合体　　专业代号:CZZH　　接口编码:G15

接口名称	接口编号	输入接口要求	接口处理及用途	输入设计阶段		受资专业需重点核对、协商条款	
				初设	施工图	初设	施工图
城市规划	G1G15	1“三规”符合性核查（总规、控规、土规、三区四线） 2 道路红线（含标高）的有效性 3 各级规划报建的批复意见的落实 4 建筑与周边道路、建筑的规划退缩、消防间距、环评距离 5 规划报建	1 用于核实规划设计的合理性 2 用于核实方案布置的合理性 3 用于核实方案的延续性 4 用于确定地面方案 5 用于确定整体方案	√	√	1~5	2 4
综合交通	G2G15	1 交通接驳方案	用于确定交通接驳方案	√	√	1	1

续上表

接口名称	接口编号	输入接口要求	接口处理及用途	输入设计阶段		受资专业需重点核对、协商条款	
				初设	施工图	初设	施工图
站场	F1G15	1 场地的场坪标高、设防标高 2 场地内外道路布置及标高 3 室外管沟与建筑接口及要求 4 车辆基地建筑布置方案	用于确定盖板及匝道布置	√	√	1~4	1~4
建筑	B5G15	1 建筑总平面图及具体要求 2 室外构筑物资料 3 特殊设备资料 4 特殊库房工艺的空间要求及使用要求 5 储存物品的使用要求	1 用于核实与周边建筑的消防间距 2 用于建筑内部平面布置及流线设计	√	√	1~5	1~5
车站结构（含防水）	B8G15	1 结构柱网布置图 2 各层结构平面布置图 3 结构梁柱图	用于核实建筑内部布置、梁高	√	√	1~3	1~3
动力与照明	C3G15	1 配电工艺平面图 2 配电工艺要求 3 室外电缆沟资料 4 室内管线要求	用于核查设备用房设置是否满足要求	√	√	1~4	1~4
车辆基地通风空调	F5G15	1 通风空调资料 2 需设置的通风井道及消防接口 3 室内管线要求	用于确认盖板高度	√	√	1~3	1~3
车辆基地给排水及消防（不含自动灭火）	F6G15	1 给排水工艺平面图 2 给排水工艺要求 3 室外排水情况资料 4 消防泵房、消防水池设置 5 是否设置自动喷水系统	1 用于确认盖板给排水布置 2 用于确认盖板高度	√	√	1~5	1~5
建筑装修（含外部景观）	B6G15	1 具体装修材料 2 材料的防火等级、耐火时限	用于核实是否满足枢纽整体风格要求	√	√	1 2	1 2

续上表

接口名称	接口编号	输入接口要求	接口处理及用途	输入设计阶段		受资专业需重点核对、协商条款	
				初设	施工图	初设	施工图
车辆基地结构	F4G15	1 结构柱网布置图 2 各层结构平面布置图 3 结构梁柱图	用于核实盖板荷载、梁高	√	√	1~3	1~3
车辆基地综合管线	F8G15	1 车辆基地管线路由与综合开发用地关系 1.1 车辆基地综合管线布置图 1.2 管线敷设路径、数量、尺寸、标高、荷载	用于核实场站综合体远期预留管线路径是否与车辆基地冲突	√	√	1.1 1.2	1.1 1.2
消防	G9G15	1 消防界面 1.1 水平界面 1.2 垂直界面 2 车辆基地消防布置方案 2.1 车辆基地消防车道布置 2.2 车辆基地单体布置	1 用于确定各自消防报建范围 2 用于确定方案满足消防要求，疏散不相互借用	√	√	1 2	1 2
概预算	A8G15	1 概预算方案，包含： 1.1 概算编制办法 1.2 房屋概算（与结构专业合编）	用于控制土建规模	√	√	1.1 1.2	1.1 1.2

77.3.2　设计输出部分（表 77.3-2）

场站综合体专业对相关专业的输出接口表　　表 77.3-2

专业名称：场站综合体　　专业代号：CZZH　　接口编码：G15

接口名称	接口编号	输出接口要求	接口处理及用途	输出设计阶段		输出资料重点控制条款	
				初设	施工图	初设	施工图
站场	G15F1	1 二级开发总平面 1.1 盖板范围及高度 1.2 匝道布置及分期实施情况 1.3 上盖综合管线	用于核实车辆基地与上盖的范围接口	√	√	1.1 1.2 1.3	1.1 1.2 1.3
建筑	G15B5	1 与地铁接驳位置布置	用于核实与周边建筑的消防间距，进行建筑内部平面布置和流线设计	√	√	1	1
车站结构（含防水）	G15B8	1 与地铁接驳位置布置 2 预留方案	用于核实建筑内部布置、梁高	√	√	1 2	1 2

续上表

接口名称	接口编号	输出接口要求	接口处理及用途	输出设计阶段		输出资料重点控制条款	
				初设	施工图	初设	施工图
车辆基地结构	G15F4	1 二级开发总平面 1.1 盖板范围及高度 1.2 匝道布置及分期实施情况	用于核实建筑内部布置、梁高	√	√	1.1 1.2	1.1 1.2
车辆基地综合管线	G15F8	1 二级开发总平面 1.1 上盖综合管线 1.2 管线敷设路径、数量、尺寸	用于核实场站综合体远期预留管线路径是否与车辆基地冲突	√	√	1.1 1.2	1.1 1.2
消防	G15G9	1 二级开发总平面	用于确定各自消防报建范围，确定方案满足消防要求，疏散不相互借用	√	√	1	1

第 78 章 航道航标

78.1 专业功能

航道航标专业功能是指通过工程上下游河段现场有关地质、水文、气象资料，分析水道河床冲淤状况，根据水道的历史水深地形图，研究工程河段河床演变的情况及分析河床演变的发展趋势，结合工程设计方案分析工程平面布置的合理性，编写航道通航条件影响评价报告，并组织通过航评报告的评审。

78.2 专业的主要接口

航道航标主要是外部接口，向线路、隧道区间等专业提供线路平面布置及纵断面布置意见和审查意见，向桥梁专业提供河道通航孔通航净宽、通航净高及墩位平面位置，要求涉及线路、隧道区间及桥梁专业落实航道航标评价报告和审查意见中的相关建议。

78.3 专业设计技术接口表

78.3.1 设计输入部分（表 78.3-1）

相关专业对航道航标专业的输入接口表　　表 78.3-1

专业名称：航道航标　　专业代号：HDHB　　系统编码：G16

接口名称	接口编号	输入接口要求	接口处理及用途	输入设计阶段		受资专业需重点核对、协商条款	
				初设	施工图	初设	施工图
行车组织与运营管理	A2G16	—	—				
车辆	A3G16						
线路	A4G16	1 线路平、纵断面图 2 线路示意图 3 线路工程可行性研究报告	用于编写通航论证报告	√		1	
区间	B9G16	1 区间总平面图 2 隧道纵断面图（含地质断面图） 3 区间横断面图	1 用于确定隧道下穿河道里程范围 2 用于确定隧道顶板标高	√		1~3	

续上表

接口名称	接口编号	输入接口要求	接口处理及用途	输入设计阶段		受资专业需重点核对、协商条款	
				初设	施工图	初设	施工图
桥梁	B12G16	1 跨河桥梁提供桥型、桥梁纵断面图、桥梁平面图、桥梁结构设计方案、桥梁设计说明书等	1 用于确定通航孔桥梁跨度尺寸 2 用于通航论证报告编写，满足通航论证审批	√		1	

78.3.2 设计输出部分（表 78.3-2）

航道航标专业对相关专业的输出接口表 表 78.3-2

专业名称：航道航标 专业代号：HDHB 系统编码：G16

接口名称	接口编号	输出接口要求	接口处理及用途	输出设计阶段		输出资料重点控制条款	
				初设	施工图	初设	施工图
线路	G16A4	1 通航条件影响评价报告	用于落实航道意见	√		1	
区间	G16B9	1 通航条件影响评价报告 2 航道局批文	1 用于确定区间埋深 2 用于落实航道意见	√		2	
桥梁	G16B12	1 通航条件影响评价报告 2 主通航孔通航尺寸、桥墩墩位平面布置、最低通航水位、最高通航水位 3 航道局批文	1 用于落实航道意见 2 用于确定桥梁通航孔主跨跨度、高度及墩位平面位置	√		1~3	

第 79 章
无线频点

无线频点具体接口实施细则应以地铁相关部门与无线频点规划报告编制单位商议为准。

79.1 专业组成

地铁无线通信系统主要为轨道交通内各业务部门用户（控制中心、车辆基地调度员，车站值班员，公安人员等）、移动用户提供语音和数据信息专用移动通信服务。

专用无线通信系统为轨道交通内部固定工作人员与流动工作人员之间以及流动工作人员之间提供移动语音和数据通信服务。系统既要满足正线列车运行指挥以及沿线工作人员移动语音和短数据通信要求，还应满足车辆基地值班员、列车司机、作业人员等用户之间实施调车通信等需要。

公安无线通信系统主要用于保证城市轨道交通内部以及与公安局所属各部门之间的公安通信联络，以便出现重大案情或重大事故时，能够对现场公安各警种人员统一进行指挥调度。

专用无线系统采用 LTE 系统，公安无线通信系统采用 800M 集群共网系统。

79.1.1 LTE 系统

通信网频率使用应严格限制在地铁线路沿线区域内。

LTE 系统属于同频系统，无特殊频率规划；但由于换乘站情况复杂，应进行统筹频率规划，各线路应按照线路特征具体分析。

79.1.2 800M 系统

当 800M 数字集群共网系统的覆盖区域为狭长形的封闭线状区域，且采用泄漏同轴电缆作为信号馈源时，频率配置应符合以下原则：

（1）满足国家无线电管理委员会的要求，在 816—821MHz/861—866MHz 频段范围（频段号 401 ～ 600）内选取，具体频点以国家无线电管理委员会批复的为准。

（2）城市规划的多条地铁线路 800M 数字集群共网系统所配置的无线频率资源应进行充分复用。

（3）频点配置应满足无同频干扰、邻频干扰、三阶和五阶互调干扰。

（4）TETRA 系统对同一基站两两频率号之间的最小间隔有要求。这主要是由基站本身的性能所决定的，低于这个要求会造成频率之间的干扰，信道机无法正常工作。频率间隔的选取，主要取决于腔体合路器中滤波器对两个信号之间所产生的隔离度。地铁 800M 集群共网系统内频率复用时，要求相邻站频点相差为 50kHz 以上，同站的频点相差 150kHz 以上，保证相互之间无 3 阶和 5 阶互调。

（5）地铁 800M 集群共网系统在相同车站内与地铁专用无线 800M TETRA 集群通信系统的频点间隔要求在 300kHz 以上，且与同一位置地面 800M TETRA 政务网通信系统的频点间隔要求在 50kHz 以上。

（6）各基站小区之间频率复用以及多条地铁线路之间复用同一组频率，必须满足同频干扰保护比≥ 19dB 的要求 [《数字集群通信工程技术规范》（GB/T 50760—2012）]。对于隧道采用漏缆的带状服务区来说，同频基站之间间隔采用 1 个小区的保护距离。基站频率采用两组频率复用的方式设置，即 ABAB 的复用方式。

（7）根据容量需求分析，普通车站按两载频考虑，换乘车站按四载频考虑。

（8）由于车辆基地只覆盖室内停车库，采用定向小天线，通过调节功率大小及信号方向，可以避免对线路的干扰，因此车辆基地采用复用正线的频率方式。

79.2 专业的主要接口

专用无线系统为 800M 系统提供天馈，实现无线信号覆盖；同时提供详细频点规划供国家无线电管理委员会审批。

79.2.1 设计输入部分（表 79.2-1）

相关专业对无线频点专业的输入接口表 表 79.2-1

专业名称：无线频点 专业代号：WXPD 接口编码：G17

接口名称	接口编号	输入接口要求	接口处理及用途	输入设计阶段		受资专业需重点核对、协商条款	
				初设	施工图	初设	施工图
线路	A4G17	1 全线线路平、纵断面图 2 车站分布表	用于车站频点规划	√	√	1 2	1 2

79.2.2 设计输出部分（表 79.2-2）

无线频点专业对相关专业的输出接口表 表 79.2-2

专业名称：无线频点 专业代号：WXPD 接口编码：G17

接口名称	接口编号	输出接口要求	接口处理及用途	输出设计阶段		输出资料重点控制条款	
				初设	施工图	初设	施工图
通信	G17D1	1 提供全线频点规划	用于频点申请	√	√	1	1

第 80 章 地铁派出所

80.1 专业组成

本专业组成主要包括：

（1）地铁派出所选址；

（2）地铁派出所规模定位；

（3）协调并稳定地铁派出所各设备之间的接口；

（4）合理布置地铁派出所内各专业用房；

（5）地铁派出所专业与相关专业的接口配合。

80.2 专业功能

随着我国综合国力的不断增强，目前国内已有城市正在兴建或积极筹备轨道交通建设，以缓解城市人口快速增长、交通拥挤日趋加大的压力。国家有关部门对轨道交通安全工作非常重视，要求进一步加强轨道交通的安全工作，预防重、特大事故发生，确保人民生命财产安全。

80.3 专业的主要接口

地铁派出所专业应结合城市给排水、建筑装修（含外部景观）、通信、综合监控系统等专业资料进行总平面、单体及建(构)筑物等设计工作。

设计阶段应结合建筑、建筑装修（含外部景观）、车站结构（含防水）、通风空调、车辆基地给排水及消防（不含自动灭火）、动力与照明、通信、信号、综合管线、FAS、BAS、门禁、绿化、概预算等专业资料进行设计工作。

80.4 专业设计技术接口表

80.4.1 设计输入部分（表 80.4-1）

相关专业对地铁派出所专业的输入接口表 表 80.4-1

专业名称：地铁派出所 专业代号：PCS 接口编码：G18

接口名称	接口编号	输入接口要求	接口处理及用途	输入设计阶段		受资专业需重点核对、协商条款	
				初设	施工图	初设	施工图
线网规划	G3G18	1 明确派出所线网布点及选址要求	用于确定总平面布置	√	√	1	1
建筑装修（含外部景观）	B6G18	1 明确派出所外立面标准、各房间装修标准	用于确定建筑内部装修标准、外立面风格	√	√	1	1
城市给排水	G8G18	1 市政给、排水方案 2 总平面室外消火栓、隔油池、消防取水口等室外建（构）筑物位置与要求 3 各类给、排水管线标高	用于深化建筑总平面图，确定接入单体内部孔洞尺寸及标高关系	√	√	1~3	1~3
公安通信	D3G18	1 电缆引入及预留孔洞位置 2 设备布置	用于确定接入单体内部孔洞尺寸及标高关系	√	√	1	1 2
FAS	D8G18						
绿色建筑	G19G18	1 明确绿色建筑等级标准	用于确定绿色建筑标准	√	√	1	1

80.4.2 设计输出部分（表 80.4-2）

地铁派出所对相关专业的输出接口表 表 80.4-2

专业名称：地铁派出所 专业代号：PCS 接口编码：G18

接口名称	接口编号	输出接口要求	接口处理及用途	输出设计阶段		输出资料重点控制条款	
				初设	施工图	初设	施工图
建筑	G18B5	1 派出所线网布点 2 派出所选址要求 3 派出所设计技术要求 3.1 规模 3.2 房间要求 3.3 立面要求 3.4 装修标准	用于确定派出所建筑方案	√	√	1~3	1~3
建筑装修（含外部景观）	G18B6	1 总平面图布置 2 各房间平、立、剖面图	1 用于明确各房间朝向要求 2 用于明确房间布置	√	√	1 2	1 2

续上表

<table>
<tr><th rowspan="2">接口名称</th><th rowspan="2">接口编号</th><th rowspan="2">输出接口要求</th><th rowspan="2">接口处理及用途</th><th colspan="2">输出设计阶段</th><th colspan="2">输出资料重点控制条款</th></tr>
<tr><th>初设</th><th>施工图</th><th>初设</th><th>施工图</th></tr>
<tr><td>城市给排水</td><td>G18G8</td><td>1 总平面图布置
2 各房间平、立、剖面图
3 房间净高要求</td><td>1 用于明确室外管线接入方式
2 用于明确室内管线接入、管线标高等
3 用于明确设备布置方式</td><td>√</td><td>√</td><td>1~3</td><td>1~3</td></tr>
<tr><td>公安通信</td><td>G18D3</td><td rowspan="2">1 各房间平、立、剖面图
2 房间净高要求</td><td rowspan="2">1 用于明确室内管线接入、管线标高等
2 用于明确设备布置方式</td><td rowspan="2">√</td><td rowspan="2">√</td><td rowspan="2">1</td><td rowspan="2">1
2</td></tr>
<tr><td>FAS</td><td>G18D8</td></tr>
</table>

第 81 章 绿色建筑

81.1 专业组成

需要开展绿色建筑设计的建筑及其需要达到的绿色建筑设计等级，应按以下规定执行：

（1）应符合城市有关绿色建筑和建筑节能管理的规定。

（2）作为项目审批、核准或者备案支撑材料的节能评估材料，提出的项目执行绿色建筑和建筑节能的标准，确定的绿色建筑等级目标。

（3）土地使用权划拨决定书或者出让合同明确提出的绿色建筑等级等指标。

（4）建设单位设计发包时，委托合同中明确要达到的绿色建筑等级和建筑节能目标、公共建筑能耗定额控制指标和可再生能源利用要求。

（5）项目实施过程中，建设单位提出，或设计单位提出并经建设单位同意的绿色建筑等级。

一般情况下，城市轨道交通工程应对地面车站、高架车站进行绿色建筑设计。专业组成包含专项分析报告、绿色建筑设计专篇。其中，专项分析报告包含《自然采光和光污染分析报告》《室外风环境模拟分析报告》《室内风环境模拟分析报告》《室外声环境模拟分析报告》《水系统规划方案》《可再生能源综合利用方案》。绿色建筑设计专篇的主要组成为节地与室外环境、节能与能源利用、节水与水资源利用、节材与材料资源利用、室内环境质量、绿色施工、运营管理。

81.2 专业功能

根据国家及省市循环经济与绿色建筑的相关规定进行绿色建筑专项设计，综合考虑节地、节能、节水、节材、环保等方面的技术措施，创造健康适用的室内外环境，降低资源消耗与运行成本，降低对环境的影响，并确保设计成果达到绿色建筑评价规定国家 * 星级（一星级、二星级、三星级）标准。其中，* 星级根据政府规定、项目自身需求而定。

81.3 专业的主要接口

绿色建筑专业提出满足政府要求的最低的绿色建筑星级要求，项目负责人与项目建设单位沟通明确后，根据自身项目需求向绿色建筑专业提出绿色建筑星级要求。

建筑、结构、暖通、电气、给排水、景观、城市规划、综合交通、环评、节能等专业须提供设计资料给绿色建筑专业。

绿色建筑专业经过对各组成部分的控制项、打分项进行评估、分析，提出对建筑、结构、暖通、电气、给排水、景观专业的修改建议，各专业优化方案后提供资料给绿色建筑专业，绿色建筑专业再次进行评估，控制项应全部满足、打分项总分应满足该星级的要求。

81.3.1 设计输入部分（表 81.3-1）

相关专业对绿色建筑专业的输入接口表 表 81.3-1

专业名称：绿色建筑 专业代号：LSJZ 接口编码：G19

接口名称	接口编号	输入接口要求	接口处理及用途	输入设计阶段		受资专业需重点核对、协商条款	
				初设	施工图	初设	施工图
建筑	B5G19	1 绿色建筑等级要求 2 总平面图；建筑规划布局应满足日照标准，且不得降低周边建筑的日照标准 3 各层平、剖面图，应注明架空位置、首层架空率 4 建筑设计说明，应包含无障碍设计内容 5 节能设计专篇 6 BIM 技术应用情况	提供资料	√	√	1~4	1~6
建筑装修（含外部景观）	B6G19	1 外装修图 2 内装修图、室内环境质量的措施及指标 3 幕墙反射比、幕墙玻璃热工性能检测报告 4 屋面太阳辐射反射或吸收系数 5 建筑围护结构的保温隔热措施及指标 6 绿色建材的使用情况 7 景观设计图，室外种植平面图应注明绿地率，乔木、场地构筑物遮阴面积比例；种植设计苗木表应明确所有乔木的规格及数量；室外场地铺装图应明确透水地面位置、面积和构造做法，应表达人行通道与公交站点的接驳方式 8 屋顶绿化、垂直绿化设计说明及图纸（如有）	提供资料	√	√	1 4 5 7	1~8

续上表

接口名称	接口编号	输入接口要求	接口处理及用途	输入设计阶段		受资专业需重点核对、协商条款	
				初设	施工图	初设	施工图
车站结构（含防水）	B8G19	1 地基基础设计方案 2 结构选型优化及相适应的材料选用情况 3 是否合理采用高耐久性建筑结构材料，提供相关图纸 4 预制构件用量比例计算书 5 现浇混凝土是否全部采用预拌混凝土，提供相关图纸 6 建筑砂浆是否全部采用预拌砂浆，提供相关图纸 7 400MPa 级及以上受力普通钢筋是否达到总量的 94%，提供高强建筑结构材料比例计算书	提供资料	√	√	1~4	1~4
动力与照明	C3G19	1 供配电系统方案 2 电气节能技术应用情况 3 照明设计图纸，应包含设计总说明、节能光源、灯具和照明控制方式、房间照度、照明功率密度计算书 4 太阳能发电、风力发电等可再生能源的利用情况 5 走廊、楼梯间、门厅、大堂、大空间、地下停车场等场所的照明系统采取分区、定时、感应等节能控制措施，以及相关设计图纸 6 采用分布式热电冷联供技术情况，系统全年能源综合利用率不低于 70%。提供热电冷联供方案分析报告 7 室外夜景照明图纸，如无室外夜景照明的应提供合理的论证说明 8 室外景观照明灯具产品资料（如有）	提供资料	√	√	5 7	5~8

续上表

接口名称	接口编号	输入接口要求	接口处理及用途	输入设计阶段		受资专业需重点核对、协商条款	
				初设	施工图	初设	施工图
通风空调	E1G19	1 空调冷热源形式 2 输配系统方式 3 末端系统形式及区域划分 4 部分负荷工况下系统节能措施 5 计量与控制要求 6 室内环境质量的控制措施，包括室内气流组织方式 7 能量回收及可再生能源综合利用的可行性分析 8 如预留分体空调设备，应提供能效等级要求 9 空调冷热源设备能效指标计算书 10 噪声监测和分析报告（如有） 11 上述所有相关设计图纸	提供资料	√	√	1~4	1~4
给排水及消防	E4G19	1 给排水专业图纸，含系统图 2 场地雨水专项规划设计（场地超过 10 万 m^2 时）或综合利用方案专项说明；应配合建筑专业合理规划场地雨水径流，通过雨水渗入和调蓄，减少开发后场地的雨水外排量 3 雨水、再生水、空调冷凝水等非传统水源的综合利用方案 4 景观用水水源方案，不应采用市政自来水和地下水	提供资料	√	√	1 2	1 2
自动扶梯、电梯、楼梯升降机	E8G19	1 电梯和自动扶梯设置位置及梳理，是否采取电梯群控、扶梯自动启停等节能控制措施，提供相关图纸	提供资料	√	√	1	1

续上表

接口名称	接口编号	输入接口要求	接口处理及用途	输入设计阶段		受资专业需重点核对、协商条款	
				初设	施工图	初设	施工图
城市规划	G1G19	1 项目选址应符合所在地城乡规划，且应符合各类保护区、文物古迹保护的建设控制要求 2 场地应无洪涝、滑坡、泥石流等自然灾害的威胁，无危险化学品、易燃易爆危险源的威胁，无电磁辐射、含氡土壤等危害 3 场地内不应有排放超标的污染源	提供资料	√	√	1~3	1~3
综合交通	G2G19	1 所在地交通地图	提供资料	√	√	1	1
环评	G10G19	1 环评报告 2 土壤氡检测方案	提供资料	√	√	1 2	1 2
节能	G20G19	1 节能计算书 2 节能备案表	提供资料	√	√	1	1 2

81.3.2 设计输出部分（表 81.3-2）

绿色建筑专业对相关专业的输出接口表 表 81.3-2

专业名称：绿色建筑 专业代号：LSJZ 系统编码：G19

接口名称	接口编号	输出接口要求	接口处理及用途	输出设计阶段		输出资料重点控制条款	
				初设	施工图	初设	施工图
建筑	G19B5	1 评价是否节约集约利用土地 2 评价场地内是否合理设置绿化用地 3 评价是否合理开发利用地下空间 4 评价场地内环境噪声是否符合现行《声环境质量标准》(GB 3096)的有关规定 5 评价场地内风环境是否有利于室外行走、活动舒适和建筑的自然通风。提供室外风环境模拟计算报告 6 评价场地内人行通道是否采用无障碍设计	根据打分，反馈给建筑专业是否需要调整方案，具体调整哪些方面	√	√	1 3 6 8 12 14	1 3 6 8 12 14

续上表

接口名称	接口编号	输出接口要求	接口处理及用途	输出设计阶段		输出资料重点控制条款	
				初设	施工图	初设	施工图
建筑	G19B5	7 评价是否合理设置停车场所 8 评价是否提供便利的公共服务(是否兼顾两种以上的公共服务功能,如公共卫生间、便民服务设施共享,向社会公众提供开放的空间) 9 评价是否结合现状地形地貌进行场地设计与建筑布局,保护场地内原有的自然水域、湿地和植被,采取表层土利用等生态补偿措施 10 评价是否充分利用场地空间合理设置绿色雨水基础设施,对大于 $10hm^2$ 的场地进行雨水专项规划设计 11 评价建筑及照明设计是否避免产生光污染 12 评价是否采取措施降低热岛强度 13 评价建筑设计是否符合国家现行有关建筑节能设计标准中强制性条文的规定 14 结合场地自然条件,对建筑的体形、朝向、楼距、窗墙比等进行优化设计 15 评价外窗、玻璃幕墙的可开启部分是否能使建筑获得良好的通风(外窗可开启面积比例达到35%) 16 评价围护结构热工性能指标是否优于国家现行有关建筑节能设计标准的规定 17 评价是否采取减少噪声干扰的措施(针对平面布局,装修专业辅助)	根据打分,反馈给建筑专业是否需要调整方案,具体调整哪些方面	√	√	1 3 6 8 12 14	1 3 6 8 12 14

续上表

接口名称	接口编号	输出接口要求	接口处理及用途	输出设计阶段		输出资料重点控制条款	
				初设	施工图	初设	施工图
建筑	G19B5	18 评价建筑主要功能房间是否具有良好的户外视野。提供视野分析报告 19 评价主要功能房间的采光系数是否满足现行《建筑采光设计标准》(GB 50033)的要求情况。提供采光模拟分析报告 20 优化建筑空间、平面布局和构造设计,改善自然通风效果(主要功能房平均自然通风换气次数不少于2次/h的面积比例大于90%)。提供室内风环境模拟报告 21 建筑方案充分考虑建筑所在地域的气候、环境、资源,结合场地特征和 建筑功能,进行技术经济分析,显著提高能源资源利用效率和建筑性能情况。提供建筑优化设计专项分析报告 22 合理选用废弃场地进行建设,或充分利用尚可使用的旧建筑。提供废弃场地利用分析报告、旧建筑利用分析报告 23 围护结构热工性能比国家现行相关建筑节能设计标准的规定高20%,或者供暖空调全年计算负荷降低幅度达到15% 24 在建筑的规划设计、施工建造和运行维护阶段中的建筑信息模型(BIM)技术应用 25 评价是否进行建筑碳排放计算分析,采取措施降低单位建筑面积碳排放强度	根据打分,反馈给建筑专业是否需要调整方案,具体调整哪些方面	√	√	1 3 6 8 12 14	1 3 6 8 12 14

续上表

接口名称	接口编号	输出接口要求	接口处理及用途	输出设计阶段		输出资料重点控制条款	
				初设	施工图	初设	施工图
建筑装修（含外部景观）	G19B6	1 评价幕墙反射比是否避免产生光污染 2 评价屋面太阳辐射系数是否有效降低热岛强度 3 评价土建工程与装修工程是否一体化设计 4 评价公共建筑中可变换功能的室内空间是否采用可重复使用的隔断（墙） 5 评价是否采用整体化定型设计的厨房、卫浴间 6 评价是否采用可再利用材料和可再循环材料 7 评价主要功能房间的外墙、隔墙、楼板和门窗的隔声性能是否满足现行《民用建筑隔声设计规范》（GB 50118）的低限要求。提供围护结构隔音量计算书 8 评价在室内设计温、湿度条件下，建筑围护结构内表面是否结露 9 评价屋顶和东西外墙隔热性能是否满足现行《民用建筑热工设计规范》（GB 50176）的要求 10 建筑造型要素应简约，且无大量装饰性构件 11 评价主要功能房间的隔声性能是否良好（楼板撞击声可满足低限与高限要求的平均值）。提供围护结构隔音量计算书	根据打分，反馈给装修专业是否需要调整方案	√	√	2 3 9 10 12 13	1 2 3 9 10~12 15 16

续上表

接口名称	接口编号	输出接口要求	接口处理及用途	输出设计阶段		输出资料重点控制条款	
				初设	施工图	初设	施工图
建筑装修（含外部景观）	G19B6	12 不得采用国家和地方禁止和限制使用的建筑材料及制品 13 公共建筑中的多功能厅、接待大厅、大型会议室和其他有声学要求的重要房间，进行专项声学设计。提供声学设计专项报告 14 评价是否采取减少噪声干扰的措施（针对平面布局，建筑装修专业辅助） 15 改善建筑室内天然采光效果（控制眩光的措施，如外窗周围采用浅色饰面，建筑自身有一定的外遮阳构建，避免太阳光的直射等），提供眩光分析报告 16 采取可调节遮阳措施，降低夏季太阳辐射的热。提供可调节遮阳比例计算书	根据打分，反馈给装修专业是否需要调整方案	√	√	2 3 9 10 12 13	1 2 3 9 10~12 15 16
车站结构（含防水）	G19B8	1 评价是否采用工业化生产的预制构件及其比例 2 评价是否需对地基基础、结构体系、结构构件进行优化设计 3 评价现浇混凝土是否需采用预拌混凝土 4 评价建筑砂浆是否采用预拌砂浆 5 评价是否合理采用高强建筑结构材料 6 评价是否合理采用高耐久性建筑结构材料	根据打分，反馈结构设计的合理性	√	√	1 2 5	1~5

续上表

接口名称	接口编号	输出接口要求	接口处理及用途	输出设计阶段		输出资料重点控制条款	
				初设	施工图	初设	施工图
动力与照明	G19C3	1 评价走廊、楼梯间、门厅、大堂、大空间、地下停车场等场所的照明系统是否采取分区、定时、感应等节能控制措施 2 评价照明功率密度值是否达到现行《建筑照明设计标准》(GB 50034)的目标值规定 3 评价是否合理选用节能型电气设备 4 评价是否根据当地气候和自然资源条件,合理利用可再生能源(针对可再生能源发电部分)	打分,给出调整方案的建议	√	√	1~3	1~3
通风空调	G19E1	1 供暖空调系统的冷、热源机组能效是否优于现行《公共建筑节能设计标准》(GB 50189)的规定以及现行有关国家标准能效限定值的要求[如多联机 IPLV 值优于现行《公共建筑节能设计标准》(GB 50189)要求的 8% 以上] 2 集中供暖系统热水循环泵的耗电输热比和通风空调系统风机的单位风量耗功率符合现行《公共建筑节能设计标准》(GB 50189)等的有关规定,且空调冷热水系统循环水泵的耗电输冷(热)比较现行《民用建筑供暖通风与空气调节设计规范》(GB 50736)的规定值低 20% 3 合理选择和优化供暖、通风空调系统 4 评价是否采取措施降低过渡季节供暖、通风空调系统能耗,如采取最大总新风比不低于 70% 降低过渡季空调系统能耗	打分,给出调整方案的建议	√	√	1 2 4 5 7 8	1 2 4 5 7 8

续上表

接口名称	接口编号	输出接口要求	接口处理及用途	输出设计阶段		输出资料重点控制条款	
				初设	施工图	初设	施工图
通风空调	G19E1	5 评价是否采取措施降低部分负荷，部分空间使用下的供暖、通风空调系统能耗 6 评价排风能量回收系统设计是否合理并运行可靠 7 评价是否对风机水泵采取减振、消声和隔声等措施，并对风气系统进行消声处理，对机房进行隔声、密闭措施，以满足环保规范有关噪声的要求 8 评价空调设备或系统是否采用节水冷却技术（如采用多联机，为无蒸发耗水量的冷却技术）	打分，给出调整方案的建议	√	√	1 2 4 5 7 8	1 2 4 5 7 8
给排水及消防	G19E4	1 评价是否合理规划地表与屋面的雨水径流，对场地雨水实施外排总量控制（景观专业辅助）	受资专业修改	√	√	1	1
城市规划	G19G1	1 反馈是否需要调整规划总平面布局	受资专业修改	√	√	1	1
综合交通	G19G2	1 评价场地是否与公共交通设施具有便捷的联系	受资专业修改	√	√	1	1
节能	G19G20	1 反馈外围护热工性能是否需要调整	受资专业修改	√	√	1	1

第 82 章
节能

82.1 专业组成

节能专业主要由牵引能耗节能和非牵引能耗节能两大部分组成。本专业以科学、合理控制能源消耗为目标，系统性地对行车组织与运营管理，供电系统，通风空调，动力与照明，自动扶梯、电梯、楼梯升降机等高耗能系统进行节能设计和总体能耗评价。根据线路实际情况，对各专业进行总体节能设计和能耗目标设定，并持续跟踪落实到各专业的实际设计中。

82.2 专业功能

节能专业主要以过程总能耗控制为目标，对线路，行车组织与运营管理，建筑，通风空调，动力与照明，自动扶梯、电梯、楼梯升降机，站台门，给排水及消防，弱电系统等专业节能，并对工程进行能耗预测及评价，确保工程总体节能技术方案和总能耗满足相关节能验收标准。

82.3 专业的主要接口

节能专业将结合线路行车组织与运营管理，建筑，供电系统，动力与照明，通风空调，自动扶梯、电梯、楼梯升降机，信号，通信等专业资料进行节能评估工作。根据线路客观条件和专业特性，指导各专业采取合理的节能措施，并落实到各设计阶段。通过控制各个专业所采用的设备、节能技术、节能措施，以控制工程总能耗满足各阶段节能验收标准。

82.4 专业设计技术接口表

82.4.1 设计输入部分（表 82.4-1）

相关专业对节能专业的输入接口表　　表 82.4-1

专业名称：节能　　专业代号：JN　　系统编码：G20

<table>
<tr><th rowspan="2">接口名称</th><th rowspan="2">接口编号</th><th rowspan="2">输入接口要求</th><th rowspan="2">接口处理及用途</th><th colspan="2">输入设计阶段</th><th colspan="2">受资专业需重点核对、协商条款</th></tr>
<tr><th>初设</th><th>施工图</th><th>初设</th><th>施工图</th></tr>
<tr><td>客流预测</td><td>A1G20</td><td>1 客流参数表
1.1 全日客流
1.2 客流年均增长率
1.3 日客运强度
1.4 日平均运距
1.5 客流强度</td><td>用于计算单位牵引能耗，评判牵引能耗的节能水平</td><td>√</td><td>√</td><td>1</td><td>1</td></tr>
</table>

续上表

接口名称	接口编号	输入接口要求	接口处理及用途	输入设计阶段		受资专业需重点核对、协商条款	
				初设	施工图	初设	施工图
行车组织与运营管理	A2G20	1 牵引能耗 1.1 单向一列牵引能耗 1.2 上下行总能耗 1.3 日均能耗 1.4 年总能耗 1.5 牵引节能措施 2 运营组织 2.1 初/近/远期全日行车计划(含行车对数及公里数) 2.2 定员 2.3 旅行速度	用于计算单位牵引能耗,评判牵引能耗的节能水平,评判节能措施是否合理	√	√	1	1
车辆	A3G20	1 车辆资料 1.1 设计最高速度 1.2 车辆编组 1.3 车辆电机参数 1.4 辅助系统参数 1.5 车辆节能措施	用于辅助评判牵引能耗水平,评判车辆辅助系统的能耗水平,评判节能措施是否合理	√	√	1	1
线路	A4G20	1 线路情况 1.1 站间距 1.2 曲线半径 1.3 节能坡设置	用于辅助评判牵引能耗水平,评判线路条件对牵引能耗的影响程度,评判节能措施是否合理	√	√	1	1
建筑	B5G20	1 车站建筑基本情况 1.1 车站形式 1.2 车站建筑面积(含总面积、主体、附属、公共区、设备区、轨行区、配线、商业预留) 1.3 建筑节能措施	用于辅助评判车站动力与照明能耗水平,评判节能措施是否合理	√	√	1	1
主变电所	C1G20	1 设备选型、数量、损耗计算等	节能输入,评判节能措施是否合理	√	√	1	1
供电系统	C2G20	1 供电制式 2 供电线路损耗 2.1 线缆长度 2.2 线缆选型 2.3 线路损耗计算过程 3 变压器损耗 3.1 变压器选型 3.2 变压器损耗计算过程 4 节能措施、效果	用于计算供电系统能耗,评判供电系统的能耗水平,评判节能措施是否合理	√	√	1~4	1~4

续上表

接口名称	接口编号	输入接口要求	接口处理及用途	输入设计阶段		受资专业需重点核对、协商条款	
				初设	施工图	初设	施工图
动力与照明	C3G20	1 照明能耗 2 灯具选型、数量 3 照明设计功率密度 4 照明控制及节能措施、效果	用于计算车站照明能耗，评判其能耗水平，评判节能措施是否合理	√	√	1~4	1~4
通信	D1G20	1 设备能耗（含总能耗及各子系统能耗）及其能耗计算过程 2 通信设备节能措施、效果	用于计算车站通信系统能耗，评判其能耗水平，评判节能措施是否合理	√	√	1 2	1 2
公安通信	D3G20	1 设备能耗（含总能耗及各子系统能耗）及其能耗计算过程 2 通信设备节能措施、效果	用于计算车站公安通信能耗，评判其能耗水平，评判节能措施是否合理	√	√	1 2	1 2
PIDS	D4G20	1 设备能耗（含总能耗及各子系统能耗）及其能耗计算过程 2 设备节能措施、效果	用于计算车站乘客信息显示系统设备能耗，评判其能耗水平，评判节能措施是否合理	√	√	1 2	1 2
信号	D5G20	1 设备能耗（含总能耗及各子系统能耗）及其能耗计算过程 2 设备节能措施、效果	用于计算车站信号系统设备能耗，评判其能耗水平，评判节能措施是否合理	√	√	1 2	1 2
自动售检票	D6G20	1 设备能耗（含总能耗及各子系统能耗）及其能耗计算过程 2 设备节能措施、效果	用于计算自动售检票设备能耗，评判其能耗水平，评判节能措施是否合理	√	√	1 2	1 2
FAS	D8G20	1 设备能耗（含总能耗及各子系统能耗）及其能耗计算过程 2 设备节能措施、效果	用于计算车站火灾自动报警系统设备能耗，评判其能耗水平，评判节能措施是否合理	√	√	1 2	1 2
BAS	D9G20	1 设备能耗（含总能耗及各子系统能耗）及其能耗计算过程 2 设备节能措施、效果	用于计算车站环境与设备监控系统设备能耗，评判其能耗水平，评判节能措施是否合理	√	√	1 2	1 2
ISCS	D10G20	1 设备能耗（含总能耗及各子系统能耗）及其能耗计算过程 2 设备节能措施、效果	用于计算车站综合监控系统设备能耗，评判其能耗水平，评判节能措施是否合理	√	√	1 2	1 2
门禁	D11G20	1 设备能耗（含总能耗及各子系统能耗）及其能耗计算过程 2 设备节能措施、效果	用于计算车站门禁系统设备能耗，评判其能耗水平，评判节能措施是否合理	√	√	1 2	1 2

续上表

接口名称	接口编号	输入接口要求	接口处理及用途	输入设计阶段		受资专业需重点核对、协商条款	
				初设	施工图	初设	施工图
计算机综合信息系统	D14G20	1 设备能耗（含总能耗及各子系统能耗）及其能耗计算过程 2 设备节能措施、效果	用于计算车站计算机综合信息系统设备能耗，评判其能耗水平，评判节能措施是否合理	√	√	1 2	1 2
云平台	D15G20	1 设备能耗（含总能耗及各子系统能耗）及其能耗计算过程 2 设备节能措施、效果	用于计算车站云平台系统设备能耗，评判其能耗水平，评判节能措施是否合理	√	√	1 2	1 2
控制中心（含工艺、线网指挥平台）	D17G20	1 设备能耗（含总能耗及各子系统能耗）及其能耗计算过程 2 设备节能措施、效果	用于计算车站控制中心系统设备能耗，评判其能耗水平，评判节能措施是否合理	√	√	1 2	1 2
通风空调	E1G20	1 通风空调系统总能耗、各子系统能耗及其能耗计算过程 2 系统设备节能措施、效果	用于计算通风空调系统设备能耗，评判其能耗水平，评判节能措施是否合理	√	√	1 2	1 2
给排水及消防	E4G20	1 给排水及消防系统总能耗、各子系统能耗（含用水量）及其能耗计算过程 2 系统设备节能措施、效果	用于计算给排水及消防系统设备能耗，评判其能耗水平，评判节能措施是否合理	√	√	1 2	1 2
站台门	E6G20	1 站台门能耗及其能耗计算过程 2 设备节能措施、效果	用于计算站台门设备能耗，评判其能耗水平，评判节能措施是否合理	√	√	1 2	1 2
自动扶梯、电梯、楼梯升降机	E8G20	1 总能耗、各设备能耗及其能耗计算过程 2 设备节能措施、效果	用于计算自动扶梯、电梯、楼梯升降机设备能耗，评判其能耗水平，评判节能措施是否合理	√	√	1 2	1 2
车辆基地建筑	F3G20	1 建筑基本情况 1.1 各建筑物形式 1.2 各建筑物建筑面积 1.3 建筑节能措施	用于辅助评判车辆基地动力与照明能耗水平，建筑物材料、形式是否满足节能要求，评判节能措施是否合理	√	√	1	1
车辆基地通风空调	F5G20	1 通风空调系统总能耗、各区域总能耗、各区域中子系统能耗及其能耗计算过程 2 系统设备节能措施、效果	用于计算车辆基地通风空调系统设备能耗，评判其能耗水平，评判节能措施是否合理	√	√	1 2	1 2

续上表

接口名称	接口编号	输入接口要求	接口处理及用途	输入设计阶段		受资专业需重点核对、协商条款	
				初设	施工图	初设	施工图
车辆基地给排水及消防（不含自动灭火）	F6G20	1 给排水及消防系统总能耗、各子系统能耗（含用水量）及其能耗计算过程 2 系统设备节能措施、效果	用于计算车辆基地给排水及消防系统设备能耗，评判其能耗水平，评判节能措施是否合理	√	√	1 2	1 2
车辆基地动力与照明	F7G20	1 照明能耗 2 灯具选型、数量 3 照明设计功率密度 4 照明控制及节能措施、效果	用于计算车辆基地各区域照明能耗，评判其能耗水平，评判节能措施是否合理	√	√	1~4	1~4

82.4.2　设计输出部分（表 82.4-2）

节能专业对相关专业的输出接口表　　表 82.4-2

专业名称：节能　　专业代号：JN　　系统编码：G20

接口名称	接口编号	输出接口要求	接口处理及用途	输出设计阶段		输出资料重点控制条款	
				初设	施工图	初设	施工图
客流预测	G20A1	—	—				
行车组织与运营管理	G20A2	1 牵引单位能耗 2 牵引能耗指标要求 3 节能措施建议	用于核实牵引计算、运营组织等方面是否节能，并满足牵引能耗指标要求	√	√	1~3	1~3
车辆	G20A3	1 牵引单位能耗 2 车辆辅助能耗 3 节能措施建议	用于核实车辆选型（包含车辆材质、电机、车载辅助设备选型是否节能）	√	√	1 2	1 2
线路	G20A4	1 牵引单位能耗 2 节能措施建议	用于核实线路条件（曲线半径、节能坡等）是否节能	√	√	1 2	1 2
建筑	G20B5	1 车站动力与照明能耗要求 2 节能措施建议	用于核实车站建筑形式、面积、节能措施等是否合理	√	√	1 2	1 2
主变电所	G20C1	1 主变电所系统节能需求	设备选型设计等	√	√	1	1
供电系统	G20C2	1 供电系统能耗要求 2 节能措施建议	用于核实供电系统设计、设备选型、节能措施等是否合理	√	√	1 2	1 2
动力与照明	G20C3	1 车站照明能耗要求 2 能耗指标要求和节能措施建议	用于核实灯具选型、照明控制等措施是否合理，并满足单位能耗指标要求	√	√	1 2	1 2

续上表

接口名称	接口编号	输出接口要求	接口处理及用途	输出设计阶段		输出资料重点控制条款	
				初设	施工图	初设	施工图
通信	G20D1	1 通信系统能耗要求 2 节能措施建议	用于核实通信系统设备选型、节能措施等是否合理	√	√	1 2	1 2
公安通信	G20D3	1 公安通信系统能耗要求 2 节能措施建议	用于核实公安通信系统设备选型、节能措施等是否合理	√	√	1 2	1 2
PIDS	G20D4	1 乘客信息显示系统能耗要求 2 节能措施建议	用于核实乘客信息显示设备选型、节能措施等是否合理	√	√	1 2	1 2
信号	G20D5	1 信号系统能耗要求 2 节能措施建议	用于核实信号系统设备选型、节能措施等是否合理	√	√	1 2	1 2
AFC	G20D6	1 自动售检票设备能耗要求 2 节能措施建议	用于核实自动售检票设备选型、节能措施等是否合理	√	√	1 2	1 2
FAS	G20D8	1 火灾自动报警系统能耗要求 2 节能措施建议	用于核实火灾自动报警系统设备选型、节能措施等是否合理	√	√	1 2	1 2
BAS	G20D9	1 环境与设备监控系统能耗要求 2 节能措施建议	用于核实环境与设备监控系统设备选型、节能措施等是否合理	√	√	1 2	1 2
ISCS	G20D10	1 综合监控系统能耗要求 2 节能措施建议	用于核实综合监控系统设备选型、节能措施等是否合理	√	√	1 2	1 2
门禁	G20D11	1 门禁系统能耗要求 2 节能措施建议	用于核实门禁系统设备选型、节能措施等是否合理	√	√	1 2	1 2
计算机综合信息系统	G20D14	1 计算机综合信息系统能耗要求 2 节能措施建议	用于核实计算机综合信息系统设备选型、节能措施等是否合理	√	√	1 2	1 2
云平台	G20D15	1 云平台能耗要求 2 节能措施建议	用于核实云平台设备选型、节能措施等是否合理	√	√	1 2	1 2
控制中心（含工艺、线网指挥平台）	G20D17	1 控制中心能耗要求 2 能耗指标要求和节能措施建议	用于核实控制中心设备选型、节能措施等是否合理	√	√	1 2	1 2
通风空调	G20E1	1 通风空调能耗要求 2 能耗指标要求和节能措施建议	用于核实通风空调系统设计、设备选型、控制方式、节能措施等是否合理，并满足单位能耗指标要求	√	√	1 2	1 2

续上表

接口名称	接口编号	输出接口要求	接口处理及用途	输出设计阶段		输出资料重点控制条款	
				初设	施工图	初设	施工图
给排水及消防	G20E4	1 给排水及消防能耗要求 2 节能措施建议	用于核实给排水及消防设备选型、节能措施等是否合理	√	√	1 2	1 2
站台门	G20E6	1 站台门能耗要求 2 节能措施建议	用于核实站台门设备选型、节能措施等是否合理	√	√	1 2	1 2
自动扶梯、电梯、楼梯升降机	G20E8	1 自动扶梯、电梯、楼梯升降机能耗要求 2 能耗指标要求和节能措施建议	用于核实自动扶梯、电梯、楼梯升降机设备选型、节能措施等是否合理，并满足单位能耗指标要求	√	√	1 2	1 2
车辆基地建筑	G20F3	1 车辆基地动力与照明能耗要求 2 能耗指标要求和节能措施建议	用于核实车辆基地各建筑物形式、面积、节能措施是否合理，并满足单位能耗指标要求	√	√	1 2	1 2
车辆基地通风空调	G20F5	1 车辆基地通风空调能耗要求 2 能耗指标要求和节能措施建议	用于核实车辆基地各建筑物通风空调设备选型、控制方式、节能措施等是否合理，并满足单位能耗指标要求	√	√	1 2	1 2
车辆基地给排水及消防（不含自动灭火）	G20F6	1 车辆基地给排水及消防（不含自动灭火）能耗要求 2 节能措施建议	用于核实车辆基地给排水及消防（不含自动灭火）设备选型、节能措施等是否合理	√	√	1 2	1 2
车辆基地动力与照明	G20F7	1 车辆基地动力与照明能耗要求 2 能耗指标要求和节能措施建议	用于核实车辆基地动力与照明设备选型、控制方式、节能措施等是否合理，并满足单位能耗指标要求	√	√	1 2	1 2

第 83 章 资源开发

83.1 资源开发的设计内容

地铁车站的资源开发主要包括站内资源开发及配线上方空间资源开发两大类。具体设计内容如下：

1)站内资源开发

站内资源开发包含站内广告、民用通信机房、商铺及自助设备，其设计内容落实于各车站工点的设计图中，与车站同步设计、同步报建、同步施工、同步运营。

2)配线上方空间资源开发

配线上方空间资源开发包含两部分内容：

(1)配线上方多余空间的二次商业开发。

(2)车站为配线空间开发进行各种实施条件预留。

其中，配线上方多余空间的二次商业开发由运营资源中心另行委托设计单位进行设计，另行委托施工单位进行施工。车站为配线空间开发进行各种实施条件预留，则纳入各车站资源开发设计范围，由车站工点进行设计。

配线上方空间资源开发主要设计流程如下：

(1)初步设计阶段，由总体组梳理各线带配线车站资料发函至资源中心，由资源中心依据站点周边商业情况，判断配线上方空间资源开发价值，确定需进行资源开发的站点、开发类型、商业配比等，并提出车站需为配线上方空间开发预留的条件，发函至各线总体组作为车站资源开发设计输入。

(2)施工图设计阶段，资源中心另行委托设计单位，对配线上方空间进行商业开发设计，并细化车站预留条件资料需求，发函至各线总体组作为车站资源开发设计输入。

83.2 专业的主要接口

本次编制的车站资源开发设计输入接口表，主要是针对站内资源开发的商铺、自助设备及车站为配线空间开发进行各种实施条件预留。

由以上设计内容可确定，车站资源开发应结合建筑、运营资源中心需求、结构、建筑装修等专业资料进行设计工作。

83.3 专业设计技术接口表

83.3.1 设计输入部分（表 83.3-1、表 83.3-2）

相关专业对站内资源开发专业的输入接口表　　表 83.3-1

专业名称：资源开发　　专业代号：ZYKF　　系统编码：G21

接口名称	接口编号	输入接口要求	接口处理及用途	输入设计阶段		受资专业需重点核对、协商条款	
				初设	施工图	初设	施工图
建筑	B8G21	1 车站公共区布局，包含： 1.1 付费区、非付费区布置 1.2 出入口布置 1.3 换乘站防火分区划分 1.4 自助售票机等设施设备布置 2 车站设备管理用房布局	1 用于确定站内商铺、自助设备的面积、数量、位置等 2 用于确定民用通信机房、广告备品库的位置、面积	√	√	1 2	1 2
资源中心		1 所招商业类型 2 自助设备类型、数量 3 民用通信运营商 4 所招广告类型、数量	1 用于确定商铺数量，单间商铺的面积（含开间、进深）、位置 2 用于确定自助设备的数量、位置 3 用于确定民用通信机房的面积、位置 4 用于确定广告的形式、数量	√	√	1~3	1~4
建筑装修（含外部景观）	B6G21	1 墙体材料要求 2 公共区墙设计 3 招牌、门面设计标准	1 用于确定商铺、民用通信机房的墙体材料 2 用于确定广告的数量、位置 3 用于确定商铺的开间、门洞设计	√	√	1 3	1~3

相关专业对配线上方空间资源开发专业的输入接口表　　表 83.3-2

专业名称：资源开发　　专业代号：ZYKF　　系统编码：G21

接口名称	接口编号	输入接口要求	接口处理及用途	输入设计阶段		受资专业需重点核对、协商条款	
				初设	施工图	初设	施工图
建筑	B5G21	1 车站布局，包含： 1.1 车站层数 1.2 车站公共区布置 1.3 车站设备管理用房布置 1.4 车站防火分区划分	用于确定配线上方空间的位置、规模，与车站的衔接关系，与车站防火分区划分的设计	√	√	1	1

续上表

接口名称	接口编号	输入接口要求	接口处理及用途	输入设计阶段		受资专业需重点核对、协商条款	
				初设	施工图	初设	施工图
车站结构（含防水）	B8G21	1 梁、柱、主体侧墙暗梁柱布置	用于确定配线上方空间预留出入口、风亭位置	√	√	1	1
资源中心		1 建筑设计，包含： 1.1 商业类型配比 1.2 商业类型分区、位置 1.3 防火分区划分 1.4 货物运输路径设计	用于核算消防疏散需求，确定预留出入口、风亭、楼扶梯、电梯的位置、数量、宽度，消防水池、消防泵房的位置、规模	√	√	1	1
建筑装修（含外部景观）	G6G21	1 出入口、风亭装修标准 2 地面恢复设计标准	1 用于确定预留出入口、风亭装修设计 2 用于确定地面恢复设计		√		1 2

83.3.2 设计输出部分（表 83.3-3）

站内资源开发专业对相关专业的输出接口表 表 83.3-3

专业名称：资源开发 专业代号：ZYKF 系统编码：G21

接口名称	接口编号	输出接口要求	接口处理及用途	输出设计阶段		输出资料重点控制条款	
				初设	施工图	初设	施工图
通风空调	G21E1	1 车站建筑平、剖面图（含车站广告、民用通信机房、商铺、自助设备的面积、数量、位置）	用于确定环控设备的布置	√	√	1	1
给排水及消防	G21E4	1 车站建筑平、剖面图（含车站广告、民用通信机房、商铺、自助设备的面积、数量、位置）	用于确定给排水及消防设备的布置	√	√	1	1
动力与照明	G21C3	1 车站建筑平、剖面图（含车站广告、民用通信机房、商铺、自助设备的面积、数量、位置）	用于确定动力与照明设备的布置	√	√	1	1